BERLITZ
GRESK
PÅ REISEN

BERLITZ
SPANSK
PÅ REISEN

BERLITZ
FRANSK
PÅ REISEN

BERLITZ
ENGELSK
PÅ REISEN

BERLITZ PARLØRER

Berlitz lommeparlører inneholder ikke bare alle ord og uttrykk man kan tenkes å få bruk for på reisen, men også nyttige opplysninger og reisetips. Oversiktlige bøker med lydskrift, hendige i enhver situasjon.

Engelsk	Russisk
Fransk	Serbokroatisk
Gresk	Spansk
Italiensk	Tysk
Portugisisk	

BERLITZ KASSETTPAKKER

Vil De perfeksjonere uttalen, fåes de fleste av de ovennevnte parlører kombinert med tospråklig innspilte hi-fi-kassetter og et 32-siders hefte som gjør det lettere å følge med i teksten på båndet.

Berlitz Dictionaries

Dansk	Engelsk, Fransk, Italiensk, Portugisisk, Serbo-Kroatisk, Spansk, Tysk
Deutsch	Dänisch, Englisch, Finnisch, Französisch, Italienisch, Niederländisch, Norwegisch, Portugiesisch, Schwedisch, Serbokroatisch, Spanisch
English	Danish, Dutch, Finnish, French, German, Italian, Norwegian, Portuguese, Serbo-Croatian, Spanish, Swedish
Español	Alemán, Danés, Finlandés, Francés, Holandés, Inglés, Noruego, Servocroata, Sueco
Français	Allemand, Anglais, Danois, Espagnol, Finnois, Italien, Néerlandais, Norvégien, Portugais, Serbo-Croate, Suédois
Italiano	Danese, Finlandese, Francese, Inglese, Norvegese, Olandese, Serbo-Croato, Svedese, Tedesco
Nederlands	Duits, Engels, Frans, Italiaans, Joegoslavisch, Portugees, Spaans
Norsk	Engelsk, Fransk, Italiensk, Portugisisk, Serbokroatisk, Spansk, Tysk
Português	Alemão, Danês, Finlandês, Francês, Holandês, Inglês, Norueguês, Servo-Croata, Sueco
Srpskohrvatski	Danski, Engleski, Finski, Francuski, Holandski, Italijanski, Njemački, Norveški, Portugalski, Španski, Švedski
Suomi	Englanti, Espanja, Italia, Portugali, Ranska, Ruotsi, Saksa, Serbokroaatti
Svenska	Engelska, Finska, Franska, Italienska, Portugisiska, Serbokroatiska, Spanska, Tyska

BERLITZ®

engelsk-norsk
norsk-engelsk
ordbok

english-norwegian
norwegian-english
dictionary

By the Staff of Editions Berlitz

Revised edition 1981
Library of Congress Catalog Card Number: 78-78086

First printing
Printed in Switzerland

Innhold

Contents

	Side		Page
Forord	6	Preface	7
Veiledning	11	Introduction	165
Uttale	12	Guide to Pronunciation	166

ENGELSK-NORSK ORDBOK	15	ENGLISH-NORWEGIAN DICTIONARY	15

Gastronomisk ordliste	135	Menu Reader	307
Engelske verb	147	Norwegian Verbs	314
Engelske forkortelser	151	Norwegian Abbreviations	317
Tall	154	Numerals	319
Klokken	155	Time	320
Mål og temperatur	156	Measures and Temperature	156
Noen vanlige uttrykk	157	Some Basic Phrases	157

| NORSK-ENGELSK ORDBOK | 169 | NORWEGIAN-ENGLISH DICTIONARY | 169 |

Forord

Da vi for noen år siden lanserte denne serien lommeordbøker, ønsket vi – den gang som nå – å tilby turister og forretningsfolk så vel som studenter en praktisk og nyttig oppslagsbok.

Det å ajourføre ordbøker er både tidkrevende og dyrt, og de utkommer derfor sjelden i revidert utgave. Dette er imidlertid ikke tilfelle med Berlitz' ordbøker. Ved hjelp av en databank – som samtidig sikrer en høy presisjon – er vi i stand til å revidere bøkene kvikt og regelmessig. Dette opplaget av ordboken er fullstendig revidert, og ordforrådet utvidet med nærmere 40%. I denne nye utgaven er ordlisten mer oversiktlig, her er flere definisjoner pr. ord, og trykken er også mer lettlest. Foruten alt det en ordbok vanligvis inneholder, finner De også:

- internasjonal lydskrift (IPA) etter hvert oppslagsord
- en gastronomisk ordliste som hjelper Dem å tyde den utenlandske meny
- en rekke praktiske opplysninger – klokken, tallene, bøyningen av uregelmessige verb, vanlige forkortelser og en del nyttige uttrykk

I valget av de ca. 12 500 begreper på hvert språk har vi først og fremst tatt sikte på å dekke turistens behov. Dette er en reisehåndbok spesielt tilpasset jetalderen, og – i likhet med våre parlører og reise-guider – passer den lommen både i størrelse og pris. Foruten å være en praktisk reisehåndbok gir den også studenten det grunnleggende ordforråd.

Skulle De på reisen komme over et ord som De mener burde ha sin naturlige plass i våre ordbøker, er vi takknemlige over å bli gjort oppmerksomme på dette. Det rekker om De skriver ordet på et brevkort og sender det til Berlitz' forlag.

Preface

Having created this pocket-dictionary series some years ago, Berlitz aimed, then as now, to make each edition highly practical for the tourist and student as well as the businessman.

Ordinarily, updating a dictionary is a tedious and costly operation, making revision infrequent. Not so with Berlitz as these dictionaries are created with the aid of a computer-data bank, facilitating rapid and regular revision. Thus, thanks to computer technology, the current edition of the dictionary has been expanded—with nearly 40 per cent more vocabulary—and completely revised with relative ease.

Satisfied users of some of the 36 editions of our successful series in ten languages will welcome two additional languages—Portuguese and Serbo-Croatian—bringing the total number of editions programmed to 54.

This enlarged edition has an improved, clearer arrangement of word entries, additional definitions per word and a more easily read print. Besides just about everything you normally find in dictionaries, there are these Berlitz bonuses:

- imitated pronunciation next to each foreign-word entry making it as easy to read as your own language
- a unique, practical glossary to simplify reading a foreign restaurant menu and let you know what's in the soup and under the sauce
- useful information on telling time, numbers, conjugating irregular verbs, commonly seen abbreviations and converting to the metric system in addition to some handy phrases.

In selecting the approximately 12,500 word concepts in each language for this dictionary, it's obvious that the editors have had the traveller's needs foremost in mind. Thus, this book—which like our successful phrase-book and travel-guide series is designed to slip into your pocket or purse easily—should prove valuable in the jumbo-jet age we live in. By the same token, it also offers a student the basic vocabulary he is most likely to encounter and use. And if you run across a word on your trip which you feel belongs in a Berlitz dictionary, tell us. Just write the word on a postcard and mail it to the editors.

engelsk-norsk

english-norwegian

Veiledning

Ved utarbeidelsen av denne ordboken har vi først og fremst tatt sikte på å gjøre den så praktisk og anvendelig som mulig. Mindre viktige språklige opplysninger er utelatt. Oppslagsordene står i alfabetisk rekkefølge uansett om uttrykket skrives i ett ord, med bindestrek, eller i to eller flere ord. Det eneste unntaket fra denne regelen er noen få idiomatiske uttrykk, som De vil finne under det meningsbærende ordet. Når et oppslagsord følges av flere sammensetninger eller uttrykk, er også disse satt i alfabetisk rekkefølge.

Hvert hovedoppslagsord er fulgt av lydskrift (se Uttale), og vanligvis av ordklasse. I fall et oppslagsord tilhører flere ordklasser, er oversettelsene gruppert sammen etter de respektive ordklassene.

Dersom et substantiv har uregelmessig flertallsform, er denne angitt. I tilfeller der det kan oppstå tvil, har vi gitt eksempler på bruken.

Bølgestrek (~) er brukt som gjentagelsestegn for oppslagsordet når dette forekommer senere i artikkelen (f. eks. ved uregelmessig flertallsform, sammensatte ord, etc.).

Når det gjelder uregelmessig flertallsform av sammensatte ord, er bare den delen som forandres, skrevet helt ut; en kort strek (–) står for den uforandrede delen.

En stjerne (*) foran et verb betyr at verbet er uregelmessig. Bøyningsmønstret finner De i listen over uregelmessige verb.

I denne ordboken har vi anvendt vanlig engelsk stavemåte. Alle ord som må regnes som amerikanske, er merket *Am* (se listen over forkortelser).

Forkortelser

adj	adjektiv	*p*	imperfektum
adv	adverb	*pl*	flertall
Am	amerikansk	*plAm*	flertall (amerikansk)
art	artikkel	*pp*	perfektum partisipp
c	felleskjønn	*pr*	presens
conj	konjunksjon	*pref*	prefiks (forstavelse)
n	substantiv	*prep*	preposisjon
nAm	substantiv	*pron*	pronomen
	(amerikansk)	*suf*	suffiks (endelse)
nt	intetkjønn	*v*	verb
num	tallord	*vAm*	verb (amerikansk)

Uttale

I denne delen av ordboken er hvert stikkord fulgt av internasjonal lyd-skrift (IPA). Hvert enkelt tegn i denne fonetiske skriften står for en bestemt lyd. Tegn som her ikke er nærmere forklart, uttales omtrent som de tilsvarende norske bokstavene.

Konsonanter

ð	en slags lespende, stemt s-lyd; uttales med tungespissen løftet mot overtennene
g	alltid som i gå, aldri som i gi
k	alltid som i ku, aldri som i kinn
ŋ	som ng i lang
r	en stemt r-lyd som dannes ved at tungebladet heves mot den bakre del av gommene
ʃ	som sj i øst- og nordnorsk sjø
θ	en slags lespende, stemmeløs s-lyd
w	som o i ost, men meget svak
z	stemt s-lyd
ʒ	stemt sj-lyd

Merk: Transkripsjonen [sj] skal alltid uttales som en s fulgt av en j-lyd, ikke som i øst- og nordnorsk sjø.

Vokaler

ɑ:	som a i far
æ	omtrent som æ i lærd
ʌ	omtrent som a i katt
e	som i telegram
ɛ	som e i penn
ə	som e i gate
ɔ	som o i tolv
u	som o i ost

1) Et kolon [:] etter en vokal angir lang vokallyd.

2) Noen franske låneord har nasalert vokal (dvs. at ved uttalen går luften ut både gjennom munn og nese); dette er angitt med en tilde over vokalen (f.eks. [ɑ̃]).

Diftonger

En diftong består av to vokaler hvorav den ene er sterk (betont) og den andre svak (ubetont), og uttales som en glidende lyd som bare utgjør én stavelse, som f. eks. **ei** i st**ei**n. I engelske diftonglyder er det alltid den andre vokalen som er svak. Dersom diftongen etterfølges av en [ə] medfører dette en ytterligere svekkelse av den andre vokalen.

Trykk

Tegnet ['] står foran den trykksterke stavelsen, [ˌ] foran stavelser med bitrykk.

Amerikansk uttale

Lydskriften her i boken følger britisk uttale. Selv om amerikansk uttale varierer sterkt fra den ene delen av USA til den annen, kan en sette opp visse regler for forskjellen mellom amerikansk og britisk uttale. Her er noen av dem:

1) I motsetning til på britisk engelsk uttales **r** både når den etterfølges av konsonant og på slutten av ord.

2) I mange ord (f. eks. *ask, castle, laugh*, osv.) blir [ɑ:] til [æ:].

3) Lyden [ɔ] uttaler amerikanerne som [ɑ] eller [ɔ:].

4) I ord som *duty, tune, new*, osv. utelates ofte [j]-lyden som på britisk engelsk går forut for [u:].

5) Mange ord har trykkforskyvning i forhold til britisk uttale.

A

a [ei̯ə] art (an) en art
abbey ['æbi] n abbedi nt
abbreviation [əˌbriːviˈeiʃən] n forkor-
telse c
aberration [ˌæbəˈreiʃən] n avvik nt;
feil c; sinnsforvirring c
ability [əˈbiləti] n dyktighet c; evne c
able ['eibəl] adj i stand til, dyktig;
*be ~ to *være i stand til; *kunne
abnormal [æbˈnɔːməl] adj abnorm
aboard [əˈbɔːd] adv om bord
abolish [əˈbɔliʃ] v avskaffe
abortion [əˈbɔːʃən] n abort c
about [əˈbaut] prep om; angående;
rundt; adv omtrent, omkring
above [əˈbʌv] prep over; ovenfor; adv
over; ovenfor
abroad [əˈbrɔːd] adv utenlands
abscess ['æbses] n byll c
absence ['æbsəns] n fravær nt
absent ['æbsənt] adj fraværende
absolutely ['æbsəluːtli] adv absolutt
abstain from [əbˈstein] *avholde seg
fra
abstract ['æbstrækt] adj abstrakt
absurd [əbˈsɔːd] adj urimelig, absurd
abundance [əˈbʌndəns] n overflod c
abundant [əˈbʌndənt] adj rikelig
abuse [əˈbjuːs] n misbruk nt

abyss [əˈbis] n avgrunn c
academy [əˈkædəmi] n akademi nt
accelerate [əkˈseləreit] v akselerere,
øke farten
accelerator [əkˈseləreitə] n gasspedal
c
accent ['æksənt] n aksent c; betoning
c
accept [əkˈsept] v akseptere, *ta
imot, *motta
access ['ækses] n tilgang c
accessary [əkˈsesəri] n medskyldig c
accessible [əkˈsesəbəl] adj tilgjenge-
lig
accessories [əkˈsesəriz] pl tilbehør nt
accident ['æksidənt] n ulykke c, uhell
nt
accidental [ˌæksiˈdentəl] adj tilfeldig
accommodate [əˈkɔmədeit] v skaffe
husrom
accommodation [əˌkɔməˈdeiʃən] n
husrom nt, losji nt
accompany [əˈkʌmpəni] v ledsage; ak-
kompagnere
accomplish [əˈkʌmpliʃ] v fullende;
fullføre
in accordance with [in əˈkɔːdəns wið] i
overensstemmelse med
according to [əˈkɔːdiŋ tuː] ifølge; i
overensstemmelse med
account [əˈkaunt] n konto c; rede-
gjørelse c; ~ for avlegge regnskap

for; **on ~ of** på grunn av

accountable [əˈkauntəbəl] *adj* ansvarlig; forklarlig

accurate [ˈækjurət] *adj* nøyaktig

accuse [əˈkjuːz] *v* beskylde; anklage

accused [əˈkjuːzd] *n* anklagede

accustom [əˈkʌstəm] *v* venne; **accustomed** vant

ache [eik] *v* verke; *n* verk *c*

achieve [əˈtʃiːv] *v* oppnå; prestere

achievement [əˈtʃiːvmənt] *n* prestasjon *c*

acid [ˈæsid] *n* syre *c*

acknowledge [əkˈnɔlidʒ] *v* erkjenne; innrømme; bekrefte

acne [ˈækni] *n* filipens *c*

acorn [ˈeikɔːn] *n* eikenøtt *c*

acquaintance [əˈkweintəns] *n* bekjent *c*

acquire [əˈkwaiə] *v* erverve

acquisition [ˌækwiˈziʃən] *n* ervervelse *c*

acquittal [əˈkwitəl] *n* frifinnelse *c*

across [əˈkrɔs] *prep* over; på den andre siden av; *adv* på den andre siden

act [ækt] *n* handling *c*; akt *c*; nummer *nt*; *v* handle, oppføre seg; spille

action [ˈækʃən] *n* handling *c*, aksjon *c*

active [ˈæktiv] *adj* aktiv; virksom

activity [ækˈtivəti] *n* aktivitet *c*

actor [ˈæktə] *n* skuespiller *c*

actress [ˈæktris] *n* skuespillerinne *c*

actual [ˈæktʃuəl] *adj* faktisk, virkelig

actually [ˈæktʃuəli] *adv* faktisk

acute [əˈkjuːt] *adj* akutt

adapt [əˈdæpt] *v* tilpasse

add [æd] *v* *legge sammen; tilføye

adding-machine [ˈædiŋməˌʃiːn] *n* regnemaskin *c*

addition [əˈdiʃən] *n* addisjon *c*; tilføyelse *c*

additional [əˈdiʃənəl] *adj* ekstra; ytterligere

address [əˈdres] *n* adresse *c*; *v* adressere; henvende seg til

addressee [ˌædreˈsiː] *n* adressat *c*

adequate [ˈædikwət] *adj* tilstrekkelig; passende, adekvat

adjective [ˈædʒiktiv] *n* adjektiv *nt*

adjourn [əˈdʒəːn] *v* *utsette

adjust [əˈdʒʌst] *v* justere; tilpasse

administer [ədˈministə] *v* bestyre; tildele

administration [ədˌminiˈstreiʃən] *n* administrasjon *c*; ledelse *c*

administrative [ədˈministrətiv] *adj* administrerende; forvaltende; **~ law** forvaltningsrett *c*

admiral [ˈædmərəl] *n* admiral *c*

admiration [ˌædməˈreiʃən] *n* beundring *c*

admire [ədˈmaiə] *v* beundre

admission [ədˈmiʃən] *n* adgang *c*; opptak *nt*

admit [ədˈmit] *v* *bli opptatt; innrømme, erkjenne

admittance [ədˈmitəns] *n* adgang *c*; **no ~** adgang forbudt

adopt [əˈdɔpt] *v* adoptere; *vedta

adorable [əˈdɔːrəbəl] *adj* henrivende

adult [ˈædʌlt] *n* voksen *c*; *adj* voksen

advance [ədˈvaːns] *n* fremskritt *nt*; forskudd *nt*; *v* *gjøre fremskritt; betale på forskudd; **in ~** på forhånd, på forskudd

advanced [ədˈvaːnst] *adj* avansert

advantage [ədˈvaːntidʒ] *n* fordel *c*

advantageous [ˌædvənˈteidʒəs] *adj* fordelaktig

adventure [ədˈventʃə] *n* eventyr *nt*

adverb [ˈædvəːb] *n* adverb *nt*

advertisement [ədˈvəːtismənt] *n* annonse *c*

advertising [ˈædvətaiziŋ] *n* reklame *c*

advice [ədˈvais] *n* råd *nt*

advise [ədˈvaiz] *v* *rådgi, råde

advocate ['ædvəkət] n talsmann c

aerial ['eəriəl] n antenne c

aeroplane ['eərəplein] n fly nt

affair [ə'feə] n anliggende nt; kjærlighetsaffære c, forhold nt

affect [ə'fekt] v påvirke; vedrøre

affected [ə'fektid] adj affektert

affection [ə'fekʃən] n hengivenhet c

affectionate [ə'fekʃənit] adj hengiven, kjærlig

affiliated [ə'filieitid] adj tilsluttet

affirmative [ə'fə:mətiv] adj bekreftende

affliction [ə'flikʃən] n lidelse c

afford [ə'fɔ:d] v *ha råd til

afraid [ə'freid] adj redd, engstelig; *be ~ *være redd

Africa ['æfrikə] Afrika

African ['æfrikən] adj afrikansk; n afrikaner c

after ['ɑ:ftə] prep etter; conj etter at

afternoon [,ɑ:ftə'nu:n] n ettermiddag c; this ~ i ettermiddag

afterwards ['ɑ:ftəwədz] adv senere; etterpå

again [ə'gen] adv igjen; atter; ~ and again gang på gang

against [ə'genst] prep mot

age [eidʒ] n alder c; alderdom c; of ~ myndig; under ~ umyndig

aged ['eidʒid] adj gammel

agency ['eidʒənsi] n agentur nt; byrå nt

agenda [ə'dʒendə] n dagsorden c

agent ['eidʒənt] n agent c, representant c

aggressive [ə'gresiv] adj aggressiv

ago [ə'gou] adv for . . . siden

agrarian [ə'greəriən] adj jordbruks-, landbruks-

agree [ə'gri:] v *være enig; *gå med på; stemme overens

agreeable [ə'gri:əbəl] adj behagelig

agreement [ə'gri:mənt] n kontrakt c; overenskomst c, avtale c; overensstemmelse c

agriculture ['ægrikʌltʃə] n jordbruk nt

ahead [ə'hed] adv fremover; ~ of foran; *go ~ *gå videre; straight ~ rett frem

aid [eid] n hjelp c; v *hjelpe, *bistå

ailment ['eilmənt] n lidelse c; sykdom c

aim [eim] n sikte nt; ~ at rette mot, sikte på; strebe etter, *ta sikte på

air [eə] n luft c; v lufte

air-conditioning ['eəkən,diʃəniŋ] n luft-kondisjonering c; air-conditioned adj luft-kondisjonert

aircraft ['eəkrɑ:ft] n (pl ~) flymaskin c; fly nt

airfield ['eəfi:ld] n flyplass c

air-filter ['eə,filtə] n luftfilter nt

airline ['eəlain] n flyselskap nt

airmail ['eəmeil] n luftpost c

airplane ['eəplein] nAm fly nt

airport ['eəpɔ:t] n lufthavn c

air-sickness ['eə,siknəs] n luftsyke c

airtight ['eətait] adj lufttett

airy ['eəri] adj luftig

aisle [ail] n sideskip nt; midtgang c

alarm [ə'lɑ:m] n alarm c; v alarmere, forurolige

alarm-clock [ə'lɑ:mklɔk] n vekkerklokke c

album ['ælbəm] n album nt

alcohol ['ælkəhɔl] n alkohol c

alcoholic [,ælkə'hɔlik] adj alkoholholdig

ale [eil] n øl nt

algebra ['ældʒibrə] n algebra c

Algeria [æl'dʒiəriə] Algerie

Algerian [æl'dʒiəriən] adj algerisk; n algerier c

alien ['eiliən] n utlending c; adj utenlandsk

alike [ə'laik] adj likedan, lik; adv likedan

alimony [ˈælimǝni] *n* underholdsbi-
drag *nt*
alive [ǝˈlaiv] *adj* levende
all [ɔ:l] *adj* all; ~ **in** alt inkludert; ~
right! fint!; **at** ~ overhodet
allergy [ˈælǝdʒi] *n* allergi *c*
alley [ˈæli] *n* smug *nt*
alliance [ǝˈlaiǝns] *n* allianse *c*
Allies [ˈælaiz] *pl* allierte *pl*
allot [ǝˈlɔt] *v* tildele
allow [ǝˈlau] *v* *tillate, bevilge; ~ **to**
*la; **be allowed** *være tillatt; *be
allowed to *ha lov til
allowance [ǝˈlauǝns] *n* bidrag *nt*
all-round [ˌɔ:lˈraund] *adj* allsidig
almanac [ˈɔ:lmǝnæk] *n* almanakk *c*
almond [ˈɑ:mǝnd] *n* mandel *c*
almost [ˈɔ:lmoust] *adv* nesten
alone [ǝˈloun] *adv* alene
along [ǝˈlɔŋ] *prep* langs
aloud [ǝˈlaud] *adv* høyt
alphabet [ˈælfǝbet] *n* alfabet *nt*
already [ɔ:lˈredi] *adv* allerede
also [ˈɔ:lsou] *adv* også; dessuten, like-
ledes
altar [ˈɔ:ltǝ] *n* alter *nt*
alter [ˈɔ:ltǝ] *v* forandre, endre
alteration [ˌɔ:ltǝˈreiʃǝn] *n* forandring
c, endring *c*
alternate [ɔ:lˈtǝ:nǝt] *adj* vekselvis
alternative [ɔ:lˈtǝ:nǝtiv] *n* alternativ
nt
although [ɔ:lˈðou] *conj* skjønt
altitude [ˈæltitju:d] *n* høyde *c*
alto [ˈæltou] *n* (pl ~s) alt *c*
altogether [ˌɔ:ltǝˈgeðǝ] *adv* fullsten-
dig; i det hele
always [ˈɔ:lweiz] *adv* alltid
am [æm] *v* (pr be)
amaze [ǝˈmeiz] *v* forbause, forundre
amazement [ǝˈmeizmǝnt] *n* forbausel-
se *c*
ambassador [æmˈbæsǝdǝ] *n* ambassa-
dør *c*

amber [ˈæmbǝ] *n* rav *nt*
ambiguous [æmˈbigjuǝs] *adj* tvetydig
ambitious [æmˈbiʃǝs] *adj* ærgjerrig
ambulance [ˈæmbjulǝns] *n* ambulanse
c, sykebil *c*
ambush [ˈæmbuʃ] *n* bakhold *nt*
America [ǝˈmerikǝ] Amerika
American [ǝˈmerikǝn] *adj* ameri-
kansk; *n* amerikaner *c*
amethyst [ˈæmiθist] *n* ametyst *c*
amid [ǝˈmid] *prep* blant, midt i
ammonia [ǝˈmouniǝ] *n* salmiakk *c*
amnesty [ˈæmnisti] *n* amnesti *nt*
among [ǝˈmʌŋ] *prep* blant, mellom;
~ **other things** blant annet
amount [ǝˈmaunt] *n* mengde *c*; beløp
nt, sum *c*; ~ **to** *beløpe seg til
amuse [ǝˈmju:z] *v* more, *underholde
amusement [ǝˈmju:zmǝnt] *n* fornøyel-
se *c*, atspredelse *c*
amusing [ǝˈmju:ziŋ] *adj* gøyal
anaemia [ǝˈni:miǝ] *n* anemi *c*
anaesthesia [ˌænisˈθi:ziǝ] *n* bedøvelse
c
anaesthetic [ˌænisˈθetik] *n* bedøvelses-
middel *nt*
analyse [ˈænǝlaiz] *v* analysere
analysis [ǝˈnælǝsis] *n* (pl -ses) analyse
c
analyst [ˈænǝlist] *n* analytiker *c*; psy-
koanalytiker *c*
anarchy [ˈænǝki] *n* anarki *nt*
anatomy [ǝˈnætǝmi] *n* anatomi *c*
ancestor [ˈænsestǝ] *n* forfader *c*
anchor [ˈæŋkǝ] *n* anker *c*
anchovy [ˈæntʃǝvi] *n* ansjos *c*
ancient [ˈeinʃǝnt] *adj* gammel; forel-
det, gammeldags; urtids-
and [ænd, ǝnd] *conj* og
angel [ˈeindʒǝl] *n* engel *c*
anger [ˈæŋgǝ] *n* sinne *nt*; raseri *nt*
angle [ˈæŋgǝl] *v* fiske; *n* vinkel *c*
angry [ˈæŋgri] *adj* sint
animal [ˈænimǝl] *n* dyr *nt*

ankle ['æŋkəl] n ankel c

annex[1] ['æneks] n anneks nt; tillegg nt

annex[2] [ə'neks] v annektere

anniversary [,æni'və:səri] n årsdag c

announce [ə'nauns] v *kunngjøre, *bekjentgjøre

announcement [ə'naunsmənt] n kunngjøring c, bekjentgjørelse c

annoy [ə'nɔi] v ergre, irritere

annoyance [ə'nɔiəns] n ergrelse c

annoying [ə'nɔiiŋ] adj ergerlig, irriterende

annual ['ænjuəl] adj årlig; n årbok c

per annum [pər 'ænəm] per år

anonymous [ə'nɔniməs] adj anonym

another [ə'nʌðə] adj en til; en annen

answer ['ɑ:nsə] v svare; besvare; n svar nt

ant [ænt] n maur c

anthology [æn'θɔlədʒi] n antologi c

antibiotic [,æntibai'ɔtik] n antibiotikum nt

anticipate [æn'tisipeit] v *forutse, *foregripe

antifreeze ['æntifri:z] n frysevæske c

antipathy [æn'tipəθi] n motvilje c

antique [æn'ti:k] adj antikk; n antikvitet c; ~ dealer antikvitetshandler c

antiquity [æn'tikwəti] n oldtid c; antiquities pl antikviteter pl

antiseptic [,ænti'septik] n antiseptisk middel

antlers ['æntləz] pl gevir nt

anxiety [æŋ'zaiəti] n bekymring c

anxious ['æŋkʃəs] adj ivrig; engstelig

any ['eni] adj hvilke som helst

anybody ['enibɔdi] pron hvem som helst

anyhow ['enihau] adv på hvilken som helst måte

anyone ['eniwʌn] pron enhver

anything ['eniθiŋ] pron hva som helst

anyway ['eniwei] adv i hvert fall

anywhere ['eniweə] adv hvor som helst

apart [ə'pɑ:t] adv atskilt, separat; ~ from bortsett fra

apartment [ə'pɑ:tmənt] nAm leilighet c; ~ house Am leiegård c

aperitif [ə'perətiv] n aperitiff c

apologize [ə'pɔlədʒaiz] v *be om unnskyldning

apology [ə'pɔlədʒi] n unnskyldning c

apparatus [,æpə'reitəs] n apparat nt

apparent [ə'pærənt] adj tilsynelatende; tydelig

apparently [ə'pærəntli] adv åpenbart; øyensynlig

apparition [,æpə'riʃən] n åpenbaring c

appeal [ə'pi:l] n appell c

appear [ə'piə] v *se ut til, synes; *fremgå; vise seg; *fremtre

appearance [ə'piərəns] n fremtoning c; utseende nt; opptreden c

appendicitis [ə,pendi'saitis] n blindtarmbetennelse c

appendix [ə'pendiks] n (pl -dices, -dixes) blindtarm c

appetite ['æpətait] n matlyst c, appetitt c

appetizer ['æpətaizə] n appetittvekker c

appetizing ['æpətaiziŋ] adj appetittlig

applause [ə'plɔ:z] n applaus c

apple ['æpəl] n eple nt

appliance [ə'plaiəns] n apparat nt, anordning c

application [,æpli'keiʃən] n anvendelse c; søknad c; ansøkning c

apply [ə'plai] v anvende; bruke; ansøke; *gjelde

appoint [ə'pɔint] v utnevne

appointment [ə'pɔintmənt] n avtale c, møte nt; utnevnelse c

appreciate [ə'pri:ʃieit] v *verdsette; påskjønne

appreciation [əˌpriːʃiˈeiʃən] *n* vurdering *c;* verdsettelse *c*

approach [əˈprouʃ] *v* nærme seg; *n* fremgangsmåte *c;* adkomst *c*

appropriate [əˈproupriət] *adj* formålstjenlig, passende, rett

approval [əˈpruːvəl] *n* godkjennelse *c;* billigelse *c;* on ~ på prøve

approve [əˈpruːv] *v* godkjenne

approximate [əˈprɔksimət] *adj* omtrentlig

approximately [əˈprɔksimətli] *adv* cirka, omtrent

apricot [ˈeiprikɔt] *n* aprikos *c*

April [ˈeiprəl] april

apron [ˈeiprən] *n* forkle *nt*

Arab [ˈærəb] *adj* arabisk; *n* araber *c*

arbitrary [ˈɑːbitrəri] *adj* vilkårlig

arcade [ɑːˈkeid] *n* buegang *c,* arkade *c*

arch [ɑːtʃ] *n* bue *c;* hvelv *nt*

archaeologist [ˌɑːkiˈɔlədʒist] *n* arkeolog *c*

archaeology [ˌɑːkiˈɔlədʒi] *n* arkeologi *c*

archbishop [ˌɑːtʃˈbiʃəp] *n* erkebiskop *c*

arched [ɑːtʃt] *adj* bueformet

architect [ˈɑːkitekt] *n* arkitekt *c*

architecture [ˈɑːkitektʃə] *n* byggekunst *c,* arkitektur *c*

archives [ˈɑːkaivz] *pl* arkiv *nt*

are [ɑː] *v* (pr be)

area [ˈeəriə] *n* område *nt;* areal *nt;* ~ code fjernvalgnummer *nt*

Argentina [ˌɑːdʒənˈtiːnə] Argentina

Argentinian [ˌɑːdʒənˈtiniən] *adj* argentinsk; *n* argentiner *c*

argue [ˈɑːgjuː] *v* diskutere, debattere, argumentere; trette

argument [ˈɑːgjumənt] *n* argument *nt;* diskusjon *c*

arid [ˈærid] *adj* uttørret

***arise** [əˈraiz] *v* *oppstå

arithmetic [əˈriθmətik] *n* regning *c*

arm [ɑːm] *n* arm *c;* våpen *nt;* armlene *nt;* *v* bevæpne

armchair [ˈɑːmtʃeə] *n* lenestol *c*

armed [ɑːmd] *adj* bevæpnet; ~ forces væpnede styrker

armour [ˈɑːmə] *n* rustning *c*

army [ˈɑːmi] *n* armé *c*

aroma [əˈroumə] *n* aroma *c*

around [əˈraund] *prep* omkring; *adv* rundt

arrange [əˈreindʒ] *v* ordne; arrangere

arrangement [əˈreindʒmənt] *n* ordning *c*

arrest [əˈrest] *v* arrestere; *n* arrestasjon *c,* pågripelse *c*

arrival [əˈraivəl] *n* ankomst *c*

arrive [əˈraiv] *v* *ankomme

arrow [ˈærou] *n* pil *c*

art [ɑːt] *n* kunst *c;* kunstferdighet *c;* ~ collection kunstsamling *c;* ~ exhibition kunstutstilling *c;* ~ gallery kunstgalleri *nt;* ~ history kunsthistorie *c;* arts and crafts kunst og håndverk; ~ school kunstakademi *nt*

artery [ˈɑːtəri] *n* pulsåre *c*

artichoke [ˈɑːtitʃouk] *n* artisjokk *c*

article [ˈɑːtikəl] *n* gjenstand *c;* artikkel *c*

artifice [ˈɑːtifis] *n* list *c*

artificial [ˌɑːtiˈfiʃəl] *adj* kunstig

artist [ˈɑːtist] *n* kunstner *c;* kunstnerinne *c*

artistic [ɑːˈtistik] *adj* kunstnerisk, artistisk

as [æz] *conj* liksom, som; like; fordi, ettersom; ~ from fra; fra og med; ~ if som om

asbestos [æzˈbestɔs] *n* asbest *c*

ascend [əˈsend] *v* *stige; *stige opp; *bestige

ascent [əˈsent] *n* stigning *c;* oppstigning *c*

ascertain [ˌæsəˈtein] *v* konstatere; forvisse seg om, *fastslå

ash [æʃ] n aske c

ashamed [ə'ʃeimd] adj skamfull; *be ~ skamme seg

ashore [ə'ʃɔ:] adv i land

ashtray ['æʃtrei] n askebeger nt

Asia ['eiʃə] Asia

Asian ['eiʃən] adj asiatisk; n asiat c

aside [ə'said] adv til siden, i *be; til side

ask [ɑ:sk] v *spørre; *be; *innby

asleep [ə'sli:p] adj sovende

asparagus [ə'spærəgəs] n asparges c

aspect ['æspekt] n utseende nt; aspekt nt

asphalt ['æsfælt] n asfalt c

aspire [ə'spaiə] v strebe

aspirin ['æspərin] n aspirin c

ass [æs] n esel nt

assassination [ə,sæsi'neiʃən] n mord nt

assault [ə'sɔ:lt] v *angripe; *overfalle

assemble [ə'sembəl] v samle, *sette sammen

assembly [ə'sembli] n forsamling c, sammenkomst c

assignment [ə'sainmənt] n oppdrag nt

assign to [ə'sain] tildele; *tilskrive

assist [ə'sist] v *bistå, *hjelpe; ~ at *hjelpe til med

assistance [ə'sistəns] n hjelp c; assistanse c, understøttelse c

assistant [ə'sistənt] n assistent c

associate[1] [ə'souʃiət] n partner c, kompanjong c; forbundsfelle c; medlem nt

associate[2] [ə'souʃieit] v *forbinde; ~ with *omgås

association [ə,sousi'eiʃən] n forening c

assort [ə'sɔ:t] v sortere

assortment [ə'sɔ:tmənt] n utvalg nt, sortiment nt

assume [ə'sju:m] v *anta, formode

assure [ə'ʃuə] v forsikre

asthma ['æsmə] n astma c

astonish [ə'stɔniʃ] v forbløffe, forbause

astonishing [ə'stɔniʃiŋ] adj forbausende

astonishment [ə'stɔniʃmənt] n forbauselse c

astronomy [ə'strɔnəmi] n astronomi c

asylum [ə'sailəm] n asyl nt

at [æt] prep på, hos, i

ate [et] v (p eat)

atheist ['eiθiist] n ateist c

athlete ['æθli:t] n idrettsutøver c

athletics [æθ'letiks] pl friidrett c

Atlantic [ət'læntik] Atlanterhavet

atmosphere ['ætməsfiə] n atmosfære c; stemning c

atom ['ætəm] n atom nt

atomic [ə'tɔmik] adj atom-

atomizer ['ætəmaizə] n sprayflaske c; spray c, vaporisator c

attach [ə'tætʃ] v feste; *vedlegge; attached to knnytte til

attack [ə'tæk] v *angripe; n angrep nt

attain [ə'tein] v oppnå

attainable [ə'teinəbəl] adj oppnåelig

attempt [ə'tempt] v forsøke, prøve; n forsøk nt

attend [ə'tend] v *overvære; ~ on betjene; ~ to *ta hånd om, *ta seg av; *være oppmerksom på

attendance [ə'tendəns] n deltakelse c

attendant [ə'tendənt] n vakt c

attention [ə'tenʃən] n oppmerksomhet c; *pay ~ *være oppmerksom

attentive [ə'tentiv] adj oppmerksom

attic ['ætik] n loft nt

attitude ['ætitju:d] n holdning c

attorney [ə'tə:ni] n advokat c

attract [ə'trækt] v *tiltrekke

attraction [ə'trækʃən] n attraksjon c; tiltrekning c, sjarm c

attractive [ə'træktiv] adj tiltrekkende

auburn ['ɔ:bən] adj kastanjebrun

auction ['ɔ:kʃən] n auksjon c
audible ['ɔ:dibəl] adj hørbar
audience ['ɔ:diəns] n publikum nt
auditor ['ɔ:ditə] n tilhører c
auditorium [,ɔ:di'tɔ:riəm] n auditorium nt
August ['ɔ:gəst] august
aunt [ɑ:nt] n tante c
Australia [ɔ'streiliə] Australia
Australian [ɔ'streiliən] adj australsk;
  n australier c
Austria ['ɔstriə] Østerrike
Austrian ['ɔstriən] adj østerriksk; n
  østerriker c
authentic [ɔ:'θentik] adj autentisk;
  ekte
author ['ɔ:θə] n forfatter c
authoritarian [ɔ:,θɔri'tɛəriən] adj autoritær
authority [ɔ:'θɔrəti] n autoritet c;
  myndighet c; authorities pl myndigheter
authorization [,ɔ:θərai'zeiʃən] n tillatelse c; autorisasjon c
automatic [,ɔ:tə'mætik] adj automatisk
automation [,ɔ:tə'meiʃən] n automatisering c
automobile ['ɔ:təməbi:l] n bil c; ~
  club automobilklubb c
autonomous [ɔ:'tɔnəməs] adj selvstyrt
autopsy ['ɔ:tɔpsi] n obduksjon c
autumn ['ɔ:təm] n høst c
available [ə'veiləbəl] adj tilgjengelig,
  disponibel, for hånden
avalanche ['ævəlɑ:nʃ] n snøskred nt
avaricious [,ævə'riʃəs] adj grisk
avenue ['ævənju:] n aveny c
average ['ævəridʒ] adj gjennomsnittlig; n gjennomsnitt nt; on the ~ i
  gjennomsnitt
averse [ə'və:s] adj uvillig
aversion [ə'və:ʃən] n motvilje c
avert [ə'və:t] v vende bort

avoid [ə'vɔid] v *unngå; *unnvike
await [ə'weit] v vente på, avvente
awake [ə'weik] adj våken
*awake [ə'weik] v vekke
award [ə'wɔ:d] n pris c; v tildele
aware [ə'wɛə] adj klar over
away [ə'wei] adv bort; *go ~ reise
  bort
awful ['ɔ:fəl] adj forferdelig, redselsfull
awkward ['ɔ:kwəd] adj pinlig; klosset
awning ['ɔ:niŋ] n markise c
axe [æks] n øks c
axle ['æksəl] n aksel c

B

baby ['beibi] n baby c; ~ carriage
  Am barnevogn c
babysitter ['beibi,sitə] n barnevakt c
bachelor ['bætʃələ] n ungkar c
back [bæk] n rygg c; adv tilbake; *go
  ~ vende tilbake
backache ['bækeik] n ryggsmerter pl
backbone ['bækboun] n ryggrad c
background ['bækgraund] n bakgrunn
  c; utdannelse c
backwards ['bækwədz] adv baklengs
bacon ['beikən] n bacon nt
bacterium [bæk'ti:riəm] n (pl -ria)
  bakterie c
bad [bæd] adj dårlig; alvorlig; slem
bag [bæg] n pose c; veske c, håndveske c; koffert c
baggage ['bægidʒ] n bagasje c; ~ deposit office Am bagasjeoppbevaring c; hand ~ håndbagasje c
bail [beil] n kausjon c
bailiff ['beilif] n fogd c
bait [beit] n agn nt
bake [beik] v bake
baker ['beikə] n baker c

bakery ['beikəri] n bakeri nt

balance ['bæləns] n likevekt c; balanse c; saldo c

balcony ['bælkəni] n balkong c

bald [bɔ:ld] adj skallet

ball [bɔ:l] n ball c; ball nt

ballet ['bælei] n ballett c

balloon [bə'lu:n] n ballong c

ballpoint-pen ['bɔ:lpointpen] n kulepenn c

ballroom ['bɔ:lru:m] n ballsal c

bamboo [bæm'bu:] n (pl ~s) bambus c

banana [bə'nɑ:nə] n banan c

band [bænd] n orkester nt; bånd nt

bandage ['bændidʒ] n bandasje c

bandit ['bændit] n banditt c

bangle ['bæŋgəl] n armbånd nt

banisters ['bænistəz] pl gelender nt

bank [bæŋk] n bredd c; bank c; v *sette i banken; ~ account bankkonto c

banknote ['bæŋknout] n pengeseddel c

bank-rate ['bæŋkreit] n diskonto c

bankrupt ['bæŋkrʌpt] adj konkurs, fallitt

banner ['bænə] n banner nt

banquet ['bæŋkwit] n bankett c

banqueting-hall ['bæŋkwitiŋhɔ:l] n bankettsal c

baptism ['bæptizəm] n dåp c

baptize [bæp'taiz] v døpe

bar [bɑ:] n bar c; stang c

barber ['bɑ:bə] n frisør c

bare [beə] adj naken, bar

barely ['beəli] adv så vidt

bargain ['bɑ:gin] n godt kjøp; v *kjøpslå, prute

baritone ['bæritoun] n baryton c

bark [bɑ:k] n bark c; v gjø

barley ['bɑ:li] n bygg nt

barmaid ['bɑ:meid] n barpike c

barman ['bɑ:mən] n (pl -men) bar-

tender c

barn [bɑ:n] n låve c

barometer [bə'rɔmitə] n barometer nt

baroque [bə'rɔk] adj barokk

barracks ['bærəks] pl kaserne c

barrel ['bærəl] n fat nt, tønne c

barrier ['bæriə] n barriere c; bom c

barrister ['bæristə] n advokat c

bartender ['bɑ:ˌtendə] n bartender c

base [beis] n base c, basis c; fundament nt; v basere

baseball ['beisbɔ:l] n baseball c

basement ['beismənt] n kjelleretasje c

basic ['beisik] adj grunnleggende

basilica [bə'zilikə] n basilika c

basin ['beisən] n bolle c

basis ['beisis] n (pl bases) basis c, grunnlag nt

basket ['bɑ:skit] n kurv c

bass¹ [beis] n bass c

bass² [bæs] n (pl ~) åbor c

bastard ['bɑ:stəd] n bastard c; skurk c

batch [bætʃ] n bunke c

bath [bɑ:θ] n bad nt; ~ salts badesalt nt; ~ towel badehåndkle nt

bathe [beið] v bade

bathing-cap ['beiðiŋkæp] n badehette c

bathing-suit ['beiðiŋsu:t] n badedrakt c; badebukse c

bathrobe ['bɑ:θroub] n badekåpe c

bathroom ['bɑ:θru:m] n badeværelse nt; toalett nt

batter ['bætə] n deig c

battery ['bætəri] n batteri nt

battle ['bætəl] n slag nt; kamp c, strid c; v kjempe

bay [bei] n bukt c; v gjø

*be [bi:] v *være

beach [bi:tʃ] n strand c; nudist ~ nudistbadestrand c

bead [bi:d] n perle c; beads pl perlekjede nt; rosenkrans c

beak [bi:k] *n* nebb *nt*

beam [bi:m] *n* stråle *c*; bjelke *c*

bean [bi:n] *n* bønne *c*

bear [beə] *n* bjørn *c*

*bear [beə] *v* *bære; tåle; *holde ut

beard [biəd] *n* skjegg *nt*

bearer ['beərə] *n* innehaver *c*

beast [bi:st] *n* dyr *nt*; ~ of prey rovdyr *nt*

beat [bi:t] *n* rytme *c*; slag *nt*

*beat [bi:t] *v* *slå

beautiful ['bju:tifəl] *adj* vakker

beauty ['bju:ti] *n* skjønnhet *c*; ~ parlour skjønnhetssalong *c*; ~ salon skjønnhetssalong *c*; ~ treatment skjønnhetspleie *c*

beaver ['bi:və] *n* bever *c*

because [bi'kɔz] *conj* fordi; ettersom; ~ of på grunn av

*become [bi'kʌm] *v* *bli; kle

bed [bed] *n* seng *c*; ~ and board kost og losji, full pensjon; ~ and breakfast værelse med frokost

bedding ['bediŋ] *n* sengetøy *nt*

bedroom ['bedru:m] *n* soveværelse *nt*

bee [bi:] *n* bie *c*

beech [bi:tʃ] *n* bøk *c*

beef [bi:f] *n* oksekjøtt *nt*

beehive ['bi:haiv] *n* bikube *c*

been [bi:n] *v* (pp be)

beer [biə] *n* øl *nt*

beet [bi:t] *n* bete *c*

beetle ['bi:təl] *n* bille *c*

beetroot ['bi:tru:t] *n* rødbete *c*

before [bi'fɔ:] *prep* før; foran; *conj* før; *adv* tidligere

beg [beg] *v* tigge; *bønnfalle; *be

beggar ['begə] *n* tigger *c*

*begin [bi'gin] *v* begynne; starte

beginner [bi'ginə] *n* nybegynner *c*

beginning [bi'giniŋ] *n* begynnelse *c*; start *c*

on behalf of [ɔn bi'ha:f ɔv] på vegne av; til fordel for

behave [bi'heiv] *v* oppføre seg

behaviour [bi'heivjə] *n* oppførsel *c*

behind [bi'haind] *prep* bak; *adv* bak

beige [beiʒ] *adj* beige

being ['bi:iŋ] *n* vesen *nt*

Belgian ['beldʒən] *adj* belgisk; *n* belgier *c*

Belgium ['beldʒəm] Belgia

belief [bi'li:f] *n* tro *c*

believe [bi'li:v] *v* tro

bell [bel] *n* klokke *c*; ringeklokke *c*

bellboy ['belbɔi] *n* pikkolo *c*

belly ['beli] *n* mage *c*

belong [bi'lɔŋ] *v* tilhøre

belongings [bi'lɔŋiŋz] *pl* eiendeler

beloved [bi'lʌvd] *adj* elsket

below [bi'lou] *prep* nedenfor; under; *adv* nede

belt [belt] *n* belte *nt*; garter ~ *Am* strømpeholder *c*

bench [bentʃ] *n* benk *c*

bend [bend] *n* sving *c*, bøyning *c*; krumning *c*

*bend [bend] *v* bøye; ~ down bøye seg

beneath [bi'ni:θ] *prep* under; *adv* under

benefit ['benifit] *n* utbytte *nt*; fordel *c*; *v* *ha fordel av

bent [bent] *adj* (pp bend) bøyd

beret ['berei] *n* alpelue *c*

berry ['beri] *n* bær *nt*

berth [bə:θ] *n* køye *c*

beside [bi'said] *prep* ved siden av

besides [bi'saidz] *adv* dessuten; forresten; *prep* foruten

best [best] *adj* best

bet [bet] *n* veddemål *nt*; innsats *c*

*bet [bet] *v* vedde

betray [bi'trei] *v* forråde

better ['betə] *adj* bedre

between [bi'twi:n] *prep* mellom

beverage ['bevəridʒ] *n* drikk *c*

beware [bi'weə] *v* *ta seg i vare, vokte seg

bewitch [bi'witʃ] v forhekse

beyond [bi'jɔnd] *prep* hinsides; på den andre siden av; ut over; *adv* bortenfor

bible ['baibəl] n bibel c

bicycle ['baisikəl] n sykkel c

big [big] *adj* stor; omfangsrik; tykk; viktig

bile [bail] n galle c

bilingual [bai'liŋgwəl] *adj* tospråklig

bill [bil] n regning c, nota c; v fakturere

billiards ['biljədz] *pl* biljard c

***bind** [baind] v *binde

binding ['baindiŋ] n bokbind nt

binoculars [bi'nɔkjələz] *pl* kikkert c

biology [bai'ɔlədʒi] n biologi c

birch [bəːtʃ] n bjørk c

bird [bəːd] n fugl c

birth [bəːθ] n fødsel c

birthday ['bəːθdei] n fødselsdag c

biscuit ['biskit] n småkake c

bishop ['biʃəp] n biskop c

bit [bit] n bit c; smule c

bitch [bitʃ] n tispe c

bite [bait] n bit c; stikk nt

***bite** [bait] v *bite

bitter ['bitə] *adj* bitter

black [blæk] *adj* svart; ~ **market** svartebørs c

blackberry ['blækbəri] n bjørnebær nt

blackbird ['blækbəːd] n svarttrost c

blackboard ['blækbɔːd] n tavle c

black-currant [ˌblæk'kʌrənt] n solbær nt

blackmail ['blækmeil] n pengeutpresning c; v presse penger av

blacksmith ['blæksmiθ] n grovsmed c

bladder ['blædə] n blære c

blade [bleid] n blad nt; ~ **of grass** gresstrå nt

blame [bleim] n skyld c; bebreidelse c; v klandre, bebreide

blank [blæŋk] *adj* blank

blanket ['blæŋkit] n ullteppe nt; teppe nt

blast [blɑːst] n eksplosjon c

blazer ['bleizə] n blazer c, sportsjakke c

bleach [bliːtʃ] v bleke

bleak [bliːk] *adj* ødslig, barsk

***bleed** [bliːd] v blø; flå

bless [bles] v velsigne

blessing ['blesiŋ] n velsignelse c

blind [blaind] n persienne c, rullegardin c/nt; *adj* blind; v blende

blister ['blistə] n blemme c, gnagsår nt

blizzard ['blizəd] n snøstorm c

block [blɔk] v sperre, blokkere; n kloss c; kvartal nt; ~ **of flats** leiegård c

blonde [blɔnd] n blondine c

blood [blʌd] n blod nt; ~ **pressure** blodtrykk nt

blood-poisoning ['blʌdˌpɔizəniŋ] n blodforgiftning c

blood-vessel ['blʌdˌvesəl] n blodkar nt

blot [blɔt] n flekk c; **blotting paper** trekkpapir nt

blouse [blauz] n bluse c

blow [blou] n fik c, slag nt; vindkast nt

***blow** [blou] v blåse

blow-out ['blouaut] n punktering c

blue [bluː] *adj* blå; nedtrykt

blunt [blʌnt] *adj* sløv; butt

blush [blʌʃ] v rødme

board [bɔːd] n planke c; tavle c; pensjon c; styre nt; ~ **and lodging** kost og losji, full pensjon

boarder ['bɔːdə] n pensjonær c

boarding-house ['bɔːdiŋhaus] n pensjonat nt

boarding-school ['bɔːdiŋskuːl] n pensjonatskole c

boast [boust] v *skryte

boat [bout] n båt c, skip nt

body ['bɔdi] n kropp c; legeme nt

bodyguard ['bɔdigɑ:d] n livvakt c

body-work ['bɔdiwə:k] n karosseri nt

bog [bɔg] n myr c

boil [bɔil] v koke; n byll c

bold [bould] adj dristig; frekk

Bolivia [bə'liviə] Bolivia

Bolivian [bə'liviən] adj boliviansk; n bolivianer c

bolt [boult] n slå c; bolt c

bomb [bɔm] n bombe c; v bombardere

bond [bɔnd] n obligasjon c

bone [boun] n bein nt; fiskebein nt; v skjære ut bein

bonnet ['bɔnit] n bilpanser nt

book [buk] n bok c; v reservere, bestille; bokføre

booking ['bukiŋ] n bestilling c, reservasjon c

bookmaker ['buk,meikə] n totalisator c

bookseller ['buk,selə] n bokhandler c

bookstand ['bukstænd] n bokstand c

bookstore ['bukstɔ:] n bokhandel c

boot [bu:t] n støvel c; bagasjerom nt

booth [bu:ð] n bu c; bås c

border ['bɔ:də] n grense c; kant c

bore[1] [bɔ:] v kjede; bore; n kjedelig person

bore[2] [bɔ:] v (p bear)

boring ['bɔ:riŋ] adj kjedelig

born [bɔ:n] adj født

borrow ['bɔrou] v låne

bosom ['buzəm] n barm c; bryst c

boss [bɔs] n boss c, sjef c

botany ['bɔtəni] n botanikk c

both [bouθ] adj begge; **both ... and** både ... og

bother ['bɔðə] v plage; bry seg; n bry nt

bottle ['bɔtəl] n flaske c; ~ **opener** flaskeåpner c; **hot-water** ~ varmeflaske c

bottleneck ['bɔtəlnek] n flaskehals c

bottom ['bɔtəm] n bunn c; akterspeil nt, bak c; adj underste

bough [bau] n gren c

bought [bɔ:t] v (p, pp buy)

boulder ['bouldə] n rullestein c

bound [baund] n grense c; *be ~ to *måtte; ~ **for** på vei til

boundary ['baundəri] n grense c

bouquet [bu'kei] n bukett c

bourgeois ['buəʒwɑ:] adj spissborgerlig

boutique [bu'ti:k] n butikk c

bow[1] [bau] v bukke

bow[2] [bou] n bue c; ~ **tie** sløyfe c

bowels [bauəlz] pl tarmer

bowl [boul] n bolle c

bowling ['bouliŋ] n kilespill nt, bowling c; ~ **alley** bowlingbane c

box[1] [bɔks] v bokse; **boxing match** boksekamp c

box[2] [bɔks] n eske c

box-office ['bɔks,ɔfis] n billettluke c, billettkontor nt

boy [bɔi] n gutt c; tjener c; ~ **scout** guttespeider c

bra [brɑ:] n brystholder c

bracelet ['breislit] n armbånd nt

braces ['breisiz] pl bukseseler pl

brain [brein] n hjerne c; forstand c

brain-wave ['breinweiv] n innfall nt

brake [breik] n bremse c; ~ **drum** bremsetrommel c; ~ **lights** bremselys pl

branch [brɑ:ntʃ] n gren c; filial c

brand [brænd] n merke nt; brennemerke nt

brand-new [,brænd'nju:] adj splinter ny

brass [brɑ:s] n messing c; ~ **band** hornorkester nt

brassiere ['bræziə] n brystholder c

brave [breiv] adj modig, tapper

Brazil [brə'zil] Brasil
Brazilian [brə'ziljən] *adj* brasiliansk; *n* brasilianer *c*
breach [bri:tʃ] *n* åpning *c*
bread [bred] *n* brød *nt;* **wholemeal** ~ helkornbrød *nt*
breadth [bredθ] *n* bredde *c*
break [breik] *n* brudd *nt;* frikvarter *nt*
***break** [breik] *v* *bryte; ~ **down** *gå i stykker; inndele
breakdown ['breikdaun] *n* maskinskade *c*, motorstopp *c/nt*
breakfast ['brekfəst] *n* frokost *c*
bream [bri:m] *n* (pl ~) brasme *c*
breast [brest] *n* bryst *nt*
breaststroke ['breststrouk] *n* brystsvømming *c*
breath [breθ] *n* pust *c*
breathe [bri:ð] *v* puste
breathing ['bri:ðiŋ] *n* åndedrett *nt*
breed [bri:d] *n* rase *c;* slag *nt*
***breed** [bri:d] *v* ale opp, oppdrette
breeze [bri:z] *n* bris *c*
brew [bru:] *v* brygge
brewery ['bru:əri] *n* bryggeri *nt*
bribe [braib] *v* *bestikke
bribery ['braibəri] *n* bestikkelse *c*
brick [brik] *n* murstein *c*
bricklayer ['brikleiə] *n* murer *c*
bride [braid] *n* brud *c*
bridegroom ['braidgru:m] *n* brudgom *c*
bridge [bridʒ] *n* bro *c;* bridge *c*
brief [bri:f] *adj* kort; kortfattet
briefcase ['bri:fkeis] *n* dokumentmappe *c*
briefs [bri:fs] *pl* truse *c*
bright [brait] *adj* skinnende; oppvakt
brill [bril] *n* slettvar *c*
brilliant ['briljənt] *adj* strålende; begavet
brim [brim] *n* rand *c*
***bring** [briŋ] *v* *ta med, *bringe;

*medbringe; ~ **back** *bringe tilbake; ~ **up** *oppdra; *ta opp
brisk [brisk] *adj* livlig
Britain ['britən] Britannia
British ['britiʃ] *adj* britisk
Briton ['britən] *n* brite *c*
broad [brɔ:d] *adj* bred; utstrakt, vidstrakt; almen
broadcast ['brɔ:dka:st] *n* sending *c*
***broadcast** ['brɔ:dka:st] *v* kringkaste
brochure ['brouʃuə] *n* brosjyre *c*
broke¹ [brouk] *v* (p break)
broke² [brouk] *adj* blakk
broken ['broukən] *adj* (pp break) knust, i stykker; i uorden
broker ['broukə] *n* megler *c*
bronchitis [brɔŋ'kaitis] *n* bronkitt *c*
bronze [brɔnz] *n* bronse *c; adj* bronse-
brooch [broutʃ] *n* brosje *c*
brook [bruk] *n* bekk *c*
broom [bru:m] *n* kost *c*
brothel ['brɔθəl] *n* bordell *nt*
brother ['brʌðə] *n* bror *c*
brother-in-law ['brʌðərinlɔ:] *n* (pl brothers-) svoger *c*
brought [brɔ:t] *v* (p, pp bring)
brown [braun] *adj* brun
bruise [bru:z] *n* blått merke; *v* *slå
brunette [bru:'net] *n* brunette *c*
brush [brʌʃ] *n* børste *c;* pensel *c; v* børste
brutal ['bru:təl] *adj* brutal
bubble ['bʌbəl] *n* boble *c*
bucket ['bʌkit] *n* spann *nt*
buckle ['bʌkəl] *n* spenne *c*
bud [bʌd] *n* knopp *c*
budget ['bʌdʒit] *n* budsjett *nt*
buffet ['bufei] *n* koldtbord *nt*
bug [bʌg] *n* veggedyr *nt;* bille *c;* insekt *nt*
***build** [bild] *v* bygge
building ['bildiŋ] *n* bygning *c*
bulb [bʌlb] *n* blomsterløk *c;* **light** ~

lyspære c

Bulgaria [bʌlˈgeəriə] Bulgaria

Bulgarian [bʌlˈgeəriən] *adj* bulgarsk; *n* bulgarer c

bulk [bʌlk] *n* last c; masse c; størsteparten c

bulky [ˈbʌlki] *adj* fyldig, omfangsrik

bull [bul] *n* tyr c, okse c

bullet [ˈbulit] *n* kule c

bullfight [ˈbulfait] *n* tyrefektning c

bullring [ˈbulriŋ] *n* tyrefektningsarena c

bump [bʌmp] *v* støte; støte sammen; dunke; *n* støt nt

bumper [ˈbʌmpə] *n* støtfanger c

bumpy [ˈbʌmpi] *adj* humpet

bun [bʌn] *n* hvetebolle c

bunch [bʌntʃ] *n* bukett c; flokk c

bundle [ˈbʌndəl] *n* bunt c; *v* bunte, *binde sammen

bunk [bʌŋk] *n* køye c

buoy [bɔi] *n* bøye c

burden [ˈbəːdən] *n* byrde c

bureau [ˈbjuərou] *n* (pl ~x, ~s) skrivebord nt; kommode c

bureaucracy [bjuəˈrɔkrəsi] *n* byråkrati nt

burglar [ˈbəːglə] *n* innbruddstyv c

burgle [ˈbəːgəl] *v* *begå innbrudd

burial [ˈberiəl] *n* begravelse c

burn [bəːn] *n* brannsår nt

***burn** [bəːn] *v* *brenne; *svi

***burst** [bəːst] *v* *sprekke; *briste

bury [ˈberi] *v* begrave; grave ned

bus [bʌs] *n* buss c

bush [buʃ] *n* busk c

business [ˈbiznəs] *n* forretninger pl, handel c; virksomhet c, forretning c; yrke nt; affære c; ~ **hours** åpningstid c, kontortid c; ~ **trip** forretningsreise c; **on** ~ i forretninger

business-like [ˈbiznislaik] *adj* forretningsmessig

businessman [ˈbiznəsmən] *n* (pl -men) forretningsmann c

bust [bʌst] *n* byste c

bustle [ˈbʌsəl] *n* travelhet c

busy [ˈbizi] *adj* opptatt; travel

but [bʌt] *conj* men; dog; *prep* unntatt

butcher [ˈbutʃə] *n* slakter c

butter [ˈbʌtə] *n* smør nt

butterfly [ˈbʌtəflai] *n* sommerfugl c; ~ **stroke** butterfly c

buttock [ˈbʌtək] *n* rumpeballe c

button [ˈbʌtən] *n* knapp c; *v* knappe

buttonhole [ˈbʌtənhoul] *n* knapphull nt

***buy** [bai] *v* kjøpe; anskaffe

buyer [ˈbaiə] *n* kjøper c

by [bai] *prep* av; med; ved

by-pass [ˈbaipɑːs] *n* ringvei c; *v* *omgå

C

cab [kæb] *n* drosje c

cabaret [ˈkæbərei] *n* kabaret c; nattklubb c

cabbage [ˈkæbidʒ] *n* kål c

cab-driver [ˈkæbˌdraivə] *n* drosjesjåfør c

cabin [ˈkæbin] *n* kabin c; hytte c; omkledningskabin c; lugar c

cabinet [ˈkæbinət] *n* kabinett c

cable [ˈkeibəl] *n* kabel c; telegram nt; *v* telegrafere

café [ˈkæfei] *n* kafé c

cafeteria [ˌkæfəˈtiəriə] *n* kafeteria c

caffeine [ˈkæfiːn] *n* kaffein c

cage [keidʒ] *n* bur nt

cake [keik] *n* kake c

calamity [kəˈlæməti] *n* ulykke c, katastrofe c

calcium [ˈkælsiəm] *n* kalsium nt

calculate [ˈkælkjuleit] *v* regne ut

calculation [ˌkælkjuˈleiʃən] *n* utreg-

ning *c*
calendar [ˈkæləndə] *n* kalender *c*
calf [kɑːf] *n* (pl calves) kalv *c*; legg *c*; ~ **skin** kalveskinn *nt*
call [kɔːl] *v* rope; kalle; ringe opp; *n* rop *nt*; besøk *nt*, visitt *c*; oppringning *c*; •**be called** *hete; ~ **names** skjelle ut; ~ **on** besøke; ~ **up** *Am* ringe opp
callus [ˈkæləs] *n* hard hud
calm [kɑːm] *adj* stille, rolig; ~ **down** berolige; roe seg, falle til ro
calorie [ˈkæləri] *n* kalori *c*
Calvinism [ˈkælvinizəm] *n* kalvinisme *c*
came [keim] *v* (p come)
camel [ˈkæməl] *n* kamel *c*
cameo [ˈkæmiou] *n* (pl ~s) kamé *c*
camera [ˈkæmərə] *n* fotografiapparat *nt*; filmkamera *nt*; ~ **shop** fotoforretning *c*
camp [kæmp] *n* leir *c*; *v* campe
campaign [kæmˈpein] *n* kampanje *c*
camp-bed [ˌkæmpˈbed] *n* feltseng *c*
camper [ˈkæmpə] *n* campinggjest *c*
camping [ˈkæmpiŋ] *n* camping *c*; ~ **site** campingplass *c*
camshaft [ˈkæmʃɑːft] *n* kamaksel *c*
can [kæn] *n* boks *c*; ~ **opener** boksåpner *c*
•**can** [kæn] *v* *kan
Canada [ˈkænədə] Canada
Canadian [kəˈneidiən] *adj* kanadisk; *n* kanadier *c*
canal [kəˈnæl] *n* kanal *c*
canary [kəˈneəri] *n* kanarifugl *c*
cancel [ˈkænsəl] *v* annullere; avbestille
cancellation [ˌkænsəˈleiʃən] *n* annullering *c*
cancer [ˈkænsə] *n* kreft *c*
candid [ˈkændid] *adj* åpen, oppriktig
candidate [ˈkændidət] *n* kandidat *c*
candle [ˈkændəl] *n* stearinlys *nt*

candy [ˈkændi] *nAm* sukkertøy *nt*; gotter *pl*, søtsaker *pl*; ~ **store** *Am* sjokadeforretning *c*
cane [kein] *n* rør *nt*; stokk *c*
canister [ˈkænistə] *n* boks *c*
canoe [kəˈnuː] *n* kano *c*
canteen [kænˈtiːn] *n* kantine *c*
canvas [ˈkænvəs] *n* seilduk *c*
cap [kæp] *n* lue *c*, skyggelue *c*
capable [ˈkeipəbəl] *adj* dyktig, kompetent
capacity [kəˈpæsəti] *n* kapasitet *c*; evne *c*
cape [keip] *n* cape *c*; kapp *nt*
capital [ˈkæpitəl] *n* hovedstad *c*; kapital *c*; *adj* viktig, hoved-; ~ **letter** stor bokstav
capitalism [ˈkæpitəlizəm] *n* kapitalisme *c*
capitulation [kəˌpitjuˈleiʃən] *n* kapitulasjon *c*
capsule [ˈkæpsjuːl] *n* kapsel *c*
captain [ˈkæptin] *n* kaptein *c*; flykaptein *c*
capture [ˈkæptʃə] *v* fange, *ta til fange; erobre; *n* arrestasjon *c*; erobring *c*
car [kɑː] *n* bil *c*; ~ **hire** bilutleie *c*; ~ **park** parkeringsplass *c*; ~ **rental** *Am* bilutleie *c*
carafe [kəˈræf] *n* karaffel *c*
caramel [ˈkærəməl] *n* karamell *c*
carat [ˈkærət] *n* karat *c*
caravan [ˈkærəvæn] *n* campingvogn *c*; husvogn *c*
carburettor [ˌkɑːbjuˈretə] *n* forgasser *c*
card [kɑːd] *n* kort *nt*; brevkort *nt*
cardboard [ˈkɑːdbɔːd] *n* papp *c*; *adj* kartong-
cardigan [ˈkɑːdigən] *n* ulljakke *c*
cardinal [ˈkɑːdinəl] *n* kardinal *c*; *adj* hoved-
care [keə] *n* omsorg *c*; bekymring *c*;

~ **about** bekymre seg om; ~ **for** bry seg om; *****take** ~ **of** passe på, *****ta vare på
career [kə'riə] n karriere c
carefree ['kɛəfri:] adj ubekymret
careful ['kɛəfəl] adj forsiktig; omhyggelig, nøyaktig
careless ['kɛələs] adj likegyldig, skjødesløs
caretaker ['kɛə,teikə] n vaktmester c
cargo ['ka:gou] n (pl ~es) last c, frakt c
carnival ['ka:nivəl] n karneval nt
carp [ka:p] n (pl ~) karpe c
carpenter ['ka:pintə] n snekker c
carpet ['ka:pit] n gulvteppe nt, teppe nt
carriage ['kæridʒ] n passasjervogn c; hestevogn c, vogn c
carriageway ['kæridʒwei] n kjørebane c
carrot ['kærət] n gulrot c
carry ['kæri] v *bære; føre; ~ **on** *fortsette; ~ **out** utføre
carry-cot ['kærikɔt] n babybag c
cart [ka:t] n kjerre c
cartilage ['ka:tilidʒ] n brusk c
carton ['ka:tən] n kartong c
cartoon [ka:'tu:n] n tegnefilm c
cartridge ['ka:tridʒ] n patron c
carve [ka:v] v *skjære; *skjære i, *skjære ut
carving ['ka:viŋ] n utskjæring c, skurd c
case [keis] n tilfelle nt; sak c; koffert c; etui nt; **attaché** ~ dokumentmappe c; **in** ~ hvis; **in** ~ **of** i tilfelle av
cash [kæʃ] n kontanter pl; v innkassere, heve
cashier [kæ'ʃiə] n kasserer c; kassererske c
cashmere ['kæʃmiə] n kasjmir c
casino [kə'si:nou] n (pl ~s) kasino nt

cask [ka:sk] n fat nt, tønne c
cast [ka:st] n kast nt
*****cast** [ka:st] v kaste; **cast iron** støpejern nt
castle ['ka:səl] n slott nt, borg c
casual ['kæʒuəl] adj uformell; tilfeldig, flyktig
casualty ['kæʒuəlti] n ulykke c; offer nt
cat [kæt] n katt c
catacomb ['kætəkoum] n katakombe c
catalogue ['kætəlɔg] n katalog c
catarrh [kə'ta:] n katarr c
catastrophe [kə'tæstrəfi] n katastrofe c
*****catch** [kætʃ] v fange; *gripe; overrumple; nå, *rekke
category ['kætigəri] n kategori c
caterer [,keitərər] n matleverandør c
cathedral [kə'θi:drəl] n katedral c, domkirke c
catholic ['kæθəlik] adj katolsk
cattle ['kætəl] pl kveg nt
caught [kɔ:t] v (p, pp catch)
cauliflower ['kɔliflauə] n blomkål c
cause [kɔ:z] v forårsake; volde; n årsak c; grunn c; sak c; ~ **to** *få til å
causeway ['kɔ:zwei] n opphøyd vei c
caution ['kɔ:ʃən] n forsiktighet c; v advare
cautious ['kɔ:ʃəs] adj forsiktig
cave [keiv] n grotte c; hule c
cavern ['kævən] n hule c
caviar ['kævia:] n kaviar c
cavity ['kævəti] n hulrom nt
cease [si:s] v opphøre
ceiling ['si:liŋ] n tak c
celebrate ['selibreit] v feire
celebration [,seli'breiʃən] n feiring c
celebrity [si'lebrəti] n berømmelse c
celery ['seləri] n selleri c
celibacy ['selibəsi] n sølibat nt
cell [sel] n celle c
cellar ['selə] n kjeller c

cellophane ['seləfein] n cellofan c

cement [si'ment] n sement c

cemetery ['semitri] n gravlund c

censorship ['sensəʃip] n sensur c

centigrade ['sentigreid] adj celsius

centimetre ['sentimi:tə] n centimeter c

central ['sentrəl] adj sentral; ~ heating sentralfyring c; ~ station sentralstasjon c

centralize ['sentrəlaiz] v sentralisere

centre ['sentə] n sentrum c; midtpunkt nt

century ['sentʃəri] n århundre nt

ceramics [si'ræmiks] pl keramikk c, leirvarer pl

ceremony ['serəməni] n seremoni c

certain ['sə:tən] adj sikker; viss

certificate [sə'tifikət] n attest c; vitnesbyrd nt, diplom nt, dokument nt

chain [tʃein] n rekke c, kjetting c

chair [tʃeə] n stol c; sete nt

chairman ['tʃeəmən] n (pl -men) formann c

chalet ['ʃælei] n hytte c

chalk [tʃɔ:k] n kritt nt

challenge ['tʃæləndʒ] v utfordre; n utfordring c

chamber ['tʃeimbə] n rom nt

chambermaid ['tʃeimbəmeid] n værelsespike c

champagne [ʃæm'pein] n champagne c

champion ['tʃæmpjən] n mester c; forkjemper c

chance [tʃɑ:ns] n slump c; sjanse c, anledning c; risiko c; tilfelle nt; by ~ tilfeldigvis

change [tʃeindʒ] v forandre; veksle; kle seg om; skifte; n forandring c, endring c; småpenger pl, vekslepenger pl

channel ['tʃænəl] n kanal c; English

Channel Den engelske kanal

chaos ['keiɔs] n kaos nt

chaotic [kei'ɔtik] adj kaotisk

chap [tʃæp] n fyr c

chapel ['tʃæpəl] n kapell nt, kirke c

chaplain ['tʃæplin] n kapellan c

character ['kærəktə] n karakter c

characteristic [,kærəktə'ristik] adj betegnende, karakteristisk; n kjennetegn nt; karaktertrekk nt

characterize ['kærəktəraiz] v karakterisere

charcoal ['tʃɑ:koul] n trekull nt

charge [tʃɑ:dʒ] v kreve; *pålegge; anklage; laste; n pris c; ladning c, byrde c, belastning c; anklage c; ~ plate Am kredittkort nt; free of ~ kostfri; in ~ of ansvarlig for; *take ~ of *påta seg

charity ['tʃærəti] n velgjørenhet c

charm [tʃɑ:m] n sjarm c; amulett c

charming ['tʃɑ:miŋ] adj sjarmerende

chart [tʃɑ:t] n tabell c; diagram nt; sjøkart nt; conversion ~ omregningstabell c

chase [tʃeis] v *forfølge; jage bort, *fordrive; n jakt c

chasm ['kæzəm] n kløft c

chassis ['ʃæsi] n (pl ~) chassis nt

chaste [tʃeist] adj kysk

chat [tʃæt] v prate, skravle; n prat c/nt

chatterbox ['tʃætəbɔks] n skravlebøtte c

chauffeur ['ʃoufə] n sjåfør c

cheap [tʃi:p] adj billig; gunstig

cheat [tʃi:t] v jukse, *snyte

check [tʃek] v sjekke, kontrollere; n rute c; regning c; sjekk c; check! sjakk!; ~ in *skrive seg inn; ~ out *forlate

check-book ['tʃekbuk] nAm sjekkhefte nt

checkerboard ['tʃekəbɔ:d] nAm

sjakkbrett *nt*

checkers ['tʃekəz] *plAm* damspill *nt*

checkroom ['tʃekru:m] *nAm* garderobe *c*

check-up ['tʃekʌp] *n* undersøkelse *c*

cheek [tʃi:k] *n* kinn *nt*

cheek-bone ['tʃi:kboun] *n* kinnbein *nt*

cheer [tʃiə] *v* hylle, hilse med jubel; ~ **up** oppmuntre

cheerful ['tʃiəfəl] *adj* lystig, glad

cheese [tʃi:z] *n* ost *c*

chef [ʃef] *n* kjøkkensjef *c*

chemical ['kemikəl] *adj* kjemisk

chemist ['kemist] *n* apoteker *c*; **chemist's** apotek *nt*

chemistry ['kemistri] *n* kjemi *c*

cheque [tʃek] *n* sjekk *c*

cheque-book ['tʃekbuk] *n* sjekkhefte *nt*

chequered ['tʃekəd] *adj* rutet

cherry ['tʃeri] *n* kirsebær *nt*

chess [tʃes] *n* sjakk *c*

chest [tʃest] *n* bryst *nt*; brystkasse *c*; kiste *c*; ~ **of drawers** kommode *c*

chestnut ['tʃesnʌt] *n* kastanje *c*

chew [tʃu:] *v* tygge

chewing-gum ['tʃu:iŋgʌm] *n* tyggegummi *c*

chicken ['tʃikin] *n* kylling *c*; broiler *c*

chickenpox ['tʃikinpɔks] *n* vannkopper *pl*

chief [tʃi:f] *n* sjef *c*; *adj* hoved-, over-

chieftain ['tʃi:ftən] *n* høvding *c*

chilblain ['tʃilblein] *n* frostknute *c*

child [tʃaild] *n* (pl children) barn *nt*

childbirth ['tʃaildbə:θ] *n* fødsel *c*

childhood ['tʃaildhud] *n* barndom *c*

Chile ['tʃili] Chile

Chilean ['tʃiliən] *adj* chilensk; *n* chilener *c*

chill [tʃil] *n* kuldegysning *c*

chilly ['tʃili] *adj* kjølig

chimes [tʃaimz] *pl* klokkespill *nt*

chimney ['tʃimni] *n* skorstein *c*

chin [tʃin] *n* hake *c*

China ['tʃainə] Kina

china ['tʃainə] *n* porselen *nt*

Chinese [tʃai'ni:z] *adj* kinesisk; *n* kineser *c*

chink [tʃiŋk] *n* sprekk *c*

chip [tʃip] *n* flis *c*; spillemerke *nt*; *v* *slå hakk i, snitte; **chips** pommes frites

chiropodist [ki'rɔpədist] *n* fotspesialist *c*

chisel ['tʃizəl] *n* meisel *c*

chives [tʃaivz] *pl* gressløk *c*

chlorine ['klɔ:ri:n] *n* klor *c*

chock-full [tʃɔk'ful] *adj* proppfull, fullstappet

chocolate ['tʃɔklət] *n* sjokolade *c*; konfekt *c*

choice [tʃɔis] *n* valg *nt*; utvalg *nt*

choir [kwaiə] *n* kor *nt*

choke [tʃouk] *v* kveles; kvele; *n* choke *c*

*choose [tʃu:z] *v* *velge

chop [tʃɔp] *n* kotelett *c*; *v* hakke

Christ [kraist] Kristus

christen ['krisən] *v* døpe

christening ['krisəniŋ] *n* dåp *c*

Christian ['kristʃən] *adj* kristen; ~ **name** fornavn *nt*

Christmas ['krisməs] jul *c*

chromium ['kroumiəm] *n* krom *c*

chronic ['krɔnik] *adj* kronisk

chronological [,krɔnə'lɔdʒikəl] *adj* kronologisk

chuckle ['tʃʌkəl] *v* klukke, *le

chunk [tʃʌŋk] *n* stort stykke

church [tʃə:tʃ] *n* kirke *c*

churchyard ['tʃə:tʃjɑ:d] *n* kirkegård *c*

cigar [si'gɑ:] *n* sigar *c*; ~ **shop** sigarbutikk *c*

cigarette [,sigə'ret] *n* sigarett *c*

cigarette-case [,sigə'retkeis] *n* sigarettui *nt*

cigarette-holder [,sigə'ret,houldə] *n* si-

garettmunnstykke nt
cigarette-lighter [ˌsigəˈretˌlaitə] n sigarettenner c
cinema [ˈsinəmə] n kino c
cinnamon [ˈsinəmən] n kanel c
circle [ˈsəːkəl] n sirkel c; krets c; balkong c; v *omgi, omringe
circulation [ˌsəːkjuˈleiʃən] n sirkulasjon c; blodomløp nt; omløp nt
circumstance [ˈsəːkəmstæns] n omstendighet c
circus [ˈsəːkəs] n sirkus nt
citizen [ˈsitizən] n borger c
citizenship [ˈsitizənʃip] n statsborgerskap nt
city [ˈsiti] n by c
civic [ˈsivik] adj borger-
civil [ˈsivəl] adj sivil; høflig; ~ law sivilrett c; ~ servant statstjenestemann c
civilian [siˈviljən] adj sivil; n sivilperson c
civilization [ˌsivəlaiˈzeiʃən] n sivilisasjon c
civilized [ˈsivəlaizd] adj sivilisert
claim [kleim] v kreve; *påstå; n krav nt, fordring c
clamp [klæmp] n krampe c; skruestikke c
clap [klæp] v klappe, applaudere
clarify [ˈklærifai] v *klarlegge, *klargjøre
class [klɑːs] n klasse c
classical [ˈklæsikəl] adj klassisk
classify [ˈklæsifai] v gruppere
class-mate [ˈklɑːsmeit] n klassekamerat c
classroom [ˈklɑːsruːm] n klasseværelse nt
clause [klɔːz] n klausul c
claw [klɔː] n klo c
clay [klei] n leire c
clean [kliːn] adj ren; v rense, gjøre rent

cleaning [ˈkliːniŋ] n rengjøring c; ~ fluid vaskemiddel nt
clear [kliə] adj klar; tydelig; v rydde
clearing [ˈkliəriŋ] n lysning c
cleft [kleft] n kløft c
clergyman [ˈkləːdʒimən] n (pl -men) prest c
clerk [klɑːk] n kontorist c; sekretær c
clever [ˈklevə] adj intelligent; flink, begavet, klok
client [ˈklaiənt] n kunde c; klient c
cliff [klif] n klippe c
climate [ˈklaimit] n klima nt
climb [klaim] v klatre; n klatring c
clinic [ˈklinik] n klinikk c
cloak [klouk] n kappe c
cloakroom [ˈkloukruːm] n garderobe c
clock [klɔk] n klokke c; at ... o'clock klokken ...
cloister [ˈklɔistə] n kloster nt
close¹ [klouz] v lukke; **closed** adj stengt, lukket
close² [klous] adj nær
closet [ˈklɔzit] n skap nt; garderobeskap nt
close-up [ˈklousʌp] n nærbilde nt
cloth [klɔθ] n stoff nt; klut c
clothes [klouðz] pl klær pl
clothes-brush [ˈklouðzbrʌʃ] n klesbørste c
clothing [ˈklouðiŋ] n klær pl
cloud [klaud] n sky c
cloud-burst [ˈklaudbəːst] n skybrudd nt
cloudy [ˈklaudi] adj skyet, overskyet
clover [ˈklouvə] n kløver c
clown [klaun] n klovn c
club [klʌb] n klubb c, forening c; kølle c, klubbe c
clumsy [ˈklʌmzi] adj klosset
clutch [klʌtʃ] n clutch c; grep nt
coach [koutʃ] n buss c; jernbanevogn c; trener c
coagulate [kouˈægjuleit] v størkne,

koagulere
coal [koul] n kull nt
coarse [kɔːs] adj grov
coast [koust] n kyst c
coat [kout] n frakk c, kåpe c
coat-hanger [ˈkoutˌhæŋə] n kleshenger c
cobweb [ˈkɔbweb] n spindelvev c
cocaine [kouˈkein] n kokain c/nt
cock [kɔk] n hane c
cocktail [ˈkɔkteil] n cocktail c
coconut [ˈkoukənʌt] n kokosnøtt c
cod [kɔd] n (pl ~) torsk c
code [koud] n kode c
coffee [ˈkɔfi] n kaffe c
cognac [ˈkɔnjæk] n konjakk c
coherence [kouˈhiərəns] n sammenheng c
coin [kɔin] n mynt c
coincide [ˌkouinˈsaid] v *falle sammen med
cold [kould] adj kald; n kulde c; forkjølelse c; *catch a ~ *bli forkjølet
collapse [kəˈlæps] v *bryte sammen
collar [ˈkɔlə] n halsbånd nt; krage c; ~ stud krageknapp c
collarbone [ˈkɔləboun] n kragebein nt
colleague [ˈkɔliːg] n kollega c
collect [kəˈlekt] v samle; hente, avhente; samle inn
collection [kəˈlekʃən] n samling c; tømming c
collective [kəˈlektiv] adj kollektiv
collector [kəˈlektə] n samler c; innsamler c
college [ˈkɔlidʒ] n høyere læreinstitusjon c; høyskole c
collide [kəˈlaid] v kollidere
collision [kəˈliʒən] n sammenstøt nt, kollisjon c; påseiling c
Colombia [kəˈlɔmbiə] Colombia
Colombian [kəˈlɔmbiən] adj colombiansk; n colombianer c

colonel [ˈkəːnəl] n oberst c
colony [ˈkɔləni] n koloni c
colour [ˈkʌlə] n farge c; v farge; ~ film fargefilm c
colourant [ˈkʌlərənt] n fargemiddel nt
colour-blind [ˈkʌləblaind] adj fargeblind
coloured [ˈkʌləd] adj farget
colourful [ˈkʌləfəl] adj fargerik
column [ˈkɔləm] n søyle c, pilar c; spalte c; kolonne c
coma [ˈkoumə] n koma c
comb [koum] v gre; n kam c
combat [ˈkɔmbæt] n kamp c; v bekjempe, kjempe
combination [ˌkɔmbiˈneiʃən] n kombinasjon c
combine [kəmˈbain] v kombinere; sammenstille
*come [kʌm] v *komme; ~ across støte på; *komme over
comedian [kəˈmiːdiən] n skuespiller c; komiker c
comedy [ˈkɔmədi] n komedie c, lystspill nt; musical ~ musikkspill nt
comfort [ˈkʌmfət] n komfort c, bekvemmelighet c, velvære nt; trøst c; v trøste
comfortable [ˈkʌmfətəbəl] adj bekvem, komfortabel
comic [ˈkɔmik] adj komisk
comics [ˈkɔmiks] pl tegneserie c
coming [ˈkʌmiŋ] n komme nt; adj kommende
comma [ˈkɔmə] n komma nt
command [kəˈmaːnd] v befale; n befaling c
commander [kəˈmaːndə] n befalshavende c
commemoration [kəˌmeməˈreiʃən] n minnefest c
commence [kəˈmens] v begynne
comment [ˈkɔment] n kommentar c; v

kommentere

commerce ['komə:s] n handel c

commercial [kə'mə:ʃəl] adj handels-, kommersiell; n reklame c; ~ law handelsrett c

commission [kə'miʃən] n kommisjon c

commit [kə'mit] v *overlate, betro; *begå

committee [kə'miti] n komité c, utvalg nt

common ['kɔmən] adj felles; vanlig, alminnelig; simpel

commune ['kɔmju:n] n kommune c

communicate [kə'mju:nikeit] v meddele

communication [kə,mju:ni'keiʃən] n kommunikasjon c; meddelelse c

communiqué [kə'mju:nikei] n kommuniké nt

communism ['kɔmjunizəm] n kommunisme c

communist ['kɔmjunist] n kommunist c

community [kə'mju:nəti] n samfunn nt

commuter [kə'mju:tə] n pendler c

compact ['kɔmpækt] adj kompakt

companion [kəm'pænjən] n ledsager c

company ['kʌmpəni] n selskap nt; kompani nt, firma nt

comparative [kəm'pærətiv] adj relativ

compare [kəm'pɛə] v sammenligne

comparison [kəm'pærisən] n sammenligning c

compartment [kəm'pɑ:tmənt] n kupé c

compass ['kʌmpəs] n kompass c/nt; passer c

compel [kəm'pel] v overtale

compensate ['kɔmpənseit] v kompensere, erstatte

compensation [,kɔmpən'seiʃən] n kompensasjon c; skadeserstatning

c

compete [kəm'pi:t] v konkurrere

competition [,kɔmpə'tiʃən] n konkurranse c

competitor [kəm'petitər] n konkurrent c

compile [kəm'pail] v samle

complain [kəm'plein] v klage

complaint [kəm'pleint] n klage c; complaints book klagebok c

complete [kəm'pli:t] adj fullstendig, komplett; v fullende

completely [kəm'pli:tli] adv helt, totalt

complex ['kɔmpleks] n kompleks nt; adj innviklet

complexion [kəm'plekʃən] n hudfarge c

complicated ['kɔmplikeitid] adj komplisert, innviklet

compliment ['kɔmplimənt] n kompliment c; v komplimentere, ønske til lykke

compose [kəm'pouz] v *sette sammen; komponere

composer [kəm'pouzə] n komponist c

composition [,kɔmpə'ziʃən] n komposisjon c; sammensetning c

comprehensive [,kɔmpri'hensiv] adj omfattende

comprise [kəm'praiz] v innbefatte, omfatte

compromise ['kɔmprəmaiz] n kompromiss nt

compulsory [kəm'pʌlsəri] adj obligatorisk

comrade ['kɔmreid] n kamerat c

conceal [kən'si:l] v skjule

conceited [kən'si:tid] adj selvgod

conceive [kən'si:v] v oppfatte, tenke ut; forestille seg

concentrate ['kɔnsəntreit] v konsentrere

concentration [,kɔnsən'treiʃən] n konsentrasjon c

conception [kən'sepʃən] n forestilling c; befruktning c

concern [kən'sə:n] v *gjelde, *angå; n bekymring c; anliggende nt; bedrift c, foretagende nt

concerned [kən'sə:nd] adj bekymret; innblandet

concerning [kən'sə:niŋ] prep angående, vedrørende

concert ['kɔnsət] n konsert c; ~ hall konsertsal c

concession [kən'seʃən] n konsesjon c

concierge [ˌkɔsi'eəʒ] n vaktmester c

concise [kən'sais] adj konsis

conclusion [kəŋ'klu:ʒən] n konklusjon c, slutning c

concrete ['kɔŋkri:t] adj konkret; n betong c

concurrence [kəŋ'kʌrəns] n overensstemmelse c

concussion [kəŋ'kʌʃən] n hjernerystelse c

condition [kən'diʃən] n vilkår nt; kondisjon c, tilstand c; omstendighet c

conditional [kən'diʃənəl] adj betinget

conduct[1] ['kɔndʌkt] n oppførsel c

conduct[2] [kən'dʌkt] v ledsage; dirigere

conductor [kən'dʌktə] n leder c; dirigent c

confectioner [kən'fekʃənə] n konditor c

conference ['kɔnfərəns] n konferanse c

confess [kən'fes] v *tilstå; skrifte; bekjenne

confession [kən'feʃən] n tilståelse c; skriftemål c

confidence ['kɔnfidəns] n tillit c

confident ['kɔnfidənt] adj tillitsfull

confidential [ˌkɔnfi'denʃəl] adj konfidensiell

confirm [kən'fə:m] v bekrefte

confirmation [ˌkɔnfə'meiʃən] n bekreftelse c

confiscate ['kɔnfiskeit] v *beslaglegge, konfiskere

conflict ['kɔnflikt] n konflikt c

confuse [kən'fju:z] v forvirre

confusion [kən'fju:ʒən] n forvirring c

congratulate [kəŋ'grætʃuleit] v gratulere

congratulation [kəŋˌgrætʃu'leiʃən] n gratulasjon c, lykkønskning c

congregation [ˌkɔŋgri'geiʃən] n menighet c; forsamling c

congress ['kɔŋgres] n kongress c

connect [kə'nekt] v *forbinde; kople; kople til

connection [kə'nekʃən] n forbindelse c; sammenheng c

connoisseur [ˌkɔnə'sə:] n kjenner c

connotation [ˌkɔnə'teiʃən] n bibetydning c

conquer ['kɔŋkə] v erobre; beseire

conqueror ['kɔŋkərə] n erobrer c

conquest ['kɔŋkwest] n erobring c

conscience ['kɔnʃəns] n samvittighet c

conscious ['kɔnʃəs] adj bevisst

consciousness ['kɔnʃəsnəs] n bevissthet c

conscript ['kɔnskript] n vernepliktig c

consent [kən'sent] v samtykke; bifalle; n samtykke nt

consequence ['kɔnsikwəns] n følge c, konsekvens c

consequently ['kɔnsikwəntli] adv altså

conservative [kən'sə:vətiv] adj konservativ

consider [kən'sidə] v betrakte; overveie; *anse, mene

considerable [kən'sidərəbəl] adj betraktelig; betydelig, anselig

considerate [kən'sidərət] adj hensynsfull

consideration [kənˌsidə'reiʃən] n over-

veielse c; omtanke c, hensynsfull-
het c

considering [kən'sidəriŋ] prep i be-
traktning av

consignment [kən'sainmənt] n sen-
ding c

consist of [kən'sist] *bestå av

conspire [kən'spaiə] v sammensverge
seg

constant ['kɔnstənt] adj konstant

constipated ['kɔnstipeitid] adj for-
stoppet

constipation [ˌkɔnsti'peiʃən] n forstop-
pelse c

constituency [kən'stitʃuənsi] n valg-
krets c

constitution [ˌkɔnsti'tjuːʃən] n grunn-
lov c

construct [kən'strʌkt] v konstruere;
bygge, oppføre

construction [kən'strʌkʃən] n kon-
struksjon c; oppførelse c, bygning c

consul ['kɔnsəl] n konsul c

consulate ['kɔnsjulət] n konsulat nt

consult [kən'sʌlt] v *rådspørre

consultation [ˌkɔnsəl'teiʃən] n konsul-
tasjon c; ~ hours konsultasjonstid
c

consumer [kən'sjuːmə] n forbruker c

contact ['kɔntækt] n kontakt c; v kon-
takte; ~ lenses kontaktlinser pl

contagious [kən'teidʒəs] adj smitt-
som, smittende

contain [kən'tein] v *inneholde; rom-
me

container [kən'teinə] n beholder c;
container c

contemporary [kən'tempərəri] adj
samtidig

contempt [kən'tempt] n ringeakt c,
forakt c

content [kən'tent] adj tilfreds

contents ['kɔntents] pl innhold nt

contest ['kɔntest] n strid c; konkur-

ranse c

continent ['kɔntinənt] n kontinent nt,
verdensdel c; fastland nt

continental [ˌkɔnti'nentəl] adj konti-
nental

continual [kən'tinjuəl] adj stadig;
continually adv uopphørlig

continue [kən'tinjuː] v *fortsette

continuous [kən'tinjuəs] adj uavbrutt,
kontinuerlig

contour ['kɔntuə] n omriss nt

contraceptive [ˌkɔntrə'septiv] n pre-
vensjonsmiddel nt

contract¹ ['kɔntrækt] n kontrakt c

contract² [kən'trækt] v *pådra seg

contractor [kən'træktə] n entreprenør
c

contradict [ˌkɔntrə'dikt] v *motsi

contradictory [ˌkɔntrə'diktəri] adj
motstridende

contrary ['kɔntrəri] n det motsatte;
adj motsatt; on the ~ tvert imot

contrast ['kɔntrɑːst] n kontrast c,
motsetning c

contribution [ˌkɔntri'bjuːʃən] n bidrag
nt

control [kən'troul] n kontroll c; v kon-
trollere

controversial [ˌkɔntrə'vəːʃəl] adj kon-
troversiell, omstridt

convenience [kən'viːnjəns] n bekvem-
melighet c

convenient [kən'viːnjənt] adj bekvem;
passende, egnet, beleilig

convent ['kɔnvənt] n nonnekloster nt

conversation [ˌkɔnvə'seiʃən] n samtale
c

convert [kən'vəːt] v omvende; omreg-
ne

convict¹ [kən'vikt] v *finne skyldig

convict² ['kɔnvikt] n domfelt c

conviction [kən'vikʃən] n overbevis-
ning c; domfellelse c

convince [kən'vins] v overbevise

convulsion [kən'vʌlʃən] n krampetrekning c

cook [kuk] n kokk c; v lage mat, tilberede

cookbook ['kukbuk] nAm kokebok c

cooker ['kukə] n komfyr c; gas ~ gasskomfyr c

cookery-book ['kukəribuk] n kokebok c

cookie ['kuki] nAm småkake c

cool [ku:l] adj kjølig; cooling system kjølesystem nt

co-operation [kou,opə'reiʃən] n samarbeid nt; medvirkning c

co-operative [kou'opərətiv] adj kooperativ; samarbeidsvillig; n samvirkelag nt

co-ordinate [kou'o:dineit] v samordne

co-ordination [kou,o:di'neiʃən] n koordinasjon c

copper ['kopə] n kopper nt

copy ['kopi] n kopi c; avskrift c; eksemplar nt; v kopiere; etterligne; carbon ~ gjenpart c

coral ['korəl] n korall c

cord [ko:d] n tau nt; snor c

cordial ['ko:diəl] adj hjertelig

corduroy ['ko:dərəi] n kordfløyel c

core [ko:] n kjerne c; kjernehus nt

cork [ko:k] n kork c

corkscrew ['ko:kskru:] n korketrekker c

corn [ko:n] n korn nt; liktorn c; ~ on the cob maiskolbe c

corner ['ko:nə] n hjørne nt

cornfield ['ko:nfi:ld] n kornåker c

corpse [ko:ps] n lik nt

corpulent ['ko:pjulənt] adj korpulent; tykk, fyldig

correct [kə'rekt] adj korrekt, riktig; v rette, korrigere

correction [kə'rekʃən] n rettelse c

correctness [kə'rektnəs] n nøyaktighet c

correspond [,kori'spond] v brevveksle; svare til, tilsvare

correspondence [,kori'spondəns] n korrespondanse c, brevveksling c

correspondent [,kori'spondənt] n korrespondent c

corridor ['korido:] n korridor c

corrupt [kə'rʌpt] adj korrupt; v *bestikke

corruption [kə'rʌpʃən] n bestikkelse c

corset ['ko:sit] n korsett nt

cosmetics [koz'metiks] pl kosmetika pl

cost [kost] n kostnad c; pris c

*cost [kost] v koste

cosy ['kouzi] adj koselig

cot [kot] nAm feltseng c

cottage ['kotidʒ] n hytte c

cotton ['kotən] n bomull c; bomullscotton-wool ['kotənwul] n vatt c

couch [kautʃ] n divan c

cough [kof] n hoste c; v hoste

could [kud] v (p can)

council ['kaunsəl] n råd nt; rådsforsamling c

councillor ['kaunsələ] n rådsmedlem nt

counsel ['kaunsəl] n råd nt

counsellor ['kaunsələ] n rådgiver c

count [kaunt] v *telle; *telle opp; medregne; *anse; n greve c

counter ['kauntə] n disk c

counterfeit ['kauntəfi:t] v forfalske

counterfoil ['kauntəfoil] n talong c

counterpane ['kauntəpein] n sengeteppe nt

countess ['kauntis] n grevinne c

country ['kʌntri] n land nt; landområde nt; ~ house landsted nt

countryman ['kʌntrimən] n (pl -men) landsmann c

county ['kaunti] n grevskap nt

couple ['kʌpəl] n par nt

coupon ['ku:pon] n kupong c

courage ['kʌridʒ] n tapperhet c, mot nt

courageous [kə'reidʒəs] adj tapper, modig

course [kɔ:s] n kurs c; rett c; løp nt; kurs nt, kursus nt; **intensive ~** lynkurs nt; **of ~** naturligvis, selvfølgelig

court [kɔ:t] n domstol c; hoff nt; gårdsplass c

courteous ['kɔ:tiəs] adj høflig

cousin ['kʌzən] n kusine c, fetter c

cover ['kʌvə] v dekke; n ly nt, skjul nt; lokk nt; perm c; **~ charge** kuvertavgift c

cow [kau] n ku c

coward ['kauəd] n feiging c

cowardly ['kauədli] adj feig

crab [kræb] n krabbe c

crack [kræk] n smell nt; sprekk c; v *smelle; *slå i stykker, *knekke, *sprekke

cracker ['krækə] nAm kjeks c

cradle ['kreidəl] n vugge c

cramp [kræmp] n krampe c

crane [krein] n kran c

crankcase ['kræŋkkeis] n veivkasse c

crankshaft ['kræŋkʃa:ft] n veivaksel c

crash [kræʃ] n kollisjon c; v kollidere; styrte; **~ barrier** barriere c

crate [kreit] n sprinkelkasse c

crater ['kreitə] n krater nt

crawl [krɔ:l] v krabbe; n crawl c

craze [kreiz] n mani c

crazy ['kreizi] adj gal; sinnssyk, tåpelig

creak [kri:k] v knirke

cream [kri:m] n krem c; fløte c; adj kremgul

creamy ['kri:mi] adj fløteaktig

crease [kri:s] v skrukke, krølle; n fold c; rynke c; press c

create [kri'eit] v skape; kreere

creature ['kri:tʃə] n skapning c

credible ['kredibəl] adj troverdig

credit ['kredit] n kreditt c; v *godskrive; **~ card** kredittkort nt

creditor ['kreditə] n kreditor c

credulous ['kredjuləs] adj godtroende

creek [kri:k] n vik c

***creep** [kri:p] v *krype

creepy ['kri:pi] adj nifs, uhyggelig

cremate [kri'meit] v kremere

cremation [kri'meiʃən] n kremering c

crew [kru:] n mannskap nt

cricket ['krikit] n cricket c; siriss c

crime [kraim] n forbrytelse c

criminal ['kriminəl] n forbryter c; adj forbrytersk, kriminell; **~ law** strafferett c

criminality [,krimi'næləti] n kriminalitet c

crimson ['krimzən] adj høyrød

crippled ['kripəld] adj vanfør

crisis ['kraisis] n (pl crises) krise c

crisp [krisp] adj sprø

critic ['kritik] n kritiker c

critical ['kritikəl] adj kritisk; risikabel

criticism ['kritisizəm] n kritikk c

criticize ['kritisaiz] v kritisere

crochet ['krouʃei] v hekle

crockery ['krokəri] n steintøy nt

crocodile ['krokədail] n krokodille c

crooked ['krukid] adj kroket, fordreid; uærlig

crop [krop] n avling c

cross [krɔs] v *gå over; adj tverr, sint; n kors nt

cross-eyed ['krɔsaid] adj skjeløyd

crossing ['krɔsiŋ] n overfart c; kryss nt; fotgjengerovergang c; jernbaneovergang c

crossroads ['krɔsroudz] n gatekryss nt

crosswalk ['krɔswɔ:k] nAm fotgjengerovergang c

crow [krou] n kråke c

crowbar ['kroubɑ:] n brekkjern nt

crowd [kraud] *n* mengde *c*, folke-
mengde *c*

crowded ['kraudid] *adj* overfylt; tett-
pakket

crown [kraun] *n* krone *c*; *v* krone

crucifix ['kru:sifiks] *n* krusifiks *nt*

crucifixion [,kru:si'fikʃən] *n* korsfestel-
se *c*

crucify ['kru:sifai] *v* korsfeste

cruel [kruəl] *adj* grusom

cruise [kru:z] *n* sjøreise *c*, cruise *nt*

crumb [krʌm] *n* smule *c*

crusade [kru:'seid] *n* korstog *nt*

crust [krʌst] *n* skorpe *c*

crutch [krʌtʃ] *n* krykke *c*

cry [krai] *v* *gråte; *skrike; rope; *n*
skrik *nt*; rop *nt*

crystal ['kristəl] *n* krystall *c/nt; adj*
krystall-

Cuba ['kju:bə] Cuba

Cuban ['kju:bən] *adj* kubansk; *n* ku-
baner *c*

cube [kju:b] *n* kube *c*; terning *c*

cuckoo ['kuku:] *n* gjøk *c*

cucumber ['kju:kəmbə] *n* agurk *c*

cuddle ['kʌdəl] *v* kjæle med; klemme

cudgel ['kʌdʒəl] *n* kjepp *c*, klubbe *c*

cuff [kʌf] *n* mansjett *c*

cuff-links ['kʌfliŋks] *pl* mansjettknap-
per *pl*

cul-de-sac ['kʌldəsæk] *n* blindgate *c*

cultivate ['kʌltiveit] *v* dyrke

culture ['kʌltʃə] *n* kultur *c*

cultured ['kʌltʃəd] *adj* kultivert

cunning ['kʌniŋ] *adj* slu

cup [kʌp] *n* kopp *c*; pokal *c*

cupboard ['kʌbəd] *n* skap *nt*

curb [kə:b] *n* fortauskant *c*; *v* tøyle

cure [kjuə] *v* helbrede, lege; *n* kur *c*;
helbredelse *c*

curio ['kjuəriou] *n* (pl ~s) kuriositet
c

curiosity [,kjuəri'ɔsəti] *n* nysgjerrighet
c

curious ['kjuəriəs] *adj* vitebegjærlig,
nysgjerrig; merkverdig

curl [kə:l] *v* krølle; *n* krøll *c*

curler ['kə:lə] *n* hårrull *c*

curling-tongs ['kə:liŋtɔŋz] *pl* krøll-
tang *c*

curly ['kə:li] *adj* krøllet

currant ['kʌrənt] *n* korint *c*; rips *c*

currency ['kʌrənsi] *n* valuta *c*;
foreign ~ utenlandsk valuta

current ['kʌrənt] *n* strøm *c; adj* nåvæ-
rende, aktuell; alternating ~ vek-
selstrøm *c; direct ~* likestrøm *c*

curry ['kʌri] *n* karri *c*

curse [kə:s] *v* banne; forbanne; *n*
banning *c*; forbannelse *c*

curtain ['kə:tən] *n* gardin *c/nt*; teppe
nt

curve [kə:v] *n* kurve *c*; krumning *c*

curved [kə:vd] *adj* krum, buet

cushion ['kuʃən] *n* pute *c*

custodian [kʌ'stoudiən] *n* oppsyns-
mann *c*

custody ['kʌstədi] *n* varetekt *c*; forva-
ring *c*; formynderskap *nt*

custom ['kʌstəm] *n* vane *c*; skikk *c*

customary ['kʌstəməri] *adj* alminne-
lig, sedvanlig, vanlig

customer ['kʌstəmə] *n* kunde *c*

Customs ['kʌstəmz] *pl* toll *c*; ~ duty
tollavgift *c*; ~ officer toller *c*

cut [kʌt] *n* kutt *nt*

*cut [kʌt] *v* *skjære; klippe; *skjære
ned; ~ off *skjære av; klippe av;
stenge av

cutlery ['kʌtləri] *n* bestikk *nt*

cutlet ['kʌtlət] *n* kotelett *c*

cycle ['saikəl] *n* sykkel *c*; kretsløp *nt*,
syklus *c*

cyclist ['saiklist] *n* syklist *c*

cylinder ['silində] *n* sylinder *c*; ~
head topplokk *nt*

cystitis [si'staitis] *n* blærekatarr *c*

Czech [tʃek] *adj* tsjekkoslovakisk; *n*

tsjekkoslovak c
Czechoslovakia [ˌtʃekəslə'vɑːkiə] Tsjekkoslovakia

D

dad [dæd] n far c
daddy ['dædi] n pappa c
daffodil ['dæfədil] n påskelilje c
daily ['deili] adj daglig; n dagsavis c
dairy ['dɛəri] n meieri nt
dam [dæm] n demning c
damage ['dæmidʒ] n skade c; v skade
damp [dæmp] adj fuktig; n fuktighet c; v fukte
dance [dɑːns] v danse; n dans c
dandelion ['dændilaiən] n løvetann c
dandruff ['dændrəf] n flass nt
Dane [dein] n danske c
danger ['deindʒə] n fare c
dangerous ['deindʒərəs] adj farlig
Danish ['deiniʃ] adj dansk
dare [dɛə] v *tore, våge; utfordre
daring ['dɛəriŋ] adj dristig
dark [dɑːk] adj mørk; n mørke nt
darling ['dɑːliŋ] n kjæreste c, skatt c
darn [dɑːn] v stoppe
dash [dæʃ] v styrte; n tankestrek c
dashboard ['dæʃbɔːd] n instrumentbord nt
data ['deitə] pl data pl
date[1] [deit] n dato c; avtale c; v datere; **out of ~** umoderne
date[2] [deit] n daddel c
daughter ['dɔːtə] n datter c
dawn [dɔːn] n daggry nt
day [dei] n dag c; **by ~** om dagen; **trip** dagstur c; **per ~** per dag; **the ~ before yesterday** i forgårs
daybreak ['deibreik] n daggry nt
daylight ['deilait] n dagslys nt; **~ saving time** sommertid c

dead [ded] adj død
deaf [def] adj døv
deal [diːl] n transaksjon c, handel c
***deal** [diːl] v dele ut; **~ with** *ta seg av; handle med
dealer ['diːlə] n kortgiver c, forhandler c
dear [diə] adj kjær; dyr; dyrebar
death [deθ] n død c; **~ penalty** dødsstraff c
debate [di'beit] n debatt c
debit ['debit] n debet c
debt [det] n gjeld c
decaffeinated [diː'kæfineitid] adj kaffeinfri
deceit [di'siːt] n bedrag nt
deceive [di'siːv] v *bedra
December [di'sembə] desember
decency ['diːsənsi] n anstendighet c
decent ['diːsənt] adj anstendig
decide [di'said] v *avgjøre
decision [di'siʒən] n beslutning c, avgjørelse c
deck [dek] n dekk nt; **~ cabin** dekkslugar c; **~ chair** fluktstol c
declaration [ˌdeklə'reiʃən] n erklæring c; deklarasjon c
declare [di'klɛə] v erklære; *oppgi; deklarere
decoration [ˌdekə'reiʃən] n dekorasjon c
decrease [diː'kriːs] v minke, minske; *avta; n nedgang c
dedicate ['dedikeit] v hellige
deduce [di'djuːs] v utlede
deduct [di'dʌkt] v *trekke fra
deed [diːd] n handling c, gjerning c
deep [diːp] adj dyp
deep-freeze [ˌdiːp'friːz] n dypfryser c
deer [diə] n (pl ~) hjort c
defeat [di'fiːt] v *overvinne; n nederlag nt
defective [di'fektiv] adj mangelfull
defence [di'fens] n forsvar nt; vern nt

defend [di'fend] v forsvare
deficiency [di'fiʃənsi] n mangel c
deficit ['defisit] n underskudd nt
define [di'fain] v bestemme, definere
definite ['definit] adj bestemt
definition [,defi'niʃən] n definisjon c
deformed [di'fɔ:md] adj misdannet, vanskapt
degree [di'gri:] n grad c
delay [di'lei] v forsinke; *utsette; n forsinkelse c; utsettelse c
delegate ['deligət] n utsending c
delegation [,deli'geiʃən] n delegasjon c
deliberate¹ [di'libəreit] v overveie, *rådslå
deliberate² [di'libərət] adj overlagt
deliberation [di,libə'reiʃən] n overveielse c, rådslagning c
delicacy ['delikəsi] n lekkerbisken c; finfølelse c
delicate ['delikət] adj delikat
delicatessen [,delikə'tesən] n delikatesse c; delikatesseforretning c
delicious [di'liʃəs] adj deilig, lekker
delight [di'lait] n glede c, fryd c; v glede
delightful [di'laitfəl] adj henrivende, herlig
deliver [di'livə] v levere, avlevere
delivery [di'livəri] n levering c, leveranse c; nedkomst c; ~ **van** varebil c
demand [di'mɑ:nd] v behøve, forlange; n krav nt; etterspørsel c
democracy [di'mɔkrəsi] n demokrati nt
democratic [,demə'krætik] adj demokratisk
demolish [di'mɔliʃ] v *rive ned; *ødelegge
demolition [,demə'liʃən] n nedrivning c
demonstrate ['demənstreit] v bevise; demonstrere

demonstration [,demən'streiʃən] n demonstrasjon c
den [den] n hi nt; hule c
Denmark ['denmɑ:k] Danmark
denomination [di,nɔmi'neiʃən] n benevnelse c; trosretning c; verdienhet c
dense [dens] adj tett
dent [dent] n bulk c
dentist ['dentist] n tannlege c
denture ['dentʃə] n gebiss nt
deny [di'nai] v benekte; nekte
deodorant [di:'oudərənt] n deodorant c
depart [di'pɑ:t] v reise bort, *gå sin vei; *avgå ved døden
department [di'pɑ:tmənt] n avdeling c, departement nt; ~ **store** stormagasin nt
departure [di'pɑ:tʃə] n avreise c
dependant [di'pendənt] adj avhengig
depend on [di'pend] bero på
deposit [di'pɔzit] n depositum nt; pant c; bunnfall nt, avleiring c; v deponere
depository [di'pɔzitəri] n lager nt
depot ['depou] n lagerplass c; stasjon c
depress [di'pres] v tynge ned
depressing [di'presiŋ] adj deprimerende
depression [di'preʃən] n depresjon c; lavtrykk nt; nedgang c
deprive of [di'praiv] *frata
depth [depθ] n dybde c
deputy ['depjuti] n deputert c; stedfortreder c
descend [di'send] v *gå ned
descendant [di'sendənt] n etterkommer c
descent [di'sent] n nedstigning c
describe [di'skraib] v *beskrive
description [di'skripʃən] n beskrivelse

c; signalement nt

desert¹ ['dezət] n ørken c; adj øde

desert² [di'zə:t] v desertere; *forlate

deserve [di'zə:v] v fortjene

design [di'zain] v tegne opp; n utkast nt; hensikt c

designate ['dezigneit] v peke ut

desirable [di'zaiərəbəl] adj attråverdig, ønskelig

desire [di'zaiə] n ønske nt; lyst c, begjær nt; v ønske, attrå, begjære

desk [desk] n skrivebord nt; kateter nt; pult c

despair [di'spɛə] n håpløshet c; v fortvile

despatch [di'spætʃ] v avsende

desperate ['despərət] adj fortvilet

despise [di'spaiz] v forakte

despite [di'spait] prep tross

dessert [di'zə:t] n dessert c

destination [,desti'neiʃən] n bestemmelsessted nt

destine ['destin] v bestemme

destiny ['destini] n skjebne c, lodd c

destroy [di'strɔi] v *ødelegge, *tilintetgjøre

destruction [di'strʌkʃən] n ødeleggelse c; undergang c

detach [di'tætʃ] v løsne

detail ['di:teil] n detalj c

detailed ['di:teild] adj detaljert, utførlig

detect [di'tekt] v oppdage

detective [di'tektiv] n detektiv c; ~ story detektivroman c

detergent [di'tə:dʒənt] n vaskepulver nt

determine [di'tə:min] v *fastsette, bestemme

determined [di'tə:mind] adj målbevisst

detour ['di:tuə] n omvei c; omkjøring c

devaluation [,di:vælju'eiʃən] n deva-

luering c

devalue [,di:'vælju:] v devaluere

develop [di'veləp] v utvikle; fremkalle

development [di'veləpmənt] n utvikling c

deviate ['di:vieit] v *avvike

devil ['devəl] n djevel c

devise [di'vaiz] v uttenke

devote [di'vout] v *hengi

dew [dju:] n dugg c

diabetes [,daiə'bi:ti:z] n sukkersyke c, diabetes c

diabetic [,daiə'betik] n diabetiker c, sukkersykepasient c

diagnose [,daiəg'nouz] v stille en diagnose; konstatere

diagnosis [,daiəg'nousis] n (pl -ses) diagnose c

diagonal [dai'ægənəl] n diagonal c; adj diagonal

diagram ['daiəgræm] n diagram nt; grafisk fremstilling c

dialect ['daiəlekt] n dialekt c

diamond ['daiəmənd] n diamant c

diaper ['daiəpə] nAm bleie c

diaphragm ['daiəfræm] n mellomgulv nt

diarrhoea [daiə'riə] n diaré c

diary ['daiəri] n almanakk c; dagbok c

dictaphone ['diktəfoun] n diktafon c

dictate [dik'teit] v diktere

dictation [dik'teiʃən] n diktat c

dictator [dik'teitə] n diktator c

dictionary ['dikʃənəri] n ordbok c

did [did] v (p do)

die [dai] v dø

diesel ['di:zəl] n diesel c

diet ['daiət] n diett c

differ ['difə] v *være forskjellig

difference ['difərəns] n forskjell c

different ['difərənt] adj forskjellig; annerledes

difficult ['difikəlt] adj vanskelig; vrien

difficulty [ˈdifikəlti] n vanskelighet c; møye c

*dig [dig] v grave

digest [diˈdʒest] v fordøye

digestible [diˈdʒestəbəl] adj fordøyelig

digestion [diˈdʒestʃən] n fordøyelse c

digit [ˈdidʒit] n siffer nt

dignified [ˈdignifaid] adj verdig

dike [daik] n dike nt; demning c

dilapidated [diˈlæpideitid] adj forfallen

diligence [ˈdilidʒəns] n flid c

diligent [ˈdilidʒənt] adj flittig

dilute [daiˈljuːt] v spe opp, fortynne

dim [dim] adj dunkel, matt; uklar, utydelig

dine [dain] v spise middag

dinghy [ˈdiŋgi] n jolle c

dining-car [ˈdainiŋkaː] n spisevogn c

dining-room [ˈdainiŋruːm] n spisestue c; spisesal c

dinner [ˈdinə] n middag c; lunsj c, aftensmat c

dinner-jacket [ˈdinəˌdʒækit] n smoking c

dinner-service [ˈdinəˌsəːvis] n servise nt

diphtheria [difˈθiəriə] n difteri c

diploma [diˈploumə] n diplom nt

diplomat [ˈdipləmæt] n diplomat c

direct [diˈrekt] adj direkte, likefrem; v rette; veilede; styre; regissere

direction [diˈrekʃən] n retning c; direktiv nt; regi c; styre nt, veiledning c; directional signal Am retningsviser c; directions for use bruksanvisning c

directive [diˈrektiv] n direktiv nt

director [diˈrektə] n direktør c; regissør c

dirt [dəːt] n skitt c

dirty [ˈdəːti] adj skitten, svart

disabled [diˈseibəld] adj vanfør, invalid

disadvantage [ˌdisədˈvaːntidʒ] n ulempe c

disagree [ˌdisəˈgriː] v *være uenig

disagreeable [ˌdisəˈgriːəbəl] adj ubehagelig

disappear [ˌdisəˈpiə] v *forsvinne

disappoint [ˌdisəˈpoint] v skuffe

disappointment [ˌdisəˈpointmənt] n skuffelse c

disapprove [ˌdisəˈpruːv] v misbillige

disaster [diˈzaːstə] n katastrofe c; ulykke c

disastrous [diˈzaːstrəs] adj katastrofal

disc [disk] n skive c; grammofonplate c; slipped ~ skiveprolaps c

discard [disˈkaːd] v kassere

discharge [disˈtʃaːdʒ] v lesse av, losse; ~ of *frita for

discipline [ˈdisiplin] n disiplin c

discolour [disˈkʌlə] v farge av

disconnect [ˌdiskəˈnekt] v utkople; *ta ut kontakten

discontented [ˌdiskənˈtentid] adj misfornøyd

discontinue [ˌdiskənˈtinjuː] v stanse, opphøre

discount [ˈdiskaunt] n rabatt c, avslag nt

discover [disˈkʌvə] v oppdage

discovery [disˈkʌvəri] n oppdagelse c

discuss [disˈkʌs] v diskutere, debattere

discussion [disˈkʌʃən] n diskusjon c; samtale c, debatt c

disease [diˈziːz] n sykdom c

disembark [ˌdisimˈbaːk] v *gå fra borde, *gå i land

disgrace [disˈgreis] n skam c

disguise [disˈgaiz] v forkle seg; n forkledning c

disgusting [disˈgʌstiŋ] adj motbydelig, avskyelig

dish [diʃ] n tallerken c; fat nt; rett c

dishonest [dis'ɔnist] adj uærlig

disinfect [,disin'fekt] v desinfisere

disinfectant [,disin'fektənt] n desinfiserende middel

dislike [dis'laik] v mislike, avsky; n motvilje c, avsky c, antipati c

dislocated ['disləkeitid] adj gått av ledd

dismiss [dis'mis] v sende bort; *gi sparken, avskjedige

disorder [di'sɔ:də] n uorden c

dispatch [di'spætʃ] v avsende, sende av sted

display [di'splei] v utstille; vise; n utstilling c

displease [di'spli:z] v mishage

disposable [di'spouzəbəl] adj engangs-

disposal [di'spouzəl] n disposisjon c

dispose of [di'spouz] kvitte seg med

dispute [di'spju:t] n ordstrid c; krangel c/nt, tvist c; v *strides, *bestride

dissatisfied [di'sætisfaid] adj utilfreds

dissolve [di'zɔlv] v oppløse

dissuade from [di'sweid] fraråde

distance ['distəns] n avstand c; ~ in kilometres kilometertall nt

distant ['distənt] adj fjern

distinct [di'stiŋkt] adj tydelig; forskjellig

distinction [di'stiŋkʃən] n forskjell c

distinguish [di'stiŋgwiʃ] v skjelne, *gjøre forskjell

distinguished [di'stiŋgwiʃt] adj fremstående

distress [di'stres] n nød c; bedrøvelse c; ~ signal nødsignal nt

distribute [di'stribju:t] v utdele

distributor [di'stribjutə] n eneforhandler c; strømfordeler c

district ['distrikt] n distrikt nt; kvarter nt

disturb [di'stə:b] v forstyrre

disturbance [di'stə:bəns] n forstyrrelse c; forvirring c

ditch [ditʃ] n grøft c

dive [daiv] v dukke, stupe

diversion [dai'və:ʃən] n omkjøring c; atspredelse c

divide [di'vaid] v dele; fordele; skille

divine [di'vain] adj guddommelig

division [di'viʒən] n deling c; atskillelse c; avdeling c

divorce [di'vɔ:s] n skilsmisse c; v skilles

dizziness ['dizinəs] n svimmelhet c

dizzy ['dizi] adj svimmel

*do [du:] v *gjøre; *være tilstrekkelig

dock [dɔk] n dokk c; kai c; v *dokksette; *legge til kai

docker ['dɔkə] n havnearbeider c

doctor ['dɔktə] n lege c; doktor c

document ['dɔkjumənt] n dokument nt

dog [dɔg] n hund c

dogged ['dɔgid] adj sta

doll [dɔl] n dukke c

dome [doum] n kuppel c

domestic [də'mestik] adj hus-; innenlands; n tjener c

domicile ['dɔmisail] n bopel c

domination [,dɔmi'neiʃən] n dominering c

dominion [də'minjən] n herredømme nt

donate [dou'neit] v skjenke

donation [dou'neiʃən] n donasjon c

done [dʌn] v (pp do)

donkey ['dɔŋki] n esel nt

donor ['dounə] n donator c; giver c

door [dɔ:] n dør c; revolving ~ svingdør c; sliding ~ skyvedør c

doorbell ['dɔ:bel] n ringeklokke c

door-keeper ['dɔ:,ki:pə] n dørvokter c

doorman ['dɔ:mən] n (pl -men) portier c

dormitory ['dɔ:mitri] n sovesal c

dose [dous] n dose c

dot [dɔt] n punkt nt

double ['dʌbəl] adj dobbel

doubt [daut] v tvile, betvile; n tvil c; without ~ uten tvil

doubtful ['dautfəl] adj tvilsom; usikker

dough [dou] n deig c; penger pl

down¹ [daun] adv ned, nedover; over ende; adj nedslått; prep nedover, langs; ~ payment nedbetaling c

down² [daun] n dun nt

downpour ['daunpɔ:] n øsregn nt

downstairs [,daun'steəz] adv ned

downstream [,daun'stri:m] adv med strømmen

down-to-earth [,dauntu'ə:θ] adj nøktern

downwards ['daunwədz] adv nedover

dozen ['dʌzən] n (pl ~, ~s) dusin c

draft [drɑ:ft] n veksel c; utkast nt

drag [dræg] v slepe

dragon ['drægən] n drake c

drain [drein] v drenere; n avløp nt

drama ['drɑ:mə] n drama nt; skuespill nt

dramatic [drə'mætik] adj dramatisk

dramatist ['dræmətist] n dramatiker c

drank [dræŋk] v (p drink)

draper ['dreipə] n manufakturhandler c

drapery ['dreipəri] n tekstilvarer pl

draught [drɑ:ft] n trekk c; draughts damspill nt

draught-board ['drɑ:ftbɔ:d] n dambrett nt

draw [drɔ:] n trekning c

*draw [drɔ:] v tegne; *trekke; heve; ~ up avfatte, *sette opp

drawbridge ['drɔ:bridʒ] n vindebro c

drawer ['drɔ:ə] n skuff c; drawers

underbukse c

drawing ['drɔ:iŋ] n tegning c

drawing-pin ['drɔ:iŋpin] n tegnestift c

drawing-room ['drɔ:iŋru:m] n salong c

dread [dred] v frykte; n frykt c

dreadful ['dredfəl] adj fryktelig, forferdelig

dream [dri:m] n drøm c

*dream [dri:m] v drømme

dress [dres] v kle på; kle på seg, kle seg; *forbinde; n kjole c

dressing-gown ['dresiŋgaun] n morgenkåpe c

dressing-room ['dresiŋru:m] n påkledningsrom nt

dressing-table ['dresiŋ,teibəl] n toalettbord nt

dressmaker ['dres,meikə] n sydame c

drill [dril] v bore; trene; n bor nt

drink [driŋk] n drink c, drikk c

*drink [driŋk] v *drikke

drinking-water ['driŋkiŋ,wɔ:tə] n drikkevann nt

drip-dry [,drip'drai] adj strykefri

drive [draiv] n veg c; kjøretur c

*drive [draiv] v kjøre; føre

driver ['draivə] n fører c

drizzle ['drizəl] n duskregn nt

drop [drɔp] v *la falle; n dråpe c

drought [draut] n tørke c

drown [draun] v drukne; *be drowned drukne

drug [drʌg] n narkotika c; medisin c

drugstore ['drʌgstɔ:] nAm apotek nt; varehus nt

drum [drʌm] n tromme c

drunk [drʌŋk] adj (pp drink) full, beruset

dry [drai] adj tørr; v tørke

dry-clean [,drai'kli:n] v rense

dry-cleaner's [,drai'kli:nəz] n renseri nt

dryer ['draiə] n tørketrommel c, tørkeapparat *nt*

duchess [dʌtʃis] *n* hertuginne *c*

duck [dʌk] *n* and *c*

due [dju:] *adj* ventet; skyldig; forfalt til betaling

dues [dju:z] *pl* avgifter *pl*

dug [dʌg] *v* (p, pp dig)

duke [dju:k] *n* hertug *c*

dull [dʌl] *adj* kjedelig; matt; sløv

dumb [dʌm] *adj* stum; dum

dune [dju:n] *n* sanddyne *c*

dung [dʌŋ] *n* gjødsel *c*

dunghill [ˈdʌnhil] *n* gjødseldynge *c*

duration [djuˈreiʃən] *n* varighet *c*

during [ˈdjuəriŋ] *prep* under, i løpet av

dusk [dʌsk] *n* tusmørke *nt*

dust [dʌst] *n* støv *nt*

dustbin [ˈdʌstbin] *n* søppelkasse *c*

dusty [ˈdʌsti] *adj* støvet

Dutch [dʌtʃ] *adj* hollandsk, nederlandsk

Dutchman [ˈdʌtʃmən] *n* (pl -men) nederlender *c*, hollender *c*

dutiable [ˈdju:tiəbəl] *adj* avgiftspliktig

duty [ˈdju:ti] *n* plikt *c*; oppgave *c*; innførselstoll *c*; **Customs ~** tollavgift *c*

duty-free [ˌdju:tiˈfri:] *adj* tollfri

dwarf [dwɔ:f] *n* dverg *c*

dye [dai] *v* farge; *n* farge *c*

dynamo [ˈdainəmou] *n* (pl ~s) dynamo *c*

dysentery [ˈdisəntri] *n* dysenteri *c*

E

each [i:tʃ] *adj* hver; **~ other** hverandre

eager [ˈi:gə] *adj* ivrig, utålmodig

eagle [ˈi:gəl] *n* ørn *c*

ear [iə] *n* øre *nt*

earache [ˈiəreik] *n* øreverk *c*

ear-drum [ˈiədrʌm] *n* trommehinne *c*

earl [ə:l] *n* greve *c*

early [ˈə:li] *adj* tidlig

earn [ə:n] *v* tjene; fortjene

earnest [ˈə:nist] *n* alvor *nt*

earnings [ˈə:niŋz] *pl* inntekt *c*

earring [ˈiəriŋ] *n* øredobb *c*

earth [ə:θ] *n* jord *c*; bakke *c*

earthenware [ˈə:θənwɛə] *n* steintøy *nt*

earthquake [ˈə:θkweik] *n* jordskjelv *c*/*nt*

ease [i:z] *n* letthet *c*, utvungenhet *c*; velbefinnende *nt*

east [i:st] *n* øst *c*

Easter [ˈi:stə] *n* påske *c*

easterly [ˈi:stəli] *adj* østlig

eastern [ˈi:stən] *adj* østlig, østre

easy [ˈi:zi] *adj* lett; bekvem; **~ chair** lenestol *c*

easy-going [ˈi:ziˌgouiŋ] *adj* avslappet

*eat [i:t] *v* spise

eavesdrop [ˈi:vzdrɔp] *v* sniklytte

ebony [ˈebəni] *n* ibenholt *c*/*nt*

eccentric [ikˈsentrik] *adj* eksentrisk

echo [ˈekou] *n* (pl ~es) gjenlyd *c*, ekko *nt*

eclipse [iˈklips] *n* formørkelse *c*

economic [ˌi:kəˈnɔmik] *adj* økonomisk

economical [ˌi:kəˈnɔmikəl] *adj* økonomisk, sparsommelig

economist [iˈkɔnəmist] *n* økonom *c*

economize [iˈkɔnəmaiz] *v* spare

economy [iˈkɔnəmi] *n* økonomi *c*

ecstasy [ˈekstəzi] *n* ekstase *c*

Ecuador [ˈekwədɔ:] Ecuador

Ecuadorian [ˌekwəˈdɔ:riən] *n* ecuadorianer *c*

eczema [ˈeksimə] *n* eksem *c*/*nt*

edge [edʒ] *n* kant *c*

edible [ˈedibəl] *adj* spiselig

edition [iˈdiʃən] *n* utgave *c*; **morning ~** morgenutgave *c*

editor [ˈeditə] *n* redaktør *c*

educate ['edʒukeit] v *oppdra, utdanne

education [,edʒu'keiʃən] n utdannelse c; oppdragelse c

eel [i:l] n ål c

effect [i'fekt] n effekt c, virkning c; v *frembringe; **in ~** faktisk

effective [i'fektiv] adj effektiv, virkningsfull

efficient [i'fiʃənt] adj virkningsfull, effektiv

effort ['efət] n anstrengelse c; bestrebelse c; prestasjon c

egg [eg] n egg nt

egg-cup ['egkʌp] n eggeglass nt

eggplant ['egplɑ:nt] n aubergine c

egg-yolk ['egjouk] n eggeplomme c

egoistic [,egou'istik] adj egoistisk

Egypt ['i:dʒipt] Egypt

Egyptian [i'dʒipʃən] adj egyptisk; n egypter c

eiderdown ['aidədaun] n ederdun nt; dyne c

eight [eit] num åtte

eighteen [,ei'ti:n] num atten

eighteenth [,ei'ti:nθ] num attende

eighth [eitθ] num åttende

eighty ['eiti] num åtti

either ['aiðə] pron den ene eller den andre; **either ... or** enten ... eller

elaborate [i'læbəreit] v utdype

elastic [i'læstik] adj elastisk; tøyelig; **~ band** strikk c

elasticity [,elæ'stisəti] n tøyelighet c

elbow ['elbou] n albue c

elder ['eldə] adj eldre

elderly ['eldəli] adj eldre

elect [i'lekt] v *velge

election [i'lekʃən] n valg nt

electric [i'lektrik] adj elektrisk; **~ cord** ledning c; **~ razor** barbermaskin c

electrician [,ilek'triʃən] n elektriker c

electricity [,ilek'trisəti] n elektrisitet c

electronic [ilek'trɔnik] adj elektronisk

elegance ['eligəns] n eleganse c

elegant ['eligənt] adj elegant

element ['elimənt] n element nt, bestanddel c

elephant ['elifənt] n elefant c

elevator ['eliveitə] nAm heis c

eleven [i'levən] num elleve

eleventh [i'levənθ] num ellevte

elf [elf] n (pl elves) alv c

eliminate [i'limineit] v fjerne; avskaffe

elm [elm] n alm c

else [els] adv ellers

elsewhere [,el'sweə] adv annetsteds

elucidate [i'lu:sideit] v *klargjøre

emancipation [i,mænsi'peiʃən] n frigjøring c

embankment [im'bæŋkmənt] n bredd c; demning c

embargo [em'bɑ:gou] n (pl ~es) beslag nt; handelsforbud nt

embark [im'bɑ:k] v *gå om bord

embarkation [,embɑ:'keiʃən] n innskipning c

embarrass [im'bærəs] v *gjøre brydd, *gjøre forlegen; sjenere; **embarrassed** brydd, forlegen; **embarrassing** pinlig

embassy ['embəsi] n ambassade c

emblem ['embləm] n emblem nt; symbol c

embrace [im'breis] v omfavne; n omfavnelse c

embroider [im'brɔidə] v brodere

embroidery [im'brɔidəri] n broderi nt

emerald ['emərəld] n smaragd c

emergency [i'mə:dʒənsi] n krisesituasjon c, nødstilfelle nt; **~ exit** nødutgang c

emigrant ['emigrənt] n utvandrer c

emigrate ['emigreit] v utvandre

emigration [,emi'greiʃən] n emigrasjon c

emotion [i'mouʃən] *n* sinnsbevegelse *c*, følelse *c*

emperor ['empərə] *n* keiser *c*

emphasize ['emfəsaiz] *v* understreke

empire ['empaiə] *n* imperium *nt*, keiserdømme *nt*

employ [im'pləi] *v* *ansette; anvende

employee [,empləi'i:] *n* lønnstaker *c*, ansatt *c*

employer [im'pləiə] *n* arbeidsgiver *c*

employment [im'pləimənt] *n* beskjeftigelse *c*, arbeid *nt*; ~ **exchange** arbeidsformidling *c*

empress ['empris] *n* keiserinne *c*

empty ['empti] *adj* tom; *v* tømme

enable [i'neibəl] *v* *sette i stand

enamel [i'næməl] *n* emalje *c*

enamelled [i'næməld] *adj* emaljert

enchanting [in'tʃɑ:ntiŋ] *adj* bedårende, henrivende

encircle [in'sə:kəl] *v* omringe, *omgi; innsirkle

enclose [iŋ'klouz] *v* *vedlegge

enclosure [iŋ'klouʒə] *n* vedlegg *nt*

encounter [iŋ'kauntə] *v* møte; *n* møte *nt*

encourage [iŋ'kʌridʒ] *v* oppmuntre

encyclopaedia [en,saiklə'pi:diə] *n* leksikon *nt*

end [end] *n* ende *c*, slutt *c*; *v* slutte; opphøre

ending ['endiŋ] *n* avslutning *c*

endless ['endləs] *adj* uendelig

endorse [in'dɔ:s] *v* endossere, *skrive bak på

endure [in'djuə] *v* *utholde

enemy ['enəmi] *n* fiende *c*

energetic [,enə'dʒetik] *adj* energisk

energy ['enədʒi] *n* energi *c*; kraft *c*

engage [iŋ'geidʒ] *v* *ansette; bestille; forplikte seg; **engaged** forlovet; opptatt

engagement [iŋ'geidʒmənt] *n* forlovelse *c*; forpliktelse *c*; avtale *c*; ~

ring forlovelsesring *c*

engine ['endʒin] *n* maskin *c*, motor *c*; lokomotiv *nt*

engineer [,endʒi'niə] *n* ingeniør *c*

England ['iŋglənd] England

English ['iŋgliʃ] *adj* engelsk

Englishman ['iŋgliʃmən] *n* (pl -men) engelskmann *c*

engrave [iŋ'greiv] *v* gravere

engraving [iŋ'greiviŋ] *n* trykk *nt*; kopperstikk *nt*

enigma [i'nigmə] *n* gåte *c*

enjoy [in'dʒɔi] *v* *nyte, *ha glede av

enjoyable [in'dʒɔiəbəl] *adj* behagelig, hyggelig, morsom; deilig

enjoyment [in'dʒɔimənt] *n* nytelse *c*

enlarge [in'lɑ:dʒ] *v* forstørre; utvide

enlargement [in'lɑ:dʒmənt] *n* forstørrelse *c*

enormous [i'nɔ:məs] *adj* enorm, kolossal

enough [i'nʌf] *adv* nok; *adj* tilstrekkelig

enquire [iŋ'kwaiə] *v* *forespørre; undersøke

enquiry [iŋ'kwaiəri] *n* forespørsel *c*; undersøkelse *c*; rundspørring *c*

enter ['entə] *v* *gå inn, *tre inn i; *innskrive

enterprise ['entəpraiz] *n* virksomhet *c*; driftighet *c*

entertain [,entə'tein] *v* *underholde, more; beverte

entertainer [,entə'teinə] *n* underholder *c*

entertaining [,entə'teiniŋ] *adj* morsom, underholdende

entertainment [,entə'teinmənt] *n* underholdning *c*, forlystelse *c*

enthusiasm [in'θju:ziæzəm] *n* entusiasme *c*

enthusiastic [in,θju:zi'æstik] *adj* entusiastisk

entire [in'taiə] *adj* hel

entirely [in'taiəli] *adv* helt

entrance ['entrəns] *n* inngang *c*; adgang *c*; inntreden *c*

entrance-fee ['entrənsfi:] *n* inngangspenger *pl*

entry ['entri] *n* inngang *c*, adgang *c*; innføring *c*; **no ~** adgang forbudt

envelope ['envəloup] *n* konvolutt *c*

envious ['enviəs] *adj* sjalu, misunnelig

environment [in'vaiərənmənt] *n* miljø *nt*; omgivelser *pl*

envoy ['envɔi] *n* sendemann *c*

envy ['envi] *n* misunnelse *c*; *v* misunne

epic ['epik] *n* epos *nt*; *adj* episk

epidemic [,epi'demik] *n* epidemi *c*

epilepsy ['epilepsi] *n* epilepsi *c*

epilogue ['epilɔg] *n* epilog *c*

episode ['episoud] *n* episode *c*

equal ['i:kwəl] *adj* lik; *n* likemann *c*; *v* måle seg med

equality [i'kwɔləti] *n* likhet *c*

equalize ['i:kwəlaiz] *v* utjevne

equally ['i:kwəli] *adv* like

equator [i'kweitə] *n* ekvator *c*

equip [i'kwip] *v* utruste, utstyre

equipment [i'kwipmənt] *n* utstyr *nt*

equivalent [i'kwivələnt] *adj* motsvarende, tilsvarende

eraser [i'reizə] *n* viskelær *nt*

erect [i'rekt] *v* reise; *adj* oppreist, stående

err [ə:] *v* feile

errand ['erənd] *n* ærend *nt*

error ['erə] *n* feiltakelse *c*, feil *c*

escalator ['eskəleitə] *n* rulletrapp *c*

escape [i'skeip] *v* *unnslippe; *unngå, flykte; *n* flukt *c*

escort¹ ['eskɔ:t] *n* eskorte *c*

escort² [i'skɔ:t] *v* ledsage

especially [i'speʃəli] *adv* især, først og fremst

esplanade [,esplə'neid] *n* esplanade *c*

essay ['esei] *n* essay *nt*; stil *c*, avhandling *c*

essence ['esəns] *n* essens *c*; vesen *nt*, kjerne *c*

essential [i'senʃəl] *adj* uunnværlig; vesentlig

essentially [i'senʃəli] *adv* først og fremst

establish [i'stæbliʃ] *v* etablere; *fastslå

estate [i'steit] *n* eiendom *c*

esteem [i'sti:m] *n* aktelse *c*, respekt *c*; *v* akte

estimate¹ ['estimeit] *v* vurdere, taksere, *verdsette

estimate² ['estimət] *n* vurdering *c*

estuary ['estʃuəri] *n* elvemunning *c*

etcetera [et'setərə] og så videre

etching ['etʃiŋ] *n* radering *c*

eternal [i'tə:nəl] *adj* evig

eternity [i'tə:nəti] *n* evighet *c*

ether ['i:θə] *n* eter *c*

Ethiopia [iθi'oupiə] Etiopia

Ethiopian [iθi'oupiən] *adj* etiopisk; *n* etiopier *c*

Europe ['juərəp] Europa

European [,juərə'pi:ən] *adj* europeisk; *n* europeer *c*

evacuate [i'vækjueit] *v* evakuere

evaluate [i'væljueit] *v* vurdere

evaporate [i'væpəreit] *v* fordampe

even ['i:vən] *adj* jevn, like, plan; konstant; *adv* endog

evening ['i:vniŋ] *n* kveld *c*; **~ dress** selskapsantrekk *nt*

event [i'vent] *n* begivenhet *c*

eventual [i'ventʃuəl] *adj* mulig; endelig

ever ['evə] *adv* noen gang; alltid

every ['evri] *adj* hver

everybody ['evri,bɔdi] *pron* enhver

everyday ['evridei] *adj* daglig

everyone ['evriwʌn] *pron* enhver

everything ['evriθiŋ] *pron* alt

everywhere ['evriwɛə] adv overalt

evidence ['evidəns] n bevis nt

evident ['evidənt] adj tydelig

evil ['i:vəl] n onde nt; adj ondsinnet, ond

evolution [,i:və'lu:ʃən] n evolusjon c

exact [ig'zækt] adj nøyaktig

exactly [ig'zæktli] adv akkurat

exaggerate [ig'zædʒəreit] v *overdrive

examination [ig,zæmi'neiʃən] n eksamen c; undersøkelse c; forhør nt

examine [ig'zæmin] v undersøke

example [ig'za:mpəl] n eksempel nt; for ~ for eksempel

excavation [,ekskə'veiʃən] n utgravning c

exceed [ik'si:d] v *overskride; *overgå

excel [ik'sel] v utmerke seg

excellent ['eksələnt] adj fremragende, utmerket

except [ik'sept] prep unntatt

exception [ik'sepʃən] n unntak nt

exceptional [ik'sepʃənəl] adj usedvanlig, enestående

excerpt ['eksɔ:pt] n utdrag nt

excess [ik'ses] n utskeielse c; overdrivelse c

excessive [ik'sesiv] adj overdreven

exchange [iks'tʃeindʒ] v bytte, veksle, utveksle; n bytte nt; børs c; ~ office vekslingskontor nt; ~ rate valutakurs c

excite [ik'sait] v opphisse

excitement [ik'saitmənt] n opphisselse c; spenning c

exciting [ik'saiting] adj spennende

exclaim [ik'skleim] v *utbryte

exclamation [,eksklə'meiʃən] n utrop nt

exclude [ik'sklu:d] v utelukke

exclusive [ik'sklu:siv] adj eksklusiv

exclusively [ik'sklu:sivli] adv utelukkende

excursion [ik'skɔ:ʃən] n utflukt c

excuse[1] [ik'skju:s] n unnskyldning c

excuse[2] [ik'skju:z] v unnskylde

execute ['eksikju:t] v utføre

execution [,eksi'kju:ʃən] n henrettelse c

executioner [,eksi'kju:ʃənə] n bøddel c

executive [ig'zekjutiv] adj administrerende; n utøvende makt; direktør c

exempt [ig'zempt] v *frita; adj fritatt

exemption [ig'zempʃən] n fritakelse c

exercise ['eksəsaiz] n øvelse c; oppgave c; v øve; utøve

exhale [eks'heil] v puste ut

exhaust [ig'zɔ:st] n eksosrør nt; v utmatte; ~ gases eksos c

exhibit [ig'zibit] v utstille; fremvise, oppvise

exhibition [,eksi'biʃən] n utstilling c

exile ['eksail] n eksil nt; landflyktig c

exist [ig'zist] v eksistere

existence [ig'zistəns] n eksistens c

exit ['eksit] n utgang c; utkjørsel c

exotic [ig'zɔtik] adj eksotisk

expand [ik'spænd] v utvide; utbre; utfolde

expect [ik'spekt] v vente

expectation [,ekspek'teiʃən] n forventning c

expedition [,ekspə'diʃən] n ekspedisjon c

expel [ik'spel] v utvise

expenditure [ik'spenditʃə] n forbruk nt

expense [ik'spens] n utgift c; expenses pl omkostninger pl

expensive [ik'spensiv] adj dyr; kostbar

experience [ik'spiəriəns] n erfaring c; v oppleve, erfare; experienced erfaren

experiment [ik'sperimənt] n eksperi-

ment *nt*, forsøk *nt*; *v* eksperimente-
re

expert ['ekspə:t] *n* fagmann *c*, ek-
spert *c*; *adj* sakkyndig

expire [ik'spaiə] *v* *utløpe, opphøre;
utånde; **expired** utløpt

explain [ik'splein] *v* forklare

explanation [,eksplə'neiʃən] *n* forkla-
ring *c*

explicit [ik'splisit] *adj* tydelig, uttryk-
kelig

explode [ik'sploud] *v* eksplodere

exploit [ik'sploit] *v* utnytte

explore [ik'splɔ:] *v* utforske

explosion [ik'splouʒən] *n* eksplosjon *c*

explosive [ik'splousiv] *adj* eksplosiv; *n*
sprengstoff *nt*

export[1] [ik'spɔ:t] *v* eksportere, utføre

export[2] ['ekspɔ:t] *n* utførsel *c*

exportation [,ekspɔ:'teiʃən] *n* utførsel
c

exports ['ekspɔ:ts] *pl* eksport *c*

exposition [,ekspə'ziʃən] *n* utstilling *c*

exposure [ik'spouʒə] *n* utsatthet *c*;
eksponering *c*; ~ **meter** lysmåler *c*

express [ik'spres] *v* uttrykke; *gi ut-
trykk for, ytre; *adj* ekspress-; ut-
trykkelig; ~ **train** hurtigtog *nt*

expression [ik'spreʃən] *n* uttrykk *nt*

exquisite [ik'skwizit] *adj* utsøkt

extend [ik'stend] *v* forlenge; utvide;
bevilge

extension [ik'stenʃən] *n* forlengelse *c*;
utvidelse *c*; linje *c*; ~ **cord** skjøte-
ledning *c*

extensive [ik'stensiv] *adj* omfangsrik;
utstrakt, omfattende

extent [ik'stent] *n* omfang *nt*

exterior [ek'stiəriə] *adj* ytre; *n* utside
c

external [ek'stə:nəl] *adj* utvendig

extinguish [ik'stiŋgwiʃ] *v* slokke

extort [ik'stɔ:t] *v* utpresse

extortion [ik'stɔ:ʃən] *n* utpressing *c*

extra ['ekstrə] *adj* ekstra

extract[1] [ik'strækt] *v* *trekke ut

extract[2] ['ekstrækt] *n* utdrag *nt*

extradite ['ekstrədait] *v* utlevere en
forbryter

extraordinary [ik'strɔ:dənri] *adj* used-
vanlig

extravagant [ik'strævəgənt] *adj* ek-
stravagant, overdreven

extreme [ik'stri:m] *adj* ekstrem; yt-
terst, ytterlig; *n* ytterlighet *c*

exuberant [ig'zju:bərənt] *adj* over-
strømmende

eye [ai] *n* øye *nt*

eyebrow ['aibrau] *n* øyenbryn *nt*

eyelash ['ailæʃ] *n* øyenvippe *c*

eyelid ['ailid] *n* øyenlokk *nt*

eye-pencil ['ai,pensəl] *n* øyenblyant *c*

eye-shadow ['ai,ʃædou] *n* øyenskygge
c

eye-witness ['ai,witnəs] *n* øyenvitne
nt

F

fable ['feibəl] *n* fabel *c*; sagn *nt*

fabric ['fæbrik] *n* stoff *nt*; struktur *c*

façade [fə'sɑ:d] *n* fasade *c*

face [feis] *n* ansikt *nt*; *v* konfrontere;
~ **massage** ansiktsmassasje *c*;
facing overfor

face-cream ['feiskri:m] *n* ansiktskrem
c

face-pack ['feispæk] *n* ansiktsmaske *c*

face-powder ['feis,paudə] *n* ansikts-
pudder *nt*

facilities [fə'silətis] *pl* bekvemmelig-
heter *pl*

facility [fə'siləti] *n* letthet *c*; ferdighet
c

fact [fækt] *n* kjensgjerning *c*; **in** ~
faktisk

factor ['fæktə] n faktor c
factory ['fæktəri] n fabrikk c
factual ['fæktʃuəl] adj faktisk
faculty ['fækəlti] n evne c; begavelse c, anlegg nt; fakultet nt
fad [fæd] n nykke nt; motelune nt
fade [feid] v blekne, falme
faience [fai'ã:s] n fajanse c
fail [feil] v mislykkes; mangle; forsømme; dumpe, *stryke; **without ~** helt sikkert
failure ['feiljə] n fiasko c
faint [feint] v besvime; adj svak, vag
fair [fɛə] n basar c; varemesse c; adj rettferdig; lyshåret, blond; vakker
fairly ['fɛəli] adv nokså, temmelig, ganske
fairy ['fɛəri] n fe c
fairytale ['fɛəriteil] n eventyr nt
faith [feiθ] n tro c; tillit c
faithful ['feiθful] adj trofast
fake [feik] n forfalskning c
fall [fɔ:l] n fall nt; høst c
***fall** [fɔ:l] v *falle
false [fɔ:ls] adj falsk; gal, uekte; **~ teeth** gebiss nt
falter ['fɔ:ltə] v vakle; stamme
fame [feim] n berømmelse c; rykte nt
familiar [fə'miljə] adj velkjent; fortrolig
family ['fæməli] n familie c; slekt c; **~ name** etternavn nt
famous ['feiməs] adj berømt
fan [fæn] n vifte c; beundrer c; **~ belt** vifterem c
fanatical [fə'nætikəl] adj fanatisk
fancy ['fænsi] v *ha lyst til, like; tenke seg, forestille seg; n lune nt; fantasi c
fantastic [fæn'tæstik] adj fantastisk
fantasy ['fæntəzi] n fantasi c
far [fa:] adj fjern; adv meget; **by ~** uten sammenligning; **so ~** hittil
far-away ['fa:rəwei] adj fjern

farce [fa:s] n farse c
fare [fɛə] n billettpris c; kost c
farm [fa:m] n bondegård c
farmer ['fa:mə] n bonde c; **farmer's wife** bondekone c
farmhouse ['fa:mhaus] n våningshus nt
far-off ['fa:rɔf] adj fjern
fascinate ['fæsineit] v fengsle, fjetre
fascism ['fæʃizəm] n fascisme c
fascist ['fæʃist] adj fascistisk; n fascist c
fashion ['fæʃən] n mote c; måte c
fashionable ['fæʃənəbəl] adj moderne
fast [fa:st] adj rask, hurtig; fast
fast-dyed [,fa:st'daid] adj fargeekte, vaskeekte
fasten ['fa:sən] v feste; stenge
fastener ['fa:sənə] n festeinnretning c
fat [fæt] adj tykk, fet; n fett nt
fatal ['feitəl] adj dødelig, skjebnesvanger, fatal
fate [feit] n skjebne c
father ['fa:ðə] n far c; pater c
father-in-law ['fa:ðərinlɔ:] n (pl fathers-) svigerfar c
fatherland ['fa:ðəlænd] n fedreland nt
fatigue [fə'ti:g] n utmattelse c, tretthet c
fatness ['fætnəs] n fedme c
fatty ['fæti] adj fettholdig
faucet ['fɔ:sit] nAm vannkran c
fault [fɔ:lt] n feil c, defekt c
faultless ['fɔ:ltləs] adj feilfri; perfekt
faulty ['fɔ:lti] adj defekt, mangelfull
favour ['feivə] n tjeneste c; v privilegere, begunstige
favourable ['feivərəbəl] adj gunstig
favourite ['feivərit] n favoritt c, yndling c; adj yndlings-
fawn [fɔ:n] adj gulbrun; n dåkalv c
fear [fiə] n frykt c, engstelse c; v frykte
feasible ['fi:zəbəl] adj mulig, gjen-

nomførbart
feast [fi:st] *n* fest *c*
feat [fi:t] *n* prestasjon *c*
feather ['feðə] *n* fjær *c*
feature ['fi:tʃə] *n* kjennemerke *nt;* ansiktstrekk *nt*
February ['februəri] februar
federal ['fedərəl] *adj* forbunds-
federation [,fedə'reiʃən] *n* forbundsstat *c*
fee [fi:] *n* honorar *nt;* gebyr *nt*
feeble ['fi:bəl] *adj* svak
***feed** [fi:d] *v* mate; **fed up with** lei av
***feel** [fi:l] *v* føle; føle på; ~ **like** ***ha lyst til
feeling ['fi:liŋ] *n* følelse *c*
fell [fel] *v* (p fall)
fellow ['felou] *n* fyr *c*
felt[1] [felt] *n* filt *c*
felt[2] [felt] *v* (p, pp feel)
female ['fi:meil] *adj* hunn-
feminine ['feminin] *adj* feminin
fence [fens] *n* gjerde *nt;* stakitt *nt; v* fekte
fender ['fendə] *n* støtdemper *c*
ferment [fə:'ment] *v* gjære
ferry-boat ['feribout] *n* ferje *c*
fertile ['fə:tail] *adj* fruktbar
festival ['festivəl] *n* festival *c*
festive ['festiv] *adj* festlig
fetch [fetʃ] *v* hente; ***innbringe
feudal ['fju:dəl] *adj* føydal
fever ['fi:və] *n* feber *c*
feverish ['fi:vəriʃ] *adj* feberaktig
few [fju:] *adj* få
fiancé [fi'ã:sei] *n* forlovede *c*
fiancée [fi'ã:sei] *n* forlovede *c*
fibre ['faibə] *n* fiber *c*
fiction ['fikʃən] *n* skjønnlitteratur *c,* oppdiktning *c*
field [fi:ld] *n* mark *c,* åker *c;* felt *nt;* ~ **glasses** feltkikkert *c*
fierce [fiəs] *adj* vill; heftig

fifteen [,fif'ti:n] *num* femten
fifteenth [,fif'ti:nθ] *num* femtende
fifth [fifθ] *num* femte
fifty ['fifti] *num* femti
fig [fig] *n* fiken *c*
fight [fait] *n* strid *c,* kamp *c*
***fight** [fait] *v* kjempe, ***slåss
figure ['figə] *n* skikkelse *c,* figur *c;* tall *nt*
file [fail] *n* kartotek *nt,* fil *c;* dokumentsamling *c;* rekke *c*
Filipino [,fili'pi:nou] *n* filippiner *c*
fill [fil] *v* fylle; ~ **in** fylle ut; **filling station** bensinstasjon *c;* ~ **out** *Am* fylle ut; ~ **up** fylle opp
filling ['filiŋ] *n* plombe *c;* fyll *nt*
film [film] *n* film *c; v* filme
filter ['filtə] *n* filter *nt*
filthy ['filθi] *adj* skitten
final ['fainəl] *adj* endelig
finance [fai'næns] *v* finansiere
finances [fai'nænsiz] *pl* finanser *pl*
financial [fai'nænʃəl] *adj* finansiell
finch [fintʃ] *n* finke *c*
***find** [faind] *v* ***finne
fine [fain] *n* mulkt *c; adj* fin; pen; skjønn, utmerket; ~ **arts** skjønne kunster
finger ['fiŋgə] *n* finger *c;* **little** ~ lillefinger *c*
fingerprint ['fiŋgəprint] *n* fingeravtrykk *nt*
finish ['finiʃ] *v* fullende, avslutte, slutte; opphøre; *n* slutt *c;* mållinje *c;* **finished** ferdig
Finland ['finlənd] Finland
Finn [fin] *n* finne *c*
Finnish ['finiʃ] *adj* finsk
fire [faiə] *n* ild *c;* brann *c; v* ***skyte; avskjedige
fire-alarm ['faiərə,lɑ:m] *n* brannalarm *c*
fire-brigade ['faiəbri,geid] *n* brannvesen *nt*

fire-escape ['faiəri,skeip] n brann-
trapp c

fire-extinguisher ['faiərik,stiŋgwiʃə] n
brannslokker c

fireplace ['faiəpleis] n peis c

fireproof ['faiəpru:f] adj brannsikker;
ildfast

firm [fə:m] adj fast; solid; n firma nt

first [fə:st] num første; **at** ~ først; **i**
begynnelsen; ~ **name** fornavn c

first-aid [,fə:st'eid] n førstehjelp c; ~
kit førstehjelpsutstyr nt; ~ **post**
førstehjelpsstasjon c

first-class [,fə:st'kla:s] adj førsteklas-
ses

first-rate [,fə:st'reit] adj førsteklasses,
førsterangs

fir-tree ['fə:tri:] n nåletre nt, gran c

fish¹ [fiʃ] n (pl ~, ~es) fisk c; ~
shop fiskeforretning c

fish² [fiʃ] v fiske; **fishing gear** fiske-
utstyr nt; **fishing hook** fiskekrok c;
fishing industry fiskeri nt; **fishing
licence** fiskekort nt; **fishing line**
fiskesnøre nt; **fishing net** fiskegarn
nt; **fishing rod** fiskestang c; **fishing
tackle** fiskeredskap nt

fishbone ['fiʃboun] n fiskebein nt

fisherman ['fiʃəmən] n (pl -men) fis-
ker c

fist [fist] n knyttneve c

fit [fit] adj egnet; n anfall nt; v passe;
fitting room prøverom nt

five [faiv] num fem

fix [fiks] v reparere, ordne

fixed [fikst] adj fast

fizz [fiz] n brusing c

flag [flæg] n flagg nt

flame [fleim] n flamme c

flamingo [flə'miŋgou] n (pl ~s, ~es)
flamingo c

flannel ['flænəl] n flanell c

flash [flæʃ] n glimt nt

flash-bulb ['flæʃbʌlb] n blitzlampe c

flash-light ['flæʃlait] n lommelykt c

flask [flɑ:sk] n flaske c; **thermos** ~
termosflaske c

flat [flæt] adj flat, plan; n leilighet c;
~ **tyre** punktering c

flavour ['fleivə] n smak c; v *sette
smak på

flaw [flɔ:] n sprekk c; svakhet c

fleet [fli:t] n flåte c

flesh [fleʃ] n kjøtt nt

flew [flu:] v (p fly)

flex [fleks] n ledning c; v bøye

flexible ['fleksibəl] adj bøyelig

flight [flait] n flytur c; **charter** ~
charterflygning c

flint [flint] n flintstein c

float [flout] v *flyte; n flottør c

flock [flɔk] n flokk c

flood [flʌd] n oversvømmelse c; flo c

floor [flɔ:] n gulv nt; etasje c; **first** ~
annen etasje; Am første etasje; ~
show floor-show nt

florist ['flɔrist] n blomsterhandler c

flour [flauə] n mel nt

flow [flou] v strømme, *flyte

flower [flauə] n blomst c

flowerbed ['flauəbed] n blomsterbed
nt

flower-shop ['flauəʃɔp] n blomster-
forretning c

flown [floun] v (pp fly)

flu [flu:] n influensa c

fluent ['flu:ənt] adj flytende

fluid ['flu:id] adj flytende; n væske c

flute [flu:t] n fløyte c

fly [flai] n flue c; buksesmekk c;
*fly** [flai] v *fly

foam [foum] n skum nt; v skumme

foam-rubber ['foum,rʌbə] n skum-
gummi c

focus ['foukəs] n brennpunkt nt

fog [fɔg] n tåke c

foggy ['fɔgi] adj tåket

foglamp ['fɔglæmp] n tåkelykt c

fold [fould] v brette, folde; folde sammen; n fold c

folk [fouk] n folk nt; ~ song folkevise c

folk-dance ['foukda:ns] n folkedans c

folklore ['fouklɔ:] n folklore c

follow ['fɔlou] v *følge; following adj neste, følgende

*be fond of [bi: fɔnd ɔv] like

food [fu:d] n mat c; føde c; ~ poisoning matforgiftning c

foodstuffs ['fu:dstʌfs] pl matvarer pl

fool [fu:l] n tosk c, tåpe c; v narre

foolish ['fu:liʃ] adj fjollet, tåpelig; dum

foot [fut] n (pl feet) fot c; ~ powder fotpudder nt; on ~ til fots

football ['futbɔ:l] n fotball c; ~ match fotballkamp c

foot-brake ['futbreik] n fotbrems c

footpath ['futpɑ:θ] n gangsti c

footwear ['futweə] n skotøy nt

for [fɔ:, fə] prep til; i; på grunn av, av, for; conj for

*forbid [fə'bid] v *forby

force [fɔ:s] v *tvinge; forsere; n kraft c, styrke c; vold c; by ~ nødtvunget; driving ~ drivkraft c

ford [fɔ:d] n vadested nt

forecast ['fɔ:kɑ:st] n varsel nt; v *forutsi, varsle

foreground ['fɔ:graund] n forgrunn c

forehead ['fɔred] n panne c

foreign ['fɔrin] adj utenlandsk; fremmed

foreigner ['fɔrinə] n utlending c

foreman ['fɔ:mən] n (pl -men) formann c

foremost ['fɔ:moust] adj fremst, forrest

foresail ['fɔ:seil] n fokk c

forest ['fɔrist] n skog c

forester ['fɔristə] n forstmann c

forge [fɔ:dʒ] v forfalske

*forget [fə'get] v glemme

forgetful [fə'getfəl] adj glemsom

*forgive [fə'giv] v *tilgi

fork [fɔ:k] n gaffel c; skillevei c; v dele seg

form [fɔ:m] n form c; blankett c; klasse c; v forme

formal ['fɔ:məl] adj formell

formality [fɔ:'mæləti] n formalitet c

former ['fɔ:mə] adj forhenværende; tidligere; formerly før i tiden

formula ['fɔ:mjulə] n (pl ~e, ~s) formel c

fort [fɔ:t] n fort nt

fortnight ['fɔ:tnait] n fjorten dager

fortress ['fɔ:tris] n festning c

fortunate ['fɔ:tʃənət] adj heldig

fortune ['fɔ:tʃu:n] n formue c; skjebne c, lykke c

forty ['fɔ:ti] num førti

forward ['fɔ:wəd] adv frem, fremad; v ettersende

foster-parents ['fɔstə,peərənts] pl pleieforeldre pl

fought [fɔ:t] v (p, pp fight)

foul [faul] adj skitten; gemen

found[1] [faund] v (p, pp find)

found[2] [faund] v *grunnlegge, opprette, stifte

foundation [faun'deiʃən] n stiftelse c; ~ cream underlagskrem c

fountain ['fauntin] n springvann nt; kilde c

fountain-pen ['fauntinpen] n fyllepenn c

four [fɔ:] num fire

fourteen [,fɔ:'ti:n] num fjorten

fourteenth [,fɔ:'ti:nθ] num fjortende

fourth [fɔ:θ] num fjerde

fowl [faul] n (pl ~s, ~) fjærkre nt

fox [fɔks] n rev c

foyer ['fɔiei] n foajé c

fraction ['frækʃən] n brøkdel c

fracture ['fræktʃə] v *brekke; n brudd

nt

fragile ['frædʒail] *adj* skjør; skrøpelig

fragment ['frægmənt] *n* bruddstykke *nt;* stykke *nt*

frame [freim] *n* ramme *c;* innfatning *c*

France [frɑːns] Frankrike

franchise ['fræntʃaiz] *n* stemmerett *c*

frank [fræŋk] *adj* oppriktig

fraternity [frə'təːnəti] *n* brorskap *c/nt*

fraud [frɔːd] *n* bedrageri *nt*

fray [frei] *v* trevle opp

free [friː] *adj* fri; gratis; ~ **of charge** gratis; ~ **ticket** fribillett *c*

freedom ['friːdəm] *n* frihet *c*

***freeze** [friːz] *v* *fryse; fryse

freezing ['friːziŋ] *adj* iskald

freezing-point ['friːziŋpoint] *n* frysepunkt *nt*

freight [freit] *n* last *c,* frakt *c*

freight-train ['freittrein] *nAm* godstog *nt*

French [frentʃ] *adj* fransk

Frenchman ['frentʃmən] *n* (pl -men) franskmann *c*

frequency ['friːkwənsi] *n* frekvens *c;* hyppighet *c*

frequent ['friːkwənt] *adj* stadig, hyppig; **frequently** ofte

fresh [freʃ] *adj* fersk; forfriskende; ~ **water** ferskvann *nt*

friction ['frikʃən] *n* friksjon *c*

Friday ['fraidi] fredag *c*

fridge [fridʒ] *n* kjøleskap *nt*

friend [frend] *n* venn *c;* venninne *c*

friendly ['frendli] *adj* vennlig; vennskapelig

friendship ['frendʃip] *n* vennskap *nt*

fright [frait] *n* skrekk *c,* angst *c*

frighten ['fraitən] *v* forskrekke

frightened ['fraitənd] *adj* skremt; *be ~ *bli forskrekket

frightful ['fraitfəl] *adj* forferdelig, forskrekkelig

fringe [frindʒ] *n* frynse *c*

frock [frɔk] *n* kjole *c*

frog [frɔg] *n* frosk *c*

from [frɔm] *prep* fra; av; fra og med

front [frʌnt] *n* forside *c;* **in ~ of** foran

frontier ['frʌntiə] *n* grense *c*

frost [frɔst] *n* frost *c*

froth [frɔθ] *n* skum *nt*

frozen ['frouzən] *adj* frossen; ~ **food** dypfryst mat

fruit [fruːt] *n* frukt *c*

fry [frai] *v* steke

frying-pan ['fraiiŋpæn] *n* stekepanne *c*

fuel ['fjuːəl] *n* brensel *nt;* bensin *c;* ~ **pump** *Am* bensinpumpe *c*

full [ful] *adj* full; ~ **board** full pensjon; ~ **stop** punktum *nt;* ~ **up** fullsatt

fun [fʌn] *n* moro *c,* gøy *c/nt*

function ['fʌŋkʃən] *n* funksjon *c*

fund [fʌnd] *n* fond *nt*

fundamental [ˌfʌndə'mentəl] *adj* fundamental

funeral ['fjuːnərəl] *n* begravelse *c*

funnel ['fʌnəl] *n* trakt *c*

funny ['fʌni] *adj* pussig, komisk; merkelig

fur [fəː] *n* pels *c;* ~ **coat** pelskåpe *c;* **furs** pelsverk *nt*

furious ['fjuəriəs] *adj* rasende

furnace ['fəːnis] *n* ovn *c*

furnish ['fəːniʃ] *v* forsyne, skaffe; møblere, innrette; ~ **with** forsyne med

furniture ['fəːnitʃə] *n* møbler *pl*

furrier ['fʌriə] *n* buntmaker *c*

further ['fəːðə] *adj* videre; ytterligere

furthermore ['fəːðəmɔː] *adv* dessuten

furthest ['fəːðist] *adj* fjernest; lengst

fuse [fjuːz] *n* sikring *c;* lunte *c*

fuss [fʌs] *n* bråk *nt;* oppstyr *nt,* mas *nt*

future ['fjuːtʃə] *n* fremtid *c; adj* fremtidig

G

gable ['geibəl] *n* gavl *c*

gadget ['gædʒit] *n* innretning *c*, tingest *c*

gaiety ['geiəti] *n* munterhet *c*, lystighet *c*

gain [gein] *v* *vinne; *n* fortjeneste *c*

gait [geit] *n* gangart *c*

gale [geil] *n* storm *c*

gall [gɔ:l] *n* galle *c*; ~ **bladder** galleblære *c*

gallery ['gæləri] *n* galleri *nt*; kunstgalleri *nt*

gallop ['gæləp] *n* galopp *c*

gallows ['gæləuz] *pl* galge *c*

gallstone ['gɔ:lstoun] *n* gallestein *c*

game [geim] *n* spill *nt*; vilt *nt*; ~ **reserve** viltreservat *nt*

gang [gæŋ] *n* bande *c*; gjeng *c*

gangway ['gæŋwei] *n* landgang *c*

gaol [dʒeil] *n* fengsel *nt*

gap [gæp] *n* åpning *c*

garage ['gæra:ʒ] *n* garasje *c*; *v* *sette i garasje

garbage ['ga:bidʒ] *n* avfall *nt*, søppel *nt*

garden ['ga:dən] *n* hage *c*; **public** ~ offentlig parkanlegg; **zoological gardens** zoologisk hage

gardener ['ga:dənə] *n* gartner *c*

gargle ['ga:gəl] *v* gurgle

garlic ['ga:lik] *n* hvitløk *c*

garment [ga:mənt] *n* klesplagg *nt*

gas [gæs] *n* gass *c*; bensin *c*; ~ **cooker** gasskomfyr *c*; ~ **pump** *Am* bensinpumpe *c*; ~ **station** bensinstasjon *c*; ~ **stove** gasovn *c*

gasoline ['gæsəli:n] *nAm* bensin *c*

gastric ['gæstrik] *adj* mage-; ~ **ulcer**

magesår *nt*

gasworks ['gæswə:ks] *n* gassverk *nt*

gate [geit] *n* port *c*; grind *c*

gather ['gæðə] *v* samle; samles; høste

gauge [geidʒ] *n* måleinstrument *nt*

gauze [gɔ:z] *n* gas *c*

gave [geiv] *v* (p give)

gay [gei] *adj* munter; fargerik

gaze [geiz] *v* stirre

gazetteer [ˌgæzə'tiə] *n* geografisk leksikon

gear [giə] *n* gir *nt*; utstyr *nt*; **change** ~ skifte gir; ~ **lever** girstang *c*

gear-box ['giəbɔks] *n* girkasse *c*

gem [dʒem] *n* edelsten *c*, juvel *c*; klenodie *nt*

gender ['dʒendə] *n* kjønn *nt*

general ['dʒenərəl] *adj* generell; *n* general *c*; ~ **practitioner** almenpraktiserende lege; **in** ~ som regel

generate ['dʒenəreit] *v* *frembringe

generation [ˌdʒenə'reifən] *n* generasjon *c*

generator ['dʒenəreitər] *n* generator *c*

generosity [ˌdʒenə'rɔsəti] *n* gavmildhet *c*

generous ['dʒenərəs] *adj* gavmild

genital ['dʒenitəl] *adj* kjønns-

genius ['dʒi:niəs] *n* geni *nt*

gentle ['dʒentəl] *adj* mild; lett, øm; forsiktig

gentleman ['dʒentəlmən] *n* (pl -men) herre *c*

genuine ['dʒenjuin] *adj* ekte

geography [dʒi'ɔgrəfi] *n* geografi *c*

geology [dʒi'blədʒi] *n* geologi *c*

geometry [dʒi'ɔmətri] *n* geometri *c*

germ [dʒə:m] *n* basill *c*; kim *c*

German ['dʒə:mən] *adj* tysk; *n* tysker *c*

Germany ['dʒə:məni] Tyskland

gesticulate [dʒi'stikjuleit] *v* gestikulere

get-together sammenkomst *c*

*get [get] v *få; hente; *bli; ~ back *gå tilbake; ~ off *stige av; ~ on *stige på; *gjøre fremskritt; ~ up *stå opp

ghost [goust] n spøkelse nt; ånd c

giant ['dʒaiənt] n kjempe c

giddiness ['gidinəs] n svimmelhet c

giddy ['gidi] adj svimmel

gift [gift] n presang c, gave c; evne c

gifted ['giftid] adj begavet

gigantic [dʒai'gæntik] adj enorm

giggle ['gigəl] v fnise

gill [gil] n gjelle c

gilt [gilt] adj forgylt

ginger ['dʒindʒə] n ingefær c

gipsy ['dʒipsi] n sigøyner c

girdle ['gə:dəl] n hofteholder c

girl [gə:l] n pike c; ~ guide pikespeider c

*give [giv] v *gi; *overrekke; ~ away røpe; ~ in *gi seg, *gi etter; ~ up *oppgi, *gi opp

glacier ['glæsiə] n isbre c

glad [glæd] adj fornøyd, glad; gladly med glede, gjerne

gladness ['glædnəs] n glede c

glamorous ['glæmərəs] adj betagende, fortryllende

glamour ['glæmə] n sjarm c

glance [glɑ:ns] n blikk nt; v kaste et blikk

gland [glænd] n kjertel c

glare [gleə] n skarpt lys; skinn nt

glaring ['gleəriŋ] adj blendende

glass [glɑ:s] n glass nt; glass-; glasses briller pl; magnifying ~ forstørrelsesglass nt

glaze [gleiz] v glasere

glen [glen] n fjelldal c

glide [glaid] v *gli

glider ['glaidə] n glidefly nt

glimpse [glimps] n glimt nt; v skimte

global ['gloubəl] adj verdensomfattende

globe [gloub] n globus c, jordklode c

gloom [glu:m] n mørke nt

gloomy ['glu:mi] adj dyster

glorious ['glɔ:riəs] adj strålende

glory ['glɔ:ri] n ære c, berømmelse c; ros c, heder c

gloss [glɔs] n glans c

glossy ['glɔsi] adj blank

glove [glʌv] n hanske c

glow [glou] v gløde; n glød c

glue [glu:] n lim nt

*go [gou] v *gå; reise; ~ ahead *fortsette; ~ away reise bort; ~ back vende tilbake; ~ home *gå hjem; ~ in *gå inn; ~ on *fortsette, *gå videre; ~ out *gå ut; ~ through *gjennomgå, *gå igjennom

goal [goul] n mål nt

goalkeeper ['goul,ki:pə] n målmann c

goat [gout] n geitebukk c, geit c

god [gɔd] n gud c

goddess ['gɔdis] n gudinne c

godfather ['gɔd,fɑ:ðə] n gudfar c; fadder c

goggles ['gɔgəlz] pl dykkerbriller pl, snøbriller c

gold [gould] n gull nt; ~ leaf bladgull nt

golden ['gouldən] adj gyllen

goldmine ['gouldmain] n gullgruve c

goldsmith ['gouldsmiθ] n gullsmed c

golf [gɔlf] n golf c

golf-club ['gɔlfklʌb] n golfkølle c; golfklubb c

golf-course ['gɔlfkɔ:s] n golfbane c

golf-links ['gɔlfliŋks] n golfbane c

gondola ['gɔndələ] n gondol c

gone [gɔn] adv (pp go) borte

good [gud] adj bra, god; snill, lydig

good-bye! [,gud'bai] adjø!

good-humoured [,gud'hju:məd] adj godlyndt

good-looking [,gud'lukiŋ] adj pen

good-natured [ˌgudˈneitʃəd] adj godmodig

goods [gudz] pl varer pl; ~ train godstog nt

good-tempered [ˌgudˈtempəd] adj godmodig

goodwill [ˌgudˈwil] n godvilje c

goose [guːs] n (pl geese) gås c

gooseberry [ˈguzbəri] n stikkelsbær nt

goose-flesh [ˈguːsfleʃ] n gåsehud c

gorge [gɔːdʒ] n kløft c; v proppe seg

gorgeous [ˈgɔːdʒəs] adj praktfull

gospel [ˈgɔspəl] n evangelium nt

gossip [ˈgɔsip] n sladder c; v sladre

got [gɔt] v (p, pp get)

gourmet [ˈguəmei] n feinschmecker c

gout [gaut] n gikt c

govern [ˈgʌvən] v regjere

governess [ˈgʌvənis] n guvernante c

government [ˈgʌvənmənt] n styre nt, regjering c

governor [ˈgʌvənə] n guvernør c

gown [gaun] n kjole c

grace [greis] n ynde c; nåde c

graceful [ˈgreisfəl] adj yndig, grasiøs

grade [greid] n grad c; klasse c, v klassifisere; gradere

gradient [ˈgreidiənt] n helling c

gradual [ˈgrædʒuəl] adj gradvis

graduate [ˈgrædʒueit] v *ta avsluttende eksamen

grain [grein] n korn nt

gram [græm] n gram nt

grammar [ˈgræmə] n grammatikk c

grammatical [grəˈmætikəl] adj grammatisk

gramophone [ˈgræməfoun] n grammofon c

grand [grænd] adj storartet

granddad [ˈgrændæd] n bestefar c

granddaughter [ˈgrænˌdɔːtə] n datterdatter c, sønnedatter c

grandfather [ˈgrænˌfɑːðə] n farfar c;

bestefar c, morfar c

grandmother [ˈgrænˌmʌðə] n farmor c; mormor c, bestemor c

grandparents [ˈgrænˌpeərənts] pl besteforeldre pl

grandson [ˈgrænsʌn] n sønnesønn c, dattersønn c

granite [ˈgrænit] n granitt c

grant [grɑːnt] v bevilge; innvilge; n stipend nt, tilskudd nt

grapefruit [ˈgreipfruːt] n grapefrukt c

grapes [greips] pl druer pl

graph [græf] n diagram nt

graphic [ˈgræfik] adj grafisk

grasp [grɑːsp] v *gripe; n grep nt

grass [grɑːs] n gress nt

grasshopper [ˈgrɑːsˌhɔpə] n gresshoppe c

grate [greit] n rist c; v raspe

grateful [ˈgreitfəl] adj takknemlig

grater [ˈgreitə] n rivjern nt; rasp c

gratis [ˈgrætis] adj gratis

gratitude [ˈgrætitjuːd] n takknemlighet c

gratuity [grəˈtjuːəti] n drikkepenger pl

grave [greiv] n grav c; adj alvorlig

gravel [ˈgrævəl] n grus c

gravestone [ˈgreivstoun] n gravstein c

graveyard [ˈgreivjɑːd] n kirkegård c

gravity [ˈgrævəti] n tyngdekraft c; alvor nt

gravy [ˈgreivi] n sjy c; saus c

graze [greiz] v beite; n skrubbsår nt

grease [griːs] n fett nt; v *smøre

greasy [ˈgriːsi] adj fettet

great [greit] adj stor; Great Britain Storbritannia

Greece [griːs] Hellas

greed [griːd] n griskhet c

greedy [ˈgriːdi] adj grisk; grådig

Greek [griːk] adj gresk; n greker c

green [griːn] adj grønn; ~ card grønt kort

greengrocer ['gri:n,grousə] n grønn-
sakhandler c

greenhouse ['gri:nhaus] n drivhus nt

greens [gri:nz] pl grønnsaker pl

greet [gri:t] v hilse

greeting ['gri:tiŋ] n hilsen c

grey [grei] adj grå

greyhound ['greihaund] n mynde c

grief [gri:f] n sorg c; smerte c

grieve [gri:v] v sørge

grill [gril] n grill c; v grille

grill-room ['grilru:m] n grillrom nt

grin [grin] v glise, smile bredt; n glis
nt

*grind [graind] v male; finmale

grip [grip] v *gripe; n grep nt, tak nt

grit [grit] n grus c; fasthet c

groan [groun] v stønne

grocer ['grousə] n matvarehandler c;
grocer's matvareforretning c

groceries ['grousəriz] pl kolonialvarer
pl

groin [grɔin] n lyske c

groove [gru:v] n fure c

gross[1] [grous] n (pl ~) gross nt

gross[2] [grous] adj grov; brutto

grotto ['grɔtou] n (pl ~es, ~s) grot-
te c

ground[1] [graund] n jord c, grunn c;
~ floor første etasje; grounds
tomt c

ground[2] [graund] v (p, pp grind)

group [gru:p] n gruppe c

grouse [graus] n (pl ~) rype c

grove [grouv] n lund c

*grow [grou] v vokse; dyrke; *bli

growl [graul] v brumme

grown-up ['grounʌp] adj voksen; n
voksen c

growth [grouθ] n vekst c; svulst c

grudge [grʌdʒ] v misunne

grumble ['grʌmbəl] v knurre, klage

guarantee [,gærən'ti:] n garanti c;
kausjon c; v garantere

guarantor [,gærən'tɔ:] n kausjonist c

guard [gɑ:d] n vakt c; v bevokte

guardian ['gɑ:diən] n formynder c

guess [ges] v gjette; *anta; n for-
modning c

guest [gest] n gjest c

guest-house ['gesthaus] n pensjonat
nt

guest-room ['gestru:m] n gjesteværel-
se nt

guide [gaid] n guide c; v vise vei

guidebook ['gaidbuk] n reisehåndbok
c

guide-dog ['gaiddɔg] n førerhund c

guilt [gilt] n skyld c

guilty ['gilti] adj skyldig

guinea-pig ['ginipig] n marsvin nt;
forsøksdyr nt

guitar [gi'tɑ:] n gitar c

gulf [gʌlf] n golf c; vik c

gull [gʌl] n måke c

gum [gʌm] n tannkjøtt nt; gummi c;
lim nt

gun [gʌn] n revolver c, gevær nt; ka-
non c

gunpowder ['gʌn,paudə] n krutt nt

gust [gʌst] n vindkast nt

gusty ['gʌsti] adj blåsende

gut [gʌt] n tarm c; guts vågemot nt

gutter ['gʌtə] n rennestein c

guy [gai] n kar c

gymnasium [dʒim'neiziəm] n (pl ~s,
-sia) gymnastikksal c

gymnast ['dʒimnæst] n turner c

gymnastics [dʒim'næstiks] pl gymna-
stikk c

gynaecologist [,gainə'kɔlədʒist] n
kvinnelege c, gynekolog c

H

haberdashery ['hæbədæʃəri] n kortevarehandel c; herreekvipering c

habit ['hæbit] n vane c

habitable ['hæbitəbəl] adj beboelig

habitual [hə'bitʃuəl] adj vanemessig

had [hæd] v (p, pp have)

haddock ['hædək] n (pl ~) kolje c

haemorrhage ['heməridʒ] n blødning c

haemorrhoids ['hemərɔidz] pl hemorroider pl

hail [heil] n hagl nt

hair [heə] n hår nt; ~ **cream** hårkrem c; ~ **piece** tupé c; ~ **rollers** hårruller pl; ~ **tonic** hårvann nt

hairbrush ['heəbrʌʃ] n hårbørste c

haircut ['heəkʌt] n hårklipp c

hair-do ['heədu:] n frisyre c

hairdresser ['heə,dresə] n frisør c

hair-dryer ['heədraiə] n hårtørker c

hair-grip ['heəgrip] n hårspenne c

hair-net ['heənet] n hårnett nt

hair-oil ['heərɔil] n hårolje c

hairpin ['heəpin] n virksomhet c

hair-spray ['heəsprei] n hårlakk c

hairy ['heəri] adj håret

half¹ [hɑ:f] adj halv

half² [hɑ:f] n (pl halves) halvdel c

half-time [,hɑ:f'taim] n halvtid c

halfway [,hɑ:f'wei] adv halvveis

halibut ['hælibət] n (pl ~) kveite c

hall [hɔ:l] n vestibyle c; sal c

halt [hɔ:lt] v stanse

halve [hɑ:v] v halvere

ham [hæm] n skinke c

hamlet ['hæmlət] n liten landsby

hammer ['hæmə] n hammer c

hammock ['hæmək] n hengekøye c

hamper ['hæmpə] n kurv c

hand [hænd] n hånd c; v *overrekke; ~ **cream** håndkrem c

handbag ['hændbæg] n håndveske c

handbook ['hændbuk] n håndbok c

hand-brake ['hændbreik] n håndbrems c

handcuffs ['hændkʌfs] pl håndjern pl

handful ['hændful] n håndfull c

handicraft ['hændikrɑ:ft] n håndverk nt; kunsthåndverk nt

handkerchief ['hæŋkətʃif] n lommetørkle nt

handle ['hændəl] n skaft nt, håndtak nt; v håndtere; behandle

hand-made [,hænd'meid] adj håndlaget

handshake ['hændʃeik] n håndtrykk nt

handsome ['hænsəm] adj pen

handwork ['hændwə:k] n kunsthåndverk nt

handwriting ['hænd,raitiŋ] n håndskrift c

handy ['hændi] adj hendig

***hang** [hæŋ] v *henge

hanger ['hæŋə] n henger c

hangover ['hæŋ,ouvə] n bakrus c, tømmermenn pl

happen ['hæpən] v hende, skje

happening ['hæpəniŋ] n hendelse c, begivenhet c

happiness ['hæpinəs] n lykke c

happy ['hæpi] adj lykkelig, glad

harbour ['hɑ:bə] n havn c

hard [hɑ:d] adj hard; vanskelig; **hardly** neppe

hardware ['hɑ:dweə] n jernvarer pl; ~ **store** jernvarehandel c

hare [heə] n hare c

harm [hɑ:m] n skade c; fortred c; v skade

harmful ['hɑ:mfəl] adj skadelig

harmless ['hɑ:mləs] adj uskadelig; harmløs

harmony ['hɑ:məni] n harmoni c

harp [hɑ:p] n harpe c

harpsichord ['hɑ:psikɔ:d] n cembalo c

harsh [hɑ:ʃ] adj streng; grusom

harvest ['hɑ:vist] n avling c

has [hæz] v (pr have)

haste [heist] n hast c

hasten ['heisən] v skynde seg

hasty ['heisti] adj hurtig; forhastet

hat [hæt] n hatt c; ~ rack knaggrekke c

hatch [hætʃ] n luke c; v ruge ut

hate [heit] v avsky; hate; n hat nt

hatred ['heitrid] n hat nt

haughty ['hɔːti] adj hovmodig

haul [hɔːl] v slepe

*have [hæv] v *ha; *få; ~ to *måtte

haversack ['hævəsæk] n ryggsekk c

hawk [hɔːk] n hauk c; falk c

hay [hei] n høy nt; ~ fever høysnue c

hazard ['hæzəd] n risiko c

haze [heiz] n dis c

hazelnut ['heizəlnat] n hasselnøtt c

hazy ['heizi] adj disig

he [hiː] pron han

head [hed] n hode nt; v lede; ~ of state statsoverhode nt; ~ teacher overlærer c

headache ['hedeik] n hodepine c

heading ['hediŋ] n overskrift c

headlamp ['hedlæmp] n frontlys nt

headland ['hedlənd] n odde c

headlight ['hedlait] n frontlys nt

headline ['hedlain] n overskrift c

headmaster [ˌhed'mɑːstə] n overlærer c; rektor c

headquarters [ˌhed'kwɔːtəz] pl hovedkvarter nt

headrest ['hedrest] n nakkestøtte c

head-strong ['hedstrɔŋ] adj sta

head-waiter [ˌhed'weitə] n hovmester c

heal [hiːl] v hele, lege

health [helθ] n helse c; ~ certificate helseattest c

healthy ['helθi] adj sunn

heap [hiːp] n hop c, haug c

*hear [hiə] v høre

hearing ['hiəriŋ] n hørsel c

heart [hɑːt] n hjerte nt; kjerne c; by ~ utenat; ~ attack hjerteanfall nt

heartburn ['hɑːtbəːn] n halsbrann c

hearth [hɑːθ] n ildsted nt

heartless ['hɑːtləs] adj hjerteløs

hearty ['hɑːti] adj hjertelig

heat [hiːt] n hete c, varme c; v varme opp; heating pad varmepute c

heater ['hiːtə] n varmeovn c; immersion ~ dyppekoker c

heath [hiːθ] n hei c

heathen ['hiːðən] n hedning c; adj hedensk

heather ['heðə] n lyng c

heating ['hiːtiŋ] n fyring c

heaven ['hevən] n himmel c

heavy ['hevi] adj tung

Hebrew ['hiːbruː] n hebraisk nt

hedge [hedʒ] n hekk c

hedgehog ['hedʒhɔg] n pinnsvin nt

heel [hiːl] n hæl c

height [hait] n høyde c; høydepunkt nt

heir [ɛə] n arving c

hell [hel] n helvete nt

hello! [he'lou] hallo!; morn!

helm [helm] n ror nt

helmet ['helmit] n hjelm c

helmsman ['helmzmən] n rormann c

help [help] v *hjelpe; n hjelp c

helper ['helpə] n hjelper c

helpful ['helpfəl] adj hjelpsom

helping ['helpiŋ] n porsjon c

hem [hem] n fald c; søm c

hemp [hemp] n hamp c

hen [hen] n høne c

henceforth [ˌhens'fɔːθ] adv heretter

her [həː] pron henne; adj hennes

herb [həːb] n urt c

herd [həːd] n flokk c; bøling c

here [hiə] adv her; ~ you are vær så god

hereditary [hi'reditəri] adj arvelig

hernia [ˈhəːniə] n brokk c
hero [ˈhiərou] n (pl ~es) helt c
heron [ˈherən] n hegre c
herring [ˈheriŋ] n (pl ~, ~s) sild c
herself [həːˈself] pron seg; selv
hesitate [ˈheziteit] v nøle
heterosexual [ˌhetərəˈseksʃuəl] adj heteroseksuell
hiccup [ˈhikʌp] n hikke c
hide [haid] n skinn nt
*****hide** [haid] v gjemme; skjule
hideous [ˈhidiəs] adj avskyelig
hierarchy [ˈhaiərɑːki] n hierarki nt
high [hai] adj høy
highway [ˈhaiwei] n riksvei c; motorvei c
hijack [ˈhaidʒæk] v kapre
hijacker [ˈhaidʒækə] n kaprer c
hike [haik] v *gå fottur
hill [hil] n bakke c
hillside [ˈhilsaid] n li c; bakke c
hilltop [ˈhiltɔp] n bakketopp c
hilly [ˈhili] adj kupert
him [him] pron ham
himself [himˈself] pron seg; selv
hinder [ˈhində] v hindre
hinge [hindʒ] n hengsel nt
hip [hip] n hofte c
hire [haiə] v leie; **for** ~ til leie
hire-purchase [ˌhaiəˈpəːtʃəs] n avbetalingskjøp nt
his [hiz] adj hans
historian [hiˈstɔːriən] n historiker c
historic [hiˈstɔrik] adj historisk
historical [hiˈstɔrikəl] adj historisk
history [ˈhistəri] n historie c
hit [hit] n suksess c; slag nt; treff c
*****hit** [hit] v *slå; ramme, *treffe
hitchhike [ˈhitʃhaik] v haike
hitchhiker [ˈhitʃˌhaikə] n haiker c
hoarse [hɔːs] adj hes
hobby [ˈhɔbi] n hobby c
hobby-horse [ˈhɔbihɔːs] n kjepphest c
hockey [ˈhɔki] n hockey c

hoist [hɔist] v heise
hold [hould] n lasterom nt
*****hold** [hould] v *holde, *holde på; *beholde; ~ **on** *holde seg fast; ~ **up** *holde oppe, støtte
hold-up [ˈhouldʌp] n overfall nt
hole [houl] n hull nt
holiday [ˈhɔlədi] n ferie c; helligdag c; ~ **camp** ferieleir c; ~ **resort** feriested nt; **on** ~ på ferie
Holland [ˈhɔlənd] Holland
hollow [ˈhɔlou] adj hul
holy [ˈhouli] adj hellig
homage [ˈhɔmidʒ] n hyllest c
home [houm] n hjem nt; pleiehjem nt; adv hjemover, hjemme; **at** ~ hjemme
home-made [ˌhoumˈmeid] adj hjemmelaget
homesickness [ˈhoumˌsiknəs] n hjemlengsel c
homosexual [ˌhouməˈseksʃuəl] adj homoseksuell
honest [ˈɔnist] adj ærlig; oppriktig
honesty [ˈɔnisti] n ærlighet c
honey [ˈhʌni] n honning c
honeymoon [ˈhʌnimuːn] n hvetebrødsdager pl, bryllupsreise c
honk [hʌŋk] vAm tute
honour [ˈɔnə] n ære c; v hedre, ære
honourable [ˈɔnərəbəl] adj ærefull, hederlig; rettskaffen
hood [hud] n hette c; motorpanser nt
hoof [huːf] n hov c
hook [huk] n krok c
hoot [huːt] v tute
hooter [ˈhuːtə] n signalhorn nt
hop[1] [hɔp] v hoppe; n hopp nt
hop[2] [hɔp] n humle c
hope [houp] n håp nt; v håpe
hopeful [ˈhoupfəl] adj håpefull
hopeless [ˈhoupləs] adj håpløs
horizon [həˈraizən] n horisont c
horizontal [ˌhɔriˈzɔntəl] adj horisontal

horn [hɔːn] *n* horn *nt;* signalhorn *nt*

horrible ['hɔribəl] *adj* redselsfull; grusom, avskyelig, skrekkelig

horror ['hɔrə] *n* gru *c,* redsel *c*

hors-d'œuvre [ɔːˈdɔːvr] *n* forrett *c*

horse [hɔːs] *n* hest *c*

horseman ['hɔːsmən] *n* (pl -men) rytter *c*

horsepower ['hɔːsˌpauə] *n* hestekraft *c*

horserace ['hɔːsreis] *n* hesteveddeløp *nt*

horseradish ['hɔːsˌrædiʃ] *n* pepperrot *c*

horseshoe ['hɔːsʃuː] *n* hestesko *c*

hosiery ['houʒəri] *n* trikotasje *c*

hospitable ['hɔspitəbəl] *adj* gjestfri

hospital ['hɔspitəl] *n* sykehus *nt,* hospital *nt*

hospitality [ˌhɔspiˈtæləti] *n* gjestfrihet *c*

host [houst] *n* vert *c*

hostage ['hɔstidʒ] *n* gissel *nt*

hostel ['hɔstəl] *n* herberge *nt*

hostess ['houstis] *n* vertinne *c*

hostile ['hɔstail] *adj* fiendtlig

hot [hɔt] *adj* het, varm

hotel [houˈtel] *n* hotell *nt*

hot-tempered [ˌhɔtˈtempəd] *adj* hissig

hour [auə] *n* time *c*

hourly ['auəli] *adj* hver time

house [haus] *n* hus *nt;* bolig *c;* ~ agent eiendomsmegler *c;* ~ block *Am* kvartal *nt;* public ~ vertshus *nt*

houseboat ['hausbout] *n* husbåt *c*

household ['haushould] *n* husstand *c*

housekeeper ['hausˌkiːpə] *n* husholderske *c*

housekeeping ['hausˌkiːpiŋ] *n* husholdning *c*

housemaid ['hausmeid] *n* hushjelp *c*

housewife ['hauswaif] *n* husmor *c*

housework ['hauswəːk] *n* husarbeid

nt

how [hau] *adv* hvordan; hvor; ~ many hvor mange; ~ much hvor mye

however [hauˈevə] *conj* likevel

hug [hʌg] *v* omfavne; klemme; *n* klem *c*

huge [hjuːdʒ] *adj* svær, veldig, enorm

hum [hʌm] *v* nynne

human ['hjuːmən] *adj* menneskelig; ~ being menneske *nt*

humanity [hjuˈmænəti] *n* menneskehet *c*

humble ['hʌmbəl] *adj* ydmyk

humid ['hjuːmid] *adj* fuktig

humidity [hjuˈmidəti] *n* fuktighet *c*

humorous ['hjuːmərəs] *adj* vittig, morsom, humoristisk

humour ['hjuːmə] *n* humor *c*

hundred ['hʌndrəd] *n* hundre

Hungarian [hʌŋˈgɛəriən] *adj* ungarsk; *n* ungarer *c*

Hungary ['hʌŋgəri] Ungarn

hunger ['hʌŋgə] *n* sult *c*

hungry ['hʌŋgri] *adj* sulten

hunt [hʌnt] *v* jakte; *n* jakt *c;* ~ for lete etter

hunter ['hʌntə] *n* jeger *c*

hurricane ['hʌrikən] *n* orkan *c;* ~ lamp stormlykt *c*

hurry ['hʌri] *v* forte seg, skynde seg; *n* hastverk *nt;* in a ~ i full fart

hurt [həːt] *v* *gjøre vondt, skade; såre

hurtful ['həːtfəl] *adj* skadelig

husband ['hʌzbənd] *n* ektemann *c,* mann *c*

hut [hʌt] *n* hytte *c*

hydrogen ['haidrədʒən] *n* vannstoff *nt*

hygiene ['haidʒiːn] *n* hygiene *c*

hygienic [haiˈdʒiːnik] *adj* hygienisk

hymn [him] *n* hymne *c,* salme *c*

hyphen ['haifən] *n* bindestrek *c*

hypocrisy [hiˈpɔkrəsi] *n* hykleri *nt*

hypocrite [ˈhipəkrit] *n* hykler *c*
hypocritical [ˌhipəˈkritikəl] *adj* hyklersk, skinnhellig
hysterical [hiˈsterikəl] *adj* hysterisk

I

I [ai] *pron* jeg
ice [ais] *n* is *c*
ice-bag [ˈaisbæg] *n* ispose *c*
ice-cream [ˈaiskri:m] *n* iskrem *c*
Iceland [ˈaislənd] Island
Icelander [ˈaisləndə] *n* islending *c*
Icelandic [aisˈlændik] *adj* islandsk
icon [ˈaikən] *n* ikon *c/nt*
idea [aiˈdiə] *n* idé *c*; tanke *c*, innfall *nt*; begrep *nt*, forestilling *c*
ideal [aiˈdiəl] *adj* ideell; *n* ideal *nt*
identical [aiˈdentikəl] *adj* identisk
identification [aiˌdentifiˈkeiʃən] *n* identifisering *c*
identify [aiˈdentifai] *v* identifisere
identity [aiˈdentəti] *n* identitet *c*; ~ card identitetskort *nt*
idiom [ˈidiəm] *n* idiom *nt*
idiomatic [ˌidiəˈmætik] *adj* idiomatisk
idiot [ˈidiət] *n* idiot *c*
idiotic [ˌidiˈɔtik] *adj* idiotisk
idle [ˈaidəl] *adj* uvirksom; lat; nytteløs
idol [ˈaidəl] *n* avgud *c*; idol *nt*
if [if] *conj* hvis; om
ignition [igˈniʃən] *n* tenning *c*; ~ coil tennspole *c*
ignorant [ˈignərənt] *adj* uvitende
ignore [igˈnɔ:] *v* ignorere
ill [il] *adj* syk; dårlig
illegal [iˈli:gəl] *adj* illegal, ulovlig
illegible [iˈledʒəbəl] *adj* uleselig
illiterate [iˈlitərət] *n* analfabet *c*
illness [ˈilnəs] *n* sykdom *c*
illuminate [iˈlu:mineit] *v* opplyse, belyse
illumination [iˌlu:miˈneiʃən] *n* belysning *c*
illusion [iˈlu:ʒən] *n* illusjon *c*; fantasifoster *nt*
illustrate [ˈiləstreit] *v* illustrere
illustration [ˌiləˈstreiʃən] *n* illustrasjon *c*
image [ˈimidʒ] *n* bilde *nt*
imaginary [iˈmædʒinəri] *adj* innbilt
imagination [iˌmædʒiˈneiʃən] *n* fantasi *c*
imagine [iˈmædʒin] *v* forestille seg; innbille seg; tenke seg
imitate [ˈimiteit] *v* imitere, etterligne
imitation [ˌimiˈteiʃən] *n* imitasjon *c*, etterligning *c*
immediate [iˈmi:djət] *adj* øyeblikkelig
immediately [iˈmi:djətli] *adv* straks, øyeblikkelig, umiddelbart
immense [iˈmens] *adj* enorm, veldig, umåtelig
immigrant [ˈimigrənt] *n* innvandrer *c*
immigrate [ˈimigreit] *v* immigrere
immigration [ˌimiˈgreiʃən] *n* immigrasjon *c*
immodest [iˈmɔdist] *adj* ubeskjeden
immunity [iˈmju:nəti] *n* immunitet *c*
immunize [ˈimjunaiz] *v* *gjøre immun
impartial [imˈpɑ:ʃəl] *adj* upartisk
impassable [imˈpɑ:səbəl] *adj* ufremkommelig
impatient [imˈpeiʃənt] *adj* utålmodig
impede [imˈpi:d] *v* hindre, sinke
impediment [imˈpedimənt] *n* hindring *c*
imperfect [imˈpə:fikt] *adj* ufullkommen
imperial [imˈpiəriəl] *adj* keiserlig; riks-
impersonal [imˈpə:sənəl] *adj* upersonlig
impertinence [imˈpə:tinəns] *n* frekkhet *c*

impertinent [im'pə:tinənt] adj uforskammet, nesevis
implement¹ ['implimənt] n verktøy nt
implement² ['impliment] v *sette ut i live
imply [im'plai] v antyde; *innebære
impolite [,impə'lait] adj uhøflig
import¹ [im'pɔ:t] v importere, innføre
import² ['impɔ:t] n innførsel c, importvarer pl, import c; ~ **duty** importavgift c
importance [im'pɔ:təns] n viktighet c, betydning c
important [im'pɔ:tənt] adj betydningsfull, viktig
importer [im'pɔ:tə] n importør c
imposing [im'pouziŋ] adj imponerende
impossible [im'pɔsəbəl] adj umulig
impotence ['impətəns] n impotens c
impotent ['impətənt] adj impotent; avmektig
impound [im'paund] v *beslaglegge
impress [im'pres] v *gjøre inntrykk på, imponere
impression [im'preʃən] n inntrykk nt
impressive [im'presiv] adj imponerende
imprison [im'prizən] v fengsle
imprisonment [im'prizənmənt] n fangenskap nt
improbable [im'prɔbəbəl] adj usannsynlig
improper [im'prɔpə] adj upassende
improve [im'pru:v] v forbedre
improvement [im'pru:vmənt] n forbedring c
improvise ['imprəvaiz] v improvisere
impudent ['impjudənt] adj uforskammet
impulse ['impʌls] n impuls c; innskytelse c
impulsive [im'pʌlsiv] adj impulsiv
in [in] prep i; om; adv inn

inaccessible [i,næk'sesəbəl] adj utilgjengelig
inaccurate [i'nækjurət] adj unøyaktig
inadequate [i'nædikwət] adj utilstrekkelig
incapable [iŋ'keipəbəl] adj udugelig
incense ['insens] n røkelse c
incident ['insidənt] n hendelse c
incidental [,insi'dentəl] adj tilfeldig
incite [in'sait] v anspore, egge
inclination [,iŋkli'neiʃən] n tilbøyelighet c
incline [iŋ'klain] n skråning c
inclined [iŋ'klaind] adj tilbøyelig
include [iŋ'klu:d] v innbefatte, omfatte; **included** inkludert
inclusive [iŋ'klu:siv] adj inklusive
income ['iŋkəm] n inntekt c
income-tax ['iŋkəmtæks] n inntektsskatt c
incompetent [iŋ'kɔmpətənt] adj inkompetent; udugelig
incomplete [,iŋkəm'pli:t] adj ufullstendig
inconceivable [,iŋkən'si:vəbəl] adj utenkelig
inconspicuous [,iŋkən'spikjuəs] adj uanselig
inconvenience [,iŋkən'vi:njəns] n ubeleilighet c, besvær nt
inconvenient [,iŋkən'vi:njənt] adj ubeleilig; besværlig
incorrect [,iŋkə'rekt] adj uriktig, feil
increase¹ [iŋ'kri:s] v øke; forsterke, *tilta
increase² ['iŋkri:s] n vekst c; stigning c
incredible [iŋ'kredəbəl] adj utrolig
incurable [iŋ'kjuərəbəl] adj uhelbredelig
indecent [in'di:sənt] adj uanstendig
indeed [in'di:d] adv virkelig
indefinite [in'definit] adj ubestemt; uklar

indemnity [in'demnəti] n skadeserstatning c, erstatning c

independence [ˌindi'pendəns] n uavhengighet c

independent [ˌindi'pendənt] adj uavhengig; selvstendig

index ['indeks] n fortegnelse c, register nt; ~ **finger** pekefinger c

India ['indiə] India

Indian ['indiən] adj indisk; indiansk; n inder c; indianer c

indicate ['indikeit] v antyde, anvise, *angi

indication [ˌindi'keiʃən] n tegn nt

indicator ['indikeitə] n blinklys nt

indifferent [in'difərənt] adj likegyldig

indigestion [ˌindi'dʒestʃən] n dårlig fordøyelse

indignation [ˌindig'neiʃən] n forargelse c

indirect [ˌindi'rekt] adj indirekte

individual [ˌindi'vidʒuəl] adj individuell, enkelt; n enkeltperson c, individ nt

Indonesia [ˌində'ni:ziə] Indonesia

Indonesian [ˌində'ni:ziən] adj indonesisk; n indonesier c

indoor ['indɔ:] adj innendørs

indoors [ˌin'dɔ:z] adv inne

indulge [in'dʌldʒ] v *gi etter; *hengi seg til

industrial [in'dʌstriəl] adj industriell; ~ **area** industriområde nt

industrious [in'dʌstriəs] adj flittig

industry ['indəstri] n industri c

inedible [i'nedibəl] adj uspiselig

inefficient [ˌini'fiʃənt] adj udugelig; ineffektiv

inevitable [i'nevitəbəl] adj uunngåelig

inexpensive [ˌinik'spensiv] adj billig

inexperienced [ˌinik'spiəriənst] adj uerfaren

infant ['infənt] n spedbarn nt

infantry ['infəntri] n infanteri nt

infect [in'fekt] v infisere, smitte

infection [in'fekʃən] n smitte c

infectious [in'fekʃəs] adj smittsom

infer [in'fə:] v utlede

inferior [in'fiəriə] adj dårligere, underlegen; mindreverdig; nedre

infinite ['infinət] adj uendelig

infinitive [in'finitiv] n infinitiv c

infirmary [in'fə:məri] n sykestue c

inflammable [in'flæməbəl] adj ildsfarlig

inflammation [ˌinflə'meiʃən] n betennelse c

inflatable [in'fleitəbəl] adj oppblåsbar

inflate [in'fleit] v blåse opp

inflation [in'fleiʃən] n inflasjon c

influence ['influəns] n innflytelse c; v påvirke

influential [ˌinflu'enʃəl] adj innflytelsesrik

influenza [ˌinflu'enzə] n influensa c

inform [in'fɔ:m] v opplyse, informere; underrette, meddele

informal [in'fɔ:məl] adj uformell

information [ˌinfə'meiʃən] n informasjon c; meddelelse c, opplysning c; ~ **bureau** informasjonskontor nt

infra-red [ˌinfrə'red] adj infrarød

infrequent [in'fri:kwənt] adj sjelden

ingredient [in'gri:diənt] n bestanddel c, ingrediens c

inhabit [in'hæbit] v bebo

inhabitable [in'hæbitəbəl] adj beboelig

inhabitant [in'hæbitənt] n innbygger c; beboer c

inhale [in'heil] v innånde

inherit [in'herit] v arve

inheritance [in'heritəns] n arv c

initial [i'niʃəl] adj opprinnelig, begynnelses-; n forbokstav c; v merke med initialer

initiative [i'niʃətiv] n initiativ nt

inject [in'dʒekt] v innsprøyte

injection [in'dʒekʃən] n injeksjon c

injure ['indʒə] v skade, kveste; krenke

injury ['indʒəri] n skade c; krenkelse c

injustice [in'dʒʌstis] n urett c

ink [iŋk] n blekk nt

inlet ['inlet] n vik c

inn [in] n vertshus nt

inner ['inə] adj indre; ~ tube luftslange c

inn-keeper ['in,ki:pə] n vertshusholder c

innocence ['inəsəns] n uskyld c

innocent ['inəsənt] adj uskyldig

inoculate [i'nɔkjuleit] v vaksinere

inoculation [i,nɔkju'leiʃən] n vaksinasjon c

inquire [iŋ'kwaiə] v *forespørre, forhøre seg

inquiry [iŋ'kwaiəri] n forespørsel c; etterforskning c; ~ office informasjonskontor nt

inquisitive [iŋ'kwizətiv] adj nysgjerrig

insane [in'sein] adj sinnssyk

inscription [in'skripʃən] n inskripsjon c; påskrift c

insect ['insekt] n insekt nt; ~ repellent insektmiddel nt

insecticide [in'sektisaid] n insektmiddel nt

insensitive [in'sensətiv] adj ufølsom

insert [in'sə:t] v *sette inn, *innskyte

inside [in'said] n inside c; adj indre; adv inne; inni; prep innen, innenfor; ~ out vrengt; insides innvoller pl

insight ['insait] n innsikt c

insignificant [,insig'nifikənt] adj ubetydelig; intetsigende, uanselig; uvesentlig

insist [in'sist] v insistere; *fastholde

insolence ['insələns] n uforskammethet c

insolent ['insələnt] adj uforskammet, frekk

insomnia [in'sɔmniə] n søvnløshet c

inspect [in'spekt] v inspisere

inspection [in'spekʃən] n inspeksjon c; kontroll c

inspector [in'spektə] n inspektør c

inspire [in'spaiə] v inspirere

install [in'stɔ:l] v installere

installation [,instə'leiʃən] n installasjon c

instalment [in'stɔ:lmənt] n avdrag nt

instance ['instəns] n eksempel nt; tilfelle nt; for ~ for eksempel

instant ['instənt] n øyeblikk nt

instantly ['instəntli] adv øyeblikkelig, straks, umiddelbart

instead of [in'sted ɔv] istedenfor

instinct ['instiŋkt] n instinkt nt

institute ['institju:t] n institutt nt; forordning c; v opprette, stifte

institution [,insti'tju:ʃən] n institusjon c, stiftelse c

instruct [in'strʌkt] v undervise

instruction [in'strʌkʃən] n undervisning c; veiledning c

instructive [in'strʌktiv] adj lærerik

instructor [in'strʌktə] n instruktør c

instrument ['instrumənt] n instrument nt; musical ~ musikkinstrument nt

insufficient [,insə'fiʃənt] adj utilstrekkelig

insulate ['insjuleit] v isolere

insulation [,insju'leiʃən] n isolasjon c

insulator ['insjuleitə] n isolator c

insult[1] [in'sʌlt] v fornærme

insult[2] ['insʌlt] n fornærmelse c

insurance [in'ʃuərəns] n forsikring c; ~ policy forsikringspolise c

insure [in'ʃuə] v forsikre

intact [in'tækt] adj intakt

intellect ['intəlekt] n intellekt nt, forstand c

intellectual [,intə'lektʃuəl] adj intellektuell

intelligence [in'telidʒəns] n intelligens

c

intelligent [in'telidʒənt] adj intelligent

intend [in'tend] v *ha til hensikt

intense [in'tens] adj intens

intention [in'tenʃən] n hensikt c

intentional [in'tenʃənəl] adj tilsiktet

intercourse ['intəkɔ:s] n omgang c

interest ['intrəst] n interesse c; rente c; v interessere

interesting ['intrəstiŋ] adj interessant

interfere [,intə'fiə] v *gripe inn; ~ with blande seg inn i

interference [,intə'fiərəns] n innblanding c

interim ['intərim] n mellomtid c; adj foreløpig

interior [in'tiəriə] n innside c

interlude ['intəlu:d] n mellomspill nt

intermediary [,intə'mi:djəri] n mellommann c

intermission [,intə'miʃən] n pause c

internal [in'tə:nəl] adj indre

international [,intə'næʃənəl] adj internasjonal

interpret [in'tə:prit] v tolke

interpreter [in'tə:pritə] n tolk c

interrogate [in'terəgeit] v forhøre

interrogation [in,terə'geiʃən] n forhør nt

interrupt [,intə'rʌpt] v *avbryte

interruption [,intə'rʌpʃən] n avbrytelse c

intersection [,intə'sekʃən] n veikryss nt

interval ['intəvəl] n pause c; intervall nt

intervene [,intə'vi:n] v *gripe inn

interview ['intəvju:] n intervju nt

intestine [in'testin] n tarm c; intestines tarmer

intimate ['intimət] adj intim

into ['intu] prep inn i

intolerable [in'tɔlərəbəl] adj utålelig

intoxicated [in'tɔksikeitid] adj beruset

intrigue [in'tri:g] n intrige c

introduce [,intrə'dju:s] v introdusere, presentere, innføre

introduction [,intrə'dʌkʃən] n presentasjon c; innledning c

invade [in'veid] v trenge inn

invalid[1] ['invəli:d] n invalid c; adj ufør

invalid[2] [in'vælid] adj ugyldig

invasion [in'veiʒən] n invasjon c

invent [in'vent] v *oppfinne; oppdikte

invention [in'venʃən] n oppfinnelse c

inventive [in'ventiv] adj oppfinnsom

inventor [in'ventə] n oppfinner c

inventory ['invəntri] n vareoversikt c

invert [in'və:t] v snu om

invest [in'vest] v investere

investigate [in'vestigeit] v etterforske

investigation [in,vesti'geiʃən] n undersøkelse c

investment [in'vestmənt] n investering c; kapitalanbringelse c, pengeanbringelse c

invisible [in'vizəbəl] adj usynlig

invitation [,invi'teiʃən] n innbydelse c

invite [in'vait] v *innby, invitere

invoice ['invɔis] n faktura c

involve [in'vɔlv] v innblande

inwards ['inwədz] adv innover

iodine ['aiədi:n] n jod c

Iran [i'rɑ:n] Iran

Iranian [i'reiniən] adj iransk; n iraner c

Iraq [i'rɑ:k] Irak

Iraqi [i'rɑ:ki] adj irakisk; n iraker c

irascible [i'ræsibəl] adj oppfarende

Ireland ['aiələnd] Irland

Irish ['aiəriʃ] adj irsk

Irishman ['aiəriʃmən] n (pl -men) irlending c

iron ['aiən] n jern nt; strykejern nt; jern-; v *stryke

ironical [ai'rɔnikəl] adj ironisk

ironworks ['aiənwə:ks] n jernverk nt

irony ['aiərəni] n ironi c

irregular [i'regjulə] *adj* uregelmessig

irreparable [i'repərəbəl] *adj* ubotelig

irrevocable [i'revəkəbəl] *adj* ugjen-
kallelig

irritable ['iritəbəl] *adj* irritabel

irritate ['iriteit] *v* irritere, ergre

is [iz] *v* (pr be)

island ['ailənd] *n* øy *c*

isolate ['aisəleit] *v* isolere

isolation [,aisə'leiʃən] *n* isolasjon *c*

Israel ['izreil] Israel

Israeli [iz'reili] *adj* israelsk; *n* israeler
c

issue ['iʃu:] *v* *utgi; *n* utstedelse *c*,
opplag *nt*; spørsmål *nt*, sak *c*; ut-
gang *c*, resultat *nt*, følge *c*, sluttre-
sultat *nt*; utvei *c*

isthmus ['isməs] *n* landtunge *c*

it [it] *pron* det

Italian [i'tæljən] *adj* italiensk; *n* italie-
ner *c*

italics [i'tæliks] *pl* kursivskrift *c*

Italy ['itəli] Italia

itch [itʃ] *n* kløe *c*; *v* klø

item ['aitəm] *n* post *c*; punkt *nt*

itinerant [ai'tinərənt] *adj* omreisende

itinerary [ai'tinərəri] *n* reiserute *c*,
reiseplan *c*

ivory ['aivəri] *n* elfenbein *nt*

ivy ['aivi] *n* eføy *c*

J

jack [dʒæk] *n* jekk *c*

jacket ['dʒækit] *n* dressjakke *c*, jakke
c; omslag *nt*

jade [dʒeid] *n* jade *c*

jail [dʒeil] *n* fengsel *nt*

jailer ['dʒeilə] *n* fangevokter *c*

jam [dʒæm] *n* syltetøy *nt*; trafikk-
kork *c*

janitor ['dʒænitə] *n* vaktmester *c*

January ['dʒænjuəri] januar

Japan [dʒə'pæn] Japan

Japanese [,dʒæpə'ni:z] *adj* japansk; *n*
japaner *c*

jar [dʒa:] *n* krukke *c*

jaundice ['dʒɔ:ndis] *n* gulsott *c*

jaw [dʒɔ:] *n* kjeve *c*

jealous ['dʒeləs] *adj* sjalu

jealousy ['dʒeləsi] *n* sjalusi *c*

jeans [dʒi:nz] *pl* jeans *pl*

jelly ['dʒeli] *n* gelé *c*

jelly-fish ['dʒelifiʃ] *n* manet *c*

jersey ['dʒə:zi] *n* jersey *c*; genser *c*

jet [dʒet] *n* stråle *c*; jetfly *nt*

jetty ['dʒeti] *n* molo *c*

Jew [dʒu:] *n* jøde *c*

jewel ['dʒu:əl] *n* smykke *nt*

jeweller ['dʒu:ələ] *n* gullsmed *c*

jewellery ['dʒu:əlri] *n* smykker

Jewish ['dʒu:iʃ] *adj* jødisk

job [dʒɔb] *n* jobb *c*; stilling *c*

jockey ['dʒɔki] *n* jockey *c*

join [dʒɔin] *v* *forbinde; slutte seg til;
forene, sammenføye

joint [dʒɔint] *n* ledd *nt*; sveisesøm *c*;
adj felles, forent

jointly ['dʒɔintli] *adv* i felleskap

joke [dʒouk] *n* vits *c*, spøk *c*

jolly ['dʒɔli] *adj* lystig

Jordan ['dʒɔ:dən] Jordan

Jordanian [dʒɔ:'deiniən] *adj* jordansk;
n jordaner *c*

journal ['dʒə:nəl] *n* tidsskrift *nt*

journalism ['dʒə:nəlizəm] *n* journali-
stikk *c*

journalist ['dʒə:nəlist] *n* journalist *c*

journey ['dʒə:ni] *n* reise *c*

joy [dʒɔi] *n* glede *c*, fryd *c*

joyful ['dʒɔifəl] *adj* glad

jubilee ['dʒu:bili:] *n* jubileum *nt*

judge [dʒʌdʒ] *n* dommer *c*; *v* dømme;
bedømme

judgment ['dʒʌdʒmənt] *n* dom *c*

jug [dʒʌg] *n* mugge *c*

Jugoslav [ˌjuːgəˈslɑːv] *adj* jugoslavisk; *n* jugoslav *c*

Jugoslavia [ˌjuːgəˈslɑːvɪə] Jugoslavia

juice [dʒuːs] *n* saft *c*

juicy [ˈdʒuːsɪ] *adj* saftig

July [dʒuˈlai] juli

jump [dʒʌmp] *v* hoppe; *n* hopp *nt*, sprang *nt*

jumper [ˈdʒʌmpə] *n* jumper *c*

junction [ˈdʒʌŋkʃən] *n* veikryss *nt*; knutepunkt *nt*

June [dʒuːn] juni

jungle [ˈdʒʌŋgəl] *n* urskog *c*, jungel *c*

junior [ˈdʒuːnjə] *adj* junior

junk [dʒʌŋk] *n* skrap *nt*

jury [ˈdʒuəri] *n* jury *c*

just [dʒʌst] *adj* rettferdig, passende; riktig; *adv* nettopp; akkurat

justice [ˈdʒʌstis] *n* rett *c*; rettferdighet *c*

juvenile [ˈdʒuːvənail] *adj* ungdoms-

K

kangaroo [ˌkæŋgəˈruː] *n* kenguru *c*

keel [kiːl] *n* kjøl *c*

keen [kiːn] *adj* begeistret; skarp

***keep** [kiːp] *v* *holde; bevare; *holde på med; ~ away from *holde seg borte fra; ~ off *la være; ~ on *fortsette; ~ quiet tie; ~ up *holde ut; ~ up with *holde følge med

keg [keg] *n* kagge *c*

kennel [ˈkenəl] *n* hundehus *nt*; kennel *c*

Kenya [ˈkenjə] Kenya

kerosene [ˈkerəsiːn] *n* petroleum *c*

kettle [ˈketəl] *n* kjele *c*

key [kiː] *n* nøkkel *c*

keyhole [ˈkiːhoul] *n* nøkkelhull *nt*

khaki [ˈkɑːki] *n* kaki *c*

kick [kik] *v* sparke; *n* spark *nt*

kick-off [ˌkiˈkɔf] *n* avspark *nt*

kid [kid] *n* barn *nt*, unge *c*; geiteskinn *nt*; *v* skrøne

kidney [ˈkidni] *n* nyre *c*

kill [kil] *v* drepe, *slå i hjel

kilogram [ˈkiləgræm] *n* kilo *c/nt*

kilometre [ˈkiləˌmiːtə] *n* kilometer *c*

kind [kaind] *adj* snill, vennlig; god; *n* sort *c*

kindergarten [ˈkindəˌgɑːtən] *n* barnehage *c*, forskole *c*

king [kiŋ] *n* konge *c*

kingdom [ˈkindəm] *n* kongerike *nt*; rike *nt*

kiosk [ˈkiːɔsk] *n* kiosk *c*

kiss [kis] *n* kyss *nt*; *v* kysse

kit [kit] *n* utstyr *nt*

kitchen [ˈkitʃin] *n* kjøkken *nt*; ~ garden kjøkkenhage *c*

knapsack [ˈnæpsæk] *n* ryggsekk *c*; ransel *c*

knave [neiv] *n* knekt *c*

knee [niː] *n* kne *nt*

kneecap [ˈniːkæp] *n* kneskål *c*

***kneel** [niːl] *v* knele

knew [njuː] *v* (p know)

knickers [ˈnikəz] *pl* truse *c*

knife [naif] *n* (pl knives) kniv *c*

knight [nait] *n* ridder *c*

***knit** [nit] *v* strikke

knob [nɔb] *n* knott *c*

knock [nɔk] *v* banke; *n* banking *c*; ~ against støte på; ~ down *slå ned

knot [nɔt] *n* knute *c*; *v* knytte

***know** [nou] *v* *vite; *kunne, kjenne

knowledge [ˈnɔlidʒ] *n* kjennskap *nt*; kunnskap *c*

knuckle [ˈnʌkəl] *n* knoke *c*

L

label [ˈleibəl] *n* etikett *c*; *v* *sette

merkelapp på

laboratory ['lə'bɒrətəri] n laboratorium nt

labour ['leibə] n arbeid nt; fødselsver pl; v *slite, anstrenge seg; **labor permit** Am arbeidstillatelse c

labourer ['leibərə] n arbeider c

labour-saving ['leibə,seiviŋ] adj arbeidsbesparende

labyrinth ['læbərinθ] n labyrint c

lace [leis] n kniplinger pl; lisse c

lack [læk] n savn nt, mangel c; v mangle

lacquer ['lækə] n lakk c

lad [læd] n gutt c

ladder ['lædə] n stige c

lady ['leidi] n dame c; **ladies' room** dametoalett nt

lagoon [lə'gu:n] n lagune c

lake [leik] n innsjø c

lamb [læm] n lam nt; lammekjøtt nt

lame [leim] adj lam, halt

lamentable ['læməntəbəl] adj beklagelig

lamp [læmp] n lampe c

lamp-post ['læmppoust] n lyktestolpe c

lampshade ['læmpʃeid] n lampeskjerm c

land [lænd] n land nt; v lande; *gå i land

landlady ['lænd,leidi] n vertinne c

landlord ['lændlɔ:d] n vert c, huseier c; husvert c

landmark ['lændmɑ:k] n landmerke nt; landemerke nt

landscape ['lændskeip] n landskap nt

lane [lein] n smug nt, smal vei; fil c

language ['læŋgwidʒ] n språk nt; ~ laboratory språklaboratorium nt

lantern ['læntən] n lykt c

lapel [lə'pel] n jakkeslag c

larder ['lɑ:də] n spiskammer nt

large [lɑ:dʒ] adj stor; rommelig

lark [lɑ:k] n lerke c

laryngitis [,lærin'dʒaitis] n strupekatarr c

last [lɑ:st] adj sist; forrige; v vare; **at ~** til slutt

lasting ['lɑ:stiŋ] adj varig

latchkey ['lætʃki:] n entrénøkkel c

late [leit] adj sen; for sent

lately ['leitli] adv i det siste, nylig

lather ['lɑ:ðə] n skum nt

Latin America ['lætin ə'merikə] Latin-Amerika

Latin-American [,lætinə'merikən] adj latinamerikansk

latitude ['lætitju:d] n breddegrad c

laugh [lɑ:f] v *le; n latter c

laughter ['lɑ:ftə] n latter c

launch [lɔ:ntʃ] v *sette i gang; *skyte opp; n motorbåt c

launching ['lɔ:ntʃiŋ] n sjøsetning c

launderette [,lɔ:ndə'ret] n selvbetjeningsvaskeri nt

laundry ['lɔ:ndri] n vaskeri nt; vask c

lavatory ['lævətəri] n toalett nt

lavish ['læviʃ] adj ødsel

law [lɔ:] n lov c; rett c; ~ **court** domstol c

lawful ['lɔ:fəl] adj lovlig

lawn [lɔ:n] n gressplen c

lawsuit ['lɔ:su:t] n rettssak c

lawyer ['lɔ:jə] n advokat c; jurist c

laxative ['læksətiv] n avføringsmiddel nt

***lay** [lei] v plassere, *legge, *sette; ~ **bricks** mure

layer [leiə] n lag nt

layman ['leimən] n lekmann c

lazy ['leizi] adj doven

***lead** [li:d] v lede

lead[1] [li:d] n forsprang nt; ledelse c; hunderem c

lead[2] [led] n bly nt

leader ['li:də] n fører c, anfører c

leadership ['li:dəʃip] n ledelse c; lederskap nt

leading [ˈliːdiŋ] adj ledende

leaf [liːf] n (pl leaves) blad nt

league [liːg] n forbund nt

leak [liːk] v lekke; n lekkasje c

leaky [ˈliːki] adj lekk

lean [liːn] adj mager

***lean** [liːn] v lene seg

leap [liːp] n hopp nt

***leap** [liːp] v hoppe

leap-year [ˈliːpjiə] n skuddår nt

***learn** [ləːn] v lære

learner [ˈləːnə] n nybegynner c

lease [liːs] n leiekontrakt c; forpaktning c; v forpakte bort, leie ut; leie

leash [liːʃ] n koppel nt, bånd nt

least [liːst] adj minst; **at ~** i det minste; minst

leather [ˈleðə] n lær nt; skinn-, lær-

leave [liːv] n permisjon c

***leave** [liːv] v *forlate, *gå bort; *legge igjen, *etterlate; **~ behind** *etterlate; **~ out** *utelate

Lebanese [ˌlebəˈniːz] adj libanesisk; n libaneser c

Lebanon [ˈlebənən] Libanon

lecture [ˈlektʃə] n foredrag nt, forelesning c

left[1] [left] adj venstre

left[2] [left] v (p, pp leave)

left-hand [ˈlefthænd] adj venstre

left-handed [ˌleftˈhændid] adj keivhendt

leg [leg] n bein nt

legacy [ˈlegəsi] n legat nt

legal [ˈliːgəl] adj legal, rettslig; juridisk

legalization [ˌliːgəlaiˈzeiʃən] n legalisasjon c

legation [liˈgeiʃən] n legasjon c

legible [ˈledʒibəl] adj leselig

legitimate [liˈdʒitimət] adj lovlig

leisure [ˈleʒə] n fritid c; ro og mak

lemon [ˈlemən] n sitron c

lemonade [ˌleməˈneid] n limonade c; brus c

***lend** [lend] v låne bort

length [leŋθ] n lengde c

lengthen [ˈleŋθən] v forlenge

lengthways [ˈleŋθweiz] adv på langs

lens [lenz] n linse c; **telephoto ~** teleobjektiv nt; **zoom ~** zoomlinse c

leprosy [ˈleprəsi] n spedalskhet c

less [les] adv mindre

lessen [ˈlesən] v minske, forminske

lesson [ˈlesən] n leksjon c, time c

***let** [let] v *la; leie ut; **~ down** svikte

lethal [ˈliːθəl] adj dødelig

letter [ˈletə] n brev nt; bokstav c; **~ of credit** akkreditiv nt; **~ of recommendation** anbefalingsbrev nt

letter-box [ˈletəbɔks] n postkasse c

lettuce [ˈletis] n bladsalat c

level [ˈlevəl] adj jevn; plan; n plan nt, nivå nt; vaterpass nt; v nivellere, utlikne; **~ crossing** planovergang c

lever [ˈliːvə] n vektstang c, hevarm c

liability [ˌlaiəˈbiləti] n ansvarlighet c; hemsko c

liable [ˈlaiəbəl] adj ansvarlig; **~ to** utsatt for

liberal [ˈlibərəl] adj liberal; rundhåndet, gavmild

liberation [ˌlibəˈreiʃən] n befrielse c

Liberia [laiˈbiəriə] Liberia

Liberian [laiˈbiəriən] adj liberisk; n liberier c

liberty [ˈlibəti] n frihet c

library [ˈlaibrəri] n bibliotek nt

licence [ˈlaisəns] n bevilling c; tillatelse c; **driving ~** førerkort nt; **~ number** Am registreringsnummer nt; **~ plate** nummerskilt nt

license [ˈlaisəns] v *gi tillatelse

lick [lik] v slikke

lid [lid] n lokk nt

lie [lai] v lyge; n løgn c

*lie [lai] v *ligge; ~ **down** *legge seg nedpå

life [laif] n (pl lives) liv nt; ~ **insurance** livsforsikring c

lifebelt [ˈlaifbelt] n livbelte nt

lifetime [ˈlaiftaim] n levetid c

lift [lift] v løfte; n heis c

light [lait] n lys nt; adj lett; lys; ~ **bulb** lyspære c

*light [lait] v tenne

lighter [ˈlaitə] n lighter c

lighthouse [ˈlaithaus] n fyrtårn nt

lighting [ˈlaitiŋ] n belysning c

lightning [ˈlaitniŋ] n lyn nt

like [laik] v like; adj lik; conj liksom; prep liksom

likely [ˈlaikli] adj sannsynlig

like-minded [ˌlaikˈmaindid] adj likesinnet

likewise [ˈlaikwaiz] adv likeså, likeledes

lily [ˈlili] n lilje c

limb [lim] n lem nt; gren c

lime [laim] n kalk c; lind c; limett c

limetree [ˈlaimtri:] n lindetre nt

limit [ˈlimit] n grense c; v begrense

limp [limp] v halte; adj slapp

line [lain] n linje c; strek c; line c; kø c; **stand in** ~ Am stå i kø

linen [ˈlinin] n lerret nt; lintøy nt

liner [ˈlainə] n passasjerbåt c

lingerie [ˈlɔ̃ʒəri:] n dameundertøy nt

lining [ˈlainiŋ] n fôr nt

link [liŋk] v *forbinde; n lenke c; ledd nt

lion [ˈlaiən] n løve c

lip [lip] n leppe c

lipsalve [ˈlipsɑ:v] n leppepomade c

lipstick [ˈlipstik] n leppestift c

liqueur [liˈkjuə] n likør c

liquid [ˈlikwid] adj flytende; n væske c

liquor [ˈlikə] n sprit c; brennevin nt

liquorice [ˈlikəris] n lakris c

list [list] n liste c; v *innskrive, regne opp

listen [ˈlisən] v lytte

listener [ˈlisnə] n lytter c

literary [ˈlitrəri] adj litterær

literature [ˈlitrətʃə] n litteratur c

litre [ˈli:tə] n liter c

litter [ˈlitə] n avfall nt; søppel nt; kull nt

little [ˈlitəl] adj liten; lite

live¹ [liv] v leve; bo

live² [laiv] adj levende; direkte

livelihood [ˈlaivlihud] n levebrød nt

lively [ˈlaivli] adj livlig

liver [ˈlivə] n lever c

living-room [ˈliviŋru:m] n dagligstue c

load [loud] n last c; bør c; v laste

loaf [louf] n (pl loaves) brød nt

loan [loun] n lån nt

lobby [ˈlɔbi] n vestibyle c; foajé c

lobster [ˈlɔbstə] n hummer c

local [ˈloukəl] adj lokal, stedlig; ~ **call** lokalsamtale c; ~ **train** lokaltog nt

locality [louˈkæləti] n sted nt

locate [louˈkeit] v lokalisere

location [louˈkeiʃən] n beliggenhet c

lock [lɔk] v låse; n lås c; sluse c; ~ **up** låse opp, sperre inne

locomotive [ˌloukəˈmoutiv] n lokomotiv nt

lodge [lɔdʒ] v huse; n jakthytte c

lodger [ˈlɔdʒə] n leieboer c

lodgings [ˈlɔdʒiŋz] pl losji nt

log [lɔg] n kubbe c

logic [ˈlɔdʒik] n logikk c

logical [ˈlɔdʒikəl] adj logisk

lonely [ˈlounli] adj ensom

long [lɔŋ] adj lang; langvarig; ~ **for** lengte etter; **no longer** ikke lenger

longing [ˈlɔŋiŋ] n lengsel c

longitude [ˈlɔndʒitju:d] n lengdegrad c

look [luk] v *se; synes, *se ut; n blikk nt; utseende nt; ~ **after** sørge for, passe; ~ at *se på; ~ for lete etter; ~ out *se opp, passe seg for; ~ up *slå opp

looking-glass ['lukiŋglɑ:s] n speil nt

loop [lu:p] n løkke c

loose [lu:s] adj løs

loosen ['lu:sən] v løsne

lord [lɔ:d] n lord c; herre c

lorry ['lɔri] n lastebil c

*lose [lu:z] v tape, miste

loss [lɔs] n tap nt

lost [lɔst] adj gått vill; forsvunnet; ~ and found hittegods nt; ~ property office hittegodskontor nt

lot [lɔt] n lodd c; mengde c, hop c

lotion ['louʃən] n hudkrem c; after-shave ~ barbervann nt

lottery ['lɔtəri] n lotteri nt

loud [laud] adj høylydt, høy

loud-speaker [,laud'spi:kə] n høyttaler c

lounge [laundʒ] n salong c; vestibyle c

louse [laus] n (pl lice) lus c

love [lʌv] v elske, *være glad i; n kjærlighet c; in ~ forelsket

lovely ['lʌvli] adj yndig, herlig, skjønn

lover ['lʌvə] n elsker c

love-story ['lʌv,stɔ:ri] n kjærlighetshistorie c

low [lou] adj lav; dyp; nedstemt; ~ tide fjære c

lower ['louə] v senke; adj lavere

lowlands ['loulandz] pl lavland nt

loyal ['lɔiəl] adj lojal

lubricate ['lu:brikeit] v *smøre

lubrication [,lu:bri'keiʃən] n smøring c; ~ oil smøreolje c; ~ system smøringssystem nt

luck [lʌk] n hell nt; skjebne c; bad ~ uflaks c

lucky ['lʌki] adj heldig; ~ charm amulett c

ludicrous ['lu:dikrəs] adj latterlig

luggage ['lʌgidʒ] n bagasje c; hand ~ håndbagasje c; left ~ office bagasjeoppbevaring c; ~ rack bagasjehylle c; ~ van bagasjevogn c

lukewarm ['lu:kwɔ:m] adj lunken

lumbago [lʌm'beigou] n lumbago c

luminous ['lu:minəs] adj lysende

lump [lʌmp] n klump c, stykke nt; kul c; ~ of sugar sukkerbit c; ~ sum rund sum

lumpy ['lʌmpi] adj klumpet

lunacy ['lu:nəsi] n vanvidd nt

lunatic ['lu:nətik] adj sinnssyk; n sinnssyk c

lunch [lʌntʃ] n formiddagsmat c, lunsj c

luncheon ['lʌntʃən] n lunsj c

lung [lʌŋ] n lunge c

lust [lʌst] n begjær nt

luxurious [lʌg'ʒuəriəs] adj luksuriøs

luxury ['lʌkʃəri] n luksus c

M

machine [mə'ʃi:n] n maskin c, apparat nt

machinery [mə'ʃi:nəri] n maskineri nt

mackerel ['mækrəl] n (pl ~) makrell c

mackintosh ['mækintɔʃ] n regnfrakk c

mad [mæd] adj gal, vanvittig, sinnssvak; rasende

madam ['mædəm] n frue c

madness ['mædnəs] n galskap c

magazine [,mægə'zi:n] n tidsskrift nt

magic ['mædʒik] n magi c, trolldom c; adj magisk

magician [mə'dʒiʃən] n tryllekunstner c

magistrate ['mædʒistreit] n dommer c

magnetic [mæg'netik] adj magnetisk

magneto [mæg'ni:tou] *n* (pl ~s) tenn-magnet *c*

magnificent [mæg'nifisənt] *adj* prakt-full, storslått

magpie ['mægpai] *n* skjære *c*

maid [meid] *n* hushjelp *c*

maiden name ['meidən neim] pike-navn *nt*

mail [meil] *n* post *c*; *v* poste; ~ **order** *Am* postanvisning *c*

mailbox ['meilbɔks] *nAm* postkasse *c*

main [mein] *adj* hoved-; størst; ~ **deck** øverste dekk *nt*; ~ **line** ho-vedlinje *c*; ~ **road** hovedvei *c*; ~ **street** hovedgate *c*

mainland ['meinlənd] *n* fastland *nt*

mainly ['meinli] *adv* hovedsakelig

mains [meinz] *pl* hovedledning *c*

maintain [mein'tein] *v* *opprettholde

maintenance ['meintənəns] *n* vedlike-hold *nt*

maize [meiz] *n* mais *c*

major ['meidʒə] *adj* større; eldre; *n* major *c*

majority [mə'dʒɔrəti] *n* flertall *nt*

***make** [meik] *v* lage; tjene; nå; ~ **do with** nøye seg med; ~ **good** *godt-gjøre; ~ **up** *sette opp

make-up ['meikʌp] *n* sminke *c*

malaria [mə'leəriə] *n* malaria *c*

Malay [mə'lei] *n* malaysier *c*

Malaysia [mə'leiziə] Malaysia

Malaysian [mə'leiziən] *adj* malaysisk

male [meil] *adj* hann-

malicious [mə'liʃəs] *adj* ondskapsfull

malignant [mə'lignənt] *adj* ondartet

mallet ['mælit] *n* kølle *c*

malnutrition [ˌmælnju'triʃən] *n* under-ernæring *c*

mammal ['mæməl] *n* pattedyr *nt*

mammoth ['mæməθ] *n* mammut *c*

man [mæn] *n* (pl men) mann *c*; men-neske *nt*; **men's room** herretoalett *nt*

manage ['mænidʒ] *v* bestyre; lykkes

manageable ['mænidʒəbəl] *adj* hånd-terlig

management ['mænidʒmənt] *n* ledelse *c*; administrasjon *c*

manager ['mænidʒə] *n* sjef *c*, direktør *c*

mandarin ['mændərin] *n* mandarin *c*

mandate ['mændeit] *n* mandat *nt*

manger ['meindʒə] *n* krybbe *c*

manicure ['mænikjuə] *n* manikyr *c*

mankind [mæn'kaind] *n* menneskehet *c*

mannequin ['mænəkin] *n* utstillings-dukke *c*

manner ['mænə] *n* måte *c*, vis *nt*; **manners** *pl* manerer *pl*

man-of-war [ˌmænəv'wɔ:] *n* krigsskip *nt*

manor-house ['mænəhaus] *n* herre-gård *c*

mansion ['mænʃən] *n* herregård *c*

manual ['mænjuəl] *adj* hånd-, ma-nuell

manufacture [ˌmænju'fæktʃə] *v* fabrik-kere

manufacturer [ˌmænju'fæktʃərə] *n* fab-rikant *c*

manure [mə'njuə] *n* gjødsel *c*

manuscript ['mænjuskript] *n* manu-skript *c*

many ['meni] *adj* mange

map [mæp] *n* kart *nt*

maple ['meipəl] *n* lønn *c*

marble ['mɑ:bəl] *n* marmor *c*; klinke-kule *c*

March [mɑ:tʃ] mars

march [mɑ:tʃ] *v* marsjere; *n* marsj *c*

mare [meə] *n* hoppe *c*

margarine [ˌmɑ:dʒə'ri:n] *n* margarin *c*

margin ['mɑ:dʒin] *n* marg *c*

maritime ['mæritaim] *adj* maritim

mark [mɑ:k] *v* markere; merke; kjen-netegne; *n* merke *nt*; karakter *c*;

skyteskive c
market ['ma:kit] n marked nt
market-place ['ma:kitpleis] n torg nt
marmalade ['ma:məleid] n marmelade c
marriage ['mæridʒ] n ekteskap nt
marrow ['mærou] n marg c
marry ['mæri] v gifte seg, ekte; married couple ektepar nt
marsh [ma:ʃ] n sump c
marshy ['ma:ʃi] adj sumpet
martyr ['ma:tə] n martyr c
marvel ['ma:vəl] n vidunder nt; v undre seg
marvellous ['ma:vələs] adj vidunderlig
mascara [mæ'ska:rə] n øyensverte c
masculine ['mæskjulin] adj maskulin
mash [mæʃ] v mose
mask [ma:sk] n maske c
Mass [mæs] n messe c
mass [mæs] n mengde c; ~ production masseproduksjon c
massage ['mæsa:ʒ] n massasje c; v massere
masseur [mæ'sə:] n massør c
massive ['mæsiv] adj massiv
mast [ma:st] n mast c
master ['ma:stə] n mester c; skipsfører c; lektor c, lærer c; v mestre, beherske
masterpiece ['ma:stəpi:s] n mesterverk nt
mat [mæt] n matte c; adj glansløs, matt
match [mætʃ] n fyrstikk c; kamp c; v passe til
match-box ['mætʃbɔks] n fyrstikkeske c
material [mə'tiəriəl] n materiale nt; stoff nt; adj materiell
mathematical [,mæθə'mætikəl] adj matematisk
mathematics [,mæθə'mætiks] n mate-

matikk c
matrimonial [,mætri'mouniəl] adj ekteskapelig
matrimony ['mætriməni] n ekteskap nt
matter ['mætə] n stoff nt; spørsmål nt, sak c; v *være av betydning; as a ~ of fact faktisk, i virkeligheten
matter-of-fact [,mætərəv'fækt] adj realistisk
mattress ['mætrəs] n madrass c
mature [mə'tjuə] adj moden
maturity [mə'tjuərəti] n modenhet c
mausoleum [,mɔ:sə'li:əm] n mausoleum nt
mauve [mouv] adj lilla
May [mei] mai
*may [mei] v *kunne
maybe ['meibi:] adv kanskje
mayor [meə] n borgermester c
maze [meiz] n labyrint c
me [mi:] pron meg
meadow ['medou] n eng c
meal [mi:l] n måltid nt
mean [mi:n] adj sjofel; n gjennomsnitt nt
*mean [mi:n] v bety; mene
meaning ['mi:niŋ] n mening c
meaningless ['mi:niŋləs] adj meningsløs
means [mi:nz] n middel nt; by no ~ på ingen måte
in the meantime [in ðə 'mi:ntaim] i mellomtiden, imens
meanwhile ['mi:nwail] adv i mellomtiden, imens
measles ['mi:zəlz] n meslinger pl
measure ['meʒə] v måle; n mål nt; foranstaltning c
meat [mi:t] n kjøtt nt
mechanic [mi'kænik] n mekaniker c
mechanical [mi'kænikəl] adj mekanisk
mechanism ['mekənizəm] n mekanis-

me *c*
medal ['medəl] *n* medalje *c*
mediaeval [ˌmedi'i:vəl] *adj* middelaldersk
mediate ['mi:dieit] *v* megle
mediator ['mi:dieitə] *n* megler *c*
medical ['medikəl] *adj* medisinsk
medicine ['medsin] *n* medisin *c;* legevitenskap *c*
meditate ['mediteit] *v* meditere
Mediterranean [ˌmeditə'reiniən] Middelhavet
medium ['mi:diəm] *adj* gjennomsnittlig, middels
*****meet** [mi:t] *v* møte; *****treffe
meeting ['mi:tiŋ] *n* møte *nt,* sammenkomst *c*
meeting-place ['mi:tiŋpleis] *n* møtested *nt*
melancholy ['melənkəli] *n* melankoli *c*
mellow ['melou] *adj* bløt; moden
melodrama ['melə,drɑ:mə] *n* melodrama *nt*
melody ['melədi] *n* melodi *c*
melon ['melən] *n* melon *c*
melt [melt] *v* smelte
member ['membə] *n* medlem *nt;*
Member of Parliament parlamentsrepresentant *c*
membership ['membəʃip] *n* medlemskap *nt*
memo ['memou] *n* (pl ~s) memorandum *nt*
memorable ['memərəbəl] *adj* minneverdig
memorial [mə'mɔ:riəl] *n* minnestein *c*
memorize ['meməraiz] *v* lære utenat
memory ['meməri] *n* hukommelse *c;* minne *nt*
mend [mend] *v* reparere, *****gjøre i stand
menstruation [ˌmenstru'eiʃən] *n* menstruasjon *c*
mental ['mentəl] *adj* mental

mention ['menʃən] *v* nevne; *n* omtale *c*
menu ['menju:] *n* spisekart *nt,* meny *c*
merchandise ['mə:tʃəndaiz] *n* varer *pl,* handelsvare *c*
merchant ['mə:tʃənt] *n* kjøpmann *c,* grosserer *c*
merciful ['mə:sifəl] *adj* barmhjertig
mercury ['mə:kjuri] *n* kvikksølv *nt*
mercy ['mə:si] *n* barmhjertighet *c,* nåde *c*
mere [miə] *adj* ren og skjær
merely ['miəli] *adv* bare
merger ['mə:dʒə] *n* sammensmeltning *c*
merit ['merit] *v* fortjene; *n* fortjeneste *c*
mermaid ['mə:meid] *n* havfrue *c*
merry ['meri] *adj* munter
merry-go-round ['merigou,raund] *n* karusell *c*
mesh [meʃ] *n* nett *nt,* maske *c*
mess [mes] *n* rot *nt; ~* **up** rote til
message ['mesidʒ] *n* beskjed *c*
messenger ['mesindʒə] *n* budbringer *c*
metal ['metəl] *n* metall *nt;* metall-
meter ['mi:tə] *n* måler *c*
method ['meθəd] *n* metode *c,* fremgangsmåte *c;* ordning *c*
methodical [mə'θɔdikəl] *adj* metodisk
methylated spirits ['meθəleitid 'spirits] denaturert sprit
metre ['mi:tə] *n* meter *c*
metric ['metrik] *adj* metrisk
Mexican ['meksikən] *adj* meksikansk; *n* meksikaner *c*
Mexico ['meksikou] Mexico
mezzanine ['mezəni:n] *n* mellometasje *c*
microphone ['maikrəfoun] *n* mikrofon *c*
midday ['middei] *n* middag *c*
middle ['midəl] *n* midte *c; adj* mel-

lomste; **Middle Ages** middelalderen; ~ **class** middelklasse c; **middle-class** adj borgerlig

midnight ['midnait] n midnatt c

midst [midst] n midte c

midsummer ['mid,sʌmə] n midtsommer c

midwife ['midwaif] n (pl -wives) jordmor c

might [mait] n makt c

***might** [mait] v *kunne

mighty ['maiti] adj mektig

migraine ['migrein] n migrene c

mild [maild] adj mild

mildew ['mildju] n mugg c

mile [mail] n engelsk mil

milage ['mailidʒ] n distanse c

milepost ['mailpoust] n veiskilt nt

milestone ['mailstoun] n milestein c

milieu ['mi:ljə:] n miljø nt

military ['militəri] adj militær-; ~ **force** krigsmakt c

milk [milk] n melk c

milkman ['milkmən] n (pl -men) melkemann c

milk-shake ['milkʃeik] n milk-shake c

milky ['milki] adj melkaktig

mill [mil] n mølle c; fabrikk c

miller ['milə] n møller c

milliner ['milinə] n modist c

million ['miljən] n million c

millionaire [,miljə'nɛə] n millionær c

mince [mins] v finhakke

mind [maind] n sinn nt; v *ha noe imot; passe på, passe seg for, bry seg om

mine [main] n gruve c

miner ['mainə] n gruvearbeider c

mineral ['minərəl] n mineral nt; ~ **water** mineralvann c

miniature ['minjətʃə] n miniatyr c

minimum ['miniməm] n minimum nt

mining ['mainiŋ] n gruvedrift c

minister ['ministə] n statsråd c; prest

c; **Prime Minister** statsminister c

ministry ['ministri] n departement nt; prestegjerning c

mink [miŋk] n mink c

minor ['mainə] adj mindre, liten; underordnet; n mindreårig c

minority [mai'nɔrəti] n mindretall nt

mint [mint] n mynte c

minus ['mainəs] prep minus

minute[1] ['minit] n minutt nt; **minutes** referat nt

minute[2] [mai'nju:t] adj bitte liten

miracle ['mirəkəl] n mirakel nt

miraculous [mi'rækjuləs] adj mirakuløs

mirror ['mirə] n speil nt

misbehave [,misbi'heiv] v oppføre seg dårlig

miscarriage [mis'kæridʒ] n abort c

miscellaneous [,misə'leiniəs] adj diverse

mischief ['mistʃif] n spillopper pl; ugagn c, skade c

mischievous ['mistʃivəs] adj skøyeraktig

miserable ['mizərəbəl] adj elendig, ulykkelig

misery ['mizəri] n elendighet c, ulykke c; nød c

misfortune [mis'fɔ:tʃən] n ulykke c, uhell nt

***mislay** [mis'lei] v *forlegge

misplaced [mis'pleist] adj malplassert; mistet

mispronounce [,misprə'nauns] v uttale galt

miss[1] [mis] frøken, frøken c

miss[2] [mis] v miste

missing ['misiŋ] adj manglende; ~ **person** savnet person

mist [mist] n dis c, tåke c

mistake [mi'steik] n feiltakelse c, feil c

***mistake** [mi'steik] v forveksle

mistaken [mi'steikən] *adj* feilaktig;
•be ~ *ta feil
mister ['mistə] herr
mistress ['mistrəs] *n* frue *c;* bestyrer-
inne *c;* elskerinne *c*
mistrust [mis'trʌst] *v* mistro
misty ['misti] *adj* disig
*misunderstand [ˌmisʌndə'stænd] *v*
*misforstå
misunderstanding [ˌmisʌndə'stændiŋ]
n misforståelse *c*
misuse [mis'ju:s] *n* misbruk *nt*
mittens ['mitənz] *pl* votter *pl*
mix [miks] *v* blande; ~ **with** *omgås
med
mixed [mikst] *adj* blandet
mixer ['miksə] *n* mikser *c*
mixture ['mikstʃə] *n* blanding *c*
moan [moun] *v* jamre
moat [mout] *n* vollgrav *c*
mobile ['moubail] *adj* bevegelig, mo-
bil
mock [mɔk] *v* håne
mockery ['mɔkəri] *n* hån *c*
model ['mɔdəl] *n* modell *c;* manne-
keng *c; v* modellere, forme
moderate ['mɔdərət] *adj* moderat;
middelmådig
modern ['mɔdən] *adj* moderne
modest ['mɔdist] *adj* beskjeden
modesty ['mɔdisti] *n* beskjedenhet *c*
modify ['mɔdifai] *v* modifisere, endre
mohair ['mouheə] *n* mohair *c/nt*
moist [mɔist] *adj* fuktig, våt
moisten ['mɔisən] *v* fukte
moisture ['mɔistʃə] *n* fuktighet *c;*
moisturizing cream fuktighets-
krem *c*
molar ['moulə] *n* jeksel *c*
moment ['moumənt] *n* øyeblikk *nt*
momentary ['mouməntəri] *adj* kortva-
rig
monarch ['mɔnək] *n* monark *c*
monarchy ['mɔnəki] *n* monarki *nt*

monastery ['mɔnəstri] *n* kloster *nt*
Monday ['mʌndi] mandag *c*
monetary ['mʌnitəri] *adj* penge-; ~
unit myntenhet *c*
money ['mʌni] *n* penger *pl;* ~ **ex-
change** vekslingskontor *nt;* ~ **or-
der** postanvisning *c*
monk [mʌŋk] *n* munk *c*
monkey ['mʌŋki] *n* ape *c*
monologue ['mɔnəlɔg] *n* monolog *c*
monopoly [mə'nɔpəli] *n* monopol *nt*
monotonous [mə'nɔtənəs] *adj* mono-
ton
month [mʌnθ] *n* måned *c*
monthly ['mʌnθli] *adj* månedlig; ~
magazine månedsblad *nt*
monument ['mɔnjumənt] *n* monument
nt, minnesmerke *nt*
mood [mu:d] *n* humør *nt,* stemning *c*
moon [mu:n] *n* måne *c*
moonlight ['mu:nlait] *n* måneskinn *nt*
moor [muə] *n* hei *c,* lyngmo *c*
moose [mu:s] *n* (pl ~, ~s) elg *c*
moped ['mouped] *n* moped *c*
moral ['mɔrəl] *n* moral *c; adj* mo-
ralsk, sedelig
morality [mə'ræləti] *n* moral *c*
more [mɔ:] *adj* mer; **once** ~ en gang
til
moreover [mɔ:'rouvə] *adv* dessuten,
for øvrig
morning ['mɔ:niŋ] *n* morgen *c,* for-
middag *c;* ~ **paper** morgenavis *c;*
this ~ i morges
Moroccan [mə'rɔkən] *adj* marok-
kansk; *n* marokkaner *c*
Morocco [mə'rɔkou] Marokko
morphia ['mɔ:fiə] *n* morfin *c*
morphine ['mɔ:fi:n] *n* morfin *c*
morsel ['mɔ:səl] *n* bit *c*
mortal ['mɔ:təl] *adj* dødelig
mortgage ['mɔ:gidʒ] *n* pantelån *nt;*
pant *c*
mosaic [mə'zeiik] *n* mosaikk *c*

mosque [mɔsk] *n* moské *c*

mosquito [mə'ski:tou] *n* (pl ~es) mygg *c*; moskito *c*

mosquito-net [mə'ski:tounet] *n* myggnett *nt*

moss [mɔs] *n* mose *c*

most [moust] *adj* flest; **at ~** høyst; **~ of all** mest

mostly ['moustli] *adv* for det meste

motel [mou'tel] *n* motell *nt*

moth [mɔθ] *n* møll *c*; nattsvermer *c*

mother ['mʌðə] *n* mor *c*; **~ tongue** morsmål *nt*

mother-in-law ['mʌðərinlɔ:] *n* (pl mothers-) svigermor *c*

mother-of-pearl [ˌmʌðərəv'pə:l] *n* perlemor *c*

motion ['mouʃən] *n* bevegelse *c*; forslag *nt*

motive ['moutiv] *n* motiv *nt*

motor ['moutə] *n* motor *c*; *v* bile; **~ body** *nAm* karosseri *nt*; **starter ~** starter *c*

motorbike ['moutəbaik] *nAm* moped *c*

motor-boat ['moutəbout] *n* motorbåt *c*

motor-car ['moutəka:] *n* bil *c*

motor-cycle ['moutəˌsaikəl] *n* motorsykkel *c*

motoring ['moutəriŋ] *n* bilisme *c*

motorist ['moutərist] *n* bilist *c*

motorway ['moutəwei] *n* motorvei *c*

motto ['mɔtou] *n* (pl ~es, ~s) motto *nt*

mouldy ['mouldi] *adj* muggen

mound [maund] *n* haug *c*

mount [maunt] *v* *bestige; *n* berg *nt*

mountain ['mauntin] *n* fjell *nt*; **~ pass** pass *nt*; **~ range** fjellkjede *c*

mountaineering [ˌmaunti'niəriŋ] *n* fjellklatring *c*

mountainous ['mauntinəs] *adj* bergrik

mourning ['mɔ:niŋ] *n* sørgetid *c*

mouse [maus] *n* (pl mice) mus *c*

moustache [mə'sta:ʃ] *n* bart *c*

mouth [mauθ] *n* munn *c*; kjeft *c*, gap *nt*; munning *c*

mouthwash ['mauθwɔʃ] *n* munnvann *nt*

movable ['mu:vəbəl] *adj* flyttbar

move [mu:v] *v* bevege; flytte; røre seg; *n* trekk *nt*, skritt *nt*; flytting *c*

movement ['mu:vmənt] *n* bevegelse *c*

movie ['mu:vi] *n* film *c*; **movies** *Am* kino *c*; **~ theater** kino *c*

much [mʌtʃ] *adj* mange, mye; *adv* mye; **as ~ as** like mye; så vidt

muck [mʌk] *n* møkk *c*

mud [mʌd] *n* søle *c*

muddle ['mʌdəl] *n* forvirring *c*, rot *nt*, virvar *nt*; *v* rote

muddy ['mʌdi] *adj* sølet

mud-guard ['mʌdga:d] *n* skvettskjerm *c*

muffler ['mʌflə] *nAm* lydpotte *c*

mug [mʌg] *n* krus *nt*

mulberry ['mʌlbəri] *n* morbær *nt*

mule [mju:l] *n* mulesel *nt*, muldyr *nt*

mullet ['mʌlit] *n* multefisk *c*

multiplication [ˌmʌltipli'keiʃən] *n* multiplikasjon *c*

multiply ['mʌltiplai] *v* multiplisere

mumps [mʌmps] *n* kusma *c*

municipal [mju:'nisipəl] *adj* kommunal, by-

municipality [mju:ˌnisi'pæləti] *n* kommune *c*

murder ['mə:də] *n* mord *nt*; *v* myrde

murderer ['mə:dərə] *n* morder *c*

muscle ['mʌsəl] *n* muskel *c*

muscular ['mʌskjulə] *adj* muskuløs

museum [mju:'zi:əm] *n* museum *nt*

mushroom ['mʌʃru:m] *n* sjampinjong *c*; sopp *c*

music ['mju:zik] *n* musikk *c*; **~ academy** konservatorium *nt*

musical ['mju:zikəl] *adj* musikalsk; *n*

musical c
music-hall ['mju:zikhɔ:l] n revyteater nt
musician [mju:'ziʃən] n musiker c
muslin ['mʌzlin] n musselin c
mussel ['mʌsəl] n blåskjell nt
*must [mʌst] v *måtte
mustard ['mʌstəd] n sennep c
mute [mju:t] adj stum
mutiny ['mju:tini] n mytteri nt
mutton ['mʌtən] n fårekjøtt nt
mutual ['mju:tʃuəl] adj gjensidig
my [mai] adj min
myself [mai'self] pron meg; selv
mysterious [mi'stiəriəs] adj gåtefull, mystisk
mystery ['mistəri] n mysterium nt
myth [miθ] n myte c

N

nail [neil] n negl c; spiker c
nailbrush ['neilbrʌʃ] n neglebørste c
nail-file ['neilfail] n neglefil c
nail-polish ['neil,pɔliʃ] n neglelakk c
nail-scissors ['neil,sizəz] pl neglesaks c
naïve [na:'i:v] adj naiv
naked ['neikid] adj naken; bar
name [neim] n navn nt; v oppkalle, kalle; in the ~ of i ... navn
namely ['neimli] adv nemlig
nap [næp] n lur c
napkin ['næpkin] n serviett c
nappy ['næpi] n bleie c
narcosis [na:'kousis] n (pl -ses) narkose c
narcotic [na:'kɔtik] n narkotisk middel
narrow ['nærou] adj trang, smal, snever
narrow-minded [,nærou'maindid] adj

sneversynt
nasty ['na:sti] adj ubehagelig, vemmelig; ekkel
nation ['neiʃən] n nasjon c; folk nt
national ['næʃənəl] adj nasjonal; folke-; stats-; ~ anthem nasjonalsang c; ~ dress nasjonaldrakt c; ~ park nasjonalpark c
nationality [,næʃə'næləti] n nasjonalitet c
nationalize ['næʃənəlaiz] v nasjonalisere
native ['neitiv] n innfødt c; adj innfødt; ~ country fedreland nt; ~ language morsmål c
natural ['nætʃərəl] adj naturlig; medfødt
naturally ['nætʃərəli] adv selvfølgelig, naturligvis
nature ['neitʃə] n natur c
naughty ['nɔ:ti] adj uskikkelig, slem
nausea ['nɔ:siə] n kvalme c
naval ['neivəl] adj marine-
navel ['neivəl] n navle c
navigable ['nævigəbəl] adj seilbar
navigate ['nævigeit] v navigere
navigation [,nævi'geiʃən] n navigasjon c; seilas c
navy ['neivi] n flåte c
near [niə] prep nær; adj nær
nearby ['niəbai] adj nærliggende, tilstøtende
nearly ['niəli] adv nesten
neat [ni:t] adj nett, ordentlig; bar
necessary ['nesəsəri] adj nødvendig
necessity [nə'sesəti] n nødvendighet c
neck [nek] n hals c; nape of the ~ nakke c
necklace ['nekləs] n halskjede nt
necktie ['nektai] n slips nt
need [ni:d] v behøve, trenge; n behov nt; nødvendighet c; ~ to *måtte
needle ['ni:dəl] n nål c
needlework ['ni:dəlwə:k] n håndar-

beid *nt*

negative ['negotiv] *adj* negativ, benektende; *n* negativ *nt*

neglect [ni'glekt] *v* forsømme; *n* forsømmelse *c*

negligee ['negliʒei] *n* neglisjé *c/nt*

negotiate [ni'gouʃieit] *v* forhandle

negotiation [ni,gouʃi'eiʃən] *n* forhandling *c*

Negro ['ni:grou] *n* (pl ~es) neger *c*

neighbour ['neibə] *n* granne *c*, nabo *c*

neighbourhood ['neibəhud] *n* nabolag *nt*

neighbouring ['neibəriŋ] *adj* tilstøtende, nærliggende

neither ['naiðə] *pron* ingen av dem; **neither ... nor** verken ... eller

neon ['ni:ɔn] *n* neon *c*

nephew ['nefju:] *n* nevø *c*

nerve [nə:v] *n* nerve *c*; dristighet *c*

nervous ['nə:vəs] *adj* nervøs

nest [nest] *n* rede *nt*

net [net] *n* nett *nt*; *adj* netto

the Netherlands ['neðələndz] Nederland

network ['netwə:k] *n* nettverk *nt*; kringkastingsselskap *nt*

neuralgia [njuə'rældʒə] *n* nevralgi *c*

neurosis [njuə'rousis] *n* nevrose *c*

neuter ['nju:tə] *adj* intetkjønns-

neutral ['nju:trəl] *adj* nøytral

never ['nevə] *adv* aldri

nevertheless [,nevəðə'les] *adv* ikke desto mindre

new [nju:] *adj* ny; **New Year** nyttår *nt*

news [nju:z] *n* nyheter *pl*, nyhet *c*

newsagent ['nju:,zeidʒənt] *n* avishandler *c*

newspaper ['nju:z,peipə] *n* avis *c*

newsreel ['nju:zri:l] *n* filmavis *c*

newsstand ['nju:zstænd] *n* aviskiosk *c*

New Zealand [nju: 'zi:lənd] Ny-Zealand

next [nekst] *adj* neste; ~ **to** ved siden av

next-door [,nekst'dɔ:] *adv* ved siden av, nabo-

nice [nais] *adj* koselig, snill, pen; lekker; sympatisk

nickel ['nikəl] *n* nikkel *c*; 5-cent-mynt

nickname ['nikneim] *n* kjælenavn *nt*

nicotine ['nikəti:n] *n* nikotin *c*

niece [ni:s] *n* niese *c*

Nigeria [nai'dʒiəriə] Nigeria

Nigerian [nai'dʒiəriən] *adj* nigeriansk; *n* nigerianer *c*

night [nait] *n* natt *c*; aften *c*; **by** ~ om natten; ~ **flight** nattfly *nt*; ~ **rate** natt-takst *c*; ~ **train** natt-tog *nt*

nightclub ['naitklʌb] *n* nattklubb *c*

night-cream ['naitkri:m] *n* nattkrem *c*

nightdress ['naitdres] *n* nattkjole *c*

nightingale ['naitiŋgeil] *n* nattergal *c*

nightly ['naitli] *adj* nattlig

nil [nil] ingenting; null

nine [nain] *num* ni

nineteen [,nain'ti:n] *num* nitten

nineteenth [,nain'ti:nθ] *num* nittende

ninety ['nainti] *num* nitti

ninth [nainθ] *num* niende

nitrogen ['naitrədʒən] *n* kvelstoff *nt*

no [nou] nei; *adj* ingen; ~ **one** ingen

nobility [nou'biləti] *n* adel *c*

noble ['noubəl] *adj* adelig; edel

nobody ['noubədi] *pron* ingen

nod [nɔd] *n* nikk *nt*; *v* nikke

noise [nɔiz] *n* lyd *c*; bulder *nt*, larm *c*, støy *c*

noisy ['nɔizi] *adj* støyende

nominal ['nɔminəl] *adj* nominell

nominate ['nɔmineit] *v* nominere

nomination [,nɔmi'neiʃən] *n* nominasjon *c*; utnevnelse *c*

none [nʌn] *pron* ingen

nonsense ['nɔnsəns] *n* nonsens *nt*

noon [nu:n] *n* klokken tolv

normal ['nɔ:məl] *adj* normal

north [nɔ:θ] *n* nord *c; adj* nordlig; **North Pole** Nordpolen

north-east [,nɔ:θ'i:st] *n* nordøst *c*

northerly ['nɔ:ðəli] *adj* nordlig

northern ['nɔ:ðən] *adj* nordlig

north-west [,nɔ:θ'west] *n* nordvest *c*

Norway ['nɔ:wei] Norge

Norwegian [nɔ:'wi:dʒən] *adj* norsk; *n* nordmann *c*

nose [nouz] *n* nese *c*

nosebleed ['nouzbli:d] *n* neseblod *nt*

nostril ['nɔstril] *n* nesebor *nt*

not [nɔt] *adv* ikke

notary ['noutəri] *n* notar *c*

notary public *Am* notarius publicus

note [nout] *n* merknad *c,* notis *c;* notat *nt;* tone *c; v* notere; bemerke, konstatere

notebook ['noutbuk] *n* notisbok *c*

noted ['noutid] *adj* kjent

notepaper ['nout,peipə] *n* brevpapir *nt*

nothing ['nʌθiŋ] *n* ingenting, intet *nt*

notice ['noutis] *v* merke, bemerke, *legge merke til, oppdage; *se; *n* underretning *c,* kunngjøring *c;* oppmerksomhet *c*

noticeable ['noutisəbəl] *adj* merkbar; bemerkelsesverdig

notify ['noutifai] *v* meddele; underrette

notion ['noufən] *n* anelse *c,* begrep *nt*

notorious [nou'tɔ:riəs] *adj* beryktet

nougat ['nu:ga:] *n* nougat *c*

nought [nɔ:t] *n* null *nt*

noun [naun] *n* substantiv *nt*

nourishing ['nʌriʃiŋ] *adj* nærende

novel ['nɔvəl] *n* roman *c*

novelist ['nɔvəlist] *n* romanforfatter *c*

November [nou'vembə] november

now [nau] *adv* nå; ~ **and then** nå og da

nowadays ['nauədeiz] *adv* nåtildags

nowhere ['nouwɛə] *adv* ingensteds

nozzle ['nɔzəl] *n* tut *c*

nuance [nju:'ã:s] *n* nyanse *c*

nuclear ['nju:kliə] *adj* kjerne-; ~ **energy** kjernekraft *c*

nucleus ['nju:kliəs] *n* kjerne *c*

nude [nju:d] *adj* naken; *n* akt *c*

nuisance ['nju:səns] *n* ulempe *c*

numb [nʌm] *adj* følelsesløs; valen

number ['nʌmbə] *n* nummer *nt;* tall *nt,* antall *nt*

numeral ['nju:mərəl] *n* tallord *nt*

numerous ['nju:mərəs] *adj* tallrik

nun [nʌn] *n* nonne *c*

nunnery ['nʌnəri] *n* nonnekloster *nt*

nurse [nə:s] *n* sykesøster *c,* sykepleierske *c;* barnepike *c; v* pleie; amme

nursery ['nə:səri] *n* barneværelse *nt;* daghjem *nt;* planteskole *c*

nut [nʌt] *n* nøtt *c;* mutter *c*

nutcrackers ['nʌt,krækəz] *pl* nøtteknekker *c*

nutmeg ['nʌtmeg] *n* muskatnøtt *c*

nutritious [nju:'triʃəs] *adj* nærende

nutshell ['nʌtʃel] *n* nøtteskall *nt*

nylon ['nailɔn] *n* nylon *nt*

O

oak [ouk] *n* eik *c*

oar [ɔ:] *n* åre *c*

oasis [ou'eisis] *n* (pl oases) oase *c*

oath [ouθ] *n* ed *c*

oats [outs] *pl* havre *c*

obedience [ə'bi:diəns] *n* lydighet *c*

obedient [ə'bi:diənt] *adj* lydig

obey [ə'bei] *v* *adlyde

object¹ ['ɔbdʒikt] *n* objekt *nt;* gjenstand *c;* formål *nt*

object² [əb'dʒekt] *v* protestere, innvende

objection [əb'dʒekʃən] *n* innvending *c*

objective [əb'dʒektiv] *adj* objektiv; *n* formål *nt*

obligatory [ə'bligətəri] *adj* obligatorisk

oblige [ə'blaidʒ] *v* forplikte; ***be obliged to** **være* forpliktet til; **være* nødt til

obliging [ə'blaidʒiŋ] *adj* imøtekommende

oblong ['ɔbləŋ] *adj* avlang; *n* rektangel *nt*

obscene [əb'si:n] *adj* uanstendig

obscure [əb'skjuə] *adj* uklar, mørk

observation [ˌɔbzə'veiʃən] *n* iakttakelse *c*, observasjon *c*

observatory [əb'zə:vətri] *n* observatorium *nt*

observe [əb'zə:v] *v* *iaktta, observere

obsession [əb'seʃən] *n* besettelse *c*

obstacle ['ɔbstəkəl] *n* hindring *c*

obstinate ['ɔbstinət] *adj* sta; hardnakket

obtain [əb'tein] *v* erverve, **få*

obtainable [əb'teinəbəl] *adj* oppnåelig

obvious ['ɔbviəs] *adj* innlysende

occasion [ə'keiʒən] *n* tilfelle *nt*; foranledning *c*

occasionally [ə'keiʒənəli] *adv* av og til, nå og da

occupant ['ɔkjupənt] *n* beboer *c*

occupation [ˌɔkju'peiʃən] *n* beskjeftigelse *c*; okkupasjon *c*

occupy ['ɔkjupai] *v* *besette; beskjeftige; **occupied** *adj* opptatt

occur [ə'kə:] *v* hende, *forekomme, skje

occurrence [ə'kʌrəns] *n* hendelse *c*

ocean ['ouʃən] *n* hav *nt*

October [ɔk'toubə] oktober

octopus ['ɔktəpəs] *n* blekksprut *c*

oculist ['ɔkjulist] *n* øyenlege *c*

odd [ɔd] *adj* underlig, rar; ulike

odour ['oudə] *n* lukt *c*

of [ɔv, əv] *prep* av; fra; i

off [ɔf] *adv* av; vekk; *prep* av

offence [ə'fens] *n* forseelse *c;* anstøt *nt*, fornærmelse *c*

offend [ə'fend] *v* krenke, fornærme; **forgå* seg

offensive [ə'fensiv] *adj* offensiv; støtende, krenkende

offer ['ɔfə] *v* *tilby; yte; *n* tilbud *nt*

office ['ɔfis] *n* kontor *nt*; embete *nt*; ~ **hours** kontortid *c*

officer ['ɔfisə] *n* offiser *c*

official [ə'fiʃəl] *adj* offisiell

off-licence ['ɔf,laisəns] *n* alkoholutsalg *nt*

often ['ɔfən] *adv* ofte

oil [ɔil] *n* olje *c*; **fuel** ~ brenselolje *c;* ~ **filter** oljefilter *nt;* ~ **pressure** oljetrykk *nt*

oil-painting [,ɔil'peintiŋ] *n* oljemaleri *nt*

oil-refinery ['ɔilri,fainəri] *n* oljeraffineri *nt*

oil-well ['ɔilwel] *n* oljebrønn *c*

oily ['ɔili] *adj* oljet; glatt

ointment ['ɔintmənt] *n* salve *c*

okay! [,ou'kei] fint!

old [ould] *adj* gammel; ~ **age** alderdom *c*

old-fashioned [,ould'fæʃənd] *adj* gammeldags

olive ['ɔliv] *n* oliven *c;* ~ **oil** olivenolje *c*

omelette ['ɔmlət] *n* omelett *c*

ominous ['ɔminəs] *adj* illevarslende

omit [ə'mit] *v* *utelate

omnipotent [ɔm'nipətənt] *adj* allmektig

on [ɔn] *prep* på; ved

once [wʌns] *adv* en gang; **at** ~ straks; ~ **more** nok en gang

oncoming ['ɔn,kʌmiŋ] *adj* kommende, møtende

one [wʌn] *num* en; *pron* man

oneself [wʌn'self] *pron* selv

onion [ˈʌnjən] n løk c

only [ˈounli] adj eneste; adv bare, alene, kun; conj men

onwards [ˈɔnwədz] adv fremover

onyx [ˈɔniks] n onyks c

opal [ˈoupəl] n opal c

open [ˈoupən] v åpne; adj åpen; åpenhjertig

opening [ˈoupəniŋ] n åpning c

opera [ˈɔpərə] n opera c; ~ **house** opera c

operate [ˈɔpəreit] v virke, *drive; operere

operation [ˌɔpəˈreiʃən] n virksomhet c; operasjon c

operator [ˈɔpəreitə] n telefonist c

operetta [ˌɔpəˈretə] n operette c

opinion [əˈpinjən] n oppfatning c, mening c

opponent [əˈpounənt] n motstander c

opportunity [ˌɔpəˈtjuːnəti] n leilighet c, anledning c

oppose [əˈpouz] v *motsette seg, opponere seg

opposite [ˈɔpəzit] prep overfor; adj motsatt

opposition [ˌɔpəˈziʃən] n opposisjon c

oppress [əˈpres] v undertrykke, knuge

optician [ɔpˈtiʃən] n optiker c

optimism [ˈɔptimizəm] n optimisme c

optimist [ˈɔptimist] n optimist c

optimistic [ˌɔptiˈmistik] adj optimistisk

optional [ˈɔpʃənəl] adj valgfri

or [ɔː] conj eller

oral [ˈɔːrəl] adj muntlig

orange [ˈɔrindʒ] n appelsin c; adj oransje

orchard [ˈɔːtʃəd] n frukthage c

orchestra [ˈɔːkistrə] n orkester nt; ~ **seat** Am orkesterplass c

order [ˈɔːdə] v beordre; bestille; n rekkefølge c, orden c; ordre c, befaling c; bestilling c; in ~ i orden; in ~ to for å; **made to** ~ laget på bestilling; **out of** ~ i uorden; **postal** ~ postanvisning c

order-form [ˈɔːdəfɔːm] n ordreblankett c

ordinary [ˈɔːdənri] adj vanlig, dagligdags

ore [ɔː] n malm c

organ [ˈɔːgən] n organ nt; orgel nt

organic [ɔːˈgænik] adj organisk

organization [ˌɔːgənaiˈzeiʃən] n organisasjon c

organize [ˈɔːgənaiz] v organisere

Orient [ˈɔːriənt] n Orienten

oriental [ˌɔːriˈentəl] adj orientalsk

orientate [ˈɔːrienteit] v orientere seg

origin [ˈɔridʒin] n avstamning c, opphav nt; nedstamning c, herkomst c

original [əˈridʒinəl] adj original, opprinnelig

originally [əˈridʒinəli] adv i begynnelsen

ornament [ˈɔːnəmənt] n utsmykning c

ornamental [ˌɔːnəˈmentəl] adj dekorativ

orphan [ˈɔːfən] n foreldreløst barn

orthodox [ˈɔːθədɔks] adj ortodoks

ostrich [ˈɔstritʃ] n struts c

other [ˈʌðə] adj annen

otherwise [ˈʌðəwaiz] conj ellers; adv annerledes

***ought to** [ɔːt] *burde

our [auə] adj vår

ourselves [auəˈselvz] pron oss; selv

out [aut] adv ute, ut; ~ **of** sluppet opp for

outbreak [ˈautbreik] n utbrudd nt

outcome [ˈautkʌm] n resultat nt

***outdo** [ˌautˈduː] v *overgå

outdoors [ˌautˈdɔːz] adv utendørs

outer [ˈautə] adj ytre

outfit [ˈautfit] n utrustning c; klesdrakt c

outline ['autlain] *n* kontur *c*; *v* tegne i omriss

outlook ['autluk] *n* utsikt *c*; syn *nt*

output ['autput] *n* produksjon *c*

outrage ['autreidʒ] *n* fornærmelse *c*; krenkelse *c*

outside [,aut'said] *adv* utenfor; *prep* utenfor; *n* utside *c*, ytterside *c*

outsize ['autsaiz] *n* stor størrelse

outskirts ['autskə:ts] *pl* utkant *c*

outstanding [,aut'stændiŋ] *adj* fremtredende, fremragende

outward ['autwəd] *adj* utvendig

outwards ['autwədz] *adv* utad

oval ['ouvəl] *adj* oval

oven ['ʌvən] *n* stekeovn *c*

over ['ouvə] *prep* over, ovenfor; *adv* over; over ende; ~ **there** der borte

overall ['ouvərɔ:l] *adj* total

overalls ['ouvərɔ:lz] *pl* overall *c*

overcast ['ouvəkɑ:st] *adj* overskyet

overcoat ['ouvəkout] *n* ytterfrakk *c*

***overcome** [,ouvə'kʌm] *v* *overvinne

overdue [,ouvə'dju:] *adj* forsinket; forfallen

overgrown [,ouvə'groun] *adj* overgrodd

overhaul [,ouvə'hɔ:l] *v* overhale

overhead [,ouvə'hed] *adv* ovenfor

overlook [,ouvə'luk] *v* *overse

overnight [,ouvə'nait] *adv* natten over

overseas [,ouvə'si:z] *adj* oversjøisk

oversight ['ouvəsait] *n* forglemmelse *c*

***oversleep** [,ouvə'sli:p] *v* *forsove seg

overstrung [,ouvə'strʌŋ] *adj* overspent

***overtake** [,ouvə'teik] *v* kjøre forbi; **no overtaking** forbikjøring forbudt

over-tired [,ouvə'taiəd] *adj* overtrett

overture ['ouvətʃə] *n* ouverture *c*

overweight ['ouvəweit] *n* overvekt *c*

overwhelm [,ouvə'welm] *v* overvelde

overwork [,ouvə'wə:k] *v* overanstrenge seg

owe [ou] *v* *være skyldig, skylde; *ha å takke for; **owing to** på grunn av

owl [aul] *n* ugle *c*

own [oun] *v* eie; *adj* egen

owner ['ounə] *n* eier *c*, innehaver *c*

ox [ɔks] *n* (pl oxen) okse *c*

oxygen ['ɔksidʒən] *n* surstoff *nt*

oyster ['ɔistə] *n* østers *c*

P

pace [peis] *n* gange *c*; skritt *nt*; tempo *nt*

Pacific Ocean [pə'sifik 'ouʃən] Stillehavet

pacifism ['pæsifizəm] *n* pasifisme *c*

pacifist ['pæsifist] *n* pasifist *c*; pasifistisk

pack [pæk] *v* pakke; *nAm* kortstokk *c*; ~ **up** pakke ned

package ['pækidʒ] *n* pakke *c*

packet ['pækit] *n* liten pakke

packing ['pækiŋ] *n* innpakning *c*

pad [pæd] *n* pute *c*; notisblokk *c*

paddle ['pædəl] *n* padleåre *c*

padlock ['pædlɔk] *n* hengelås *c*

pagan ['peigən] *adj* hedensk; *n* hedning *c*

page [peidʒ] *n* side *c*

page-boy ['peidʒbɔi] *n* pikkolo *c*

pail [peil] *n* spann *nt*

pain [pein] *n* smerte *c*; **pains** umake *c*

painful ['peinfəl] *adj* smertefull

painless ['peinləs] *adj* smertefri

paint [peint] *n* maling *c*; *v* male

paint-box ['peintbɔks] *n* malerskrin *nt*

paint-brush ['peintbrʌʃ] *n* pensel *c*

painter ['peintə] *n* maler *c*

painting ['peintiŋ] *n* maleri *nt*

pair [pɛə] *n* par *nt*

Pakistan [,pɑ:ki'stɑ:n] Pakistan

Pakistani [ˌpɑːkiˈstɑːni] *adj* pakistansk; *n* pakistaner *c*

palace [ˈpæləs] *n* palass *nt*

pale [peil] *adj* blek; lyse-

palm [pɑːm] *n* palme *c*; håndflate *c*

palpable [ˈpælpəbəl] *adj* følelig, merkbar

palpitation [ˌpælpiˈteiʃən] *n* hjerteklapp *c*

pan [pæn] *n* panne *c*; kasserolle *c*

pane [pein] *n* vindusrute *c*

panel [ˈpænəl] *n* panel *nt*

panelling [ˈpænəliŋ] *n* panelverk *nt*

panic [ˈpænik] *n* panikk *c*

pant [pænt] *v* pese

panties [ˈpæntiz] *pl* underbukse *c*, truse *c*

pants [pænts] *pl* underbukse *c*; bukse *c*

pant-suit [ˈpæntsuːt] *n* buksedrakt *c*

panty-hose [ˈpæntihouz] *n* strømpebukse *c*

paper [ˈpeipə] *n* papir *nt*; avis *c*; papir-; **carbon ~** karbonpapir *nt*; **~ bag** papirpose *c*; **~ napkin** papirserviett *c*; **typing ~** skrivemaskinpapir *nt*; **wrapping ~** innpakningspapir *nt*

paperback [ˈpeipəbæk] *n* pocketbok *c*

paper-knife [ˈpeipənaif] *n* papirkniv *c*

parade [pəˈreid] *n* parade *c*; tog *nt*

paraffin [ˈpærəfin] *n* parafin *c*

paragraph [ˈpærəɡrɑːf] *n* avsnitt *nt*; paragraf *c*

parakeet [ˈpærəkiːt] *n* papegøye *c*

parallel [ˈpærəlel] *adj* parallell; *n* parallell *c*

paralyse [ˈpærəlaiz] *v* lamme

parcel [ˈpɑːsəl] *n* pakke *c*

pardon [ˈpɑːdən] *n* tilgivelse *c*; benådning *c*

parents [ˈpeərənts] *pl* foreldre *pl*

parents-in-law [ˈpeərəntsinlɔː] *pl* svigerforeldre *pl*

parish [ˈpæriʃ] *n* sogn *nt*

park [pɑːk] *n* park *c*; *v* parkere

parking [ˈpɑːkiŋ] *n* parkering *c*; **no ~** parkering forbudt; **~ fee** parkeringsavgift *c*; **~ light** parkeringslys *nt*; **~ lot** *Am* parkeringsplass *c*; **~ meter** parkometer *nt*; **~ zone** parkeringssone *c*

parliament [ˈpɑːləmənt] *n* parlament *nt*

parliamentary [ˌpɑːləˈmentəri] *adj* parlamentarisk

parrot [ˈpærət] *n* papegøye *c*

parsley [ˈpɑːsli] *n* persille *c*

parson [ˈpɑːsən] *n* prest *c*

parsonage [ˈpɑːsənidʒ] *n* prestegård *c*

part [pɑːt] *n* del *c*; stykke *nt*; *v* skille; **spare ~** reservedel *c*

partial [ˈpɑːʃəl] *adj* delvis; partisk

participant [pɑːˈtisipənt] *n* deltaker *c*

participate [pɑːˈtisipeit] *v* *delta

particular [pəˈtikjulə] *adj* spesiell, særegen; kresen; **in ~** i særdeleshet

parting [ˈpɑːtiŋ] *n* avskjed *c*; hårskill *c*

partition [pɑːˈtiʃən] *n* skillevegg *c*

partly [ˈpɑːtli] *adv* delvis

partner [ˈpɑːtnə] *n* partner *c*; kompanjong *c*

partridge [ˈpɑːtridʒ] *n* rapphøne *c*

party [ˈpɑːti] *n* parti *nt*; selskap *nt*; gruppe *c*

pass [pɑːs] *v* *forløpe, passere; *rekke; *bestå; **no passing** *Am* forbikjøring forbudt; **~ by** *gå forbi; **~ through** *gå gjennom

passage [ˈpæsidʒ] *n* passasje *c*; overfart *c*; avsnitt *nt*; gjennomreise *c*

passenger [ˈpæsəndʒə] *n* passasjer *c*; **~ car** *Am* passasjervogn *c*; **~ train** persontog *nt*

passer-by [ˌpɑːsəˈbai] *n* forbipasserende *c*

passion ['pæʃən] *n* lidenskap *c;* raseri *nt*

passionate ['pæʃənət] *adj* lidenskapelig

passive ['pæsiv] *adj* passiv

passport ['pɑːspɔːt] *n* pass *nt;* ~ **control** passkontroll *c;* ~ **photograph** passfoto *nt*

password ['pɑːswəːd] *n* stikkord *nt*

past [pɑːst] *n* fortid *c; adj* forrige, tidligere; *prep* forbi, langs

paste [peist] *n* lim *nt; v* klistre

pastry ['peistri] *n* bakverk *nt;* ~ **shop** konditori *nt*

pasture ['pɑːstʃə] *n* beite *nt*

patch [pætʃ] *v* lappe

patent ['peitənt] *n* patent *nt*

path [pɑːθ] *n* sti *c*

patience ['peiʃəns] *n* tålmodighet *c*

patient ['peiʃənt] *adj* tålmodig; *n* pasient *c*

patriot ['peitriət] *n* patriot *c*

patrol [pə'troul] *n* patrulje *c; v* patruljere; overvåke

pattern ['pætən] *n* mønster *nt,* motiv *nt*

pause [pɔːz] *n* pause *c; v* *holde pause

pave [peiv] *v* *brolegge

pavement ['peivmənt] *n* fortau *nt;* veidekke *nt*

pavilion [pə'viljən] *n* paviljong *c*

paw [pɔː] *n* pote *c*

pawn [pɔːn] *v* *pantsette; *n* sjakkbonde *c*

pawnbroker ['pɔːnˌbroukə] *n* pantelåner *c*

pay [pei] *n* gasje *c,* lønn *c*

*pay [pei] *v* betale; lønne seg; ~ **attention to** *være oppmerksom på; **paying** lønnsom; ~ **off** nedbetale; ~ **on account** avbetale

pay-desk ['peidesk] *n* kasse *c*

payment ['peimənt] *n* betaling *c*

pea [piː] *n* ert *c*

peace [piːs] *n* fred *c*

peaceful ['piːsfəl] *adj* fredelig

peach [piːtʃ] *n* fersken *c*

peacock ['piːkɔk] *n* påfugl *c*

peak [piːk] *n* tind *c;* topp *c;* ~ **hour** rushtid *c;* ~ **season** høysesong *c*

peanut ['piːnʌt] *n* peanøtt *c*

pear [peə] *n* pære *c*

pearl [pəːl] *n* perle *c*

peasant ['pezənt] *n* bonde *c*

pebble ['pebəl] *n* småstein *c*

peculiar [pi'kjuːljə] *adj* underlig; eiendommelig

peculiarity [piˌkjuːli'ærəti] *n* eiendommelighet *c*

pedal ['pedəl] *n* pedal *c*

pedestrian [pi'destriən] *n* fotgjenger *c;* **no pedestrians** ikke for fotgjengere; ~ **crossing** fotgjengerovergang *c*

pedicure ['pedikjuə] *n* pedikyr *c*

peel [piːl] *v* skrelle; *n* skrell *c*

peep [piːp] *v* kikke

peg [peg] *n* knagg *c*

pelican ['pelikən] *n* pelikan *c*

pelvis ['pelvis] *n* bekken *nt*

pen [pen] *n* penn *c*

penalty ['penəlti] *n* bot *c;* straff *c;* ~ **kick** straffespark *nt*

pencil ['pensəl] *n* blyant *c*

pencil-sharpener ['pensəlˌʃɑːpnə] *n* blyantspisser *c*

pendant ['pendənt] *n* hengesmykke *nt*

penetrate ['penitreit] *v* trenge gjennom

penguin ['peŋgwin] *n* pingvin *c*

penicillin [ˌpeni'silin] *n* penicillin *nt*

peninsula [pə'ninsjulə] *n* halvøy *c*

penknife ['pennaif] *n* (pl -knives) lommekniv *c*

pension¹ ['pɑːsiɔ̃ː] *n* pensjonat *nt*

pension² ['penʃən] *n* pensjon *c*

people ['piːpəl] *pl* folk *pl,* folk *nt; n*

folkeslag *nt*

pepper ['pepə] *n* pepper *c*

peppermint ['pepəmint] *n* pepper-
mynte *c*

perceive [pə'si:v] *v* fornemme

percent [pə'sent] *n* prosent *c*

percentage [pə'sentidʒ] *n* prosentsats
c

perceptible [pə'septibəl] *adj* merkbar

perception [pə'sepʃən] *n* fornemmelse
c

perch [pə:tʃ] (pl ~) åbor *c*

percolator ['pə:kəleitə] *n* kaffetrakter
c

perfect ['pə:fikt] *adj* fullkommen,
perfekt

perfection [pə'fekʃən] *n* perfeksjon *c*,
fullkommenhet *c*

perform [pə'fɔ:m] *v* utføre; *opptre;
utøve

performance [pə'fɔ:məns] *n* forestil-
ling *c*

perfume ['pə:fju:m] *n* parfyme *c*

perhaps [pə'hæps] *adv* kanskje; muli-
gens

peril ['peril] *n* fare *c*

perilous ['periləs] *adj* livsfarlig

period ['piəriəd] *n* periode *c*, tid *c*;
punktum *nt*

periodical [,piəri'ɔdikəl] *n* tidsskrift
nt; *adj* periodevis

perish ['periʃ] *v* *omkomme; *forgå

perishable ['periʃəbəl] *adj* bedervelig

perjury ['pə:dʒəri] *n* mened *c*

permanent ['pə:mənənt] *adj* varig,
permanent, vedvarende; blivende,
fast; ~ **wave** permanent *c*

permission [pə'miʃən] *n* tillatelse *c*;
lov *c*

permit[1] [pə'mit] *v* *tillate

permit[2] ['pə:mit] *n* tillatelse *c*, permi-
sjon *c*

peroxide [pə'rɔksaid] *n* vannstoff hy-
peroksyd

perpendicular [,pə:pən'dikjulə] *adj*
loddrett

persecute ['pə:sikju:t] *v* *forfølge,
plage

Persia ['pə:ʃə] Persia

Persian ['pə:ʃən] *adj* persisk; *n* perser
c

person ['pə:sən] *n* person *c*; **per** ~
per person

personal ['pə:sənəl] *adj* personlig

personality [,pə:sə'næləti] *n* personlig-
het *c*

personnel [,pə:sə'nel] *n* personale *nt*

perspective [pə'spektiv] *n* perspektiv
nt

perspiration [,pə:spə'reiʃən] *n* svette *c*

perspire [pə'spaiə] *v* transpirere,
svette

persuade [pə'sweid] *v* overtale; over-
bevise

persuasion [pə'sweiʒən] *n* overbevis-
ning *c*; overtaling *c*

pessimism ['pesimizəm] *n* pessimisme
c

pessimist ['pesimist] *n* pessimist *c*

pessimistic [,pesi'mistik] *adj* pessimis-
tisk

pet [pet] *n* kjæledyr *nt*; kjæledegge
c; *adj* yndlings-

petal ['petəl] *n* kronblad *nt*

petition [pi'tiʃən] *n* bønn *c*; ansøkning
c

petrol ['petrəl] *n* bensin *c*; ~ **pump**
bensinpumpe *c*; ~ **station** bensin-
stasjon *c*; ~ **tank** bensintank *c*

petroleum [pi'trouliəm] *n* petroleum *c*

petty ['peti] *adj* smålig, ubetydelig,
liten; ~ **cash** småpenger *pl*

pewit ['pi:wit] *n* hettemåke *c*

pewter ['pju:tə] *n* tinn *nt*

phantom ['fæntəm] *n* fantasibilde *nt*;
gjenferd *nt*

pharmacology [,fɑ:mə'kɔlədʒi] *n* far-
makologi *c*

pharmacy ['fɑ:məsi] n apotek nt
phase [feiz] n fase c
pheasant ['fezənt] n fasan c
Philippine ['filipain] adj filippinsk
Philippines ['filipi:nz] pl Filippinene
philosopher [fi'losəfə] n filosof c
philosophy [fi'losəfi] n filosofi c
phone [foun] n telefon c; v telefonere, ringe opp
phonetic [fə'netik] adj fonetisk
phoney ['founi] adj falsk; n bløffmaker c
photo ['foutou] n (pl ~s) fotografi nt
photograph ['foutəgrɑ:f] n fotografi nt; v fotografere
photographer [fə'tɔgrəfə] n fotograf c
photography [fə'tɔgrəfi] n fotografering c
photostat ['foutəstæt] n fotokopi c
phrase [freiz] n uttrykk nt
phrase-book ['freizbuk] n parlør c
physical ['fizikəl] adj fysisk
physician [fi'ziʃən] n lege c
physicist ['fizisist] n fysiker c
physics ['fiziks] n naturvitenskap c, fysikk c
physiology [,fizi'ɔlədʒi] n fysiologi c
pianist ['pi:ənist] n pianist c
piano [pi'ænou] n piano nt; grand ~ flygel nt
pick [pik] v plukke; *velge; n valg nt; ~ up *ta opp; hente; pick-up van varebil c
pick-axe ['pikæks] n hakke c
picnic ['piknik] n piknik c; v *dra på piknik
picture ['piktʃə] n maleri nt; illustrasjon c, stikk nt; bilde nt; ~ postcard prospektkort nt; pictures kino c
picturesque [,piktʃə'resk] adj pittoresk, malerisk
piece [pi:s] n stykke nt, bit c
pier [piə] n utstikker c

pierce [piəs] v gjennombore
pig [pig] n gris c
pigeon ['pidʒən] n due c
pig-headed [,pig'hedid] adj sta
piglet ['piglət] n smågris c
pigskin ['pigskin] n svinelær nt
pike [paik] (pl ~) gjedde c
pile [pail] n haug c; v stable; piles pl hemorroider pl
pilgrim ['pilgrim] n pilegrim c
pilgrimage ['pilgrimidʒ] n pilegrimsreise c
pill [pil] n pille c
pillar ['pilə] n pilar c, stolpe c
pillar-box ['piləbɔks] n postkasse c
pillow ['pilou] n pute c, hodepute c
pillow-case ['piloukeis] n putevar nt
pilot ['pailət] n pilot c; los c
pimple ['pimpəl] n kvise c
pin [pin] n knappenål c; v feste med nål; bobby ~ Am hårspenne c
pincers ['pinsəz] pl knipetang c
pinch [pintʃ] v *klype
pineapple ['pai,næpəl] n ananas c
ping-pong ['piŋpɔŋ] n bordtennis c
pink [piŋk] adj lyserød
pioneer [,paiə'niə] n nybygger c; pioner c
pious ['paiəs] adj from
pip [pip] n kjerne c
pipe [paip] n pipe c; rør nt; ~ cleaner piperenser c; ~ tobacco pipetobakk c
pirate ['paiərət] n sjørøver c
pistol ['pistəl] n pistol c
piston ['pistən] n stempel nt; ~ ring stempelring c
piston-rod ['pistənrɔd] n stempelstang c
pit [pit] n grop c; gruve c
pitcher ['pitʃə] n krukke c
pity ['piti] n medlidenhet c; v synes synd på, *ha medlidenhet med; what a pity! så synd!

placard ['plækɑːd] n plakat c

place [pleis] n sted nt; v *sette, stille; ~ of birth fødested nt; *take ~ *finne sted

plague [pleig] n plage c; pest c

plaice [pleis] (pl ~) rødspette c

plain [plein] adj tydelig; alminnelig, enkel; n slette c

plan [plæn] n plan c; v *planlegge

plane [plein] adj flat; n fly nt; ~ crash flyulykke c

planet ['plænit] n planet c

planetarium [ˌplæniˈtɛəriəm] n planetarium nt

plank [plæŋk] n planke c

plant [plɑːnt] n plante c; fabrikk c; v plante

plantation [plænˈteiʃən] n plantasje c

plaster ['plɑːstə] n murpuss c, gips c; heftplaster nt, plaster nt

plastic ['plæstik] adj plastikk-; n plastikk c

plate [pleit] n tallerken c; plate c

plateau ['plætou] n (pl ~x, ~s) høyslette c

platform ['plætfɔːm] n perrong c; ~ ticket perrongbillett c

platinum ['plætinəm] n platina c

play [plei] v leke; spille; n lek c; teaterstykke nt; one-act ~ enakter c; ~ truant skulke

player [pleiə] n spiller c

playground ['pleigraund] n lekeplass c

playing-card ['pleiiŋkɑːd] n spillkort nt

playwright ['pleirait] n skuespillforfatter c

plea [pliː] n påstand c; bønn c

plead [pliːd] v føre en sak; trygle

pleasant ['plezənt] adj hyggelig, deilig

please [pliːz] vennligst; v glede; pleased fornøyd; pleasing behagelig

pleasure ['pleʒə] n behag nt, fornøyelse c

plentiful ['plentifəl] adj rikelig

plenty ['plenti] n rikelighet c; overflod c

pliers [plaiəz] pl tang c

plimsolls ['plimsɔlz] pl gummisko c

plot [plɔt] n komplott nt, sammensvergelse c; handling c; tomt c

plough [plau] n plog c; v pløye

plucky ['plʌki] adj modig

plug [plʌg] n stikkontakt c; ~ in sette i kontakten, plugge inn

plum [plʌm] n plomme c

plumber ['plʌmə] n rørlegger c

plump [plʌmp] adj lubben

plural ['pluərəl] n flertall nt

plus [plʌs] prep pluss

pneumatic [njuːˈmætik] adj luft-

pneumonia [njuːˈmouniə] n lungebetennelse c

poach [poutʃ] v *drive krypskyting

pocket ['pɔkit] n lomme c

pocket-book ['pɔkitbuk] n lommebok c

pocket-comb ['pɔkitkoum] n lommekam c

pocket-knife ['pɔkitnaif] n (pl -knives) lommekniv c

pocket-watch ['pɔkitwɔtʃ] n lommeur nt

poem ['pouim] n dikt nt

poet ['pouit] n dikter c

poetry ['pouitri] n poesi c

point [pɔint] n punkt nt; spiss c; v peke; ~ of view synspunkt nt; ~ out vise

pointed ['pɔintid] adj spiss

poison ['pɔizən] n gift c; v forgifte

poisonous ['pɔizənəs] adj giftig

Poland ['poulənd] Polen

Pole [poul] n polakk c

pole [poul] n stang c

police [pəˈliːs] pl politi nt

policeman [pə'li:smən] n (pl -men) politimann c

police-station [pə'li:s,steiʃən] n politistasjon c

policy ['pɔlisi] n politikk c; polise c

polio ['pouliou] n barnelammelse c, polio c

Polish ['pouliʃ] adj polsk

polish ['pɔliʃ] v pusse, polere

polite [pə'lait] adj høflig

political [pə'litikəl] adj politisk

politician [,pɔli'tiʃən] n politiker c

politics ['pɔlitiks] n politikk c

pollution [pə'lu:ʃən] n forurensning c

pond [pɔnd] n dam c

pony ['pouni] n ponni c

poor [puə] adj fattig; fattigslig; dårlig

pope [poup] n pave c

poplin ['pɔplin] n poplin nt

pop music [pɔp 'mju:zik] popmusikk c

poppy ['pɔpi] n valmue c

popular ['pɔpjulə] adj populær; folkepopulation [,pɔpju'leiʃən] n befolkning c

populous ['pɔpjuləs] adj folkerik

porcelain ['pɔ:səlin] n porselen nt

porcupine ['pɔ:kjupain] n pinnsvin nt

pork [pɔ:k] n svinekjøtt nt

port [pɔ:t] n havn c; babord

portable ['pɔ:təbəl] adj transportabel

porter ['pɔ:tə] n bærer c; portner c

porthole ['pɔ:thoul] n kuøye nt

portion ['pɔ:ʃən] n porsjon c

portrait ['pɔ:trit] n portrett nt

Portugal ['pɔ:tjugəl] Portugal

Portuguese ['pɔ:tju'gi:z] adj portugisisk; n portugiser c

position [pə'ziʃən] n posisjon c; situasjon c; holdning c; stilling c

positive ['pɔzətiv] adj positiv; n positivt bilde

possess [pə'zes] v eie; possessed adj besatt

possession [pə'zeʃən] n besittelse c; possessions eiendeler pl

possibility [,pɔsə'biləti] n mulighet c

possible ['pɔsəbəl] adj mulig; eventuell

post [poust] n stolpe c; post c; v poste; post-office postkontor nt

postage ['poustidʒ] n porto c; ~ paid portofri; ~ stamp frimerke nt

postcard ['poustka:d] n postkort nt; prospektkort nt

poster ['poustə] n plakat c

poste restante [poust re'stã:t] poste restante

postman ['poustmən] n (pl -men) postbud nt

post-paid [,poust'peid] adj frankert

postpone [pə'spoun] v *utsette

pot [pɔt] n gryte c

potato [pə'teitou] n (pl ~es) potet c

pottery ['pɔtəri] n keramikk c; steintøy nt

pouch [pautʃ] n pung c

poulterer ['poultərə] n vilthandler c

poultry ['poultri] n fjærkre nt

pound [paund] n pund nt

pour [pɔ:] v helle, skjenke

poverty ['pɔvəti] n fattigdom c

powder ['paudə] n pudder nt; ~ compact pudderdåse c; talc ~ talkum c

powder-puff ['paudəpʌf] n pudderkvast c

powder-room ['paudəru:m] n dametoalett nt

power [pauə] n kraft c, styrke c; energi c; makt c

powerful ['pauəfəl] adj mektig; sterk

powerless ['pauələs] adj maktesløs

power-station ['pauə,steiʃən] n kraftverk nt

practical ['præktikəl] adj praktisk

practically ['præktikli] adv praktisk talt

practice ['præktis] n praksis c

practise ['præktis] v praktisere; øve seg

praise [preiz] v rose; n ros c

pram [præm] n barnevogn c

prawn [prɔːn] n reke c

pray [prei] v *be

prayer [preə] n bønn c

preach [priːtʃ] v preke

precarious [pri'keəriəs] adj risikabel; utrygg

precaution [pri'kɔːʃən] n forsiktighet c; sikkerhetsforanstaltning c

precede [pri'siːd] v *gå forut for

preceding [pri'siːdiŋ] adj foregående

precious ['preʃəs] adj kostbar; dyrebar

precipice ['presipis] n stup nt

precipitation [pri,sipi'teiʃən] n nedbør c

precise [pri'sais] adj presis, nøyaktig; pertentlig

predecessor ['priːdisesə] n forgjenger c

predict [pri'dikt] v spå

prefer [pri'fəː] v *foretrekke

preferable ['prefərəbəl] adj til å foretrekke

preference ['prefərəns] n forkjærlighet c

prefix ['priːfiks] n forstavelse c

pregnant ['pregnənt] adj gravid, svanger

prejudice ['predʒədis] n fordom c

preliminary [pri'liminəri] adj innledende; forberedende

premature ['premətʃuə] adj forhastet

premier ['premiə] n statsminister c

premises ['premisiz] pl eiendom c

premium ['priːmiəm] n forsikringspremie c

prepaid [,priː'peid] adj forhåndsbetalt

preparation [,prepə'reiʃən] n forberedelse c

prepare [pri'peə] v forberede; tilberede

prepared [pri'peəd] adj beredt

preposition [,prepə'ziʃən] n preposisjon c

prescribe [pri'skraib] v *foreskrive

prescription [pri'skripʃən] n resept c

presence ['prezəns] n nærvær nt; tilstedeværelse c

present[1] ['prezənt] n presang c, gave c; nåtid c; adj nåværende; tilstedeværende

present[2] [pri'zent] v presentere; *forelegge

presently ['prezəntli] adv snart

preservation [,prezə'veiʃən] n konservering c

preserve [pri'zəːv] v konservere; hermetisere

president ['prezidənt] n president c; formann c

press [pres] n presse c; v trykke på, trykke; presse; ~ conference pressekonferanse c

pressing ['presiŋ] adj presserende, inntrengende

pressure ['preʃə] n trykk nt; press nt; atmospheric ~ lufttrykk nt

pressure-cooker ['preʃə,kukə] n trykkoker c

prestige [pre'stiːʒ] n prestisje c

presumable [pri'zjuːməbəl] adj antakelig

presumptuous [pri'zʌmpʃəs] adj overmodig; anmassende

pretence [pri'tens] n påskudd nt

pretend [pri'tend] v *foregi, *late som

pretext ['priːtekst] n påskudd nt

pretty ['priti] adj pen; adv ganske, temmelig

prevent [pri'vent] v avverge, forhindre; forebygge

preventive [pri'ventiv] adj forebyg-

gende
previous ['pri:viəs] *adj* foregående, tidligere, forrige
pre-war [,pri:'wɔ:] *adj* førkrigs-
price [prais] *n* pris *c; v* bestemme prisen
priceless ['praisləs] *adj* uvurderlig
price-list ['prais,list] *n* prisliste *c*
prick [prik] *v* prikke
pride [praid] *n* stolthet *c*
priest [pri:st] *n* katolsk prest
primary ['praiməri] *adj* primær; hoved-, første; elementær
prince [prins] *n* prins *c*
princess [prin'ses] *n* prinsesse *c*
principal ['prinsəpəl] *adj* hoved-; *n* rektor *c*, skolebestyrer *c*
principle ['prinsəpəl] *n* prinsipp *nt*, grunnsetning *c*
print [print] *v* trykke; *n* avtrykk *nt*; trykk *nt*; **printed matter** trykksak *c*
prior [praiə] *adj* forutgående
priority [prai'ɔrəti] *n* fortrinnsrett *c*, prioritet *c*
prison ['prizən] *n* fengsel *nt*
prisoner ['prizənə] *n* fange *c*, innsatt *c; ~ of war* krigsfange *c*
privacy ['praivəsi] *n* privatliv *nt*
private ['praivit] *adj* privat; personlig
privilege ['privilidʒ] *n* privilegium *nt*
prize [praiz] *n* premie *c*; belønning *c*
probable ['prɔbəbəl] *adj* sannsynlig
probably ['prɔbəbli] *adv* sannsynligvis
problem ['prɔbləm] *n* problem *nt*; spørsmål *nt*
procedure [prə'si:dʒə] *n* fremgangsmåte *c*
proceed [prə'si:d] *v* *fortsette; *gå til verks
process ['prouses] *n* prosess *c*, fremgangsmåte *c*; rettergang *c*
procession [prə'seʃən] *n* opptog *nt*, prosesjon *c*

proclaim [prə'kleim] *v* *kunngjøre
produce[1] [prə'dju:s] *v* fremstille, produsere
produce[2] ['prɔdju:s] *n* naturprodukter *pl*, avling *c*
producer [prə'dju:sə] *n* produsent *c*
product ['prɔdʌkt] *n* produkt *nt*
production [prə'dʌkʃən] *n* produksjon *c*
profession [prə'feʃən] *n* yrke *nt;* fag *nt*
professional [prə'feʃənəl] *adj* profesjonell
professor [prə'fesə] *n* professor *c*
profit ['prɔfit] *n* fortjeneste *c*, fordel *c; v* *ha utbytte av
profitable ['prɔfitəbəl] *adj* innbringende
profound [prə'faund] *adj* dypsindig; grundig
programme ['prougræm] *n* program *nt*
progress[1] ['prougres] *n* fremskritt *nt*
progress[2] [prə'gres] *v* *gjøre fremskritt
progressive [prə'gresiv] *adj* progressiv, fremadstrebende; tiltakende
prohibit [prə'hibit] *v* *forby
prohibition [,proui'biʃən] *n* forbud *nt*
prohibitive [prə'hibitiv] *adj* uoverkommelig
project ['prɔdʒekt] *n* plan *c*, prosjekt *nt*
promenade [,prɔmə'nɑ:d] *n* promenade *c*
promise ['prɔmis] *n* løfte *nt; v* love
promote [prə'mout] *v* forfremme, fremme
promotion [prə'mouʃən] *n* forfremmelse *c*
prompt [prɔmpt] *adj* omgående, straks
pronoun ['prounaun] *n* pronomen *nt*
pronounce [prə'nauns] *v* uttale

pronunciation [ˌprənʌnsiˈeiʃən] n uttale c

proof [pru:f] n bevis nt

propaganda [ˌprɔpəˈgændə] n propaganda c

propel [prəˈpel] v *drive frem

propeller [prəˈpelə] n propell c

proper [ˈprɔpə] adj passende; sømmelig, riktig

property [ˈprɔpəti] n eiendeler, eiendom c; egenskap c

prophet [ˈprɔfit] n profet c

proportion [prəˈpɔːʃən] n proporsjon c

proportional [prəˈpɔːʃənəl] adj forholdsmessig

proposal [prəˈpouzəl] n forslag nt

propose [prəˈpouz] v *foreslå

proposition [ˌprɔpəˈziʃən] n forslag nt

proprietor [prəˈpraiətə] n eier c

prosecute [ˈprɔsikjuːt] v saksøke, anklage

prospect [ˈprɔspekt] n utsikt c

prosperity [prɔˈsperəti] n fremgang c, velstand c

prosperous [ˈprɔspərəs] adj velstående

prostitute [ˈprɔstitjuːt] n prostituert c

protect [prəˈtekt] v beskytte

protection [prəˈtekʃən] n beskyttelse c

protein [ˈproutiːn] n protein nt

protest[1] [ˈproutest] n protest c

protest[2] [prəˈtest] v protestere

Protestant [ˈprɔtistənt] adj protestantisk

proud [praud] adj stolt; hovmodig

prove [pru:v] v bevise; vise seg

proverb [ˈprɔvəːb] n ordspråk nt

provide [prəˈvaid] v forsyne, skaffe; provided that forutsatt at

province [ˈprɔvins] n fylke nt; provins c

provincial [prəˈvinʃəl] adj provinsiell

provisional [prəˈviʒənəl] adj foreløpig

provisions [prəˈviʒənz] pl proviant c

prudent [ˈpruːdənt] adj klok; varsom

prune [pruːn] n sviske c

psychiatrist [saiˈkaiətrist] n psykiater c

psychic [ˈsaikik] adj psykisk

psychoanalyst [ˌsaikouˈænəlist] n psykoanalytiker c

psychological [ˌsaikəˈlɔdʒikəl] adj psykologisk

psychologist [saiˈkɔlədʒist] n psykolog c

psychology [saiˈkɔlədʒi] n psykologi c

pub [pʌb] n kro c; kneipe c

public [ˈpʌblik] adj offentlig; almen; n publikum nt; ~ garden offentlig parkanlegg; ~ house vertshus nt

publication [ˌpʌbliˈkeiʃən] n offentliggjørelse c

publicity [pʌˈblisəti] n publisitet c

publish [ˈpʌbliʃ] v *utgi, *offentliggjøre

publisher [ˈpʌbliʃə] n forlegger c

puddle [ˈpʌdəl] n pytt c

pull [pul] v *trekke; ~ out *trekke seg; *dra av sted; ~ up stanse

pulley [ˈpuli] n (pl ~s) trinse c

Pullman [ˈpulmən] n sovevogn c

pullover [ˈpuˌlouvə] n pullover c

pulpit [ˈpulpit] n prekestol c, talerstol c

pulse [pʌls] n puls c

pump [pʌmp] n pumpe c; v pumpe

punch [pʌntʃ] v *slå; n knyttneveslag nt; punsj c

punctual [ˈpʌŋktʃuəl] adj punktlig, presis

puncture [ˈpʌŋktʃə] n punktering c

punctured [ˈpʌŋktʃəd] adj punktert

punish [ˈpʌniʃ] v straffe

punishment [ˈpʌniʃmənt] n straff c

pupil [ˈpjuːpəl] n elev c

puppet-show [ˈpʌpitʃou] n dukketeater nt

purchase [ˈpəːtʃəs] v kjøpe; n kjøp nt,

anskaffelse *c;* ~ **price** kjøpesum *c;*
~ **tax** omsetningsskatt *c*
purchaser ['pə:tʃəsə] *n* kjøper *c*
pure [pjuə] *adj* ren
purple ['pə:pəl] *adj* purpurfarget
purpose ['pə:pəs] *n* hensikt *c,* formål
nt; **on** ~ med vilje
purse [pə:s] *n* pengepung *c,* håndves-
ke *c*
pursue [pə'sju:] *v* *forfølge; strebe et-
ter
pus [pʌs] *n* verk *c;* materie *c*
push [puʃ] *n* dytt *c,* støt *nt; v* *skyve;
trenge seg frem
push-button ['puʃ,bʌtən] *n* trykknapp
c
***put** [put] *v* stille, *legge, plassere;
putte; ~ **away** rydde vekk; ~ **off**
*utsette; ~ **on** *ta på; ~ **out** slok-
ke
puzzle ['pʌzəl] *n* puslespill *nt;* gåte *c;*
v volde hodebry; **jigsaw** ~ pusle-
spill *nt*
puzzling ['pʌzliŋ] *adj* uforståelig
pyjamas [pə'dʒɑ:məz] *pl* pyjamas *c*

Q

quack [kwæk] *n* sjarlatan *c,* kvaksal-
ver *c*
quail [kweil] *n* (pl ~, ~s) vaktel *c*
quaint [kweint] *adj* eiendommelig;
gammeldags
qualification [,kwɔlifi'keiʃən] *n* kvalifi-
kasjon *c;* forbehold *nt,* innskrenk-
ning *c*
qualified ['kwɔlifaid] *adj* kvalifisert;
kompetent
qualify ['kwɔlifai] *v* kvalifisere seg
quality ['kwɔləti] *n* kvalitet *c;* egen-
skap *c*
quantity ['kwɔntəti] *n* kvantitet *c;* an-

tall *nt*
quarantine ['kwɔrənti:n] *n* karantene
c
quarrel ['kwɔrəl] *v* trette, krangle; *n*
krangel *c/nt,* trette *c*
quarry ['kwɔri] *n* steinbrudd *nt*
quarter ['kwɔ:tə] *n* kvart *c;* kvartal
nt; kvarter *nt;* 25-cent-mynt; ~ **of**
an hour kvarter *nt*
quarterly ['kwɔ:təli] *adj* kvartals-
quay [ki:] *n* kai *c*
queen [kwi:n] *n* dronning *c*
queer [kwiə] *adj* merkelig, underlig;
sær
query ['kwiəri] *n* forespørsel *c; v* *fo-
respørre; betvile
question ['kwestʃən] *n* spørsmål *nt,*
problem *nt; v* *spørre ut; *dra i
tvil; ~ **mark** spørsmålstegn *nt*
queue [kju:] *n* kø *c; v* *stå i kø
quick [kwik] *adj* hurtig
quick-tempered [,kwik'tempəd] *adj*
hissig
quiet ['kwaiət] *adj* stille, rolig, still-
ferdig; *n* stillhet *c,* ro *c*
quilt [kwilt] *n* vatt-teppe *nt*
quinine [kwi'ni:n] *n* kinin *c*
quit [kwit] *v* slutte, stoppe
quite [kwait] *adv* helt; ganske, tem-
melig, særdeles
quiz [kwiz] *n* (pl ~zes) spørrelek *c;*
prøve *c*
quota ['kwoutə] *n* kvote *c*
quotation [kwou'teiʃən] *n* sitat *nt;* ~
marks anførselstegn *pl*
quote [kwout] *v* sitere

R

rabbit ['ræbit] *n* kanin *c*
rabies ['reibiz] *n* hundegalskap *c,* ra-
bies *c*

race [reis] *n* kappløp *nt*, veddeløp *nt;* rase *c*
race-course ['reiskɔːs] *n* veddeløpsbane *c*
race-horse ['reishɔːs] *n* veddeløpshest *c*
race-track ['reistræk] *n* veddeløpsbane *c*
racial ['reiʃəl] *adj* rase-
racket ['rækit] *n* rabalder *nt*
racquet ['rækit] *n* racket *c*
radiator ['reidieitə] *n* radiator *c*
radical ['rædikəl] *adj* radikal
radio ['reidiou] *n* radio *c*
radish ['rædiʃ] *n* reddik *c*
radius ['reidiəs] *n* (pl radii) radius *c*
raft [rɑːft] *n* flåte *c*
rag [ræg] *n* fille *c*
rage [reidʒ] *n* raseri *nt; v* rase
raid [reid] *n* angrep *nt*
rail [reil] *n* gelender *nt*, rekkverk *nt*
railing ['reiliŋ] *n* gelender *nt*
railroad ['reilroud] *nAm* jernbane *c*
railway ['reilwei] *n* jernbane *c*, skinnegang *c*
rain [rein] *n* regn *nt; v* regne
rainbow ['reinbou] *n* regnbue *c*
raincoat ['reinkout] *n* regnfrakk *c*
rainproof ['reinpruːf] *adj* vanntett
rainy ['reini] *adj* regnfull
raise [reiz] *v* heve; øke; dyrke, *oppdra, ale opp; *pålegge; *nAm* lønnstillegg *nt*
raisin ['reizən] *n* rosin *c*
rake [reik] *n* rake *c*
rally ['ræli] *n* rally *nt;* opptog *nt; v* samle seg
ramp [ræmp] *n* rampe *c*
ramshackle ['ræmˌʃækəl] *adj* falleferdig
rancid ['rænsid] *adj* harsk
rang [ræŋ] *v* (p ring)
range [reindʒ] *n* rekkevidde *c*
range-finder ['reindʒˌfaində] *n* avstandsmåler *c*
rank [ræŋk] *n* rang *c;* rekke *c*
ransom ['rænsəm] *n* løsepenger *pl*
rape [reip] *v* *voldta
rapid ['ræpid] *adj* hurtig
rapids ['ræpidz] *pl* elvestryk *nt*
rare [reə] *adj* sjelden; lettstekt, blodig
rarely ['reəli] *adv* sjelden
rascal ['rɑːskəl] *n* skurk *c*, slyngel *c*
rash [ræʃ] *n* utslett *nt; adj* forhastet, ubesindig
raspberry ['rɑːzbəri] *n* bringebær *nt*
rat [ræt] *n* rotte *c*
rate [reit] *n* tariff *c*, pris *c;* fart *c;* **at any ~** i alle fall, i hvert fall; **~ of exchange** valutakurs *c*
rather ['rɑːðə] *adv* temmelig, ganske, riktig; heller
ration ['ræʃən] *n* rasjon *c*
rattan [ræ'tæn] *n* spanskrør *nt*
raven ['reivən] *n* ravn *c*
raw [rɔː] *adj* rå; **~ material** råmateriale *nt*
ray [rei] *n* stråle *c*
rayon ['reiɔn] *n* kunstsilke *c*
razor ['reizə] *n* barberhøvel *c*
razor-blade ['reizəbleid] *n* barberblad *nt*
reach [riːtʃ] *v* nå; *n* rekkevidde *c*
reaction [ri'ækʃən] *n* reaksjon *c*
*read [riːd] *v* lese
reading ['riːdiŋ] *n* lesning *c*
reading-lamp ['riːdiŋlæmp] *n* leselampe *c*
reading-room ['riːdiŋruːm] *n* lesesal *c*
ready ['redi] *adj* klar, parat; ferdig
ready-made [ˌredi'meid] *adj* konfeksjons-
real [riəl] *adj* virkelig
reality [ri'æləti] *n* virkelighet *c*
realizable ['riəlaizəbəl] *adj* mulig
realize ['riəlaiz] *v* *innse, *ha klart for seg; *virkeliggjøre, realisere

really ['riəli] *adv* virkelig, faktisk; egentlig

rear [riə] *n* bakside *c; v* *oppdra; heve

rear-light [riə'lait] *n* baklykt *c*

reason ['ri:zən] *n* årsak *c*, grunn *c;* fornuft *c*, forstand *c; v* resonnere

reasonable ['ri:zənəbəl] *adj* fornuftig; rimelig

reassure [,ri:ə'ʃuə] *v* berolige

rebate ['ri:beit] *n* fradrag *nt*, rabatt *c*

rebellion [ri'beljən] *n* oppstand *c*, opprør *nt*

recall [ri'kɔ:l] *v* erindre, minnes; tilbakekalle; annullere

receipt [ri'si:t] *n* kvittering *c;* mottakelse *c*

receive [ri'si:v] *v* *få, *motta

receiver [ri'si:və] *n* telefonrør *nt*

recent ['ri:sənt] *adj* ny

recently ['ri:səntli] *adv* forleden, nylig

reception [ri'sepʃən] *n* mottakelse *c;* ~ **office** resepsjon *c*

receptionist [ri'sepʃənist] *n* resepsjonsdame *c*

recession [ri'seʃən] *n* tilbakegang *c*

recipe ['resipi] *n* oppskrift *c*

recital [ri'saitəl] *n* solistkonsert *c*

reckon ['rekən] *v* regne; regne for; tro

recognition [,rekəg'niʃən] *n* anerkjennelse *c;* gjenkjennelse *c*

recognize ['rekəgnaiz] *v* kjenne igjen; anerkjenne

recollect [,rekə'lekt] *v* huske

recommend [,rekə'mend] *v* anbefale; tilråde

recommendation [,rekəmen'deiʃən] *n* anbefaling *c*

reconciliation [,rekənsili'eiʃən] *n* forsoning *c*

record¹ ['rekɔ:d] *n* grammofonplate *c;* rekord *c;* protokoll *c;* **long-play-**

ing ~ LP-plate *c*

record² [ri'kɔ:d] *v* registrere

recorder [ri'kɔ:də] *n* båndopptaker *c*

recording [ri'kɔ:diŋ] *n* opptak *nt*

record-player ['rekɔ:d,pleiə] *n* grammofon *c*, platespiller *c*

recover [ri'kʌvə] *v* *finne igjen; bli frisk, *komme seg

recovery [ri'kʌvəri] *n* helbredelse *c*, bedring *c*

recreation [,rekri'eiʃən] *n* atspredelse *c*, rekreasjon *c;* ~ **centre** rekreasjonssenter *nt;* ~ **ground** lekeplass *c*

recruit [ri'kru:t] *n* rekrutt *c*

rectangle ['rektæŋgəl] *n* rektangel *nt*

rectangular [rek'tæŋgjulə] *adj* rektangulær

rector ['rektə] *n* sogneprest *c*

rectory ['rektəri] *n* prestegård *c*

rectum ['rektəm] *n* endetarm *c*

red [red] *adj* rød; **red tape** papirmølle *c*, byråkrati *nt*

redeem [ri'di:m] *v* frelse

reduce [ri'dju:s] *v* redusere, minske

reduction [ri'dʌkʃən] *n* reduksjon *c*, avslag *nt*

redundant [ri'dʌndənt] *adj* overflødig

reed [ri:d] *n* siv *nt*

reef [ri:f] *n* rev *nt*

reference ['refrəns] *n* referanse *c*, henvisning *c;* forbindelse *c;* **with** ~ **to** vedrørende

refer to [ri'fə:] henvise til

refill ['ri:fil] *n* refill *c*

refinery [ri'fainəri] *n* raffineri *c*

reflect [ri'flekt] *v* reflektere; gjenspeile

reflection [ri'flekʃən] *n* refleks *c;* speilbilde *c*

reflector [ri'flektə] *n* reflektor *c*

reformation [,refə'meiʃən] *n* Reformasjonen

refresh [ri'freʃ] *v* forfriske

refreshment [riˈfreʃmənt] *n* forfriskning *c*

refrigerator [riˈfridʒəreitə] *n* kjøleskap *nt*

refund¹ [ˈriːfʌnd] *v* refundere

refund² [ˈriːfʌnd] *n* tilbakebetaling *c*

refusal [riˈfjuːzəl] *n* avslag *nt*

refuse¹ [riˈfjuːz] *v* *avslå

refuse² [ˈrefjuːs] *n* avfall *nt*

regard [riˈgɑːd] *v* *anse; betrakte; *n* respekt *c*; **as regards** angående, med hensyn til

regarding [riˈgɑːdiŋ] *prep* med hensyn til; angående

regatta [riˈgætə] *n* regatta *c*

régime [reiˈʒiːm] *n* regime *nt*

region [ˈriːdʒən] *n* egn *c*; område *nt*

regional [ˈriːdʒənəl] *adj* regional

register [ˈredʒistə] *v* *innskrive seg; bokføre; **registered letter** rekommandert brev

registration [ˌredʒiˈstreiʃən] *n* registrering *c*; ~ **form** innregistreringsblankett *c*; ~ **number** registreringsnummer *nt*; ~ **plate** nummerskilt *nt*

regret [riˈgret] *v* beklage; *n* beklagelse *c*

regular [ˈregjulə] *adj* regelmessig; normal, vanlig

regulate [ˈregjuleit] *v* regulere

regulation [ˌregjuˈleiʃən] *n* regel *c*, bestemmelse *c*; regulering *c*

rehabilitation [ˌriːhəˌbiliˈteiʃən] *n* rehabilitering *c*

rehearsal [riˈhəːsəl] *n* prøve *c*; øvelse *c*

rehearse [riˈhəːs] *v* prøve; øve

reign [rein] *n* regjeringstid *c*; *v* herske

reimburse [ˌriːimˈbəːs] *v* tilbakebetale

reindeer [ˈreindiə] *n* (pl ~) reinsdyr *nt*

reject [riˈdʒekt] *v* tilbakevise, avvise; forkaste

relate [riˈleit] *v* *fortelle

related [riˈleitid] *adj* beslektet

relation [riˈleiʃən] *n* forhold *nt*, forbindelse *c*; slektning *c*

relative [ˈrelətiv] *n* slektning *c*; *adj* relativ

relax [riˈlæks] *v* slappe av

relaxation [ˌrilækˈseiʃən] *n* avslapning *c*

reliable [riˈlaiəbəl] *adj* pålitelig

relic [ˈrelik] *n* relikvie *c*

relief [riˈliːf] *n* lindring *c*, lettelse *c*; hjelp *c*; relieff *nt*

relieve [riˈliːv] *v* lindre; avløse

religion [riˈlidʒən] *n* religion *c*

religious [riˈlidʒəs] *adj* religiøs

rely on [riˈlai] stole på

remain [riˈmein] *v* *forbli; *bli igjen

remainder [riˈmeində] *n* rest *c*

remaining [riˈmeiniŋ] *adj* resterende

remark [riˈmɑːk] *n* bemerkning *c*; *v* bemerke

remarkable [riˈmɑːkəbəl] *adj* bemerkelsesverdig

remedy [ˈremədi] *n* legemiddel *nt*; botemiddel *nt*

remember [riˈmembə] *v* huske

remembrance [riˈmembrəns] *n* erindring *c*, minne *nt*

remind [riˈmaind] *v* minne

remit [riˈmit] *v* overføre

remittance [riˈmitəns] *n* remisse *c*

remnant [ˈremnənt] *n* rest *c*, levning *c*

remote [riˈmout] *adj* fjern, avsides

removal [riˈmuːvəl] *n* fjerning *c*

remove [riˈmuːv] *v* fjerne

remuneration [riˌmjuːnəˈreiʃən] *n* godtgjørelse *c*

renew [riˈnjuː] *v* fornye

rent [rent] *v* leie; *n* leie *c*

repair [riˈpeə] *v* reparere; *n* reparasjon *c*

reparation [ˌrepəˈreiʃən] *n* reparasjon

c

*repay [ri'pei] v tilbakebetale

repayment [ri'peimənt] n tilbakebetaling c

repeat [ri'pi:t] v *gjenta

repellent [ri'pelənt] adj frastøtende

repentance [ri'pentəns] n anger c

repertory ['repətəri] n repertoar nt

repetition [,repə'tiʃən] n gjentakelse c

replace [ri'pleis] v erstatte

reply [ri'plai] v svare; n svar nt; in ~ som svar

report [ri'pɔ:t] v rapportere; melde; melde seg; n rapport c, melding c

reporter [ri'pɔ:tə] n reporter c

represent [,repri'zent] v representere; forestille

representation [,reprizen'teiʃən] n representasjon c

representative [,repri'zentətiv] adj representativ

reprimand ['reprimɑ:nd] v *irettesette

reproach [ri'proutʃ] n bebreidelse c; v bebreide

reproduce [,ri:prə'dju:s] v reprodusere

reproduction [,ri:prə'dʌkʃən] n reproduksjon c

reptile ['reptail] n krypdyr nt

republic [ri'pʌblik] n republikk c

republican [ri'pʌblikən] adj republikansk

repulsive [ri'pʌlsiv] adj frastøtende

reputation [,repju'teiʃən] n rykte nt; anseelse c

request [ri'kwest] n anmodning c; ansøkning c; v anmode

require [ri'kwaiə] v kreve; behøve

requirement [ri'kwaiəmənt] n krav nt

requisite ['rekwizit] adj påkrevd

rescue ['reskju:] v redde; n redning c

research [ri'sə:tʃ] n forskning c

resemblance [ri'zembləns] n likhet c

resemble [ri'zembəl] v likne

resent [ri'zent] v *ta ille opp

reservation [,rezə'veiʃən] n reservasjon c; forbehold nt

reserve [ri'zə:v] v reservere; bestille; n reserve c

reserved [ri'zə:vd] adj reservert

reservoir ['rezəvwɑ:] n reservoar nt

reside [ri'zaid] v bo

residence ['rezidəns] n bolig c; ~ permit oppholdstillatelse c

resident ['rezidənt] n fastboende c; adj bosatt; stedlig

resign [ri'zain] v *fratre; *gå av

resignation [,rezig'neiʃən] n avskjedsansøkning c, avskjed c

resin ['rezin] n harpiks c

resist [ri'zist] v *gjøre motstand mot

resistance [ri'zistəns] n motstand c

resolute ['rezəlu:t] adj bestemt, besluttsom

respect [ri'spekt] n respekt c; ærbødighet c, aktelse c; v respektere

respectable [ri'spektəbəl] adj respektabel

respectful [ri'spektfəl] adj ærbødig

respective [ri'spektiv] adj respektiv

respiration [,respə'reiʃən] n åndedrett nt

respite ['respait] n henstand c

responsibility [ri,sponsə'biləti] n ansvar nt

responsible [ri'sponsəbəl] adj ansvarlig

rest [rest] n hvile c; rest c; v hvile

restaurant ['restərɔ̃:] n restaurant c

restful ['restfəl] adj beroligende

rest-home ['resthoum] n hvilehjem nt

restless ['restləs] adj urolig; rastløs

restrain [ri'strein] v tøyle

restriction [ri'strikʃən] n innskrenkning c

result [ri'zʌlt] n resultat nt; følge c; v resultere

resume [ri'zju:m] v *gjenoppta

résumé ['rezjumei] n resymé nt

retail ['ri:teil] v *selge i detalj; ~ **trade** detaljhandel c
retailer ['ri:teilə] n detaljist c
retina ['retinə] n netthinne c
retired [ri'taiəd] adj pensjonert
return [ri'tə:n] v vende tilbake, *komme tilbake; n tilbakekomst c; ~ **flight** tilbakeflyvning c; ~ **journey** hjemreise c, tilbakereise c
reunite [ˌri:ju:'nait] v gjenforene
reveal [ri'vi:l] v åpenbare, avsløre
revelation [ˌrevə'leiʃən] n avsløring c
revenge [ri'vendʒ] n hevn c
revenue ['revənju:] n inntekter pl, toll c
reverse [ri'və:s] n motsetning c; bakside c; revers c; motgang c, omslag nt; adj motsatt; v rygge
review [ri'vju:] n anmeldelse c; tidsskrift nt
revise [ri'vaiz] v revidere
revision [ri'viʒən] n revisjon c
revival [ri'vaivəl] n gjenopplivelse c
revolt [ri'voult] v *gjøre opprør; n oppstand c, opprør nt
revolting [ri'voultiŋ] adj motbydelig, frastøtende, opprørende
revolution [ˌrevə'lu:ʃən] n revolusjon c; omdreining c
revolutionary [ˌrevə'lu:ʃənəri] adj revolusjonær
revolver [ri'vɔlvə] n revolver c
revue [ri'vju:] n revy c
reward [ri'wɔ:d] n belønning c; v belønne
rheumatism ['ru:mətizəm] n reumatisme c
rhinoceros [rai'nɔsərəs] n (pl ~, ~es) neshorn nt
rhubarb ['ru:bɑ:b] n rabarbra c
rhyme [raim] n rim nt
rhythm ['riðəm] n rytme c
rib [rib] n ribbein nt
ribbon ['ribən] n bånd nt

rice [rais] n ris c
rich [ritʃ] adj rik
riches ['ritʃiz] pl rikdom c
riddle ['ridəl] n gåte c
ride [raid] n tur c
***ride** [raid] v kjøre; *ride
rider ['raidə] n rytter c
ridge [ridʒ] n høydedrag nt
ridicule ['ridikju:l] v *latterliggjøre
ridiculous [ri'dikjuləs] adj latterlig
riding ['raidiŋ] n ridning c
riding-school ['raidiŋsku:l] n rideskole c
rifle ['raifəl] v gevær nt
right [rait] n rettighet c; adj rett, riktig; høyre; rettferdig; **all right!** bra!; * **be** ~ *ha rett; ~ **of way** forkjørsrett c
righteous ['raitʃəs] adj rettskaffen
right-hand ['raithænd] adj på høyre side, høyre
rightly ['raitli] adv med rette
rim [rim] n felg c; kant c
ring [riŋ] n ring c; krets c; manesje c
***ring** [riŋ] v ringe; ~ **up** ringe opp
rinse [rins] v skylle; n skylling c
riot ['raiət] n oppløp nt
rip [rip] v *rive i stykker
ripe [raip] adj moden
rise [raiz] n pålegg nt, gasjepålegg nt; høyde c; oppstigning c; opprinnelse c
***rise** [raiz] v reise seg; *stå opp; *stige
rising ['raiziŋ] n oppstand c
risk [risk] n risiko c; fare c; v risikere
risky ['riski] adj risikabel, dristig
rival ['raivəl] n rival c; konkurrent c; v rivalisere
rivalry ['raivəlri] n rivalitet c; konkurranse c
river ['rivə] n elv c; ~ **bank** elvebredd c
riverside ['rivəsaid] n elvebredd c

roach [routʃ] n (pl ~) mort c
road [roud] n gate c, vei c; ~ fork
korsvei c; ~ map veikart nt; ~
system veinett nt; ~ up veiarbeid
nt
roadhouse ['roudhaus] n veikro c
roadside ['roudsaid] n veikant c; ~
restaurant vertshus c
roadway ['roudwei] nAm kjørebane c
roam [roum] v streife omkring
roar [rɔ:] v brøle, bruse; n dur c, brøl
nt
roast [roust] v steke, riste; n stek c
rob [rɔb] v rane
robber ['rɔbə] n ransmann c
robbery ['rɔbəri] n plyndring c, ran
nt, tyveri nt
robe [roub] n lang kjole; embets-
drakt c
robin ['rɔbin] n rødstrupe c
robust [rou'bʌst] adj robust
rock [rɔk] n klippe c; v gynge
rocket ['rɔkit] n rakett c
rocky ['rɔki] adj steinet
rod [rɔd] n stang c
roe [rou] n rogn c
roll [roul] v rulle; n rull c; rundstykke
nt
roller-skating ['roulə,skeitiŋ] n rulle-
skøyteløping c
Roman Catholic ['roumən 'kæθəlik] ro-
mersk-katolsk
romance [rə'mæns] n romanse c
romantic [rə'mæntik] adj romantisk
roof [ru:f] n tak nt; thatched ~
halmtak nt
room [ru:m] n rom nt, værelse nt;
plass c; ~ and board kost og losji;
~ service værelsesbetjening c; ~
temperature værelsestemperatur c
roomy ['ru:mi] adj rommelig
root [ru:t] n rot c
rope [roup] n rep nt
rosary ['rouzəri] n rosenkrans c

rose [rouz] n rose c; adj rosa
rotten ['rɔtən] adj råtten
rouge [ru:ʒ] n rouge c
rough [rʌf] adj ru
roulette [ru:'let] n rulett c
round [raund] adj rund; prep om,
omkring; n runde c; ~ trip Am
tur-retur
roundabout ['raundəbaut] n rundkjø-
ring c
rounded ['raundid] adj avrundet
route [ru:t] n rute c
routine [ru:'ti:n] n rutine c
row¹ [rou] n rad c; v ro
row² [rau] n krangel c/nt
rowdy ['raudi] adj ståkende, voldsom
rowing-boat ['rouiŋbout] n robåt c
royal ['rɔiəl] adj kongelig
rub [rʌb] v *gni
rubber ['rʌbə] n gummi c; viskelær
nt; ~ band strikk c
rubbish ['rʌbiʃ] n avfall nt; tull nt,
sludder nt; talk ~ vrøvle
rubbish-bin ['rʌbiʃbin] n søppelbøtte c
ruby ['ru:bi] n rubin c
rucksack ['rʌksæk] n ryggsekk c
rudder ['rʌdə] n ror nt
rude [ru:d] adj uforskammet
rug [rʌg] n rye c
ruin ['ru:in] v *ødelegge; n under-
gang c; ruins ruin c
ruination [,ru:i'neiʃən] n ødeleggelse c
rule [ru:l] n regel c; styre nt, makt c,
regjering c; v regjere, herske; as a
~ som regel, vanligvis
ruler ['ru:lə] n regent c, monark c;
linjal c
Rumania [ru:'meiniə] Romania
Rumanian [ru:'meiniən] adj rumensk;
n rumener c
rumour ['ru:mə] n rykte nt
*run [rʌn] v *løpe; *renne; ~ into
støte på
runaway ['rʌnəwei] n rømling c

rung [rʌn] v (pp ring)
runway ['rʌnwei] n startbane c
rural ['ruərəl] adj landlig
ruse [ru:z] n list c
rush [rʌʃ] v styrte; n siv nt
rush-hour ['rʌʃauə] n rushtid c
Russia ['rʌʃə] Russland
Russian ['rʌʃən] adj russisk; n russer c
rust [rʌst] n rust c
rustic ['rʌstik] adj landsens
rusty ['rʌsti] adj rusten

S

saccharin ['sækərin] n sakkarin c/nt
sack [sæk] n sekk c
sacred ['seikrid] adj hellig
sacrifice ['sækrifais] n offer nt; v ofre
sacrilege ['sækrilidʒ] n helligbrøde c
sad [sæd] adj bedrøvet; vemodig, bedrøvelig, trist
saddle ['sædəl] n sal c
sadness ['sædnəs] n vemod nt
safe [seif] adj sikker; n safe c, pengeskap nt
safety ['seifti] n sikkerhet c
safety-belt ['seiftibelt] n sikkerhetsbelte nt
safety-pin ['seiftipin] n sikkerhetsnål c
safety-razor ['seifti,reizə] n barberhøvel c
sail [seil] v seile; n seil nt
sailing-boat ['seilinbout] n seilbåt c
sailor ['seilə] n sjømann c
saint [seint] n helgen c
salad ['sæləd] n salat c
salad-oil ['sælədɔil] n matolje c
salary ['sæləri] n gasje c, lønn c
sale [seil] n salg nt; clearance ~ opphørssalg nt; for ~ til salgs;

sales utsalg nt; **sales tax** omsetningsskatt c
saleable ['seiləbəl] adj salgbar
salesgirl ['seilzgə:l] n ekspeditrise c
salesman ['seilzmən] n (pl -men) ekspeditør c; selger c
salmon ['sæmən] n (pl ~) laks c
salon ['sælɔ:] n salong c
saloon [sə'lu:n] n bar c
salt [sɔ:lt] n salt nt
salt-cellar ['sɔ:lt,selə] n saltkar nt
salty ['sɔ:lti] adj salt
salute [sə'lu:t] v hilse
salve [sɑ:v] n salve c
same [seim] adj samme
sample ['sɑ:mpəl] n vareprøve c
sanatorium [,sænə'tɔ:riəm] n (pl ~s, -ria) sanatorium nt
sand [sænd] n sand c
sandal ['sændəl] n sandal c
sandpaper ['sænd,peipə] n sandpapir nt
sandy ['sændi] adj sandet
sanitary ['sænitəri] adj sanitær; ~ towel sanitetsbind nt
sapphire ['sæfaiə] n safir c
sardine [sɑ:'di:n] n sardin c
satchel ['sætʃəl] n ransel c
satellite ['sætəlait] n satellitt c
satin ['sætin] n sateng c
satisfaction [,sætis'fækʃən] n tilfredsstillelse c, tilfredshet c
satisfy ['sætisfai] v tilfredsstille; **satisfied** tilfreds, tilfredsstilt
Saturday ['sætədi] n lørdag c
sauce [sɔ:s] n saus c
saucepan ['sɔ:spən] n kasserolle c
saucer ['sɔ:sə] n skål c
Saudi Arabia [,saudiə'reibiə] Saudi-Arabia
Saudi Arabian [,saudiə'reibiən] adj saudiarabisk
sauna ['sɔ:nə] n badstue c
sausage ['sɔsidʒ] n pølse c

savage ['sævidʒ] *adj* vill

save [seiv] *v* redde; spare

savings ['seiviŋz] *pl* sparepenger *pl*; ~ bank sparebank *c*

saviour ['seivjə] *n* redningsmann *c*; frelser *c*

savoury ['seivəri] *adj* velsmakende; pikant

saw¹ [sɔ:] *v* (p see)

saw² [sɔ:] *n* sag *c*

sawdust ['sɔ:dʌst] *n* sagflis *c*

saw-mill ['sɔ:mil] *n* sagbruk *nt*

*say [sei] *v* *si

scaffolding ['skæfəldiŋ] *n* stillas *nt*

scale [skeil] *n* målestokk *c*; skala *c*; skjell *nt*; scales *pl* vekt *c*

scandal ['skændəl] *n* skandale *c*

Scandinavia [ˌskændi'neiviə] Skandinavia

Scandinavian [ˌskændi'neiviən] *adj* skandinavisk; *n* skandinav *c*

scapegoat ['skeipgout] *n* syndebukk *c*

scar [ska:] *n* arr *nt*

scarce [skɛəs] *adj* knapp

scarcely ['skɛəsli] *adv* knapt

scarcity ['skɛəsəti] *n* knapphet *c*

scare [skɛə] *v* skremme; *n* panikk *c*

scarf [ska:f] *n* (pl ~s, scarves) skjerf *nt*

scarlet ['ska:lət] *adj* skarlagenrød

scary ['skɛəri] *adj* foruroligende; nifs

scatter ['skætə] *v* spre

scene [si:n] *n* scene *c*

scenery ['si:nəri] *n* landskap *nt*

scenic ['si:nik] *adj* naturskjønn

scent [sent] *n* duft *c*

schedule ['ʃedju:l] *n* ruteplan *c*, timeplan *c*

scheme [ski:m] *n* skjema *nt*; plan *c*

scholar ['skɔlə] *n* vitenskapsmann *c*; student *c*, elev *c*

scholarship ['skɔləʃip] *n* stipend *nt*

school [sku:l] *n* skole *c*

schoolboy ['sku:lbɔi] *n* skolegutt *c*

schoolgirl ['sku:lgə:l] *n* skolepike *c*

schoolmaster ['sku:lˌma:stə] *n* lærer *c*

schoolteacher ['sku:lˌti:tʃə] *n* lærer *c*

science ['saiəns] *n* (natur)vitenskap *c*

scientific [ˌsaiən'tifik] *adj* vitenskapelig

scientist ['saiəntist] *n* vitenskapsmann *c*

scissors ['sizəz] *pl* saks *c*

scold [skould] *v* skjenne på; skjelle

scooter ['sku:tə] *n* scooter *c*; sparksykkel *c*

score [skɔ:] *n* poengsum *c*; *v* markere

scorn [skɔ:n] *n* hån *c*, forakt *c*; *v* forakte

Scot [skɔt] *n* skotte *c*

Scotch [skɔtʃ] *adj* skotsk

Scotland ['skɔtlənd] Skottland

Scottish ['skɔtiʃ] *adj* skotsk

scout [skaut] *n* guttespeider *c*

scrap [skræp] *n* bit *c*

scrap-book ['skræpbuk] *n* utklippsbok *c*

scrape [skreip] *v* skrape

scrap-iron ['skræpaiən] *n* skrapjern *nt*

scratch [skrætʃ] *v* skrape, rispe; *n* risp *nt*, skramme *c*

scream [skri:m] *v* *skrike, hyle; *n* hyl *nt*, skrik *nt*

screen [skri:n] *n* skjermbrett *nt*; skjerm *c*, filmlerret *nt*

screw [skru:] *n* skrue *c*; *v* skru

screw-driver ['skru:ˌdraivə] *n* skrujern *nt*

scrub [skrʌb] *v* skrubbe; *n* kratt *nt*

sculptor ['skʌlptə] *n* billedhogger *c*

sculpture ['skʌlptʃə] *n* skulptur *c*

sea [si:] *n* sjø *c*

sea-bird ['si:bə:d] *n* sjøfugl *c*

sea-coast ['si:koust] *n* kyst *c*

seagull ['si:gʌl] *n* havmåke *c*

seal [si:l] *n* segl *nt*; sel *c*, kobbe *c*

seam [si:m] *n* søm *c*

seaman ['si:mən] *n* (pl -men) sjømann c

seamless ['si:mləs] adj uten søm

seaport ['si:pɔ:t] n havneby c

search [sə:tʃ] v lete etter; ransake; n leting c

searchlight ['sə:tʃlait] n lyskaster c

seascape ['si:skeip] n sjøbilde nt

sea-shell ['si:ʃel] n skjell nt

seashore ['si:ʃɔ:] n strand c

seasick ['si:sik] adj sjøsyk

seasickness ['si:ˌsiknəs] n sjøsyke c

seaside ['si:said] n kyst c; ~ **resort** badested nt

season ['si:zən] n sesong c, årstid c; **high** ~ høysesong c; **low** ~ lavsesong c; **off** ~ utenfor sesongen

season-ticket ['si:zənˌtikit] n sesongkort nt

seat [si:t] n sete nt; plass c, sitteplass c

seat-belt ['si:tbelt] n sikkerhetsbelte nt

sea-urchin ['si:ˌə:tʃin] n sjøpinnsvin nt

sea-water ['si:ˌwɔ:tə] n sjøvann nt

second ['sekənd] num annen; n sekund nt; øyeblikk nt

secondary ['sekəndəri] adj sekundær, underordnet; ~ **school** høyere skole

second-hand [ˌsekənd'hænd] adj brukt

secret ['si:krət] n hemmelighet c; adj hemmelig

secretary ['sekrətri] n sekretær c

section ['sekʃən] n seksjon c, avdeling c

secure [si'kjuə] adj sikker; v sikre seg

security [si'kjuərəti] n sikkerhet c; kausjon c

sedate [si'deit] adj sindig

sedative ['sedətiv] n beroligende middel

seduce [si'dju:s] v forføre

*****see** [si:] v *se; *innse, *begripe, *forstå; ~ **to** sørge for

seed [si:d] n frø nt

*****seek** [si:k] v søke

seem [si:m] v *late til, synes

seen [si:n] v (pp see)

seesaw ['si:sɔ:] n vippe c

seize [si:z] v *gripe

seldom ['seldəm] adv sjelden

select [si'lekt] v *utvelge, *velge ut; adj utsøkt, utvalgt

selection [si'lekʃən] n utvalg nt

self-centred [ˌself'sentəd] adj selvopptatt

self-employed [ˌselfim'plɔid] adj selvstendig næringsdrivende

self-evident [ˌsel'fevidənt] adj opplagt

self-government [ˌself'gʌvəmənt] n selvstyre nt

selfish ['selfiʃ] adj selvisk

selfishness ['selfiʃnəs] n egoisme c

self-service [ˌself'sə:vis] n selvbetjening c; ~ **restaurant** kafeteria c

*****sell** [sel] v *selge

semblance ['sembləns] n utseende nt; likhet c

semi- ['semi] halv-

semicircle ['semiˌsə:kəl] n halvsirkel c

semi-colon [ˌsemi'koulən] n semikolon nt

senate ['senət] n senat nt

senator ['senətə] n senator c

*****send** [send] v sende; ~ **back** sende tilbake, returnere; ~ **for** sende bud etter; ~ **off** sende av sted

senile ['si:nail] adj senil

sensation [sen'seiʃən] n sensasjon c; fornemmelse c, følelse c

sensational [sen'seiʃənəl] adj sensasjonell, oppsiktsvekkende

sense [sens] n sans c; fornuft c; mening c, betydning c; v merke; ~ **of honour** æresfølelse c

senseless ['sensləs] adj meningsløs

sensible ['sensəbəl] adj fornuftig

sensitive ['sensitiv] adj følsom

sentence ['sentəns] *n* setning *c*; dom *c*; *v* dømme

sentimental [,senti'mentəl] *adj* sentimental

separate[1] ['sepəreit] *v* skille, separere

separate[2] ['sepərət] *adj* særskilt, atskilt

separately ['sepərətli] *adv* separat

September [sep'tembə] september

septic ['septik] *adj* septisk; *become ~ *gå betennelse i

sequel ['si:kwəl] *n* fortsettelse *c*

sequence ['si:kwəns] *n* rekkefølge *c*; serie *c*

serene [sə'ri:n] *adj* rolig; klar

serial ['siəriəl] *n* føljetong *c*

series ['siəri:z] *n* (pl ~) serie *c*

serious ['siəriəs] *adj* seriøs, alvorlig

seriousness ['siəriəsnəs] *n* alvor *nt*

sermon ['sə:mən] *n* preken *c*

serum ['siərəm] *n* serum *nt*

servant ['sə:vənt] *n* tjener *c*

serve [sə:v] *v* servere

service ['sə:vis] *n* tjeneste *c*; betjening *c*; ~ charge serveringsavgift *c*; ~ station bensinstasjon *c*

serviette [,sə:vi'et] *n* serviett *c*

session ['seʃən] *n* sesjon *c*

set [set] *n* klikk *c*, sett *nt*

*set [set] *v* *sette; ~ menu fast meny; ~ out *dra av sted

setting ['setin] *n* omgivelser *pl*; ~ lotion leggevann *nt*

settle ['setəl] *v* ordne, avslutte; ~ down *slå seg ned

settlement ['setəlmənt] *n* ordning *c*, overenskomst *c*

seven ['sevən] *num* syv

seventeen [,sevən'ti:n] *num* sytten

seventeenth [,sevən'ti:nθ] *num* syttende

seventh ['sevənθ] *num* syvende

seventy ['sevənti] *num* sytti

several ['sevərəl] *adj* atskillige, flere

severe [si'viə] *adj* heftig, streng

*sew [sou] *v* sy; ~ up sy sammen

sewer ['su:ə] *n* kloakk *c*

sewing-machine ['souinməˌʃi:n] *n* symaskin *c*

sex [seks] *n* kjønn *nt*; sex *c*

sexton ['sekstən] *n* kirketjener *c*

sexual ['sekʃuəl] *adj* seksuell

sexuality [,sekʃu'æləti] *n* seksualitet *c*

shade [ʃeid] *n* skygge *c*; nyanse *c*

shadow ['ʃædou] *n* skygge *c*

shady ['ʃeidi] *adj* skyggefull

*shake [ʃeik] *v* riste, ryste

shaky ['ʃeiki] *adj* vaklende

*shall [ʃæl] *v* *skal

shallow ['ʃælou] *adj* grunn

shame [ʃeim] *n* skam *c*; shame! fy!

shampoo [ʃæm'pu:] *n* sjampo *c*

shamrock ['ʃæmrɔk] *n* trekløver *c*

shape [ʃeip] *n* form *c*; *v* forme

share [ʃeə] *v* dele; *n* del *c*; aksje *c*

shark [ʃɑ:k] *n* hai *c*

sharp [ʃɑ:p] *adj* spiss

sharpen ['ʃɑ:pən] *v* spisse

shave [ʃeiv] *v* barbere seg

shaver ['ʃeivə] *n* barbermaskin *c*

shaving-brush ['ʃeivinbrʌʃ] *n* barberkost *c*

shaving-cream ['ʃeivinkri:m] *n* barberkrem *c*

shaving-soap ['ʃeivinsoup] *n* barbersåpe *c*

shawl [ʃɔ:l] *n* sjal *nt*

she [ʃi:] *pron* hun

shed [ʃed] *n* skur *nt*

*shed [ʃed] *v* *utgyte; spre

sheep [ʃi:p] *n* (pl ~) sau *c*

sheer [ʃiə] *adj* pur, absolutt; skjær, gjennomsiktig, tynn

sheet [ʃi:t] *n* laken *nt*; ark *nt*; plate *c*

shelf [ʃelf] *n* (pl shelves) hylle *c*

shell [ʃel] *n* skjell *nt*; skall *nt*

shellfish ['ʃelfiʃ] *n* skalldyr *nt*

shelter ['ʃeltə] *n* ly *nt*, tilfluktssted

nt; v *gi ly

shepherd ['ʃepəd] n gjeter c

shift [ʃift] n skift nt

***shine** [ʃain] v skinne; glinse, stråle

ship [ʃip] n skip nt; v skipe; **shipping line** skipsfartslinje c

shipowner ['ʃi‚pounə] n skipsreder c

shipyard ['ʃipjɑ:d] n skipsverft nt

shirt [ʃə:t] n skjorte c

shiver ['ʃivə] v *skjelve, hutre; n skjelven c

shivery ['ʃivəri] adj hutrende

shock [ʃɔk] n sjokk nt; v sjokkere; ~ **absorber** støtdemper c

shocking ['ʃɔkiŋ] adj sjokkerende

shoe [ʃu:] n sko c; **gym shoes** turnsko pl; ~ **polish** skokrem c

shoe-lace ['ʃu:leis] n skolisse c

shoemaker ['ʃu:‚meikə] n skomaker c

shoe-shop ['ʃu:ʃɔp] n skotøyforretning c

shook [ʃuk] v (p shake)

***shoot** [ʃu:t] v *skyte

shop [ʃɔp] n forretning c; v handle; ~ **assistant** ekspeditør c; **shopping bag** handlebag c; **shopping centre** forretningssenter nt

shopkeeper ['ʃɔp‚ki:pə] n kjøpmann c

shop-window [ʃɔp'windou] n utstillingsvindu nt

shore [ʃɔ:] n bredd c, kyst c

short [ʃɔ:t] adj kort; liten; ~ **circuit** kortslutning c

shortage ['ʃɔ:tidʒ] n knapphet c, mangel c

shortcoming ['ʃɔ:t‚kʌmiŋ] n mangel c; lyte c

shorten ['ʃɔ:tən] v forkorte

shorthand ['ʃɔ:hænd] n stenografi c

shortly ['ʃɔ:tli] adv snart, i nær fremtid

shorts [ʃɔ:ts] pl shorts c; underbukse c

short-sighted [ʃɔ:t'saitid] adj nærsynt

shot [ʃɔt] n skudd nt; sprøyte c; scene c

***should** [ʃud] v *skulle

shoulder ['ʃouldə] n skulder c

shout [ʃaut] v *skrike, rope; n rop nt

shovel ['ʃʌvəl] n skuffe c

show [ʃou] n oppførelse c, forestilling c; utstilling c

***show** [ʃou] v vise; utstille, vise frem; bevise

show-case ['ʃoukeis] n monter c

shower [ʃauə] n dusj c; regnskur c, skur c

showroom ['ʃouru:m] n utstillingslokale nt

shriek [ʃri:k] v *skrike; n hvin nt

shrimp [ʃrimp] n reke c

shrine [ʃrain] n helgenskrin nt, helligdom c

***shrink** [ʃriŋk] v krympe

shrinkproof ['ʃriŋkpru:f] adj krympefri

shrub [ʃrʌb] n busk c

shudder ['ʃʌdə] n gys nt

shuffle ['ʃʌfəl] v stokke

***shut** [ʃʌt] v lukke; **shut** stengt, lukket; ~ **in** stenge inne

shutter ['ʃʌtə] n vinduslem c, skodde c

shy [ʃai] adj sjenert, sky

shyness ['ʃainəs] n skyhet c

Siam [sai'æm] Siam

Siamese [‚saiə'mi:z] adj siamesisk; n siameser c

sick [sik] adj syk; kvalm

sickness ['siknəs] n sykdom c; kvalme c

side [said] n side c; parti nt; **one-sided** adj ensidig

sideburns ['saidbə:nz] pl kinnskjegg nt

sidelight ['saidlait] n sidelys nt

side-street ['saidstri:t] n sidegate c

sidewalk ['saidwɔ:k] nAm fortau nt

sideways ['saidweiz] adv til siden

siege [si:dʒ] n beleiring c

sieve [siv] n sil c; v sikte, sile

sight [sait] n syne nt; skue nt, syn; severdighet c

sign [sain] n tegn nt; vink nt, gest c; v undertegne

signal ['signəl] n signal nt; tegn nt; v signalisere

signature ['signətʃə] n signatur c

significant [sig'nifikənt] adj betydningsfull

signpost ['sainpoust] n veiviser c

silence ['sailəns] n stillhet c; v få til å tie

silencer ['sailənsə] n lydpotte c

silent ['sailənt] adj stille, taus; *be ~ tie

silk [silk] n silke c

silken ['silkən] adj silke-

silly ['sili] adj dum, tåpelig

silver ['silvə] n sølv nt; sølv-

silversmith ['silvəsmiθ] n sølvsmed c

silverware ['silvəweə] n sølvtøy nt

similar ['similə] adj liknende

similarity [,simi'lærəti] n likhet c

simple ['simpəl] adj likefrem, enkel; vanlig

simply ['simpli] adv simpelthen

simulate ['simjuleit] v etterligne

simultaneous [,siməl'teiniəs] adj samtidig

sin [sin] n synd c

since [sins] prep siden; adv siden; conj siden; fordi

sincere [sin'siə] adj oppriktig

sinew ['sinju:] n sene c

*sing [siŋ] v *synge

singer ['siŋə] n sanger c; sangerinne c

single ['siŋgəl] adj enkel; ugift; ~ room enkeltrom nt

singular ['siŋgjulə] n entall nt; adj enestående

sinister ['sinistə] adj illevarslende

sink [siŋk] n vask c

*sink [siŋk] v *synke

sip [sip] n slurk c

siphon ['saifən] n sifong c

sir [sə:] min herre

siren ['saiərən] n sirene c

sister ['sistə] n søster c

sister-in-law ['sistərinlɔ:] n (pl sisters-) svigerinne c

*sit [sit] v *sitte; ~ down *sette seg

site [sait] n sted nt; beliggenhet c

sitting-room ['sitiŋru:m] n stue c

situated ['sitʃueitid] adj beliggende

situation [,sitʃu'eiʃən] n situasjon c; stilling c

six [siks] num seks

sixteen [,siks'ti:n] num seksten

sixteenth [,siks'ti:nθ] num sekstende

sixth [siksθ] num sjette

sixty ['siksti] num seksti

size [saiz] n størrelse c, dimensjon c; format nt

skate [skeit] v *gå på skøyter; n skøyte c

skating ['skeitiŋ] n skøyteløping c

skating-rink ['skeitiŋriŋk] n skøytebane c

skeleton ['skelitən] n skjelett nt

sketch [sketʃ] n skisse c, utkast nt; v tegne, skissere

sketch-book ['sketʃbuk] n skissebok c

ski¹ [ski:] v *gå på ski

ski² [ski:] n (pl ~, ~s) ski c; ~ boots skistøvler pl; ~ pants skibukse c; ~ poles Am skistaver pl; ~ sticks skistaver pl

skid [skid] v *gli

skier ['ski:ə] n skiløper c

skiing ['ski:iŋ] n skiløping c

ski-jump ['ski:dʒʌmp] n skihopp nt; hoppbakke c

skilful ['skilfəl] adj kyndig, flink, dyktig

ski-lift ['ski:lift] *n* skiheis *c*

skill [skil] *n* dyktighet *c*

skilled [skild] *adj* kyndig, dreven; faglært

skin [skin] *n* hud *c*, skinn *nt;* skall *nt;* ~ **cream** hudkrem *c*

skip [skip] *v* hoppe; hoppe over

skirt [skə:t] *n* skjørt *nt*

skull [skʌl] *n* skalle *c*

sky [skai] *n* himmel *c;* luft *c*

skyscraper ['skai,skreipə] *n* skyskraper *c*

slack [slæk] *adj* treg; slapp

slacks [slæks] *pl* benklær *pl*

slam [slæm] *v* *slå igjen

slander ['sla:ndə] *n* bakvaskelse *c*

slant [sla:nt] *v* skråne

slanting ['sla:ntiŋ] *adj* skjev, skrånende, skrå

slap [slæp] *v* fike; *n* fik *c*

slate [sleit] *n* skifer *c*

slave [sleiv] *n* slave *c*

sledge [sledʒ] *n* slede *c*, kjelke *c*

sleep [sli:p] *n* søvn *c*

***sleep** [sli:p] *v* *sove

sleeping-bag ['sli:piŋbæg] *n* sovepose *c*

sleeping-car ['sli:piŋka:] *n* sovevogn *c*

sleeping-pill ['sli:piŋpil] *n* sovepille *c*

sleepless ['sli:pləs] *adj* søvnløs

sleepy ['sli:pi] *adj* søvnig

sleet [sli:t] *n* sludd *nt*

sleeve [sli:v] *n* erme *nt;* omslag *nt*

sleigh [slei] *n* kjelke *c*, slede *c*

slender ['slendə] *adj* slank

slice [slais] *n* skive *c*

slide [slaid] *n* glidning *c;* rutsjebane *c;* lysbilde *nt*

***slide** [slaid] *v* *gli

slight [slait] *adj* ubetydelig; svak

slim [slim] *adj* slank; *v* slanke seg

slip [slip] *v* *gli, skli; *smette; *n* feiltrinn *nt;* underkjole *c*

slipper ['slipə] *n* tøffel *c*

slippery ['slipəri] *adj* glatt, sleip

slogan ['slougən] *n* slagord *nt*, valgspråk *nt*

slope [sloup] *n* skråning *c; v* helle

sloping ['sloupiŋ] *adj* skrånende

sloppy ['slɔpi] *adj* slurvet

slot [slɔt] *n* myntsprekk *c;* åpning *c*

slot-machine ['slɔt,məʃi:n] *n* automat *c*

slovenly ['slʌvənli] *adj* sjusket

slow [slou] *adj* tungnem, langsom, sakte; ~ **down** *sette ned farten, saktne farten; bremse

sluice [slu:s] *n* sluse *c*

slum [slʌm] *n* slum *c*

slump [slʌmp] *n* prisfall *nt*

slush [slʌʃ] *n* snøslaps *nt*

sly [slai] *adj* slu

smack [smæk] *v* smekke; *n* dask *c*

small [smɔ:l] *adj* liten; ringe

smallpox ['smɔ:lpɔks] *n* kopper *pl*

smart [sma:t] *adj* fiks; smart, flink

smell [smel] *n* lukt *c*

***smell** [smel] *v* lukte; *stinke

smelly ['smeli] *adj* illeluktende

smile [smail] *v* smile; *n* smil *nt*

smith [smiθ] *n* smed *c*

smoke [smouk] *v* røyke; *n* røyk *c;* **no smoking** røyking forbudt

smoker ['smoukə] *n* røyker *c;* røykekupé *c*

smoking-compartment ['smoukiŋkəm,pa:tmənt] *n* røykekupé *c*

smoking-room ['smoukiŋru:m] *n* røykerom *nt*

smooth [smu:ð] *adj* jevn, smul, glatt; myk

smuggle ['smʌgəl] *v* smugle

snack [snæk] *n* matbit *c*

snack-bar ['snækba:] *n* snackbar *c*

snail [sneil] *n* snegl *c*

snake [sneik] *n* slange *c*

snapshot ['snæpʃɔt] *n* øyeblikksfotografi *nt*, snapshot *nt* sneakers ['sni:kəz] *plAm* turnsko *pl*

sneeze [sni:z] *v* *nyse

sniper ['snaipə] *n* snikskytter *c*

snooty ['snu:ti] *adj* hoven

snore [snɔ:] *v* snorke

snorkel ['snɔ:kəl] *n* snorkel *c*

snout [snaut] *n* snute *c*

snow [snou] *n* snø *c; v* snø

snowstorm ['snoustɔ:m] *n* snøstorm *c*

snowy ['snoui] *adj* snødekket

so [sou] *conj* så; *adv* slik; så, i den grad; **and** ~ **on** og så videre; ~ **far** hittil; ~ **that** så, slik at

soak [souk] *v* gjennombløte, bløte

soap [soup] *n* såpe *c;* ~ **powder** såpepulver *nt*

sober ['soubə] *adj* edru; nøktern

so-called [ˌsou'kɔ:ld] *adj* såkalt

soccer ['sɔkə] *n* fotball *c;* ~ **team** fotball-lag *nt*

social ['souʃəl] *adj* samfunns-, sosial

socialism ['souʃəlizəm] *n* sosialisme *c*

socialist ['souʃəlist] *adj* sosialistisk; *n* sosialist *c*

society [sə'saiəti] *n* samfunn *nt;* selskap *nt,* forening *c*

sock [sɔk] *n* sokk *c*

socket ['sɔkit] *n* pæreholder *c;* stikkontakt *c*

soda-water ['soudəˌwɔ:tə] *n* selters *c,* sodavann *nt*

sofa ['soufə] *n* sofa *c*

soft [sɔft] *adj* myk; ~ **drink** alkoholfri drikk

soften ['sɔfən] *v* *bløtgjøre

soil [sɔil] *n* jord *c;* jordbunn *c,* jordsmonn *nt*

soiled [sɔild] *adj* skitten

sold [sould] *v* (p, pp sell) ; ~ **out** utsolgt

solder ['sɔldə] *v* lodde

soldering-iron ['sɔldəriŋaiən] *n* loddebolt *c*

soldier ['souldʒə] *n* soldat *c*

sole¹ [soul] *adj* eneste

sole² [soul] *n* såle *c;* flyndre *c*

solely ['soulli] *adv* utelukkende

solemn ['sɔləm] *adj* høytidelig

solicitor [sə'lisitə] *n* sakfører *c,* advokat *c*

solid ['sɔlid] *adj* solid; massiv; *n* fast stoff

soluble ['sɔljubəl] *adj* oppløselig

solution [sə'lu:ʃən] *n* løsning *c;* oppløsning *c*

solve [sɔlv] *v* løse

sombre ['sɔmbə] *adj* dyster

some [sʌm] *adj* noen; *pron* visse, enkelte; litt; ~ **day** en gang; ~ **more** litt mer; ~ **time** en gang

somebody ['sʌmbədi] *pron* noen

somehow ['sʌmhau] *adv* på en eller annen måte

someone ['sʌmwʌn] *pron* noen

something ['sʌmθiŋ] *pron* noe

sometimes ['sʌmtaimz] *adv* av og til

somewhat ['sʌmwɔt] *adv* nokså

somewhere ['sʌmweə] *adv* etsteds

son [sʌn] *n* sønn *c*

song [sɔŋ] *n* sang *c*

son-in-law ['sʌninlɔ:] *n* (pl sons-) svigersønn *c*

soon [su:n] *adv* fort, snart; **as** ~ **as** så snart som

sooner ['su:nə] *adv* heller

sore [sɔ:] *adj* sår, øm; *n* ømt sted; sår *nt;* ~ **throat** halssyke *c*

sorrow ['sɔrou] *n* sorg *c*

sorry ['sɔri] *adj* lei for; **sorry!** unnskyld!, beklager!

sort [sɔ:t] *v* ordne, sortere; *n* sort *c,* slags *c/nt;* **all sorts of** alle slags

soul [soul] *n* sjel *c*

sound [saund] *n* klang *c,* lyd *c; v* *lyde; *adj* sunn; pålitelig

soundproof ['saundpru:f] *adj* lydtett

soup [su:p] *n* suppe *c*

soup-plate ['su:ppleit] *n* suppetaller-

ken c
soup-spoon [ˈsuːpspuːn] n suppeskje c
sour [sauə] adj sur
source [sɔːs] n kilde c
south [sauθ] n syd c, sør c; **South Pole** Sydpolen
South Africa [sauθ ˈæfrikə] Sør-Afrika
south-east [ˌsauθˈiːst] n sørøst c
southerly [ˈsʌðəli] adj sørlig
southern [ˈsʌðən] adj sørlig
south-west [ˌsauθˈwest] n sørvest c
souvenir [ˈsuːvəniə] n suvenir c
sovereign [ˈsɔvrin] n hersker c
Soviet [ˈsouviət] adj sovjetisk; ~ **Union** Sovjetunionen
*** sow** [sou] v så
spa [spɑː] n kursted nt
space [speis] n rom nt; verdensrom nt; avstand c, mellomrom nt; v ordne med mellomrom
spacious [ˈspeiʃəs] adj rommelig
spade [speid] n spade c
Spain [spein] Spania
Spaniard [ˈspænjəd] n spanjol c, spanier c
Spanish [ˈspæniʃ] adj spansk
spanking [ˈspæŋkiŋ] n juling c; ris nt
spanner [ˈspænə] n skiftenøkkel c
spare [speə] adj reserve-, ekstra; v *unnvære; ~ **part** reservedel c; ~ **room** gjesteværelse nt; ~ **time** fritid c; ~ **tyre** reservedekk nt; ~ **wheel** reservehjul nt
spark [spɑːk] n gnist c
sparking-plug [ˈspɑːkiŋplʌg] n tennplugg c
sparkling [ˈspɑːkliŋ] adj funklende; musserende
sparrow [ˈspærou] n spurv c
*** speak** [spiːk] v snakke
spear [spiə] n spyd nt
special [ˈspeʃəl] adj spesiell; ~ **delivery** ekspress

specialist [ˈspeʃəlist] n spesialist c
speciality [ˌspeʃiˈæləti] n spesialitet c
specialize [ˈspeʃəlaiz] v spesialisere seg
specially [ˈspeʃəli] adv i særdeleshet
species [ˈspiːʃiːz] n (pl ~) art c
specific [spəˈsifik] adj spesifikk
specimen [ˈspesimən] n prøve c, eksemplar nt
speck [spek] n flekk c
spectacle [ˈspektəkəl] n skue nt, syn nt; **spectacles** briller pl
spectator [spekˈteitə] n tilskuer c
speculate [ˈspekjuleit] v spekulere
speech [spiːtʃ] n taleevne c; tale c
speechless [ˈspiːtʃləs] adj målløs
speed [spiːd] n hastighet c; fart c, raskhet c; **cruising** ~ marsjfart c; ~ **limit** fartsgrense c
*** speed** [spiːd] v kjøre fort; kjøre for fort
speeding [ˈspiːdiŋ] n råkjøring c
speedometer [spiːˈdɔmitə] n fartsmåler c
spell [spel] n fortryllelse c
*** spell** [spel] v stave
spelling [ˈspeliŋ] n stavemåte c
*** spend** [spend] v bruke, spandere; *tilbringe
sphere [sfiə] n kule c; område nt
spice [spais] n krydder nt; **spices** krydderier pl
spiced [spaist] adj krydret
spicy [ˈspaisi] adj krydret
spider [ˈspaidə] n edderkopp c; **spider's web** spindelvev c
*** spill** [spil] v søle
*** spin** [spin] v *spinne; snurre
spinach [ˈspinidʒ] n spinat c
spine [spain] n ryggrad c
spinster [ˈspinstə] n gammel jomfru c
spire [spaiə] n spir nt
spirit [ˈspirit] n ånd c; spøkelse nt; humør nt; **spirits** spirituosa pl,

alkoholholdige drikker; humør *nt;*
~ **stove** spritapparat *nt*

spiritual ['spiritʃuəl] *adj* åndelig

spit [spit] *n* spytt *nt;* spidd *nt*

•**spit** [spit] *v* spytte

in spite of [in spait ɔv] tross, til tross
for

spiteful ['spaitfəl] *adj* ondskapsfull

splash [splæʃ] *v* skvette

splendid ['splendid] *adj* praktfull,
glimrende

splendour ['splendə] *n* prakt *c*

splint [splint] *n* beinskinne *c*

splinter ['splintə] *n* splint *c*

•**split** [split] *v* kløyve

•**spoil** [spɔil] *v* *ødelegge; skjemme
bort

spoke[1] [spouk] *v* (p speak)

spoke[2] [spouk] *n* eike *c*

sponge [spʌndʒ] *n* svamp *c*

spook [spu:k] *n* spøkelse *nt*

spool [spu:l] *n* spole *c*

spoon [spu:n] *n* skje *c*

spoonful ['spu:nful] *n* skjefull *c*

sport [spɔ:t] *n* sport *c*

sports-car ['spɔ:tska:] *n* sportsbil *c*

sports-jacket ['spɔ:tsˌdʒækit] *n* sports-
jakke *c*

sportsman ['spɔ:tsmən] *n* (pl -men)
idrettsmann *c*

sportswear ['spɔ:tswɛə] *n* sportsklær
pl

spot [spɔt] *n* flekk *c;* sted *nt*

spotless ['spɔtləs] *adj* plettfri

spotlight ['spɔtlait] *n* prosjektør *c*

spotted ['spɔtid] *adj* flekket

spout [spaut] *n* tut *c*

sprain [sprein] *v* forstue; *n* forstuing *c*

•**spread** [spred] *v* spre

spring [spriŋ] *n* vår *c;* fjær *c;* kilde *c*

springtime ['spriŋtaim] *n* vår *c*

sprouts [sprauts] *pl* rosenkål *c*

spy [spai] *n* spion *c*

squadron ['skwɔdrən] *n* eskadrille *c*

square [skwɛə] *adj* kvadratisk; *n*
kvadrat *nt;* plass *c*

squash [skwɔʃ] *n* fruktsaft *c; v* kryste

squirrel ['skwirəl] *n* ekorn *nt*

squirt [skwə:t] *n* sprut *c*

stable ['steibəl] *adj* stabil; *n* stall *c*

stack [stæk] *n* stabel *c*

stadium ['steidiəm] *n* stadion *c*

staff [sta:f] *n* personale *nt*

stage [steidʒ] *n* scene *c;* stadium *nt,*
fase *c;* etappe *c*

stain [stein] *v* flekke; *n* flekk *c;*
stained glass farget glass; ~ **re-
mover** flekkfjerner *c*

stainless ['steinləs] *adj* plettfri; ~
steel rustfritt stål

staircase ['stɛəkeis] *n* trapp *c*

stairs [stɛəz] *pl* trapp *c*

stale [steil] *adj* fordervet

stall [stɔ:l] *n* utsalgsbord *nt;* orkes-
terplass *c*

stamina ['stæminə] *n* utholdenhet *c*

stamp [stæmp] *n* frimerke *nt;* stem-
pel *nt; v* frankere; trampe; ~ **ma-
chine** frimerkeautomat *c*

stand [stænd] *n* stand *c;* tribune *c*

•**stand** [stænd] *v* *stå

standard ['stændəd] *n* norm *c;* stan-
dard-; ~ **of living** levestandard *c*

stanza ['stænzə] *n* strofe *c;* vers *nt*

staple ['steipəl] *n* stift *c*

star [sta:] *n* stjerne *c*

starboard ['sta:bəd] *n* styrbord

starch [sta:tʃ] *n* stivelse *c; v* stive

stare [stɛə] *v* stirre

starling ['sta:liŋ] *n* stær *c*

start [sta:t] *v* begynne; *n* start *c;*
starter motor starter *c*

starting-point ['sta:tiŋpɔint] *n* ut-
gangspunkt *nt*

state [steit] *n* stat *c;* stand *c; v* erklæ-
re

the States [ðə steits] De forente sta-
ter

statement ['steitmənt] *n* erklæring *c*

statesman ['steitsmən] *n* (pl -men) statsmann *c*

station ['steiʃən] *n* stasjon *c*; posisjon *c*

stationary ['steiʃənəri] *adj* stillestående

stationer's ['steiʃənəz] *n* papirhandel *c*

stationery ['steiʃənəri] *n* papirvarer *pl*

station-master ['steiʃən,ma:stə] *n* stasjonsmester *c*

statistics [stə'tistiks] *pl* statistikk *c*

statue ['stætʃu:] *n* statue *c*

stay [stei] *v* *bli; *oppholde seg, *ta inn; *n* opphold *nt*

steadfast ['stedfɑ:st] *adj* standhaftig

steady ['stedi] *adj* stø

steak [steik] *n* biff *c*

***steal** [sti:l] *v* *stjele

steam [sti:m] *n* damp *c*

steamer ['sti:mə] *n* dampskip *nt*

steel [sti:l] *n* stål *nt*

steep [sti:p] *adj* bratt, steil

steeple ['sti:pəl] *n* kirketårn *nt*

steering-column ['stiəriŋ,kɔləm] *n* rattstamme *c*

steering-wheel ['stiəriŋwi:l] *n* ratt *c*

steersman ['stiəzmən] *n* (pl -men) rorgjenger *c*

stem [stem] *n* stilk *c*

stenographer [ste'nɔgrəfə] *n* stenograf *c*

step [step] *n* skritt *nt*, steg *nt*; trinn *nt*; *v* *tre, trå

stepchild ['steptʃaild] *n* (pl -children) stebarn *nt*

stepfather ['step,fɑ:ðə] *n* stefar *c*

stepmother ['step,mʌðə] *n* stemor *c*

sterile ['sterail] *adj* steril

sterilize ['sterilaiz] *v* sterilisere

steward ['stju:əd] *n* stuert *c*

stewardess ['stju:ədes] *n* flyvertinne *c*

stick [stik] *n* stokk *c*

***stick** [stik] *v* klebe

sticky ['stiki] *adj* klebrig

stiff [stif] *adj* stiv

still [stil] *adv* fremdeles; likevel; *adj* stille

stillness ['stilnəs] *n* stillhet *c*

stimulant ['stimjulənt] *n* stimulans *c*

stimulate ['stimjuleit] *v* stimulere

sting [stiŋ] *n* stikk *nt*

***sting** [stiŋ] *v* *stikke

stingy ['stindʒi] *adj* smålig

***stink** [stiŋk] *v* *stinke

stipulate ['stipjuleit] *v* *fastsette

stipulation [,stipju'leiʃən] *n* betingelse *c*

stir [stə:] *v* røre

stirrup ['stirəp] *n* stigbøyle *c*

stitch [stitʃ] *n* sting *nt*, hold *nt*

stock [stɔk] *n* forsyning *c*; *v* lagre; ~ **exchange** fondsbørs *c*, børs *c*; ~ **market** fondsmarked *nt*; **stocks and shares** verdipapirer *pl*

stocking ['stɔkiŋ] *n* strømpe *c*

stole[1] [stoul] *v* (p steal)

stole[2] [stoul] *n* stola *c*

stomach ['stʌmək] *n* mage *c*

stomach-ache ['stʌməkeik] *n* magesmerter *pl*

stone [stoun] *n* stein *c*; edelsten *c*; stein-; **pumice** ~ pimpstein *c*

stood [stud] *v* (p, pp stand)

stop [stɔp] *v* stoppe; avslutte, *holde opp med; *n* holdeplass *c*; **stop!** stopp!

stopper ['stɔpə] *n* kork *c*

storage ['stɔ:ridʒ] *n* lagring *c*

store [stɔ:] *n* lagerbeholdning *c*; forretning *c*; *v* lagre

store-house ['stɔ:haus] *n* lagerbygning *c*

storey ['stɔ:ri] *n* etasje *c*

stork [stɔ:k] *n* stork *c*

storm [stɔ:m] *n* storm *c*

stormy ['stɔ:mi] adj stormfull

story ['stɔ:ri] n fortelling c

stout [staut] adj korpulent, tykkfallen

stove [stouv] n ovn c; komfyr c

straight [streit] adj rak; ærlig; adv rett; ~ **ahead** rett frem; ~ **away** med en gang; ~ **on** rett frem

strain [strein] n anstrengelse c; anspennelse c; v overanstrenge; sile

strainer ['streinə] n dørslag nt

strange [streindʒ] adj fremmed; underlig

stranger ['streindʒə] n fremmed c

strangle ['stræŋɡəl] v kvele

strap [stræp] n rem c

straw [strɔ:] n halm c

strawberry ['strɔ:bəri] n jordbær c

stream [stri:m] n bekk c; strøm c; v strømme

street [stri:t] n gate c

streetcar ['stri:tkɑ:] nAm trikk c

street-organ ['stri:ˌtɔ:ɡən] n lirekasse c

strength [streŋθ] n styrke c

stress [stres] n stress nt; trykk nt; v belaste, *legge vekt på

stretch [stretʃ] v tøye; n strekning c

strict [strikt] adj streng

strife [straif] n strid c

strike [straik] n streik c

***strike** [straik] v *slå; *slå til; streike; *stryke

striking ['straikiŋ] adj påfallende, oppsiktsvekkende, slående

string [striŋ] n snor c; streng c

strip [strip] n strimmel c

stripe [straip] n stripe c

striped [straipt] adj stripet

stroke [strouk] n slaganfall nt

stroll [stroul] v slentre; n spasertur c

strong [strɔŋ] adj sterk; kraftig

stronghold ['strɔŋhould] n tilfluktssted nt; høyborg c

structure ['strʌktʃə] n struktur c

struggle ['strʌɡəl] n strid c, kamp c; v *slåss, kjempe

stub [stʌb] n talong c

stubborn ['stʌbən] adj sta

student ['stju:dənt] n student c

study ['stʌdi] v studere; n studium nt; arbeidsværelse nt

stuff [stʌf] n materiale nt; saker pl

stuffed [stʌft] adj fylt

stuffing ['stʌfiŋ] n farse c; fyll nt

stuffy ['stʌfi] adj trykkende; snerpet

stumble ['stʌmbəl] v snuble

stung [stʌŋ] v (p, pp sting)

stupid ['stju:pid] adj dum

style [stail] n stil c

subject¹ ['sʌbdʒikt] n subjekt nt; undersått c; gjenstand c; emne nt; ~ **to** utsatt for

subject² [səb'dʒekt] v underkue

sublet [ˌsub'let] v fremleie

submit [səb'mit] v underkaste seg

subordinate [sə'bɔ:dinət] adj underordnet; sekundær

subscriber [səb'skraibə] n abonnent c

subscription [səb'skripʃən] n abonnement nt

subsequent ['sʌbsikwənt] adj følgende

subsidy ['sʌbsidi] n tilskudd nt

substance ['sʌbstəns] n substans c

substantial [səb'stænʃəl] adj substansiell; virkelig; anselig

substitute ['sʌbstitju:t] v erstatte; n erstatning c; stedfortreder c

subtitle ['sʌbˌtaitəl] n undertekst c

subtle ['sʌtəl] adj subtil

subtract [səb'trækt] v *trekke fra

suburb ['sʌbə:b] n forstad c

suburban [sə'bə:bən] adj forstads-

subway ['sʌbwei] nAm undergrunnsbane c

succeed [sək'si:d] v lykkes; *etterfølge

success [sək'ses] n suksess c
successful [sək'sesfəl] adj vellykket
succumb [sə'kʌm] v bukke under
such [sʌtʃ] adj sånn, slik; adv slik; ~ as slik som
suck [sʌk] v suge
sudden ['sʌdən] adj plutselig
suddenly ['sʌdənli] adv plutselig
suede [sweid] n semsket skinn
suffer ['sʌfə] v *lide; *gjennomgå
suffering ['sʌfəriŋ] n lidelse c
suffice [sə'fais] v *være tilstrekkelig
sufficient [sə'fiʃənt] adj tilstrekkelig
suffrage ['sʌfridʒ] n stemmerett c
sugar ['ʃugə] n sukker nt
suggest [sə'dʒest] v *foreslå
suggestion [sə'dʒestʃən] n forslag nt
suicide ['su:isaid] n selvmord nt
suit [su:t] v passe; tilpasse; kle; n dress c
suitable ['su:təbəl] adj egnet
suitcase ['su:tkeis] n koffert c
suite [swi:t] n suite c
sum [sʌm] n sum c
summary ['sʌməri] n sammendrag nt
summer ['sʌmə] n sommer c; ~ time sommertid c
summit ['sʌmit] n topp c
summons ['sʌmənz] n (pl ~es) stevning c
sun [sʌn] n sol c
sunbathe ['sʌnbeið] v sole seg
sunburn ['sʌnbə:n] n solbrenthet c
Sunday ['sʌndi] n søndag c
sun-glasses ['sʌnˌglɑ:siz] pl solbriller pl
sunlight ['sʌnlait] n sollys nt
sunny ['sʌni] adj solrik
sunrise ['sʌnraiz] n soloppgang c
sunset ['sʌnset] n solnedgang c
sunshade ['sʌnʃeid] n parasoll c
sunshine ['sʌnʃain] n solskinn nt
sunstroke ['sʌnstrouk] n solstikk nt
suntan oil ['sʌntænɔil] sololje c

superb [su'pə:b] adj storartet
superficial [ˌsu:pə'fiʃəl] adj overfladisk
superfluous [su'pə:fluəs] adj overflødig
superior [su'piəriə] adj høyere, overlegen, bedre, større
supermarket ['su:pəˌma:kit] n supermarked nt
superstition [ˌsu:pə'stiʃən] n overtro c
supervise ['su:pəvaiz] v overvåke
supervision [ˌsu:pə'viʒən] n overoppsyn nt, oppsyn nt
supervisor ['su:pəvaizə] n kontrollør c
supper ['sʌpə] n aftensmat c
supple ['sʌpəl] adj bøyelig, smidig, myk
supplement ['sʌplimənt] n tillegg nt
supply [sə'plai] n tilførsel c, levering c; forråd nt; tilbud nt; v forsyne
support [sə'pɔ:t] v *bære, *hjelpe; n støtte c; ~ hose støttestrømpe c
supporter [sə'pɔ:tə] n tilhenger c; forsørger c
suppose [sə'pouz] v *anta; **supposing that** forutsatt at
suppository [sə'pɔzitəri] n stikkpille c
suppress [sə'pres] v undertrykke
surcharge ['sə:tʃɑ:dʒ] n ekstragebyr nt
sure [ʃuə] adj sikker
surely ['ʃuəli] adv sikkert
surface ['sə:fis] n overflate c
surf-board ['sə:fbɔ:d] n surfingbrett nt
surgeon ['sə:dʒən] n kirurg c; **veterinary** ~ veterinær c
surgery ['sə:dʒəri] n operasjon c; legekontor nt
surname ['sə:neim] n etternavn nt
surplus ['sə:pləs] n overskudd nt
surprise [sə'praiz] n overraskelse c; v overraske; forbause
surrender [sə'rendə] v *overgi seg; n

overgivelse c

surround [sə'raund] v *omgi, omringe

surrounding [sə'raundiŋ] adj om-
kringliggende

surroundings [sə'raundiŋz] pl omegn
c

survey ['sə:vei] n oversikt c

survival [sə'vaivəl] n overleving c

survive [sə'vaiv] v overleve

suspect¹ [sə'spekt] v mistenke; ane

suspect² ['sʌspekt] n mistenkt c

suspend [sə'spend] v suspendere

suspenders [sə'spendəz] plAm bukse-
seler pl; suspender belt strømpe-
holder c

suspension [sə'spenʃən] n fjæring c;
~ bridge hengebru c

suspicion [sə'spiʃən] n mistanke c;
mistenksomhet c, anelse c

suspicious [sə'spiʃəs] adj mistenkelig;
mistenksom, mistroisk

sustain [sə'stein] v orke; *opretthol-
de

Swahili [swə'hi:li] n swahili c

swallow ['swɔlou] v svelge, sluke; n
svale c

swam [swæm] v (p swim)

swamp [swɔmp] n myr c

swan [swɔn] n svane c

swap [swɔp] v bytte

*swear [swɛə] v *sverge; banne

sweat [swet] n svette c; v svette

sweater ['swetə] n ulljakke c; genser
c

Swede [swi:d] n svenske c

Sweden ['swi:dən] Sverige

Swedish ['swi:diʃ] adj svensk

*sweep [swi:p] v feie

sweet [swi:t] adj søt; n sukkertøy nt;
dessert c; sweets sukkertøy pl

sweeten ['swi:tən] v sukre

sweetheart ['swi:tha:t] n elskling c

sweetshop ['swi:tʃɔp] n sjokoladefor-
retning c

swell [swel] adj flott

*swell [swel] v svelle

swelling ['sweliŋ] n hevelse c

swift [swift] adj rask

*swim [swim] v svømme

swimmer ['swimə] n svømmer c

swimming ['swimiŋ] n svømming c;
~ pool svømmebasseng nt

swimming-trunks ['swimiŋtrʌŋks] pl
badebukse c

swim-suit ['swimsu:t] n badedrakt c

swindle ['swindəl] v svindle; n svindel
c

swindler ['swindlə] n svindler c

swing [swiŋ] n huske c

*swing [swiŋ] v svinge; huske

Swiss [swis] adj sveitsisk; n sveitser c

switch [switʃ] n bryter c; v skifte; ~
off *slå av; ~ on *slå på

switchboard ['switʃbɔ:d] n sentral-
bord nt

Switzerland ['switsələnd] Sveits

sword [sɔ:d] n sverd nt

swum [swʌm] v (pp swim)

syllable ['siləbəl] n stavelse c

symbol ['simbəl] n symbol nt

sympathetic [,simpə'θetik] adj delta-
kende, medfølende

sympathy ['simpəθi] n sympati c;
medfølelse c

symphony ['simfəni] n symfoni c

symptom ['simtəm] n symptom nt

synagogue ['sinəgɔg] n synagoge c

synonym ['sinənim] n synonym nt

synthetic [sin'θetik] adj syntetisk

syphon ['saifən] n sifong c

Syria ['siriə] Syria

Syrian ['siriən] adj syrisk; n syrer c

syringe [si'rindʒ] n sprøyte c

syrup ['sirəp] n sukkerlake c, sirup c

system ['sistəm] n system nt; decimal
~ desimalsystem nt

systematic [,sistə'mætik] adj systema-
tisk

table 119 teaspoon

T

table ['teibəl] *n* bord *nt;* tabell *c;* ~ **of contents** innholdsfortegnelse *c;* ~ **tennis** bordtennis *c*

table-cloth ['teibəlklɔθ] *n* duk *c*

tablespoon ['teibəlspu:n] *n* spiseskje *c*

tablet ['tæblit] *n* tablett *c;* plate *c*

taboo [tə'bu:] *n* tabu *nt*

tactics ['tæktiks] *pl* taktikk *c*

tag [tæg] *n* merkelapp *c*

tail [teil] *n* hale *c*

tail-light ['teillait] *n* baklys *nt*

tailor ['teilə] *n* skredder *c*

tailor-made ['teiləmeid] *adj* skreddersydd

***take** [teik] *v* *ta; *gripe; *følge; skjønne, *forstå, *begripe; ~ **away** *ta med seg; fjerne, *ta vekk; ~ **off** lette; ~ **out** *ta bort; ~ **over** *overta; ~ **place** *finne sted; ~ **up** *oppta

take-off ['teikɔf] *n* start *c*

tale [teil] *n* fortelling *c,* eventyr *nt*

talent ['tælənt] *n* begavelse *c,* talent *nt*

talented ['tæləntid] *adj* begavet

talk [tɔ:k] *v* snakke; *n* samtale *c*

talkative ['tɔ:kətiv] *adj* snakkesalig

tall [tɔ:l] *adj* høy, lang

tame [teim] *adj* tam; *v* temme

tampon ['tæmpən] *n* tampong *c*

tangerine [ˌtændʒə'ri:n] *n* mandarin *c*

tangible ['tændʒibəl] *adj* følbar

tank [tæŋk] *n* tank *c*

tanker ['tæŋkə] *n* tankbåt *c*

tanned [tænd] *adj* brun

tap [tæp] *n* kran *c;* lett slag; *v* banke

tape [teip] *n* lydbånd *nt;* bånd *nt;* **adhesive** ~ limbånd *nt;* heftplaster *nt*

tape-measure ['teipˌmeʒə] *n* målebånd *nt*

tape-recorder ['teipriˌkɔ:də] *n* båndopptaker *c*

tapestry ['tæpistri] *n* veggteppe *nt,* gobelin *nt*

tar [ta:] *n* tjære *c*

target ['ta:git] *n* skyteskive *c,* mål *nt*

tariff ['tærif] *n* tariff *c*

tarpaulin [ta:'pɔ:lin] *n* presenning *c*

task [ta:sk] *n* oppgave *c*

taste [teist] *n* smak *c; v* smake; smake på

tasteless ['teistləs] *adj* smakløs

tasty ['teisti] *adj* velsmakende

taught [tɔ:t] *v* (p, pp teach)

tavern ['tævən] *n* kro *c*

tax [tæks] *n* skatt *c; v* *skattlegge

taxation [tæk'seiʃən] *n* beskatning *c*

tax-free ['tæksfri:] *adj* skattefri

taxi ['tæksi] *n* taxi *c,* drosje *c;* ~ **rank** drosjeholdeplass *c;* ~ **stand** *Am* drosjeholdeplass *c*

taxi-driver ['tæksiˌdraivə] *n* drosjesjåfør *c*

taxi-meter ['tæksiˌmi:tə] *n* taksameter *nt*

tea [ti:] *n* te *c*

***teach** [ti:tʃ] *v* lære, undervise

teacher ['ti:tʃə] *n* lektor *c,* lærer *c;* lærerinne *c,* skolelærer *c*

teachings ['ti:tʃiŋz] *pl* lære *c*

tea-cloth ['ti:klɔθ] *n* kjøkkenhåndkle *nt*

teacup ['ti:kʌp] *n* tekopp *c*

team [ti:m] *n* lag *nt*

teapot ['ti:pɔt] *n* tekanne *c*

***tear** [tɛə] *v* *rive

tear¹ [tiə] *n* tåre *c*

tear² [tɛə] *n* rift *c*

tear-jerker ['tiəˌdʒə:kə] *n* tåredryppende forestilling

tease [ti:z] *v* erte

tea-set ['ti:set] *n* teservise *nt*

tea-shop ['ti:ʃɔp] *n* tesalong *c*

teaspoon ['ti:spu:n] *n* teskje *c*

teaspoonful ['ti:spu:n,ful] n teskje c

technical ['teknikəl] adj teknisk

technician [tek'niʃən] n tekniker c

technique [tek'ni:k] n teknikk c

technology [tek'nɔlədʒi] n teknologi c

teenager ['ti:,neidʒə] n tenåring c

teetotaller [ti:'toutələ] n avholdsmann c

telegram ['teligræm] n telegram nt

telegraph ['teligra:f] v telegrafere

telepathy [ti'lepəθi] n telepati c

telephone ['telifoun] n telefon c; ~ book Am telefonkatalog c; ~ booth telefonkiosk c; ~ call telefonoppringning c, telefonsamtale c; ~ directory telefonkatalog c; ~ exchange telefonsentral c; ~ operator sentralborddame c; telefonist c

television ['teli,viʒən] n fjernsyn nt; ~ set fjernsynsapparat nt

telex ['teleks] n fjernskriver c

*tell [tel] v *si; *fortelle

temper ['tempə] n sinne nt

temperature ['temprətʃə] n temperatur c

tempest ['tempist] n storm c

temple ['tempəl] n tempel nt; tinning c

temporary ['tempərəri] adj midlertidig, foreløpig

tempt [tempt] v friste

temptation [temp'teiʃən] n fristelse c

ten [ten] num ti

tenant ['tenənt] n leieboer c

tend [tend] v *ha tendens til; passe; ~ to *være tilbøyelig til

tendency ['tendənsi] n tendens c, tilbøyelighet c

tender ['tendə] adj øm, myk; mør

tendon ['tendən] n sene c

tennis ['tenis] n tennis c; ~ shoes tennissko pl

tennis-court ['teniskɔ:t] n tennisbane

c

tense [tens] adj anspent

tension ['tenʃən] n spenning c

tent [tent] n telt nt

tenth [tenθ] num tiende

tepid ['tepid] adj lunken

term [tə:m] n uttrykk nt; frist c, termin c; betingelse c

terminal ['tə:minəl] n endestasjon c

terrace ['terəs] n terrasse c

terrain [te'rein] n terreng nt

terrible ['teribəl] adj fryktelig, forferdelig, grusom

terrific [tə'rifik] adj storartet

terrify ['terifai] v skremme; terrifying skremmende

territory ['teritəri] n område nt

terror ['terə] n redsel c

terrorism ['terərizəm] n terror c, terrorisme c

terrorist ['terərist] n terrorist c

terylene ['terəli:n] n terylen c

test [test] n prøve c, test c; v teste

testify ['testifai] v vitne

text [tekst] n tekst c

textbook ['teksbuk] n lærebok c

textile ['tekstail] n tekstil c/nt

texture ['tekstʃə] n struktur c

Thai [tai] adj thailandsk; n thailender c

Thailand ['tailænd] Thailand

than [ðæn] conj enn

thank [θæŋk] v takke; ~ you takk

thankful ['θæŋkfəl] adj takknemlig

that [ðæt] adj den; pron den; som; conj at

thaw [θɔ:] v tine, smelte; n tøvær nt

the [ðə,ði] art -en, -et; the ... the jo ... jo

theatre ['θiətə] n teater nt

theft [θeft] n tyveri nt

their [ðeə] adj deres

them [ðem] pron dem

theme [θi:m] n tema nt, emne nt

themselves [ðəmˈselvz] *pron* seg; selv
then [ðen] *adv* da; deretter, så
theology [θiˈblədʒi] *n* teologi *c*
theoretical [θiəˈretikəl] *adj* teoretisk
theory [ˈθiəri] *n* teori *c*
therapy [ˈθerəpi] *n* terapi *c*
there [ðeə] *adv* der; dit
therefore [ˈðeəfɔ:] *conj* derfor
thermometer [θəˈmɔmitə] *n* termometer *nt*
thermostat [ˈθə:məstæt] *n* termostat *c*
these [ði:z] *adj* disse
thesis [ˈθi:sis] *n* (pl theses) tese *c*; avhandling *c*
they [ðei] *pron* de
thick [θik] *adj* tykk; tett
thicken [ˈθikən] *v* tykne
thickness [ˈθiknəs] *n* tykkelse *c*
thief [θi:f] *n* (pl thieves) tyv *c*
thigh [θai] *n* lår *nt*
thimble [ˈθimbəl] *n* fingerbøl *nt*
thin [θin] *adj* tynn; mager
thing [θiŋ] *n* ting *c*
*think [θiŋk] *v* tenke; tenke etter; ~ of tenke på; *komme på; ~ over tenke over
thinker [ˈθiŋkə] *n* tenker *c*
third [θə:d] *num* tredje
thirst [θə:st] *n* tørst *c*
thirsty [ˈθə:sti] *adj* tørst
thirteen [ˌθə:ˈti:n] *num* tretten
thirteenth [ˌθə:ˈti:nθ] *num* trettende
thirtieth [ˈθə:tiəθ] *num* trettiende
thirty [ˈθə:ti] *num* tretti
this [ðis] *adj* denne; *pron* denne
thistle [ˈθisəl] *n* tistel *c*
thorn [θɔ:n] *n* torn *c*
thorough [ˈθʌrə] *adj* omhyggelig, grundig
thoroughbred [ˈθʌrəbred] *adj* fullblods
thoroughfare [ˈθʌrəfeə] *n* ferdselsåre *c*, hovedvei *c*
those [ðouz] *adj* de; *pron* de

though [ðou] *conj* selv om, skjønt; *adv* imidlertid
thought¹ [θɔ:t] *v* (p, pp think)
thought² [θɔ:t] *n* tanke *c*
thoughtful [ˈθɔ:tfəl] *adj* tankefull; omtenksom
thousand [ˈθauzənd] *num* tusen
thread [θred] *n* tråd *c*; *v* *tre
threadbare [ˈθredbeə] *adj* loslitt
threat [θret] *n* trusel *c*
threaten [ˈθretən] *v* true
three [θri:] *num* tre
three-quarter [ˌθri:ˈkwɔ:tə] *adj* tre fjerdedels
threshold [ˈθreʃould] *n* terskel *c*
threw [θru:] *v* (p throw)
thrifty [ˈθrifti] *adj* sparsommelig
throat [θrout] *n* hals *c*
throne [θroun] *n* trone *c*
throttle [ˈθrɔtəl] *n* choke *c*
through [θru:] *prep* gjennom
throughout [θru:ˈaut] *adv* overalt; helt igjennom
throw [θrou] *n* kast *nt*
*throw [θrou] *v* slenge, kaste
thrush [θrʌʃ] *n* trost *c*
thumb [θʌm] *n* tommelfinger *c*
thumbtack [ˈθʌmtæk] *nAm* tegnestift *c*
thump [θʌmp] *v* dunke
thunder [ˈθʌndə] *n* torden *c*; *v* tordne
thunderstorm [ˈθʌndəstɔ:m] *n* tordenvær *nt*
thundery [ˈθʌndəri] *adj* torden-
Thursday [ˈθə:zdi] torsdag *c*
thus [ðʌs] *adv* slik
thyme [taim] *n* timian *c*
tick [tik] *n* merke *nt*; ~ off krysse av
ticket [ˈtikit] *n* billett *c*; lapp *c*; ~ collector konduktør *c*; ~ machine billettautomat *c*
tickle [ˈtikəl] *v* kile
tide [taid] *n* tidevann *nt*; high ~ høyvann *nt*; low ~ lavvann *nt*

tidings ['taidiŋz] *pl* nyheter *pl*

tidy ['taidi] *adj* ordentlig; ~ **up** rydde opp

tie [tai] *v* *binde, knytte; *n* slips *nt*

tiger ['taigə] *n* tiger *c*

tight [tait] *adj* stram; trang; *adv* fast

tighten ['taitən] *v* stramme; strammes

tights [taits] *pl* strømpebukse *c*

tile [tail] *n* gulvflis *c*; takstein *c*

till [til] *prep* inntil, til; *conj* inntil

timber ['timbə] *n* tømmer *nt*

time [taim] *n* tid *c*; gang *c*; takt *c*; **all the** ~ hele tiden; **in** ~ i tide; ~ **of arrival** ankomsttid *c*; ~ **of departure** avgangstid *c*

time-saving ['taim,seiviŋ] *adj* tidsbesparende

timetable ['taim,teibəl] *n* ruteplan *c*

timid ['timid] *adj* blyg

timidity [ti'midəti] *n* sjenerthet *c*

tin [tin] *n* tinn *nt*; boks *c*, hermetikkboks *c*; **tinned food** hermetikk *c*

tinfoil ['tinfoil] *n* tinnfolie *c*

tin-opener ['ti,noupənə] *n* hermetikkåpner *c*

tiny ['taini] *adj* bitte liten

tip [tip] *n* spiss *c*; drikkepenger *pl*

tire¹ [taiə] *n* dekk *nt*

tire² [taiə] *v* *bli trett

tired [taiəd] *adj* utmattet, trett; ~ **of** lei av

tiring ['taiəriŋ] *adj* trettende

tissue ['tiʃu:] *n* vev *nt*; papirlommetørkle *nt*

title ['taitəl] *n* tittel *c*

to [tu:] *prep* til, på; for å

toad [toud] *n* padde *c*

toadstool ['toudstu:l] *n* fluesopp *c*

toast [toust] *n* ristet brød; skål *c*

tobacco [tə'bækou] *n* (*pl* ~s) tobakk *c*; ~ **pouch** tobakkspung *c*

tobacconist [tə'bækənist] *n* tobakkshandler *c*; **tobacconist's** tobakksforretning *c*

today [tə'dei] *adv* i dag

toddler ['tɔdlə] *n* smårolling *c*

toe [tou] *n* tå *c*

toffee ['tɔfi] *n* en slags karamell

together [tə'geðə] *adv* sammen

toilet ['tɔilət] *n* toalett *nt*; ~ **case** toalettveske *c*

toilet-paper ['tɔilət,peipə] *n* toalettpapir *nt*

toiletry ['tɔilətri] *n* toalettsaker *pl*

token ['toukən] *n* tegn *nt*; bevis *nt*; sjetong *c*

told [tould] *v* (p, pp tell)

tolerable ['tɔlərəbəl] *adj* utholdelig

toll [toul] *n* veiavgift *c*; gebyr *nt*

tomato [tə'mɑ:tou] *n* (*pl* ~es) tomat *c*

tomb [tu:m] *n* grav *c*

tombstone ['tu:mstoun] *n* gravstein *c*

tomorrow [tə'mɔrou] *adv* i morgen

ton [tʌn] *n* tonn *nt*

tone [toun] *n* tone *c*; klang *c*

tongs [tɔŋz] *pl* tang *c*

tongue [tʌŋ] *n* tunge *c*

tonic ['tɔnik] *n* styrkemiddel *nt*

tonight [tə'nait] *adv* i aften, i natt

tonsilitis [,tɔnsə'laitis] *n* betente mandler

tonsils ['tɔnsəlz] *pl* mandler *pl*

too [tu:] *adv* altfor; også

took [tuk] *v* (p take)

tool [tu:l] *n* verktøy *nt*, redskap *nt*; ~ **kit** verktøykasse *c*

toot [tu:t] *vAm* tute

tooth [tu:θ] *n* (*pl* teeth) tann *c*

toothache ['tu:θeik] *n* tannverk *c*

toothbrush ['tu:θbrʌʃ] *n* tannbørste *c*

toothpaste ['tu:θpeist] *n* tannkrem *c*

toothpick ['tu:θpik] *n* tannpirker *c*

toothpowder ['tu:θ,paudə] *n* tannpulver *nt*

top [tɔp] *n* topp *c*; overside *c*; lokk *nt*; øverst; **on** ~ **of** oppå; ~ **side** overside *c*

topcoat ['tɔpkout] *n* frakk *c*

topic ['tɔpik] *n* emne *nt*

topical ['tɔpikəl] *adj* aktuell

torch [tɔːtʃ] *n* fakkel *c*; lommelykt *c*

torment¹ [tɔː'ment] *v* pine

torment² ['tɔːment] *n* pine *c*

torture ['tɔːtʃə] *n* tortur *c*; *v* torturere

toss [tɔs] *v* kaste

tot [tɔt] *n* lite barn

total ['toutəl] *adj* total; fullstendig; *n* totalsum *c*

totalitarian [,toutæli'teəriən] *adj* totalitær

totalizator ['toutəlaizeitə] *n* totalisator *c*

touch [tʌtʃ] *v* røre, berøre; *n* kontakt *c*, berøring *c*; følesans *c*

touching ['tʌtʃiŋ] *adj* rørende

tough [tʌf] *adj* seig

tour [tuə] *n* rundreise *c*

tourism ['tuərizəm] *n* turisttrafikk *c*

tourist ['tuərist] *n* turist *c*; ~ **class** turistklasse *c*; ~ **office** turistkontor *nt*

tournament ['tuənəmənt] *n* turnering *c*

tow [tou] *v* taue

towards [tə'wɔːdz] *prep* mot; overfor

towel [tauəl] *n* håndkle *nt*

towelling ['tauəliŋ] *n* frotté *c*

tower [tauə] *n* tårn *nt*

town [taun] *n* by *c*; ~ **centre** sentrum *nt*; ~ **hall** rådhus *nt*

townspeople ['taunz,piːpəl] *pl* byfolk *pl*

toxic ['tɔksik] *adj* giftig

toy [tɔi] *n* leketøy *nt*

toyshop ['tɔiʃɔp] *n* leketøysforretning *c*

trace [treis] *n* spor *nt*; *v* etterspore, oppspore

track [træk] *n* spor *nt*; bane *c*

tractor ['træktə] *n* traktor *c*

trade [treid] *n* handel *c*; yrke *nt*; *v* *drive handel

trademark ['treidmaːk] *n* varemerke *nt*

trader ['treidə] *n* kjøpmann *c*

tradesman ['treidzmən] *n* (pl -men) handelsmann *c*

trade-union [,treid'juːnjən] *n* fagforening *c*

tradition [trə'diʃən] *n* tradisjon *c*

traditional [trə'diʃənəl] *adj* tradisjonell

traffic ['træfik] *n* trafikk *c*; ~ **jam** trafikk-kork *c*; ~ **light** trafikklys *nt*

trafficator ['træfikeitə] *n* retningsviser *c*

tragedy ['trædʒədi] *n* tragedie *c*

tragic ['trædʒik] *adj* tragisk

trail [treil] *n* sti *c*, spor *nt*

trailer ['treilə] *n* tilhenger *c*; campingvogn *c*

train [trein] *n* tog *nt*; *v* dressere, trene; **stopping** ~ somletog *nt*; **through** ~ hurtigtog *nt*; ~ **ferry** jernbaneferje *c*

training ['treiniŋ] *n* trening *c*

trait [treit] *n* trekk *nt*

traitor ['treitə] *n* forræder *c*

tram [træm] *n* trikk *c*

tramp [træmp] *n* landstryker *c*, vagabond *c*; *v* vagabondere

tranquil ['træŋkwil] *adj* rolig

tranquillizer ['træŋkwilaizə] *n* beroligende middel

transaction [træn'zækʃən] *n* transaksjon *c*

transatlantic [,trænzət'læntik] *adj* transatlantisk

transfer [træns'fəː] *v* overføre

transform [træns'fɔːm] *v* forvandle, omdanne

transformer [træns'fɔːmə] *n* transformator *c*

transition [træn'siʃən] n overgang c

translate [træns'leit] v *oversette

translation [træns'leiʃən] n oversettelse c

translator [træns'leitə] n oversetter c

transmission [trænz'miʃən] n sending c

transmit [trænz'mit] v sende

transmitter [trænz'mitə] n sender c

transparent [træn'spɛərənt] adj gjennomsiktig

transport[1] ['trænspɔ:t] n transport c

transport[2] [træn'spɔ:t] v transportere

transportation [ˌtrænspɔ:'teiʃən] n transport c

trap [træp] n felle c

trash [træʃ] n rask nt, skrap nt; ~ can Am søppelkasse c

travel ['trævəl] v reise; ~ agency reisebyrå nt; ~ agent reisebyråagent c; ~ insurance reiseforsikring c; travelling expenses reiseutgifter pl

traveller ['trævələ] n reisende c; traveller's cheque reisesjekk c

tray [trei] n brett nt

treason ['tri:zən] n forræderi nt

treasure ['treʒə] n skatt c

treasurer ['treʒərə] n kasserer c

treasury ['treʒəri] n statskasse c

treat [tri:t] v behandle

treatment ['tri:tmənt] n behandling c

treaty ['tri:ti] n traktat c

tree [tri:] n tre nt

tremble ['trembəl] v *skjelve; dirre

tremendous [tri'mendəs] adj kolossal

trespass ['trespəs] v krenke annens eiendom

trespasser ['trespəsə] n uvedkommende c

trial [traiəl] n rettssak c; forsøk nt

triangle ['traiæŋgəl] n trekant c

triangular [trai'æŋgjulə] adj trekantet

tribe [traib] n stamme c

tributary ['tribjutəri] n bielv c

tribute ['tribju:t] n hyllest c

trick [trik] n knep nt; trick nt

trigger ['trigə] n avtrekker c

trim [trim] v klippe, stusse

trip [trip] n reise c, utflukt c, tur c

triumph ['traiəmf] n triumf c; v triumfere

triumphant [trai'ʌmfənt] adj triumferende

trolley-bus ['trɔlibʌs] n trolleybuss c

troops [tru:ps] pl tropper pl

tropical ['trɔpikəl] adj tropisk

tropics ['trɔpiks] pl tropene pl

trouble ['trʌbəl] n trøbbel nt, uleilighet, besvær nt; v bry

troublesome ['trʌbəlsəm] adj brysom

trousers ['trauzəz] pl bukse c

trout [traut] n (pl ~) ørret c

truck [trʌk] n Am lastebil c

true [tru:] adj sann; ekte, virkelig; trofast, tro

trumpet ['trʌmpit] n trompet c

trunk [trʌŋk] n koffert c; stamme c; bagasjerom nt; trunks pl kortbukse c

trunk-call ['trʌŋkkɔ:l] n rikstelefonsamtale c

trust [trʌst] v stole på; n tillit c

trustworthy ['trʌst,wə:ði] adj pålitelig

truth [tru:θ] n sannhet c

truthful ['tru:θfəl] adj sannferdig

try [trai] v prøve, forsøke, anstrenge seg; n forsøk nt; ~ on prøve

tube [tju:b] n rør nt; tube c

tuberculosis [tju:,bə:kju'lousis] n tuberkulose c

Tuesday ['tju:zdi] tirsdag c

tug [tʌg] v taue; n slepebåt c; rykk c

tuition [tju:'iʃən] n undervisning c; skolepenger pl

tulip ['tju:lip] n tulipan c

tumbler ['tʌmblə] n beger nt

tumour ['tju:mə] n svulst c

tuna ['tju:nə] n (pl ~, ~s) tunfisk c

tune [tju:n] n melodi c; ~ in stille inn

tuneful ['tju:nfəl] adj melodisk

tunic ['tju:nik] n tunika c

Tunisia [tju:'niziə] Tunisia

Tunisian [tju:'niziən] adj tunisisk; n tunisier c

tunnel ['tʌnəl] n tunnel c

turbine ['tə:bain] n turbin c

turbojet [,tə:bou'dʒet] n turbojet c

Turk [tə:k] n tyrker c

Turkey ['tə:ki] Tyrkia

turkey ['tə:ki] n kalkun c

Turkish ['tə:kiʃ] adj tyrkisk; ~ bath romerbad nt

turn [tə:n] v dreie; vende, svinge, *vri om; n dreining c, vending c; sving c; tur c; ~ back vende tilbake; ~ down forkaste; ~ into forvandles til; ~ off stenge av; ~ on *sette på; skru på; ~ over vende om; ~ round snu; snu seg

turning ['tə:niŋ] n sving c

turning-point ['tə:niŋpoint] n vendepunkt nt

turnover ['tə:,nouvə] n omsetning c; ~ tax omsetningsskatt c

turnpike ['tə:npaik] nAm bomvei c

turpentine ['tə:pəntain] n terpentin c

turtle ['tə:təl] n skilpadde c

tutor ['tju:tə] n huslærer c; formynder c

tuxedo [tʌk'si:dou] nAm (pl ~s, ~es) smoking c

tweed [twi:d] n tweed c

tweezers ['twi:zəz] pl pinsett c

twelfth [twelfθ] num tolvte

twelve [twelv] num tolv

twentieth ['twentiəθ] num tyvende

twenty ['twenti] num tyve

twice [twais] adv to ganger

twig [twig] n kvist c

twilight ['twailait] n skumring c

twine [twain] n hyssing c

twins [twinz] pl tvillinger pl; twin beds dobbeltsenger pl

twist [twist] v sno; *vri; n vridning c

two [tu:] num to

two-piece [,tu:'pi:s] adj todelt

type [taip] v *skrive på maskin; n type c

typewriter ['taipraitə] n skrivemaskin c

typewritten ['taipritən] maskinskrevet

typhoid ['taifoid] n tyfus c

typical ['tipikəl] adj typisk

typist ['taipist] n maskinskriverske c

tyrant ['taiərənt] n tyrann c

tyre [taiə] n dekk nt; ~ pressure lufttrykk nt

U

ugly ['ʌgli] adj stygg

ulcer ['ʌlsə] n magesår nt

ultimate ['ʌltimət] adj siste

ultraviolet [,ʌltrə'vaiələt] adj ultrafiolett

umbrella [ʌm'brelə] n paraply c

umpire ['ʌmpaiə] n dommer c

unable [ʌ'neibəl] adj ute av stand til

unacceptable [,ʌnək'septəbəl] adj uantakelig

unaccountable [,ʌnə'kauntəbəl] adj uforklarlig; uansvarlig

unaccustomed [,ʌnə'kʌstəmd] adj uvant

unanimous [ju:'næniməs] adj enstemmig

unanswered [ʌ'nɑ:nsəd] adj ubesvart

unauthorized [ʌ'nɔ:θəraizd] adj uten fullmakt

unavoidable [,ʌnə'vɔidəbəl] adj uunngåelig

unaware [ˌʌnəˈweə] *adj* ubevisst

unbearable [ʌnˈbeərəbəl] *adj* uutholdelig

unbreakable [ˌʌnˈbreikəbəl] *adj* uknuselig

unbroken [ˌʌnˈbroukən] *adj* intakt

unbutton [ˌʌnˈbʌtən] *v* knappe opp

uncertain [ʌnˈsəːtən] *adj* uviss, usikker

uncle [ˈʌŋkəl] *n* onkel *c*

unclean [ˌʌnˈkliːn] *adj* uren

uncomfortable [ʌnˈkʌmfətəbəl] *adj* ubekvem

uncommon [ʌnˈkɔmən] *adj* usedvanlig, sjelden

unconditional [ˌʌnkənˈdiʃənəl] *adj* betingelsesløs

unconscious [ʌnˈkɔnʃəs] *adj* bevisstløs

uncork [ˌʌnˈkɔːk] *v* *trekke opp

uncover [ʌnˈkʌvə] *v* avdekke

uncultivated [ʌnˈkʌltiveitid] *adj* udyrket

under [ˈʌndə] *prep* under, nedenfor

undercurrent [ˈʌndəˌkʌrənt] *n* understrøm *c*

underestimate [ˌʌndəˈrestimeit] *v* undervurdere

underground [ˈʌndəgraund] *adj* underjordisk; *n* undergrunnsbane *c*

underline [ˌʌndəˈlain] *v* understreke

underneath [ˌʌndəˈniːθ] *adv* nedenunder

underpants [ˈʌndəpænts] *plAm* truser *pl*

undershirt [ˈʌndəʃəːt] *n* undertrøye *c*

undersigned [ˈʌndəsaind] *n* undertegnede *c*

*understand [ˌʌndəˈstænd] *v* *forstå, fatte

understanding [ˌʌndəˈstændiŋ] *n* forståelse *c*

*undertake [ˌʌndəˈteik] *v* *gå i gang med

undertaker [ˈʌndəˌteikə] *n* begravelsesagent *c*

undertaking [ˌʌndəˈteikiŋ] *n* foretagende *nt*

underwater [ˈʌndəˌwɔːtə] *adj* undervanns-

underwear [ˈʌndəweə] *n* undertøy *pl*

undesirable [ˌʌndiˈzaiərəbəl] *adj* uønsket

*undo [ˌʌnˈduː] *v* åpne, løse opp

undoubtedly [ʌnˈdautidli] *adv* utvilsomt

undress [ˌʌnˈdres] *v* kle av seg

undulating [ˈʌndjuleitiŋ] *adj* bølgende

unearned [ˌʌˈnəːnd] *adj* ufortjent

uneasy [ʌˈniːzi] *adj* urolig

uneducated [ʌˈnedjukeitid] *adj* uten utdannelse

unemployed [ˌʌnimˈplɔid] *adj* arbeidsløs

unemployment [ˌʌnimˈplɔimənt] *n* arbeidsløshet *c*

unequal [ʌˈniːkwəl] *adj* ulik

uneven [ʌˈniːvən] *adj* ulik, ujevn

unexpected [ˌʌnikˈspektid] *adj* uventet

unfair [ʌnˈfeə] *adj* urettferdig

unfaithful [ʌnˈfeiθfəl] *adj* utro

unfamiliar [ˌʌnfəˈmiljə] *adj* ukjent

unfasten [ʌnˈfɑːsən] *v* løse, løsne

unfavourable [ʌnˈfeivərəbəl] *adj* ugunstig

unfit [ʌnˈfit] *adj* uegnet

unfold [ʌnˈfould] *v* brette ut, folde ut

unfortunate [ʌnˈfɔːtʃənət] *adj* uheldig

unfortunately [ʌnˈfɔːtʃənətli] *adv* uheldigvis, dessverre

unfriendly [ʌnˈfrendli] *adj* uvennlig

unfurnished [ʌnˈfəːniʃt] *adj* umøblert

ungrateful [ʌnˈgreitfəl] *adj* utakknemlig

unhappy [ʌnˈhæpi] *adj* ulykkelig

unhealthy [ʌnˈhelθi] *adj* usunn

unhurt [ˌʌnˈhəːt] *adj* uskadd

uniform [ˈjuːnifɔːm] *n* uniform *c; adj*

ensartet

unimportant [ˌʌnim'pɔ:tənt] *adj* uviktig

uninhabitable [ˌʌnin'hæbitəbəl] *adj* ubeboelig

uninhabited [ˌʌnin'hæbitid] *adj* ubebodd

unintentional [ˌʌnin'tenʃənəl] *adj* utilsiktet

union ['ju:njən] *n* fagforening *c*; union *c*, forbund *nt*

unique [ju:'ni:k] *adj* enestående

unit ['ju:nit] *n* enhet *c*

unite [ju:'nait] *v* forene

United States [ju:'naitid steits] De forente stater

unity ['ju:nəti] *n* enhet *c*

universal [ˌju:ni'və:səl] *adj* universell, generell

universe ['ju:nivə:s] *n* univers *nt*

university [ˌju:ni'və:səti] *n* universitet *nt*

unjust [ˌʌn'dʒʌst] *adj* urettferdig

unkind [ʌn'kaind] *adj* uvennlig; ukjærlig

unknown [ˌʌn'noun] *adj* ukjent

unlawful [ˌʌn'lɔ:fəl] *adj* ulovlig

unlearn [ˌʌn'lə:n] *v* lære seg av med

unless [ən'les] *conj* med mindre

unlike [ˌʌn'laik] *adj* forskjellig

unlikely [ʌn'laikli] *adj* usannsynlig

unlimited [ʌn'limitid] *adj* grenseløs, ubegrenset

unload [ˌʌn'loud] *v* lesse av

unlock [ˌʌn'lɔk] *v* lukke opp, låse inne

unlucky [ʌn'lʌki] *adj* uheldig

unnecessary [ʌn'nesəsəri] *adj* unødvendig

unoccupied [ˌʌ'nɔkjupaid] *adj* ledig

unofficial [ˌʌnə'fiʃəl] *adj* uoffisiell

unpack [ˌʌn'pæk] *v* pakke opp

unpleasant [ʌn'plezənt] *adj* utrivelig, ubehagelig; usympatisk, utiltalende

unpopular [ˌʌn'pɔpjulə] *adj* upopulær

unprotected [ˌʌnprə'tektid] *adj* ubeskyttet

unqualified [ˌʌn'kwɔlifaid] *adj* ukvalifisert

unreal [ˌʌn'riəl] *adj* uvirkelig

unreasonable [ʌn'ri:zənəbəl] *adj* urimelig

unreliable [ˌʌnri'laiəbəl] *adj* upålitelig

unrest [ˌʌn'rest] *n* uro *c*; rastløshet *c*

unsafe [ˌʌn'seif] *adj* usikker, utrygg

unsatisfactory [ˌʌnsætis'fæktəri] *adj* utilfredsstillende

unscrew [ˌʌn'skru:] *v* skru løs

unselfish [ˌʌn'selfiʃ] *adj* uselvisk

unskilled [ˌʌn'skild] *adj* ufaglært

unsound [ˌʌn'saund] *adj* usunn

unstable [ˌʌn'steibəl] *adj* ustabil

unsteady [ˌʌn'stedi] *adj* ustø; ustadig

unsuccessful [ˌʌnsək'sesfəl] *adj* mislykket

unsuitable [ˌʌn'su:təbəl] *adj* uegnet

unsurpassed [ˌʌnsə'pɑ:st] *adj* uovertruffen

untidy [ʌn'taidi] *adj* uordentlig

untie [ˌʌn'tai] *v* knytte opp

until [ən'til] *prep* inntil, til

untrue [ˌʌn'tru:] *adj* usann

untrustworthy [ˌʌn'trʌst,wə:ði] *adj* upålitelig

unusual [ʌn'ju:ʒuəl] *adj* uvanlig, ualminnelig

unwell [ˌʌn'wel] *adj* uvel

unwilling [ˌʌn'wiliŋ] *adj* uvillig

unwise [ˌʌn'waiz] *adj* uklok

unwrap [ˌʌn'ræp] *v* pakke opp

up [ʌp] *adv* opp, oppover

upholster [ʌp'houlstə] *v* *trekke, polstre

upkeep ['ʌpki:p] *n* vedlikehold *nt*

uplands ['ʌpləndz] *pl* høyland *nt*

upon [ə'pɔn] *prep* på

upper ['ʌpə] *adj* øvre, over-

upright ['ʌprait] *adj* rank; rett; *adv*

opprettstående

*upset [ʌp'set] v forstyrre; adj opp-rørt

upside-down [ˌʌpsaid'daun] adv på hodet

upstairs [ˌʌp'steəz] adv ovenpå

upstream [ˌʌp'stri:m] adv mot strøm-men

upwards ['ʌpwədz] adv oppover

urban ['ɔ:bən] adj by-

urge [ɔ:dʒ] v formane; n trang c

urgency ['ɔ:dʒənsi] n innstendighet c; viktighet c

urgent ['ɔ:dʒənt] adj presserende

urine ['juərin] n urin c

Uruguay ['juərəgwai] Uruguay

Uruguayan [ˌjuərə'gwaiən] adj urugu-ayansk; n uruguayaner c

us [ʌs] pron oss

usable ['ju:zəbəl] adj anvendelig

usage ['ju:zidʒ] n sedvane c; bruk c

use[1] [ju:z] v bruke; ***be used to** *væ-re vant til; **~ up** bruke opp

use[2] [ju:s] n bruk c; nytte c; ***be of ~** *være til nytte

useful ['ju:sfəl] adj nyttig, brukbar

useless ['ju:sləs] adj unyttig

user ['ju:zə] n bruker c

usher ['ʌʃə] n plassanviser c

usherette [ˌʌʃə'ret] n plassanviser c

usual ['ju:ʒuəl] adj vanlig

usually ['ju:ʒuəli] adv vanligvis

utensil [ju:'tensəl] n redskap nt; kjøk-kenredskap nt

utility [ju:'tiləti] n nytte c

utilize ['ju:tilaiz] v anvende

utmost ['ʌtmoust] adj ytterst

utter ['ʌtə] adj total, fullstendig; v ytre

V

vacancy ['veikənsi] n ledig post

vacant ['veikənt] adj ledig

vacate [və'keit] v fraflytte

vacation [və'keiʃən] n ferie c

vaccinate ['væksineit] v vaksinere

vaccination [ˌvæksi'neiʃən] n vaksine-ring c

vacuum ['vækjuəm] n vakuum nt; vAm støvsuge; **~ cleaner** støvsu-ger c; **~ flask** termosflaske c

vagrancy ['veigrənsi] n løsgjengeri nt

vague [veig] adj vag

vain [vein] adj forfengelig; forgjeves; **in ~** forgjeves

valet ['vælit] n kammertjener c

valid ['vælid] adj gyldig

valley ['væli] n dal c

valuable ['væljubəl] adj verdifull; **valuables** pl verdisaker pl

value ['vælju:] n verdi c; v taksere, vurdere

valve [vælv] n ventil c

van [væn] n varebil c

vanilla [və'nilə] n vanilje c

vanish ['væniʃ] v *forsvinne

vapour ['veipə] n damp c

variable ['veəriəbəl] adj variabel

variation [ˌveəri'eiʃən] n avveksling c; forandring c

varied ['veərid] adj variert

variety [və'raiəti] n utvalg nt; **~ show** varietéforestilling c; **~ the-atre** varietéteater c

various ['veəriəs] adj forskjellige, di-verse

varnish ['vɑ:niʃ] n lakk c; v lakkere

vary ['veəri] v variere; forandre; *væ-re forskjellig

vase [vɑ:z] n vase c

vast [vɑ:st] adj vidstrakt, umåtelig

vault [vɔ:lt] n hvelving c; bankhvelv

nt

veal [vi:l] *n* kalvekjøtt *nt*

vegetable ['vedʒətəbəl] *n* grønnsak *c*; ~ **merchant** grønnsakshandler *c*

vegetarian [,vedʒi'teəriən] *n* vegetarianer *c*

vegetation [,vedʒi'teiʃən] *n* vekstliv *nt*; vegetasjon *c*

vehicle ['vi:əkəl] *n* kjøretøy *nt*

veil [veil] *n* slør *nt*

vein [vein] *n* åre *c*; **varicose** ~ åreknute *c*

velvet ['velvit] *n* fløyel *c*

velveteen [,velvi'ti:n] *n* bomullsfløyel *c*

venerable ['venərəbəl] *adj* ærverdig

venereal disease [vi'niəriəl di'zi:z] kjønnssykdom *c*

Venezuela [,veni'zweilə] Venezuela

Venezuelan [,veni'zweilən] *adj* venezuelansk; *n* venezuelaner *c*

ventilate ['ventileit] *v* ventilere; lufte, lufte ut

ventilation [,venti'leiʃən] *n* ventilasjon *c*; utluftning *c*

ventilator ['ventileitə] *n* ventilator *c*

venture ['ventʃə] *v* våge

veranda [və'rændə] *n* veranda *c*

verb [və:b] *n* verb *nt*

verbal ['və:bəl] *adj* muntlig

verdict ['və:dikt] *n* kjennelse *c*, dom *c*

verge [və:dʒ] *n* kant *c*; rand *c*

verify ['verifai] *v* kontrollere

verse [və:s] *n* vers *nt*

version ['və:ʃən] *n* versjon *c*; oversettelse *c*

versus ['və:səs] *prep* kontra

vertical ['və:tikəl] *adj* vertikal

vertigo ['və:tigou] *n* svimmelhet *c*

very ['veri] *adv* svært, meget; *adj* eksakt, virkelig; absolutt

vessel ['vesəl] *n* fartøy *nt*; kar *nt*

vest [vest] *n* undertrøye *c*; vest *c*

veterinary surgeon ['vetrinəri 'sə:-dʒən] dyrlege *c*

via [vaiə] *prep* via

vibrate [vai'breit] *v* vibrere

vibration [vai'breiʃən] *n* vibrasjon *c*

vicar ['vikə] *n* sogneprest *c*

vicarage ['vikəridʒ] *n* prestegård *c*

vice-president [,vais'prezidənt] *n* visepresident *c*

vicinity [vi'sinəti] *n* nabolag *nt*, nærhet *c*

vicious ['viʃəs] *adj* ondskapsfull

victim ['viktim] *n* offer *nt*

victory ['viktəri] *n* seier *c*

view [vju:] *n* utsikt *c*; oppfatning *c*, syn; *v* betrakte

view-finder ['vju:,faində] *n* søker *c*

vigilant ['vidʒilənt] *adj* årvåken

villa ['vilə] *n* villa *c*

village ['vilidʒ] *n* landsby *c*

villain ['vilən] *n* skurk *c*

vine [vain] *n* vinranke *c*

vinegar ['vinigə] *n* eddik *c*

vineyard ['vinjəd] *n* vingård *c*

vintage ['vintidʒ] *n* vinhøst *c*; årgang *c*

violation [vaiə'leiʃən] *n* krenkelse *c*

violence ['vaiələns] *n* vold *c*

violent ['vaiələnt] *adj* voldsom, heftig

violet ['vaiələt] *n* fiol *c*; *adj* fiolett

violin [vaiə'lin] *n* fiolin *c*

virgin ['və:dʒin] *n* jomfru *c*

virtue ['və:tʃu:] *n* dyd *c*

visa ['vi:zə] *n* visum *nt*

visibility [,vizə'biləti] *n* sikt *c*

visible ['vizəbəl] *adj* synlig

vision ['viʒən] *n* syn

visit ['vizit] *v* besøke; *n* besøk *nt*, visitt *c*; **visiting hours** besøkstid *c*

visiting-card ['vizitiŋka:d] *n* visittkort *nt*

visitor ['vizitə] *n* besøkende *c*

vital ['vaitəl] *adj* vesentlig

vitamin ['vitəmin] *n* vitamin *nt*

vivid ['vivid] *adj* livfull

vocabulary [vəˈkæbjuləri] n ordforråd nt; ordliste c

vocal [ˈvoukəl] adj vokal

vocalist [ˈvoukəlist] n sanger c

voice [vɔis] n stemme c

void [vɔid] adj ugyldig

volcano [vɔlˈkeinou] n (pl ~es, ~s) vulkan c

volt [voult] n volt c

voltage [ˈvoultidʒ] n spenning c

volume [ˈvɔljum] n volum nt; bind nt

voluntary [ˈvɔləntəri] adj frivillig

volunteer [ˌvɔlənˈtiə] n frivillig c

vomit [ˈvɔmit] v kaste opp, *brekke seg

vote [vout] v stemme; n stemme c; avstemning c

voucher [ˈvautʃə] n bong c

vow [vau] n løfte nt, ed c; v *sverge

vowel [ˈvauəl] n vokal c

voyage [ˈvɔiidʒ] n reise c

vulgar [ˈvʌlgə] adj vulgær; simpel, ordinær

vulnerable [ˈvʌlnərəbəl] adj sårbar

vulture [ˈvʌltʃə] n gribb c

W

wade [weid] v vasse

wafer [ˈweifə] n vaffelkjeks c

waffle [ˈwɔfəl] n vaffel c

wages [ˈweidʒiz] pl lønn c

waggon [ˈwægən] n godsvogn c; vogn c

waist [weist] n midje c

waistcoat [ˈweiskout] n vest c

wait [weit] v vente; ~ on oppvarte

waiter [ˈweitə] n oppvarter c, kelner c

waiting [ˈweitiŋ] n venting c

waiting-list [ˈweitiŋlist] n venteliste c

waiting-room [ˈweitiŋruːm] n venteværelse nt

waitress [ˈweitris] n oppvarterske c

*wake [weik] v vekke; ~ up våkne

walk [wɔːk] v *gå; spasere; n spasertur c; gange c; walking til fots

walker [ˈwɔːkə] n turgjenger c

walking-stick [ˈwɔːkiŋstik] n spaserstokk c

wall [wɔːl] n mur c; vegg c

wallet [ˈwɔlit] n lommebok c

wallpaper [ˈwɔːlˌpeipə] n tapet nt

walnut [ˈwɔːlnʌt] n valnøtt c

waltz [wɔːls] n vals c

wander [ˈwɔndə] v flakke, vandre

want [wɔnt] v *ville; ønske; n behov nt; mangel c

war [wɔː] n krig c

warden [ˈwɔːdən] n vaktmann c, oppsynsmann c

wardrobe [ˈwɔːdroub] n klesskap nt, garderobe c

warehouse [ˈwɛəhaus] n pakkhus nt, lagerbygning c

wares [wɛəz] pl varer pl

warm [wɔːm] adj varm; v varme

warmth [wɔːmθ] n varme c

warn [wɔːn] v advare

warning [ˈwɔːniŋ] n advarsel c

wary [ˈwɛəri] adj forsiktig

was [wɔz] v (p be)

wash [wɔʃ] v vaske; ~ and wear strykefri; ~ up vaske opp

washable [ˈwɔʃəbəl] adj vaskbar

wash-basin [ˈwɔʃˌbeisən] n håndvask c

washing [ˈwɔʃiŋ] n vask c

washing-machine [ˈwɔʃiŋməˌʃiːn] n vaskemaskin c

washing-powder [ˈwɔʃiŋˌpaudə] n vaskepulver nt

washroom [ˈwɔʃruːm] nAm toalett nt

wash-stand [ˈwɔʃstænd] n vaskeservant c

wasp [wɔsp] n veps c

waste [weist] v sløse bort; n sløseri

nt; adj øde

wasteful ['weistfəl] adj ødsel

wastepaper-basket [weist'peipə‚bɑ:-skit] n papirkurv c

watch [wɔtʃ] v betrakte, *iaktta; bevokte; n ur nt; ~ **for** *holde utkikk etter; ~ **out** *være forsiktig

watch-maker ['wɔtʃ‚meikə] n urmaker c

watch-strap ['wɔtʃstræp] n klokkerem c

water ['wɔ:tə] n vann nt; **iced** ~ isvann nt; **running** ~ innlagt vann; ~ **pump** vannpumpe c; ~ **ski** vannski c

water-colour ['wɔ:tə‚kʌlə] n vannfarge c; akvarell c

watercress ['wɔ:təkres] n vannkarse c

waterfall ['wɔ:təfɔ:l] n foss c

watermelon ['wɔ:tə‚melən] n vannmelon c

waterproof ['wɔ:təpru:f] adj vanntett

water-ski ['wɔ:tə‚ski:] n vannski; v stå på vannski

waterway ['wɔ:təwei] n vannvei c

watt [wɔt] n watt c

wave [weiv] n bølge c; v vinke

wave-length ['weivleŋθ] n bølgelengde c

wavy ['weivi] adj bølget

wax [wæks] n voks c

waxworks ['wækswɔ:ks] pl voksskabinett nt

way [wei] n vis nt, måte c; vei c; retning c; avstand c; **any** ~ på hvilken som helst måte; **by the** ~ forresten; **one-way traffic** enveiskjøring c; **out of the** ~ avsides; **the other** ~ **round** tvert om; ~ **back** fjern fortid; ~ **in** inngang c; ~ **out** utgang c

wayside ['weisaid] n veikant c

we [wi:] pron vi

weak [wi:k] adj svak; tynn

weakness ['wi:knəs] n svakhet c

wealth [welθ] n rikdom c

wealthy ['welθi] adj rik

weapon ['wepən] n våpen nt

***wear** [wεə] v *ha på seg; ~ **out** *slite ut

weary ['wiəri] adj trett, sliten

weather ['weðə] n vær nt; ~ **forecast** værmelding c

***weave** [wi:v] v veve

weaver ['wi:və] n vever c

wedding ['wediŋ] n vielse c, bryllup nt

wedding-ring ['wediŋriŋ] n vielsesring c

wedge [wedʒ] n kile c

Wednesday ['wenzdi] onsdag c

weed [wi:d] n ugress nt

week [wi:k] n uke c

weekday ['wi:kdei] n hverdag c

weekly ['wi:kli] adj ukentlig

***weep** [wi:p] v *gråte

weigh [wei] v veie

weighing-machine ['weiiŋmə‚ʃi:n] n automatvekt c

weight [weit] n vekt c

Welch [welʃ] adj walisisk

welcome ['welkəm] adj velkommen; n velkomst c; v hilse velkommen

weld [weld] v sveise

welfare ['welfεə] n velferd c

well[1] [wel] adv godt; adj frisk; **as** ~ også; **as** ~ **as** så vel som; **well!** ja vel!

well[2] [wel] n kilde c, brønn c

well-founded [‚wel'faundid] adj velbegrunnet

well-known ['welnoun] adj velkjent

well-to-do [‚weltə'du:] adj velhavende

went [went] v (p go)

were [wə:] v (p be)

west [west] n vest c

westerly ['westəli] adj vestlig

western ['westən] adj vestlig

wet [wet] *adj* våt; fuktig

whale [weil] *n* hval *c*

wharf [wɔ:f] *n* (pl ~s, wharves) kaj *c*

what [wɔt] *pron* hva; ~ for hvorfor

whatever [wɔ'tevə] *pron* hva enn

wheat [wi:t] *n* hvete *c*

wheel [wi:l] *n* hjul *nt*

wheelbarrow ['wi:l,bærou] *n* trillebår *c*

wheelchair ['wi:ltʃeə] *n* rullestol *c*

when [wen] *adv* når; *conj* når, da

whenever [we'nevə] *conj* når enn; alltid når

where [weə] *adv* hvor; *conj* hvor

wherever [weə'revə] *conj* hvor enn

whether ['weðə] *conj* om; whether ... or om . . . eller

which [witʃ] *pron* hvilken; som

whichever [wi'tʃevə] *adj* hvilken som helst

while [wail] *conj* mens; *n* stund *c*

whilst [wailst] *conj* mens

whim [wim] *n* innfall *nt*, nykke *nt*

whip [wip] *n* pisk *c*; *v* vispe

whiskers ['wiskəz] *pl* kinnskjegg *nt*

whisper ['wispə] *v* hviske; *n* hvisking *c*

whistle ['wisəl] *v* plystre; *n* fløyte *c*

white [wait] *adj* hvit

whitebait ['waitbeit] *n* småfisk *pl*

whiting ['waitiŋ] *n* (pl ~) hvitting *c*

Whitsun ['witsən] pinse *c*

who [hu:] *pron* hvem; som

whoever [hu:'evə] *pron* hvem som enn

whole [houl] *adj* fullstendig, hel; uskadd; *n* hele *nt*

wholesale ['houlseil] *n* engroshandel *c*; ~ dealer grosserer *c*

wholesome ['houlsəm] *adj* sunn

wholly ['houlli] *adv* helt

whom [hu:m] *pron* til hvem

whore [hɔ:] *n* hore *c*

whose [hu:z] *pron* hvis

why [wai] *adv* hvorfor

wicked ['wikid] *adj* ond

wide [waid] *adj* bred, vid

widen ['waidən] *v* utvide

widow ['widou] *n* enke *c*

widower ['widouə] *n* enkemann *c*

width [widθ] *n* bredde *c*

wife [waif] *n* (pl wives) kone *c*, hustru *c*

wig [wig] *n* parykk *c*

wild [waild] *adj* vill

will [wil] *n* vilje *c*; testamente *nt*

*will [wil] *v* *vil

willing ['wiliŋ] *adj* villig

will-power ['wilpauə] *n* viljestyrke *c*

*win [win] *v* *vinne

wind [wind] *n* vind *c*

*wind [waind] *v* sno seg; *trekke opp, vikle

winding ['waindiŋ] *adj* buktet

windmill ['windmil] *n* vindmølle *c*

window ['windou] *n* vindu *nt*

window-sill ['windousil] *n* vinduskarm *c*

windscreen ['windskri:n] *n* frontrute *c*; ~ wiper vindusvisker *c*

windshield ['windʃi:ld] *nAm* frontrute *c*; ~ wiper *Am* vindusvisker *c*

windy ['windi] *adj* vindhard

wine [wain] *n* vin *c*

wine-cellar ['wain,selə] *n* vinkjeller *c*

wine-list ['wainlist] *n* vinkart *nt*

wine-merchant ['wain,mə:tʃənt] *n* vinhandler *c*

wine-waiter ['wain,weitə] *n* vinkelner *c*

wing [wiŋ] *n* vinge *c*

winner ['winə] *n* vinner *c*

winning ['winiŋ] *adj* vinnende; winnings *pl* gevinst *c*

winter ['wintə] *n* vinter *c*; ~ sports vintersport *c*

wipe [waip] *v* tørke, tørke bort; tørke

av

wire [waiə] *n* metalltråd *c*; ståltråd *c*

wireless ['waiələs] *n* radio *c*

wisdom ['wizdəm] *n* visdom *c*

wise [waiz] *adj* vis

wish [wiʃ] *v* lenges etter, ønske; *n* ønske *nt*, lengsel *c*

witch [witʃ] *n* heks *c*

with [wið] *prep* med; hos; av

•withdraw [wið'drɔ:] *v* *trekke tilbake

•withhold [wið'hould] *v* *holde tilbake

within [wi'ðin] *prep* innenfor; *adv* innvendig

without [wi'ðaut] *prep* uten

witness ['witnəs] *n* vitne *nt*

wits [wits] *pl* forstand *c*

witty ['witi] *adj* vittig; spirituell

wolf [wulf] *n* (pl wolves) ulv *c*

woman ['wumən] *n* (pl women) kvinne *c*

womb [wu:m] *n* livmor *c*

won [wʌn] *v* (p, pp win)

wonder ['wʌndə] *n* under *nt*; forundring *c*; *v* undre seg

wonderful ['wʌndəfəl] *adj* skjønn, vidunderlig; herlig

wood [wud] *n* trevirke *nt*; skog *c*

wood-carving ['wud,kɑ:viŋ] *n* treskjærerarbeid *nt*

wooded ['wudid] *adj* skogkledd

wooden ['wudən] *adj* tre-; ~ **shoe** tresko *c*

woodland ['wudlənd] *n* skogtrakt *c*

wool [wul] *n* ull *c*; **darning** ~ stoppegarn *nt*

woollen ['wulən] *adj* ull-

word [wə:d] *n* ord *nt*

wore [wɔ:] *v* (p wear)

work [wə:k] *n* arbeid *nt*; *v* arbeide; virke, fungere; **working day** arbeidsdag *c*; ~ **of art** kunstverk *nt*; ~ **permit** arbeidstillatelse *c*

worker ['wə:kə] *n* arbeider *c*

workman ['wə:kmən] *n* (pl -men) arbeider *c*

works [wə:ks] *pl* fabrikk *c*

workshop ['wə:kʃɔp] *n* verksted *nt*

world [wə:ld] *n* verden *c*; ~ **war** verdenskrig *c*

world-famous [,wə:ld'feiməs] *adj* verdensberømt

world-wide ['wə:ldwaid] *adj* verdensomspennende

worm [wə:m] *n* mark *c*

worn [wɔ:n] *adj* (pp wear) slitt

worn-out [,wɔ:n'aut] *adj* utslitt

worried ['wʌrid] *adj* bekymret

worry ['wʌri] *v* bekymre seg; *n* bekymring *c*

worse [wə:s] *adj* verre; *adv* verre

worship ['wə:ʃip] *v* *tilbe; *n* gudstjeneste *c*

worst [wə:st] *adj* verst; *adv* verst

worsted ['wustid] *n* kamgarn *nt*

worth [wə:θ] *n* verd *nt*; **•be** ~ *være verd; **•be worth-while** *være umaken verd

worthless ['wə:θləs] *adj* verdiløs

worthy of ['wə:ði əv] verdig

would [wud] *v* (p will)

wound[1] [wu:nd] *n* sår *nt*; *v* såre

wound[2] [waund] *v* (p, pp wind)

wrap [ræp] *v* pakke inn

wreck [rek] *n* vrak *nt*; *v* *ødelegge

wrench [rentʃ] *n* skrunøkkel *c*; rykk *nt*; *v* *vri

wrinkle ['riŋkəl] *n* rynke *c*

wrist [rist] *n* håndledd *nt*

wrist-watch ['ristwɔtʃ] *n* armbåndsur *nt*

•write [rait] *v* *skrive; **in writing** skriftlig; ~ **down** *skrive ned

writer ['raitə] *n* forfatter *c*

writing-pad ['raitiŋpæd] *n* skriveblokk *c*

writing-paper ['raitiŋ,peipə] *n* skrive-

papir *nt*
written ['ritən] *adj* (pp write) skriftlig
wrong [rɔŋ] *adj* gal, uriktig; *n* urett *c; v* *gjøre urett; ***be ~** *ta feil
wrote [rout] *v* (p write)

X

Xmas ['krisməs] jul *c*
X-ray ['eksrei] *n* røntgenbilde *nt; v* røntgenfotografere

Y

yacht [jɔt] *n* lystbåt *c*
yacht-club ['jɔtklʌb] *n* seilerforening *c*
yachting ['jɔtiŋ] *n* seilsport *c*
yard [jɑːd] *n* gårdsplass *c;* hage *c*
yarn [jɑːn] *n* garn *nt*
yawn [jɔːn] *v* gjespe
year [jiə] *n* år *nt*
yearly ['jiəli] *adj* årlig
yeast [jiːst] *n* gjær *c*
yell [jel] *v* hyle; *n* hyl *nt*
yellow ['jelou] *adj* gul
yes [jes] ja
yesterday ['jestədi] *adv* i går
yet [jet] *adv* ennå; *conj* likevel, al-

likevel, dog
yield [jiːld] *v* yte; *vike
yoke [jouk] *n* åk *nt*
yolk [jouk] *n* eggeplomme *c*
you [juː] *pron* du; deg; De; Dem; dere
young [jʌŋ] *adj* ung
your [jɔː] *adj* Deres; din; dine, deres
yourself [jɔːˈself] *pron* deg; selv
yourselves [jɔːˈselvz] *pron* dere; selv
youth [juːθ] *n* ungdom *c; ~* **hostel** ungdomsherberge *nt*
Yugoslav [ˌjuːgəˈslɑːv] *n* jugoslav *c*
Yugoslavia [ˌjuːgəˈslɑːviə] Jugoslavia

Z

zeal [ziːl] *n* iver *c*
zealous ['zeləs] *adj* ivrig
zebra ['ziːbrə] *n* sebra *c*
zenith ['zeniθ] *n* senit *nt;* høydepunkt *nt*
zero ['ziərou] *n* (pl ~s) null *nt*
zest [zest] *n* lyst *c;* iver *c*
zinc [ziŋk] *n* sink *c*
zip [zip] *n* glidelås *c; ~* **code** *Am* postnummer *nt*
zipper ['zipə] *n* glidelås *c*
zodiac ['zoudiæk] *n* dyrekretsen *c*
zone [zoun] *n* sone *c;* område *nt*
zoo [zuː] *n* (pl ~s) dyrehage *c*
zoology [zouˈblədʒi] *n* zoologi *c*

Gastronomisk ordliste

Mat

almond mandel

anchovy sardell

angel food cake sukkerbrød laget
av eggehviter

angels on horseback østers rullet i
baconskiver stekt i ovn

appetizer snacks

apple eple

~ **charlotte** slags tilslørte bon-
depiker stekt i ovn

~ **dumpling** innbakt eple

~ **sauce** eplemos

apricot aprikos

Arbroath smoky røkt kolje

artichoke artisjokk

asparagus asparges

~ **tip** aspargestopp

aspic kjøtt- eller fiskekabaret

assorted blandede

bagel ringformet rundstykke

baked ovnsbakt

~ **Alaska** dessert av sukker-
brød, is og marengs som gies et
kort opphold i stekeovnen og
deretter flamberes

~ **beans** ovnsbakte hvite bøn-
ner i tomatsaus

~ **potato** ovnsbakt potet (med
skall)

Bakewell tart mandelkake med
syltetøy

baloney slags servelatpølse

banana banan

~ **split** dessert av forskjellige
sorter is, banan, nøtter og
frukt- eller sjokoladesaus

barbecue 1) sterkt krydret kjøtt-
saus servert på rundstykke
2) måltid i friluft med grillstekt
mat

~ **sauce** sterkt krydret tomat-
saus

barbecued grillstekt (i det fri)

basil basilikum

bass havåbor

bean bønne

beef oksekjøtt

~ **olive** okserulade

beefburger hamburger (av karbo-
nadedeig)

beet, beetroot rødbete

bilberry blåbær

bill regning

~ **of fare** spisekart, meny

biscuit kjeks, småkake

black pudding blodpølse

blackberry bjørnebær

blackcurrant solbær

bloater lettsaltet røkesild

blood sausage blodpølse

blueberry blåbær

boiled kokt

Bologna (sausage) slags servelat-
pølse

bone ben

boned benfri

Boston baked beans ovnsbakte
hvite bønner med baconstrim-
ler, tomatsaus og sirup
Boston cream pie kake fylt med
vaniljekrem eller pisket krem
og dekket med sjokolade
brains hjerne
braised surret, stekt under lokk
bramble pudding bjørnebærkom-
pott med epleskiver
braunschweiger røkt leverpølse
bread brød
breaded panert
breakfast frokost
breast bryst (fjærkre)
brisket bringe
broad bean hestebønne
broth kraft, buljong
brown Betty slags tilslørte bonde-
piker
brunch kombinert frokost og
lunsj
brussels sprout rosenkål
bubble and squeak slags pytt i
panne
bun 1) bolle med rosiner (GB)
2) rundstykke (US)
butter smør
buttered smurt
cabbage kål
Caesar salad grønn salat med
hvitløk, brødterninger, sardel-
ler, egg og parmesanost
cake kake, terte
cakes småkaker, bakverk
calf kalvekjøtt
Canadian bacon røkt svinefilet
skåret i skiver
canapé smørbrødsnitte
cantaloupe kantalupp
caper kapers
capercaillie, capercailzie tiur
caramel karamell
carp karpe

carrot gulrot
cashew akajou-nøtt
casserole gryte (rett)
catfish steinbit
catsup ketchup
cauliflower blomkål
celery selleri
cereal cornflakes
　　hot ~ grøt
check regning
Cheddar (cheese) hard, lett syrlig,
engelsk ost
cheese ost
　　~ board osteanretning
　　~ cake ostekake
cheeseburger hamburger med
smeltet osteskive
chef's salad grønn salat med
skinke, hårdkokt egg, tomater,
kylling og ost
cherry kirsebær
chestnut kastanje
chicken kylling
chicory 1) endivie (GB) 2) sikori
(US)
chili con carne krydret gryterett
av kjøttdeig og brune bønner
chips 1) pommes frites (GB)
2) chips, potetgull (US)
chit(ter)lings innmat av svin
chive gressløk
chocolate sjokolade
　　~ pudding 1) ulike typer
myk sjokoladekake (GB)
2) sjokoladepudding (US)
choice utvalg
chop kotelett
　　~ suey gryterett av oppskåret
svine- eller kyllingkjøtt og
grønnsaker; serveres med ris
chopped hakket
chowder tykk fiske- og skalldyr-
suppe med bacon og grønn-
saker

Christmas pudding mektig frukt-
kake som serveres til jul; ofte
flambert

chutney sterkt krydrede, sursøte,
syltede grønnsaker eller frukt

cinnamon kanel

clam sandskjell

club sandwich dobbelt smørbrød
med kald kylling, bacon, salat-
blader, tomat og majones

cobbler fruktkompott dekket med
paideig

cock-a-leekie soup hønsesuppe
med purre

coconut kokosnøtt

cod torsk

Colchester oyster engelsk østers
av høy kvalitet

cold cuts/meat kjøttpålegg

coleslaw kålsalat

compote kompott

condiment krydder

consommé buljong

cooked kokt, tillaget

cookie kjeks, småkake

corn 1) hvete, havre (GB)
2) mais (US)
~ **on the cob** maiskolbe

cottage pie ovnsstekt kjøttfarse
dekket med potetmos

course (mat)rett

cover charge kuvertavgift

crab krabbe

cracker smørbrødkjeks

cranberry tyttebær
~ **sauce** tyttebærsyltetøy

crawfish 1) langust (GB) 2) sjø-
kreps (US)

crayfish kreps

cream 1) fløte, krem 2) fromasj
3) fin suppe
~ **cheese** kremost
~ **puff** vannbakkels med krem

creamed potatoes poteter i krem-

saus

creole sterk saus av tomater, pap-
rika og løk

cress karse

crisps chips, potetgull

croquette krokett

crumpet slags tebrød som spises
varmt med smør

cucumber slangeagurk

Cumberland sauce saus av rips-
gelé tilsatt vin, appelsinjuice og
krydder

cupcake småkake

cured spekt, i speke

currant 1) korint 2) rips

curried med karri

curry karri

custard 1) vaniljesaus 2) egge-
krem

cutlet liten kjøttskive (med eller
uten ben)

dab sandflyndre

Danish pastry wienerbrød

date daddel

Derby cheese skarp, gul ost

devilled meget sterkt krydret

devil's food cake myk og mektig
sjokoladekake

devils on horseback plommer
kokt i vin og fylt med mandler
og sardeller, rullet i bacon og
grillet

Devonshire cream tykk fløte

diced skåret i terninger

diet food diettmat

dinner middag

dish rett

donut smultring

double cream tykk kremfløte

doughnut smultring

Dover sole sjøtunge (av høy kva-
litet)

dressing 1) salatdressing 2) fyll i
fjærkre

Dublin Bay prawn sjøkreps
duck and
duckling andunge
dumpling 1) innbakt frukt 2) suppebolle, kumle
Dutch apple pie eplepai dekket med melis og smør
éclair vannbakkels
eel ål
egg(s) egg
  boiled ~ kokt
  fried ~ speilegg
  hard-boiled ~ hårdkokt
  poached ~ forlorent
  scrambled ~ eggerøre
  soft-boiled ~ bløtkokt
eggplant aubergine
endive 1) sikori (GB) 2) endivie (US)
entrée 1) forrett 2) mellomrett
fennel fennikel
fig fiken
fillet filet
finnan haddock røkt kolje
fish fisk
  ~ **and chips** frityrstekt fisk og pommes frites
  ~ **cake** fiskekrokett
flan fruktterte
flapjack liten, tykk pannekake
flounder flyndre
fool slags fruktfromasj
forcemeat kjøttfarse, fyll
fowl fjærkre
frankfurter frankfurterpølse
French bean grønn bønne, snittebønne
French bread pariserloff
French dressing 1) salatdressing av olje og vineddik (GB) 2) salatdressing med majones og ketchup (US)
french fries franske poteter, pommes frites

French toast arme riddere
fresh fersk
fried stekt (i olje)
fritter innbakte og fritterte biter av kjøtt, skalldyr eller frukt
frogs' legs froskelår
frosting glasur
fruit frukt
fry frityrstekt mat
galantine stykker av fugle-, kalve- eller fiskekjøtt i aspik
game vilt
gammon røke- eller spekeskinke
garfish horngjel
garlic hvitløk
garnish garnityr, pynt
gherkin sylteagurk
giblets innmat av fugl, krås
ginger ingefær
goose gås
  ~ **berry** stikkelsbær
grape drue
grated revet
gravy saus av kjøttkraft
grayling harr (laksefisk)
green bean grønn bønne, brekkbønne
green pepper grønn paprika
green salad grønn salat
greens grønnsaker
grilled grillstekt, griljert
grilse liten sommerlaks
grouse rype
gumbo kreolsk rett med kjøtt, grønnsaker, fisk eller skalldyr og *okra*-skudd
haddock kolje
haggis hakket innmat av får, blandet med havregryn og løk
hake lysing
half halv, halvparten
halibut hellefisk
ham skinke
  ~ **and eggs** skinke og egg

haricot bean grønn eller gul bønne
hash rett av finskåret kjøtt
hazelnut hasselnøtt
heart hjerte
herbs krydderurter
herring sild
home-made hjemmelaget
hominy grits slags maisgrøt
honey honning
honeydew melon melon med gulgrønt kjøtt
horse-radish pepperrot
hot 1) varm(t) 2) sterkt krydret
huckleberry blåbær
hush puppy bakverk av maismel
ice-cream iskrem
iced 1) isavkjølt 2) med glasur
icing glasur
Idaho baked potato stor ovnsbakt potet
Irish stew lammeragu med poteter og løk
Italian dressing salatdressing av olje, vineddik, hvitløk og krydderurter
jam syltetøy
jellied i gelé
Jell-O gelédessert
jelly gelé
Jerusalem artichoke jordskokk
John Dory sanktpetersfisk
jugged hare hareragu
juniper berry einebær
junket kalvedans
kale grønnkål
kedgeree slags plukkfisk med ris og hårdkokt egg
kidney nyre
kipper røkesild
lamb lam
Lancashire hot pot gryterett av lammekoteletter og -nyrer, poteter og løk

larded spekket
lean mager
leek purre
leg lår
lemon sitron
~ **sole** sandflyndre
lentil linse
lettuce hodesalat
lima bean slags hestebønne
lime slags grønn sitron
liver lever
loaf brød
lobster hummer
loin 1) kotelettrad (svin) 2) nyrestykke (kalv)
Long Island duck and av høy kvalitet
low calorie kalorifattig
lox røkelaks
lunch lunsj
macaroon makron
mackerel makrell
maize mais
maple syrup lønnesirup
marinated marinert, nedlagt
marjoram merian
marrow marg
~ **bone** margben
marshmallow søtsak av maissirup, sukker, eggehvite og gelatin
mashed potatoes potetstappe
mayonnaise majones
meal måltid
meat kjøtt
~ **ball** kjøttbolle
~ **loaf** forloren hare, slags kjøttpudding
~ **pâté** kjøttpostei
medium medium stekt (om biff)
melted smeltet
Melton Mowbray pie kjøttpai
menu spisekart, meny
meringue marengs
mince 1) hakkekjøtt 2) finhakke

~ **pie** pai med eplebiter, rosiner, sukat og krydder

minced hakket

~ **meat** hakkekjøtt

mint mynte

minute steak raskt stekt, tynn biff

mixed blandet

~ **grill** forskjellige sorter kjøtt og grønnsaker grillstekt på spidd

molasses sirup

morel morkel

mousse 1) fin farse av fugl, skinke eller fisk 2) fromasj

mulberry morbær

mullet multe (fisk)

mulligatawny soup hønsesuppe sterkt krydret med karri

mushroom sopp

muskmelon slags melon

mussel blåskjell

mustard sennep

mutton fårekjøtt

noodles nudler

nut nøtt

oatmeal havregrøt

oil olje

okra abelmoskus (afrikansk grønnsak)

olive oliven

onion løk

orange appelsin

ox tongue oksetunge

oxtail oksehale

oyster østers

pancake tykk pannekake

parsley persille

parsnip pastinakk

partridge rapphøne

pastry (konditor)kake

pasty postei, pai

pea ert

peach fersken

peanut peanøtt, jordnøtt

~ **butter** peanøttsmør

pear pære

pearl barley perlegryn

peppermint peppermynte

perch åbor

persimmon daddelplomme, kakiplomme

pheasant fasan

pickerel ung gjedde

pickled marinert

pickles 1) grønnsaker eller frukt nedlagt i saltlake eller eddik 2) sylteagurker (US)

pie pai, ofte dekket med et deiglokk

pigeon due

pigs' feet/trotters griselabber

pike gjedde

pineapple ananas

plaice rødspette

plain naturell, uten saus eller krydder

plate tallerken

plum plomme

~ **pudding** flambert fruktkake som serveres i julen

poached porchert

popover lett, luftig småkake

pork svinekjøtt

porridge grøt

porterhouse steak tykk biff av filetkammen

pot roast grytestek med grønnsaker

potato potet

~ **chips** 1) pommes frites (GB) 2) potetgull (US)

~ **in its jacket** kokt potet med skall

potted shrimps reker nedlagt i kryddersmør; serveres kaldt

poultry fjærkre

prawn stor reke

prune sviske

ptarmigan fjellrype
pumpkin gresskar
quail vaktel
quince kvede
rabbit kanin
radish reddik
rainbow trout regnbueørret
raisin rosin
rare råstekt (om biff)
raspberry bringebær
raw rå
red mullet rødmulle
red (sweet) pepper rød paprika
redcurrant rips
relish slags tykk kald kryddersaus
  med hakkede grønnsaker og
  olivener
rhubarb rabarbra
rib (of beef) oksekamstek
rib-eye steak entrecôte (biff)
rice ris
rissole krokett av kjøtt- eller fiske-
  postei
river trout bekkørret
roast 1) stek 2) stekt
Rock Cornish hen broiler
roe rogn
roll rundstykke
rollmop herring sammenrullet
  marinert sildefilet med løk eller
  sylteagurker
round steak lårstek
Rubens sandwich sprengt okse-
  kjøtt på rugbrød med gjæret
  surkål, ost og salatdressing;
  serveres varmt
rusk kavring
rye bread rugbrød
saddle sadel
saffron safran
sage salvie
salad salat
  ~ **bar** salat- og grønnsakbuffet
  ~ **cream** lett sukret, kremaktig

salatdressing
salmon laks
  ~ **trout** ørret, aure
salted saltet
sandwich dobbelt smørbrød
sauce saus
sauerkraut gjæret surkål
sausage pølse
sautéed lettstekt i smør eller olje
scallop kammusling
scampi sjøkrepshale
scone rundstykke av havre- eller
  byggmel
Scotch broth suppe av okse- eller
  fårekjøtt, grønnsaker og perle-
  gryn
Scotch egg hårdkokt egg dekket
  med pølsefarse og stekt
Scotch woodcock ristet brød med
  eggerøre og ansjos(postei)
sea bass havåbor
sea bream dorade (fisk)
sea kale strandkål
seafood fisk og skalldyr
(in) season (i) sesong(en)
seasoning krydder
service charge serviceavgift
service (not) included service
  (ikke) inkludert
set menu fast meny
shad stamsild
shallot sjalottløk
shellfish skalldyr
sherbet sorbett (is)
shoulder bog
shredded finstrimlet
  ~ **wheat** hvetecornflakes
shrimp reke
silverside (of beef) lårtunge av
  okse
sirloin steak mørbradstek
skewer spidd
slice skive
sliced skåret i skiver

sloppy Joe kjøttfarse med tomat; serveres på brød

smelt krøkle (laksefisk)

smoked røkt

sole sjøtunge

soup suppe

sour sur

soused herring nedlagt sild, sur-sild

spare-rib grillstekt svineribbe

spice krydder

spinach spinat

spiny lobster langust

(on a) spit (på) spidd

sponge cake sukkerbrød

sprat brisling

squash slags gresskar

starter forrett

steak-and-kidney pie paiskjell fylt med kjøtt- og nyrestuing

steamed dampkokt

stew stuing, ragu

Stilton (cheese) slags bløt nor-mannaost

strawberry jordbær

string bean grønn bønne, snitte-bønne

stuffed fylt, spekket

stuffing fyll, farse

suck(l)ing pig pattegris

sugar sukker

sugarless usukret

sundae iskrem med frukt, nøtter, pisket krem og fruktsauser

supper sen middag

swede kålrabi

sweet 1) søt 2) dessert

~ **corn** mais

~ **potato** søtpotet

sweetbread brissel

Swiss cheese sveitserost

Swiss roll swissroll, rullekake

Swiss steak skive av oksekjøtt surret med tomat og løk

T-bone steak T-benstek

table d'hôte fast meny

tangerine slags mandarin

tarragon estragon

tart terte

tenderloin filet

Thousand Island dressing salat-dressing laget av majones og chilisaus og hakket paprika

thyme timian

toad-in-the-hole biter av oksekjøtt eller pølse dekket med panne-kakerøre og stekt i ovn

toast ristet loff

toasted ristet

~ **cheese** ristet ostesmørbrød

~ **(cheese) sandwich** ristet dobbelt smørbrød med skinke og ost

tomato tomat

tongue tunge

treacle sirup

trifle sukkerbrød med syltetøy dekket med knuste mandel-makroner; serveres med pisket krem og vaniljekrem

tripe kalun (innmat)

trout ørret

truffle trøffel

tuna, tunny tunfisk

turbot piggvar

turkey kalkun

turnip turnips; nepe

turnover liten terte med syltetøy- eller fruktfyll

turtle soup skilpaddesuppe

underdone råstekt (om biff)

vanilla vanilje

veal kalvekjøtt

~ **birds** benløse fugler (av kalvekjøtt)

~ **cutlet** kalveschnitzel

vegetable grønnsak

~ **marrow** slags lite gresskar

venison dyrekjøtt, vilt
vichyssoise kald suppe av purre og poteter
vinegar eddik
Virginia baked ham ovnsstekt røkt skinke dekorert med stekte ananasskiver og kirsebær
wafer (is)kjeks
waffle vaffel
walnut valnøtt
water ice sorbett (is)
watercress vannkarse
watermelon vannmelon
well-done godt stekt

Welsh rabbit/rarebit ristet brød med tykk ostesaus
whelk trompetsnegl
whipped cream pisket krem
whitebait småfisk, ofte sild
woodcock rugde
Worcestershire sauce sterk kryddersaus av eddik og soja
York ham spekeskinke
Yorkshire pudding slags pudding av pannekakerøre som stekes sammen med roastbiff
zucchini slags lite gresskar
zwieback kavring

Drikker

ale sterkt, litt søtt øl som har gjæret ved høy temperatur
  bitter ~ mørkt, beskt
  brown ~ mørkt; på flaske
  light ~ lyst; på flaske
  mild ~ mørkt, fyldig fatøl
  pale ~ lyst, med sterk humlesmak; på flaske
angostura en bitter essens som brukes i forskjellige aperitiffer
applejack eplebrennevin
Athole Brose skotsk drink av whisky, blandet med honning og havremel tilsatt vann
Bacardi cocktail drink av rom, gin, granateplesaft og limejuice
barley water drikk med fruktsmak, laget av byggavkok
barley wine mørkt øl med høyt alkoholinnhold

beer øl
  bottled ~ på flaske
  draft, draught ~ fatøl
bitters bitre aperitiffer
black velvet blanding av champagne og *stout* (serveres ofte til østers)
bloody Mary drink av vodka, tomat-juice og krydder
bourbon amerikansk whisky laget av mais; litt søtlig smak
brandy 1) brandy; brennevin av druer eller annen frukt 2) konjakk
  ~ **Alexander** blanding av brandy, kakaolikør og fløte
British wines viner laget i Storbritannia, som regel av importerte druer
cherry brandy kirsebærlikør

chocolate sjokolade
cider sider, eplevin
  ~ **cup** drink av sider, krydder
  og isbiter
claret rød bordeauxvin
cobbler longdrink av vin, sitron,
  sukker og fruktbiter
coffee kaffe
  ~ **with cream** med fløte
  black ~ uten fløte og sukker
  caffeine-free ~ koffeinfri
  white ~ med melk
Coke Coca-Cola
cordial likør
cream fløte
cup 1) kopp 2) sommerdrink av
  kald vin blandet med soda, til-
  satt litt sprit eller likør og pyn-
  tet med en appelsin-, sitron-
  eller agurkskive
daiquiri cocktail av rom, limejuice
  og sukker
double dobbel
Drambuie likør laget av whisky
  og honning
dry tørr
  ~ **martini** 1) tørr vermut (GB)
  2) cocktail av gin og tørr ver-
  mut (US)
egg-nog eggetoddi
gin and it cocktail av gin og ita-
  liensk (søt) vermut
gin-fizz cocktail av gin, soda,
  sitronsaft og sukker
ginger ale ingefærøl
ginger beer alkoholholdig ingefær-
  øl
grasshopper cocktail av pepper-
  myntelikør, kakaolikør og fløte
Guiness (stout) mørkt, fyldig øl
  med sterk malt- og humlesmak
half pint måleenhet, ca. 3 dl
highball whisky eller brandy blan-
  det med soda eller ingefærøl

iced isavkjølt
Irish coffee kaffe med irsk
  whisky, sukker og pisket krem
Irish Mist irsk likør laget av
  whisky og honning
Irish whiskey irsk whisky; mildere
  enn skotsk whisky. Lages bl.a.
  av bygg-gryn, rug, havre og
  hvete; modnes i trefat
juice juice, fruktsaft
lager pilsenerøl
lemon squash sitronsaft
lemonade sitronbrus
liqueur likør
liquor brennevin
malt whisky skotsk whisky laget
  av malt
Manhattan cocktail av *bourbon*,
  søt vermut og *angostura*
milk melk
mineral water mineralvann
mulled wine varm, krydret vin
neat bar (uten vann eller isbiter)
old-fashioned cocktail av whisky,
  kirsebær, sitron, *angostura* og
  sukker
on the rocks med isbiter
Ovaltine Ovomaltine (sjokolade-
  drikk med malt)
Pimm's cup(s) en sterk longdrink
  med fruktsaft og soda
  ~ **No. 1** med gin
  ~ **No. 2** med whisky
  ~ **No. 3** med rom
  ~ **No. 4** med brandy
pink champagne rosa champagne
pink lady cocktail av gin, eple-
  brennevin (Calvados), granat-
  eplesaft, sitronsaft og pisket
  eggehvite
pint måleenhet, ca. 6 dl
port (wine) portvin
porter mørkt, beskt øl
quart måleenhet, 1,14 liter (US

0,95 liter)
root beer alkoholfri leskedrikk
rum rom
rye (whiskey) amerikansk whisky
  laget av rug; tyngre og sterkere
  smak enn *bourbon*
scotch (whisky) skotsk whisky
screwdriver cocktail av vodka og
  appelsinjuice
shandy bittert øl blandet med
  ingefærøl eller brus
short drink dram
shot dram
sloe gin-fizz plommelikør med
  soda, sitronsaft og sukker
soda water sodavann
soft drink brus, leskedrikk
sour 1) sur 2) om drink tilsatt

sitronsaft
spirits brennevin
stinger cocktail av konjakk og
  peppermyntelikør
stout sterkt, mørkt engelsk øl
straight ublandet (rent brenne-
  vin)
sweet søt
tea te
Tom Collins cocktail av gin, soda,
  sitronsaft og sukker
water vann
whisky sour cocktail av whisky,
  soda, sitronsaft og sukker
wine vin
  red ~ rød
  sparkling ~ musserende
  white ~ hvit

Uregelmessige engelske verb

Her er en liste over uregelmessige engelske verb. Sammensatte verb, eller verb som har prefiks, bøyes etter samme mønster som det enkle verbet; eks.: *overdrive* bøyes som *drive, mistake* som *take*.

Infinitiv	*Imperfektum*	*Perfektum partisipp*	
arise	arose	arisen	*stå opp*
awake	awoke	awoken/awaked	*vekke; våkne*
be	was	been	*være*
bear	bore	borne	*bære*
beat	beat	beaten	*slå*
become	became	become	*bli*
begin	began	begun	*begynne*
bend	bent	bent	*bøye*
bet	bet	bet	*vedde*
bid	bade/bid	bidden/bid	*by (befale)*
bind	bound	bound	*binde*
bite	bit	bitten	*bite*
bleed	bled	bled	*blø*
blow	blew	blown	*blåse*
break	broke	broken	*brekke*
breed	bred	bred	*ale opp*
bring	brought	brought	*bringe*
build	built	built	*bygge*
burn	burnt/burned	burnt/burned	*brenne*
burst	burst	burst	*briste*
buy	bought	bought	*kjøpe*
can*	could	–	*kunne*
cast	cast	cast	*kaste*
catch	caught	caught	*gripe*
choose	chose	chosen	*velge*
cling	clung	clung	*klamre seg til*
clothe	clothed/clad	clothed/clad	*kle på*
come	came	come	*komme*
cost	cost	cost	*koste*
creep	crept	crept	*krype*
cut	cut	cut	*skjære*
deal	dealt	dealt	*handle*
dig	dug	dug	*grave*
do (he does*)	did	done	*gjøre*
draw	drew	drawn	*trekke*
dream	dreamt/dreamed	dreamt/dreamed	*drømme*
drink	drank	drunk	*drikke*
drive	drove	driven	*kjøre*
dwell	dwelt	dwelt	*bo*
eat	ate	eaten	*spise*
fall	fell	fallen	*falle*

---

* presens indikativ

feed	fed	fed	*fôre*
feel	felt	felt	*føle*
fight	fought	fought	*slåss*
find	found	found	*finne*
flee	fled	fled	*flykte*
fling	flung	flung	*kaste*
fly	flew	flown	*fly*
forsake	forsook	forsaken	*svikte*
freeze	froze	frozen	*fryse*
get	got	got	*få*
give	gave	given	*gi*
go (he goes*)	went	gone	*gå*
grind	ground	ground	*male, knuse*
grow	grew	grown	*gro*
hang	hung	hung	*henge*
have (he has*)	had	had	*ha*
hear	heard	heard	*høre*
hew	hewed	hewed/hewn	*hugge*
hide	hid	hidden	*gjemme*
hit	hit	hit	*slå*
hold	held	held	*holde*
hurt	hurt	hurt	*såre*
keep	kept	kept	*beholde*
kneel	knelt	knelt	*knele*
knit	knitted/knit	knitted/knit	*strikke*
know	knew	known	*vite*
lay	laid	laid	*legge*
lead	led	led	*lede*
lean	leant/leaned	leant/leaned	*lene*
leap	leapt/leaped	leapt/leaped	*hoppe*
learn	learnt/learned	learnt/learned	*lære*
leave	left	left	*forlate*
lend	lent	lent	*låne (ut)*
let	let	let	*la; leie ut*
lie	lay	lain	*ligge*
light	lit/lighted	lit/lighted	*tenne*
lose	lost	lost	*miste*
make	made	made	*lage*
may*	might	–	*kunne (få lov)*
mean	meant	meant	*mene*
meet	met	met	*møte*
mow	mowed	mowed/mown	*slå (gress)*
must*	must	–	*måtte*
ought* (to)	ought	–	*burde*
pay	paid	paid	*betale*
put	put	put	*legge*
read	read	read	*lese*
rid	rid	rid	*befri*
ride	rode	ridden	*ride*

---

* presens indikativ

ring	rang	rung	*ringe*
rise	rose	risen	*reise seg*
run	ran	run	*løpe*
saw	sawed	sawn	*sage*
say	said	said	*si*
see	saw	seen	*se*
seek	sought	sought	*søke*
sell	sold	sold	*selge*
send	sent	sent	*sende*
set	set	set	*sette*
sew	sewed	sewed/sewn	*sy*
shake	shook	shaken	*riste*
shall*	should	–	*skulle*
shed	shed	shed	*felle*
shine	shone	shone	*skinne*
shoot	shot	shot	*skyte*
show	showed	shown	*vise*
shrink	shrank	shrunk	*krympe*
shut	shut	shut	*lukke*
sing	sang	sung	*synge*
sink	sank	sunk	*synke*
sit	sat	sat	*sitte*
sleep	slept	slept	*sove*
slide	slid	slid	*gli*
sling	slung	slung	*kaste*
slink	slunk	slunk	*luske*
slit	slit	slit	*flenge*
smell	smelled/smelt	smelled/smelt	*lukte*
sow	sowed	sown/sowed	*så*
speak	spoke	spoken	*snakke*
speed	sped/speeded	sped/speeded	*haste*
spell	spelt/spelled	spelt/spelled	*stave*
spend	spent	spent	*gi ut; tilbringe*
spill	spilt/spilled	spilt/spilled	*søle, spille*
spin	spun	spun	*spinne*
spit	spat	spat	*spytte*
split	split	split	*splitte*
spoil	spoilt/spoiled	spoilt/spoiled	*ødelegge; skjemme bort*
spread	spread	spread	*spre*
spring	sprang	sprung	*hoppe opp*
stand	stood	stood	*stå*
steal	stole	stolen	*stjele*
stick	stuck	stuck	*klebe*
sting	stung	stung	*stikke*
stink	stank/stunk	stunk	*stinke*
strew	strewed	strewed/strewn	*strø*
stride	strode	stridden	*skride*
strike	struck	struck/stricken	*slå*

* presens indikativ

string	strung	strung	*tre på snor*
strive	strove	striven	*streve*
swear	swore	sworn	*banne; sverge*
sweep	swept	swept	*feie*
swell	swelled	swollen/swelled	*hovne*
swim	swam	swum	*svømme*
swing	swung	swung	*svinge*
take	took	taken	*ta*
teach	taught	taught	*undervise*
tear	tore	torn	*rive*
tell	told	told	*fortelle*
think	thought	thought	*tenke*
throw	threw	thrown	*kaste*
thrust	thrust	thrust	*støte*
tread	trod	trodden	*trå*
wake	woke/waked	woken/waked	*våkne; vekke*
wear	wore	worn	*ha på seg*
weave	wove	woven	*veve*
weep	wept	wept	*gråte*
will *	would	—	*ville*
win	won	won	*vinne*
wind	wound	wound	*sno*
wring	wrung	wrung	*vri*
write	wrote	written	*skrive*

---

* presens indikativ

Engelske forkortelser

AA	*Automobile Association*	en britisk automobilforening
AAA	*American Automobile Association*	en amerikansk automobilforening
ABC	*American Broadcasting Company*	et privat amerikansk radio- og fjernsynsselskap
A.D.	*anno Domini*	e.Kr.
Am.	*America; American*	Amerika; amerikansk
a.m.	*ante meridiem (before noon)*	mellom kl. 00.00 og 12.00
Amtrak	*American railroad corporation*	sammenslutning av private amerikanske jernbane-selskaper
AT & T	*American Telephone and Telegraph Company*	et privat amerikansk telefon- og telegrafkompani
Ave.	*avenue*	aveny
B.C.	*before Christ*	f.Kr.
bldg.	*building*	bygning
Blvd.	*boulevard*	boulevard
B.R.	*British Rail*	Britiske statsbaner
Brit.	*Britain; British*	Storbritannia; britisk
Bros.	*brothers*	brødrene (i firmanavn)
¢	*cent*	1/100 dollar
Can.	*Canada; Canadian*	Canada; kanadisk
CBS	*Columbia Broadcasting System*	et privat amerikansk radio- og fjernsynsselskap
CID	*Criminal Investigation Department*	Det britiske kriminalpoliti
CNR	*Canadian National Railway*	Kanadiske statsbaner
c/o	*(in) care of*	adressert
Co.	*company*	kompani
Corp.	*corporation*	samvirkelag
CPR	*Canadian Pacific Railways*	et privat kanadisk jernbaneselskap
D.C.	*District of Columbia*	Columbia-distriktet (Washington, D.C.)
DDS	*Doctor of Dental Science*	tannlege
dept.	*department*	departement
EEC	*European Economic Community*	EEC
e.g.	*for instance*	f.eks.

Eng.	*England; English*	England; engelsk
excl.	*excluding; exclusive*	ikke inkludert, eksklusiv
ft.	*foot/feet*	fot (30,5 cm)
GB	*Great Britain*	Storbritannia
H.E.	*His/Her Excellency;*	Hans/Hennes Eksellense;
	His Eminence	Hans Eminense
		(om kardinaler, etc.)
H.H.	*His Holiness*	Hans Hellighet
H.M.	*His/Her Majesty*	Hans/Hennes Majestet
H.M.S.	*Her Majesty's ship*	britisk marineskip
hp	*horsepower*	hestekraft
Hwy	*highway*	hovedvei
i.e.	*that is to say*	dvs.
in.	*inch*	tomme (2,54 cm)
Inc.	*incorporated*	A/S
incl.	*including, inclusive*	inkludert, inklusiv
£	*pound sterling*	engelsk pund
L.A.	*Los Angeles*	Los Angeles
Ltd.	*limited*	A/S
M.D.	*Doctor of Medicine*	lege
M.P.	*Member of Parliament*	medlem av Det britiske
		parlament
mph	*miles per hour*	eng. mil i timen
Mr.	*Mister*	herr
Mrs.	*Missis*	fru
Ms.	*Missis/Miss*	fru/frk.
nat.	*national*	nasjonal
NBC	*National Broadcasting*	et privat amerikansk radio- og
	Company	fjernsynsselskap
No.	*number*	nr.
N.Y.C.	*New York City*	byen New York
O.B.E.	*Officer (of the Order)*	ridder av Den britiske
	of the British Empire	imperieorden
p.	*page; penny/pence*	side; 1/100 pund
p.a.	*per annum*	pr. år
Ph.D.	*Doctor of Philosophy*	dr. philos.
p.m.	*post meridiem*	mellom kl. 12.00 og 24.00
	(after noon)	
PO	*post office*	postkontor
POO	*post office order*	postanvisning
pop.	*population*	befolkning, innbyggere
P.T.O.	*please turn over*	vennligst bla om
RAC	*Royal Automobile Club*	Den kongelige engelske
		automobilforening

RCMP	*Royal Canadian Mounted Police*	Det kongelige kanadiske ridende politi
Rd.	*road*	vei, veg
ref.	*reference*	referanse
Rev.	*reverend*	pastor
RFD	*rural free delivery*	postboks (på landsbygda)
RR	*railroad*	jernbane
RSVP	*please reply*	vennligst svar
$	*dollar*	dollar
Soc.	*society*	selskap
St.	*saint ; street*	sankt ; gate
STD	*Subscriber Trunk Dialling*	automattelefon
UN	*United Nations*	FN
UPS	*United Parcel Service*	et privat firma som foretar pakkeforsendelser
US	*United States*	USA
USS	*United States Ship*	amerikansk marineskip
VAT	*value added tax*	meromsetningsskatt
VIP	*very important person*	betydningsfull person
Xmas	*Christmas*	jul
yd.	*yard*	yard (91,44 cm)
YMCA	*Young Men's Christian Association*	KFUM
YWCA	*Young Women's Christian Association*	KFUK
ZIP	*ZIP code*	postnummer

Tall

Grunntall		Ordenstall	
0	zero	1st	first
1	one	2nd	second
2	two	3rd	third
3	three	4th	fourth
4	four	5th	fifth
5	five	6th	sixth
6	six	7th	seventh
7	seven	8th	eighth
8	eight	9th	ninth
9	nine	10th	tenth
10	ten	11th	eleventh
11	eleven	12th	twelfth
12	twelve	13th	thirteenth
13	thirteen	14th	fourteenth
14	fourteen	15th	fifteenth
15	fifteen	16th	sixteenth
16	sixteen	17th	seventeenth
17	seventeen	18th	eighteenth
18	eighteen	19th	nineteenth
19	nineteen	20th	twentieth
20	twenty	21st	twenty-first
21	twenty-one	22nd	twenty-second
22	twenty-two	23rd	twenty-third
23	twenty-three	24th	twenty-fourth
24	twenty-four	25th	twenty-fifth
25	twenty-five	26th	twenty-sixth
30	thirty	27th	twenty-seventh
40	forty	28th	twenty-eighth
50	fifty	29th	twenty-ninth
60	sixty	30th	thirtieth
70	seventy	40th	fortieth
80	eighty	50th	fiftieth
90	ninety	60th	sixtieth
100	a/one hundred	70th	seventieth
230	two hundred and thirty	80th	eightieth
		90th	ninetieth
1,000	a/one thousand	100th	hundredth
10,000	ten thousand	230th	two hundred and thirtieth
100,000	a/one hundred thousand		
1,000,000	a/one million	1,000th	thousandth

Klokken

Både engelskmennene og amerikanerne anvender uttrykkene *a.m. (ante meridiem)* om tiden etter midnatt frem til kl. 12, og *p.m. (post meridiem)* om tiden etter kl. 12 frem til midnatt. I England går man imidlertid mer og mer over til å bruke 24-timerssystemet.

Eksempler:

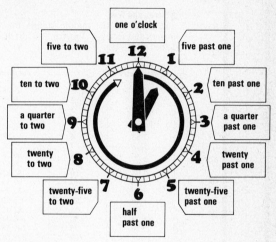

I'll come at seven a.m.	Jeg kommer kl. 7 om morgenen.
I'll come at two p.m.	Jeg kommer kl. 2 om etter-middagen.
I'll come at eight p.m.	Jeg kommer kl. 8 om kvelden.

Dagene

Sunday	søndag	*Thursday*	torsdag
Monday	mandag	*Friday*	fredag
Tuesday	tirsdag	*Saturday*	lørdag
Wednesday	onsdag		

Conversion tables/
Omregningstabeller

Meter og fot
Tallene i midten gjelder både for meter og fot, dvs. 1 meter = 3,281 fot, og 1 fot = 0,30 meter.

Metres and feet
The figure in the middle stands for both metres and feet, e.g. 1 metre = 3.281 ft. and 1 foot = 0.30 m.

Meter/Metres		Fot/Feet
0.30	1	3.281
0.61	2	6.563
0.91	3	9.843
1.22	4	13.124
1.52	5	16.403
1.83	6	19.686
2.13	7	22.967
2.44	8	26.248
2.74	9	29.529
3.05	10	32.810
3.66	12	39.372
4.27	14	45.934
6.10	20	65.620
7.62	25	82.023
15.24	50	164.046
22.86	75	246.069
30.48	100	328.092

Temperatur
For å regne om fra celsius- til fahrenheitgrader, ganger en med 1,8 og legger til 32.
Omvendt – for å regne om fra fahrenheit- til celsiusgrader – trekker en fra 32 og deler med 1,8.

Temperature
To convert Centigrade to Fahrenheit, multiply by 1.8 and add 32.
To convert Fahrenheit to Centigrade, subtract 32 from Fahrenheit and divide by 1.8.

Noen vanlige uttrykk

Some Basic Phrases

Vennligst.	Please.
Mange takk.	Thank you very much.
Ingen årsak.	Don't mention it.
God morgen.	Good morning.
God dag *(ettermiddag)*.	Good afternoon.
God kveld.	Good evening.
God natt.	Good night.
Adjø.	Good-bye.
På gjensyn.	See you later.
Hvor er…?	Where is/Where are…?
Hva heter (kalles) dette?	What do you call this?
Hva betyr det?	What does that mean?
Snakker De engelsk?	Do you speak English?
Snakker De tysk?	Do you speak German?
Snakker De fransk?	Do you speak French?
Snakker De spansk?	Do you speak Spanish?
Snakker De italiensk?	Do you speak Italian?
Kunne De snakke litt langsommere?	Could you speak more slowly, please?
Jeg forstår ikke.	I don't understand.
Kan jeg få…?	Can I have…?
Kan De vise meg…?	Can you show me…?
Kan De si meg…?	Can you tell me…?
Kan De være så vennlig å hjelpe meg?	Can you help me, please?
Jeg vil gjerne ha…	I'd like…
Vi ville gjerne ha…	We'd like…
Vennligst, gi meg…	Please give me…
Vennligst, hent…til meg.	Please bring me…
Jeg er sulten.	I'm hungry.
Jeg er tørst.	I'm thirsty.
Jeg har gått meg vill.	I'm lost.
Skynd Dem!	Hurry up!

| Det finnes… | There is/There are… |
| Det finnes ikke… | There isn't/There aren't… |

Ankomst — Arrival

Passet, takk.	Your passport, please.
Har De noe å fortolle?	Have you anything to declare?
Nei, ingenting.	No, nothing at all.
Kan De hjelpe meg med bagasjen?	Can you help me with my luggage, please?
Hvor tar man bussen til sentrum?	Where's the bus to the centre of town, please?
Denne vei.	This way, please.
Hvor kan jeg få tak i en drosje?	Where can I get a taxi?
Hva koster det til…?	What's the fare to…?
Vennligst, kjør meg til denne adressen.	Take me to this address, please.
Jeg har det travelt.	I'm in a hurry.

Hotell — Hotel

Mitt navn er…	My name is…
Har De bestilt?	Have you a reservation?
Jeg vil gjerne ha et rom med bad.	I'd like a room with a bath.
Hva koster det for en natt?	What's the price per night?
Kan jeg få se rommet?	May I see the room?
Hvilket værelsesnummer har jeg?	What's my room number, please?
Her er ikke noe varmt vann.	There's no hot water.
Kan jeg få snakke med direktøren?	May I see the manager, please?
Har det vært noen telefon til meg?	Did anyone telephone me?
Er det noe post til meg?	Is there any mail for me?
Kan jeg få regningen, takk.	May I have my bill (check), please?

Restaurant — Eating out

| Har De en fast meny? | Do you have a fixed-price menu? |
| Kan jeg få se spisekartet? | May I see the menu? |

Kan vi få et askebeger, takk?	May we have an ashtray, please?
Hvor er toalettet?	Where's the toilet, please?
Jeg vil gjerne ha en forrett.	I'd like an hors d'œuvre (starter).
Har De suppe?	Have you any soup?
Jeg vil gjerne ha fisk.	I'd like some fish.
Hva slags fisk har dere?	What kind of fish do you have?
Jeg vil gjerne ha en biff.	I'd like a steak.
Hvilke grønnsaker har dere?	What vegetables have you got?
Takk, jeg er forsynt.	Nothing more, thanks.
Hva vil De ha å drikke?	What would you like to drink?
Jeg vil gjerne ha en øl, takk.	I'll have a beer, please.
Jeg vil gjerne ha en flaske vin.	I'd like a bottle of wine.
Regningen, takk!	May I have the bill (check), please?
Er service inkludert?	Is service included?
Takk. Det smakte utmerket.	Thank you, that was a very good meal.

På reise

Travelling

Hvor er jernbanestasjonen?	Where's the railway station, please?
Unnskyld, kan De si meg hvor billettluken er?	Where's the ticket office, please?
Jeg vil gjerne ha en billett til...	I'd like a ticket to...
Første eller annen klasse?	First or second class?
Første, takk.	First class, please.
Enkeltbillett eller tur-retur?	Single or return (one way or roundtrip)?
Må jeg bytte tog?	Do I have to change trains?
Fra hvilken plattform går toget til...?	What platform does the train for... leave from?
Hvor er nærmeste under-grunnsstasjon?	Where's the nearest underground (subway) station?
Hvor er buss-stasjonen?	Where's the bus station, please?
Når går den første bussen til...?	When's the first bus to...?
Vil De slippe meg av på neste holdeplass?	Please let me off at the next stop.

Fornøyelser	**Relaxing**
Hva går på kino?	What's on at the cinema (movies)?
Når begynner filmen?	What time does the film begin?
Er det noen billetter igjen til i kveld?	Are there any tickets for tonight?
Hvor kan vi gå for å danse?	Where can we go dancing?

Bekjentskap	**Meeting people**
God dag.	How do you do.
Hvordan står det til?	How are you?
Bare bra, takk. Og med Dem?	Very well, thank you. And you?
Kan jeg få presentere...?	May I introduce...?
Mitt navn er...	My name is...
Gleder meg (å treffe Dem).	I'm very pleased to meet you.
Hvor lenge har De vært her?	How long have you been here?
Det var hyggelig å treffe Dem.	It was nice meeting you.
Har De noe imot at jeg røyker?	Do you mind if I smoke?
Unnskyld, kan De gi meg fyr på sigaretten?	Do you have a light, please?
Kan jeg by Dem på en drink?	May I get you a drink?
Vil De spise middag med meg i kveld?	May I invite you for dinner tonight?
Hvor skal vi møtes?	Where shall we meet?

Forretninger, varehus, etc.	**Shops, stores and services**
Unnskyld, hvor er nærmeste bank?	Where's the nearest bank, please?
Hvor kan jeg innløse reisesjekker?	Where can I cash some travellers' cheques?
Kan De gi meg litt vekslepenger?	Can you give me some small change, please?
Hvor er nærmeste apotek?	Where's the nearest chemist's (pharmacy)?
Hvordan kommer jeg dit?	How do I get there?
Er det langt å gå dit?	Is it within walking distance?

Kan De være så vennlig å hjelpe meg?

Can you help me, please?

Hvor mye koster dette? Og det?

How much is this? And that?

Det er ikke akkurat hva jeg vil ha.

It's not quite what I want.

Jeg liker det.

I like it.

Kan De anbefale noe for solforbrenning?

Can you recommend something for sunburn?

Jeg vil gjerne ha håret klippet.

I'd like a haircut, please.

Jeg vil gjerne ha en manikyr.

I'd like a manicure, please.

Vi spør om veien

Street directions

Kan De vise meg på dette kartet hvor jeg er?

Can you show me on the map where I am?

De er på feil vei.

You are on the wrong road.

Kjør/Gå rett frem.

Go/Walk straight ahead.

Det er på venstre/på høyre side.

It's on the left/on the right.

Ulykker

Emergencies

Tilkall en lege – fort.

Call a doctor quickly.

Ring etter en sykebil.

Call an ambulance.

Tilkall politiet.

Please call the police.

norwegian-english

norsk-engelsk

Abbreviations

adj	adjective	*pl*	plural
adv	adverb	*plAm*	plural (American)
Am	American		
art	article	*pp*	past participle
c	common gender	*pr*	present tense
conj	conjunction	*pref*	prefix
n	noun	*prep*	preposition
nAm	noun (American)	*pron*	pronoun
nt	neuter	*suf*	suffix
num	numeral	*v*	verb
p	past tense	*vAm*	verb (American)

Introduction

This dictionary has been designed to best meet your practical needs. Unnecessary linguistic information has been avoided. The entries are listed in alphabetical order, regardless of whether the entry is printed in a single word or in two or more separate words. As the only exception to this rule, a few idiomatic expressions are listed alphabetically as main entries by the most significant word of the expression. When an entry is followed by sub-entries, such as expressions and locutions, these are also listed in alphabetical order[1].

Each main-entry word is followed by a phonetic transcription (see guide to pronunciation). Following the transcription, the part of speech of the entry word is indicated, whenever applicable. If an entry word is used as more than one part of speech, the translations are grouped together after the respective part of speech.

In the regular indefinite plural, both common and neuter nouns take an *-(e)r* ending. Exceptions: common nouns ending in *-er* take ~*e* (e.g.: arbeider, pl arbeidere), and monosyllabic neuter nouns remain unchanged (e.g.: barn, pl barn).

All irregular plural forms of nouns not conforming to these rules are given in brackets after the part of speech.

Whenever an entry word is repeated in irregular forms or sub-entries, a tilde (~) is used to represent the full word. In plurals of long words, only the part that changes is written out fully, whereas the unchanged part is represented by a hyphen (-).

Entry word: mus *c* (pl ~)	Plural: mus
vidunder *nt* (pl ~, ~e)	vidunder, vidundere
antibiotikum *nt* (pl -ka)	antibiotika

An asterisk (*) in front of a verb indicates that it is irregular. For more detail, refer to the list of irregular verbs.

---

[1] Note that the Norwegian alphabet comprises 29 letters; æ, ø and å are considered independent characters and come after *z*, in that order.

Guide to Pronunciation

Each main entry in this part of the dictionary is followed by a phonetic transcription which shows you how to pronounce the words. This transcription should be read as if it were English. It is based on Standard British pronunciation, though we have tried to take account of General American pronunciation also. Below, only those letters and symbols are explained which we consider likely to be ambiguous or not immediately understood.

The syllables are separated by hyphens, and stressed syllables are printed in *italics*.

Of course, the sounds of any two languages are never exactly the same, but if you follow carefully our indications, you should be able to pronounce the foreign words in such a way that you'll be understood. To make your task easier, our transcriptions occasionally simplify slightly the sound system of the language while still reflecting the essential sound differences.

Consonants

g	always hard, as in **g**o
kh	quite like **h** in **h**uge, but with the tongue raised a little higher
r	rolled in the front of the mouth, except in south-eastern Norway, where it's pronounced in the back of the mouth
s	always hard, as in **s**o

The consonants **d**, **l**, **n**, **s**, **t**, if preceded by **r**, are generally pronounced with the tip of the tongue turned up well behind the upper front teeth. The **r** then ceases to be pronounced.

Vowels and Diphthongs

aa	long **a**, as in c**a**r, without any **r**-sound
ah	a short version of **aa**; between **a** in c**a**t and **u** in c**u**t
aw	as in r**aw** (British pronunciation)
æ	like **a** in c**a**t
ææ	a long **æ**-sound
eh	like **e** in g**e**t
er	as in oth**er**, without any **r**-sound
ew	a "rounded **ee**-sound". Say the vowel sound **ee** (as in s**ee**), and while saying it, round your lips as for **oo** (as in s**oo**n), without moving your tongue; when your lips are in the **oo** position, but your tongue in the **ee** position, you should be pronouncing the correct sound
igh	as in s**igh**
o	always as in h**o**t (British pronunciation)
ou	as in l**ou**d
ur	as in f**ur**, but with rounded lips and no **r**-sound

1) A bar over a vowel symbol (e.g. $\overline{\text{ew}}$) shows that this sound is long.

2) Raised letters (e.g. ᵞ**aa**, **ew**ᵉᵉ) should be pronounced only fleetingly.

Tones

In Norwegian there are two "tones": one is rising, the other consists of a falling pitch followed by a rise. As these tones are complex and very hard to copy, we do not indicate them, but mark their position as stressed.

A

abbedi (ah-ber-*dee*) *nt* abbey

abnorm (ahb-*norm*) *adj* abnormal

abonnement (ah-boo-ner-*mahngng*) *nt* subscription

abonnent (ah-boo-*nehnt*) *c* subscriber

abort (ah-*bott*) *c* abortion; miscarriage

absolutt (ahp-soo-*lewtt*) *adj* very, sheer; *adv* absolutely

abstrakt (ahp-*strahkt*) *adj* abstract

absurd (ahp-*sewrd*) *adj* absurd

addisjon (ah-di-*shōōn*) *c* addition

adekvat (ah-deh-*kvaat*) *adj* adequate

adel (*aa*-derl) *c* nobility

adelig (aa-der-li) *adj* noble

adgang (*aad*-gahng) *c* admission, entrance, admittance, entry; **~ forbudt** no entry, no admittance

adjektiv (*ahd*-Yehk-tiv) *nt* adjective

adjø! (ahd-*Yūr*) good-bye!

adkomst (*aad*-komst) *c* access

•adlyde (aad-*lēw*-der) *v* obey

administrasjon (ahd-mi-ni-strah-*shōōn*) *c* administration

administrerende (ahd-mi-ni-*strāy*-rerner) *adj* administrative; executive

admiral (ahd-mi-*raal*) *c* admiral

adoptere (ah-doop-*tāy*-rer) *v* adopt

adressat (ahd-reh-*saat*) *c* addressee

adresse (ah-*drehss*-ser) *c* address

adressere (ahd-reh-*sāy*-rer) *v* address

advare (*aad*-vaa-rer) *v* caution, warn

advarsel (*aad*-vah-sherl) *c* (pl -sler) warning

adverb (ahd-*værb*) *nt* adverb

advokat (ahd-voo-*kaat*) *c* lawyer, barrister; solicitor, attorney

affektert (ah-fehk-*tāyt*) *adj* affected

affære (ah-*fææ*-rer) *c* business

Afrika (*aaf*-ri-kah) Africa

afrikaner (ahf-ri-*kaa*-nerr) *c* African

afrikansk (ahf-ri-*kaansk*) *adj* African

aften (*ahf*-tern) *c* night, evening; **i ~** tonight

aftensmat (*ahf*-terns-maat) *c* supper

agent (ah-*gehnt*) *c* agent

agentur (ah-gehn-*tēwr*) *nt* agency

aggressiv (*ah*-greh-seev) *adj* aggressive

agn (ahngn) *nt* bait

agurk (ah-*gewrk*) *c* cucumber

akademi (ah-kah-day-*mee*) *nt* academy

akkompagnere (ah-koom-pahn-*Yay*-rer) *v* accompany

akkreditiv (ah-kreh-di-*teev*) *nt* letter of credit

akkurat (ah-kew-*raat*) *adj* just; exact; *adv* exactly

aksel (*ahk*-serl) *c* (pl aksler) axle

akselerere (*ahk*-ser-ler-*rāy*-rer) *v* accelerate

aksent (ahk-*sahngng*) c accent

akseptere (ahk-sehp-*tay*-rer) v accept

aksje (*ahk*-sher) c share, stock

aksjon (ahk-*shoon*) c action

akt (ahkt) c act; nude

akte (*ahk*-ter) v esteem

aktelse (*ahk*-terl-ser) c respect; esteem

akterspeil (*ahk*-ter-shpayl) nt (pl ~) stern, rear

aktiv (*ahk*-tiv) adj active

aktivitet (ahk-ti-vi-*tayt*) c activity

aktuell (ahk-tew-*ehll*) adj topical; current

akutt (ah-*kewtt*) adj acute

akvarell (ahk-vah-*rehll*) c water-colour

alarm (ah-*lahrm*) c alarm

alarmere (ah-lahr-*may*-rer) v alarm

albue (*ahl*-bew-er) c elbow

album (*ahl*-bewm) nt album

alder (*ahl*-derr) c (pl ~e, aldrer) age

alderdom (*ahl*-der-dom) c old age, age

aldri (*ahl*-dri) adv never

alene (ah-*lay*-ner) adv alone; only

ale opp (*aa*-ler) *breed, raise

alfabet (ahl-fah-*bayt*) nt alphabet

algebra (*ahl*-geh-brah) c algebra

Algerie (ahl-sheh-*ree*) Algeria

algerier (ahl-*shay*-ri-err) c Algerian

algerisk (ahl-*shay*-risk) adj Algerian

alkohol (ahl-koo-*hool*) c alcohol

alkoholholdig (ahl-koo-*hool*-hol-di) adj alcoholic; **alkoholholdige drikker** spirits

all (ahll) adj all

allé (ah-*lay*) c alley

allerede (ah-ler-*ray*-der) adv already

allergi (ahl-ær-*gee*) c allergy

allianse (ah-li-*ahng*-ser) c alliance

allierte (ah-li-*ay*-ter) pl Allies pl

allikevel (ah-*lee*-ker-vehl) conj yet

allmektig (*ahl*-mehk-ti) adj omnipotent

allsidig (*ahl*-see-di) adj all-round

alltid (*ahl*-ti) adv always; ever

allting (*ahl*-ting) pron everything

alm (ahlm) c elm

almanakk (ahl-mah-*nahkk*) c diary, almanac

almen (*ahl*-mayn) adj public; general

alminnelig (ahl-*min*-ner-li) adj plain, customary, common

alpelue (*ahl*-per-lew-er) c beret

alt (ahlt) pron everything; c alto

alter (*ahl*-terr) nt (pl altre) altar

alternativ (ahl-tæ-nah-teev) nt alternative

altfor (*ahlt*-for) adv too

altså (*ahlt*-so) adv consequently

alv (ahlv) c elf

alvor (*ahl*-vor) nt seriousness, gravity

alvorlig (ahl-*vaw*-li) adj serious, bad, grave

ambassade (ahm-bah-*saa*-der) c embassy

ambassadør (ahm-bah-sah-*dürr*) c ambassador

ambisiøs (ahm-bi-si-*ürss*) adj ambitious

ambulanse (ahm-bew-*lahng*-ser) c ambulance

Amerika (ah-*may*-ri-kah) America

amerikaner (ah-meh-ri-*kaa*-nerr) c American

amerikansk (ah-meh-ri-*kaansk*) adj American

ametyst (ah-mer-*tewst*) c amethyst

amme (*ahm*-mer) c nurse

amnesti (ahm-ner-*stee*) nt amnesty

amulett (ah-mew-*lehtt*) c lucky charm, charm

analfabet (ahn-nahl-fah-*bayt*) c illiterate

analyse (ahn-ah-*lew*-ser) c analysis

analysere (ahn-ah-lew-*say*-rer) v analyse

analytiker (ahn-ah-*lewt*-ti-kerr) c analyst

ananas (*ahn*-nah-nahss) *c* pineapple

anarki (ahn-ahr-*kee*) *nt* anarchy

anatomi (ahn-ah-too-*mee*) *c* anatomy

anbefale (*ahn*-beh-faa-ler) *v* recommend

anbefaling (*ahn*-beh-faa-ling) *c* recommendation

and (ahnn) *c* (pl ender) duck

ane (*aa*-ner) *v* suspect, guess

anelse (*aa*-nerl-ser) *c* notion; suspicion

anemi (ahn-eh-*mee*) *c* anaemia

anerkjenne (*ahn*-nær-kheh-ner) *v* recognize, acknowledge

anerkjennelse (*ahn*-nær-kheh-nerl-ser) *c* recognition

anfall (*ahn*-fahl) *nt* (pl ~) fit

anfører (*ahn*-fūr-rerr) *c* leader

anførselstegn (*ahn*-fur-sherls-tayn) *pl* quotation marks

anger (*ahng*-ngerr) *c* repentance

***angi** (*ahn*-ᴙee) *v* indicate

angre (*ahng*-rer) *v* regret, repent

angrep (*ahn*-grāyp) *nt* (pl ~) attack; raid

***angripe** (*ahn*-gree-per) *v* attack, assault

angst (ahngst) *c* fright

***angå** (*ahn*-gaw) *v* concern

angående (*ahn*-gaw-erner) *prep* regarding, about, as regards, concerning

ankel (*ahng*-kerl) *c* (pl ankler) ankle

anker (*ahng*-kerr) *nt* (pl ankre) anchor

anklage[1] (*ahn*-klaa-ger) *v* accuse, charge

anklage[2] (*ahn*-klaa-ger) *c* charge

anklagede (*ahn*-klaa-ger-der) accused

***ankomme** (*ahn*-ko-mer) *v* arrive

ankomst (*ahn*-komst) *c* arrival

ankomsttid (*ahn*-komst-teed) *c* time of arrival

anledning (ahn-*lāyd*-ning) *c* chance, opportunity; *ha ~ til afford

anlegg (*ahn*-lehg) *nt* (pl ~) aptitude; construction

anliggende (*ahn*-li-ger-ner) *nt* affair, concern

anmassende (*ahn*-mah-ser-ner) *adj* presumptuous

anmelde (*ahn*-meh-ler) *v* report; review

anmeldelse (*ahn*-meh-lerl-ser) *c* review

anmode (*ahn*-mōō-der) *v* request

anmodning (*ahn*-mōōd-ning) *c* request

anneks (ah-*nehks*) *nt* annex

annektere (ah-nehk-*tāy*-rer) *v* annex

annen (*aa*-ern) *num* second; *pron* other

annerledes (*ahn*-ner-lāy-derss) *adv* otherwise; *adj* different

annetsteds (*aa*-ern-stehss) *adv* elsewhere

annonse (ah-*nong*-ser) *c* advertisement

annullere (ah-new-*lāy*-rer) *v* cancel; recall

annullering (ah-new-*lāy*-ring) *c* cancellation

anonym (ah-noo-*newm*) *adj* anonymous

anordning (ahn-*nod*-ning) *c* arrangement

ansatt (*ahn*-saht) *c* (pl ~e) employee

***anse** (*ahn*-sāy) *v* consider, regard

anseelse (*ahn*-sāy-erl-ser) *c* reputation

anselig (ahn-*sāy*-li) *adj* considerable, substantial

***ansette** (*ahn*-seh-ter) *v* engage

ansikt (*ahn*-sikt) *nt* face

ansiktskrem (*ahn*-sikts-krāym) *c* face-cream

ansiktsmaske (*ahn*-sikts-mahss-ker) *c* face-pack

ansiktsmassasje (*ahn*-sikts-mah-saa-sher) *c* face massage

ansiktspudder (*ahn*-sikts-pew-derr) *nt* face-powder

ansiktstrekk (*ahn*-sikts-trehk) *nt* feature

ansjos (ahn-*shōōss*) *c* anchovy

anskaffe (*ahn*-skah-fer) *v* *buy, *get

anskaffelse (*ahn*-skah-ferl-ser) *c* purchase

anspennelse (*ahn*-speh-nerl-ser) *c* strain

anspent (*ahn*-spehnt) *adj* tense

anspore (*ahn*-spōō-rer) *v* incite

anstalt (*ahn*-stahlt) *c* institute

anstendig (ahn-*stehn*-di) *adj* decent

anstendighet (ahn-*stehn*-di-hāyt) *c* decency

anstrengelse (*ahn*-strayng-erl-ser) *c* effort, strain

anstrenge seg (*ahn*-streh-nger) labour; try

anstøt (*ahn*-stürt) *nt* (pl ~) offence

anstøtende (*ahn*-stürt-erner) *adj* offensive

ansvar (*ahn*-svahr) *nt* liability, responsibility

ansvarlig (ahn-*svaa*-li) *adj* liable, responsible; ~ **for** in charge of

ansøke (*ahn*-sūr-ker) *v* apply

ansøkning (*ahn*-sūrk-ning) *c* request; application

***anta** (*ahn*-taa) *v* assume, suppose; guess

antakelig (ahn-*taa*-ker-li) *adj* presumable

antall (*ahn*-tahl) *nt* (pl ~) number; quantity

antenne (ahn-*tehn*-ner) *c* aerial

antibiotikum (ahn-ti-bi-ōō-ti-kewm) *nt* (pl -ka) antibiotic

antikk (ahn-*tikk*) *adj* antique

antikvitet (ahn-ti-kvi-*tāyt*) *c* antique

antikvitetshandler (ahn-ti-kvi-*tāyts*-hahnd-lerr) *c* antique dealer

antipati (ahn-ti-pah-*tee*) *c* dislike

antologi (ahn-too-loo-*gee*) *c* anthology

antyde (*ahn*-tēw-der) *v* indicate; imply

anvende (*ahn*-veh-ner) *v* employ, apply; utilize

anvendelig (ahn-*vehn*-ner-li) *adj* usable

anvendelse (ahn-*veh*-nerl-ser) *c* application

anvise (*ahn*-vee-ser) *v* indicate

ape (*aa*-per) *c* monkey

aperitiff (ah-peh-ri-*tiff*) *c* aperitif

apotek (ah-poo-*tāyk*) *nt* pharmacy, chemist's; drugstore *nAm*

apoteker (ah-poo-*tāy*-kerr) *c* chemist

apparat (ah-pah-*raat*) *nt* apparatus, machine; appliance

appell (ah-*pehll*) *c* appeal

appelsin (ah-perl-*seen*) *c* orange

appetitt (ah-per-*titt*) *c* appetite

appetittlig (ah-per-*tit*-li) *adj* appetizing

appetittvekker (ah-per-*tit*-veh-kerr) *c* appetizer

applaudere (ahp-lou-*dāy*-rer) *v* clap

applaus (ah-*plouss*) *c* applause

aprikos (ahp-ri-*kōōss*) *c* apricot

april (ah-*preel*) April

araber (ah-*raa*-berr) *c* Arab

arabisk (ah-*raa*-bisk) *adj* Arab

arbeid (*ahr*-bay) *nt* labour, work; employment

arbeide (*ahr*-bay-der) *v* work

arbeider (*ahr*-bay-derr) *c* labourer, worker, workman

arbeidsbesparende (*ahr*-bayss-beh-spaa-rer-ner) *adj* labour-saving

arbeidsdag (*ahr*-bayss-daag) *c* working day

arbeidsformidling (*ahr*-bayss-for-midling) *c* employment exchange

arbeidsgiver (*ahr*-bayss-Yee-verr) *c*

employer; master

arbeidsløs (*ahr*-bayss-lūrss) *adj* unemployed

arbeidsløshet (*ahr*-bayss-lūrss-hāyt) *c* unemployment

arbeidstillatelse (*ahr*-bayss-ti-laa-terl-ser) *c* work permit; labor permit *Am*

areal (ah-reh-*aal*) *nt* area

Argentina (ahr-gern-*tee*-nah) Argentina

argentiner (ahr-gern-*tee*-nerr) *c* Argentinian

argentinsk (ahr-gern-*teensk*) *adj* Argentinian

argument (ahr-gew-*mehnt*) *nt* argument

argumentere (ahr-gew-mehn-*tāy*-rer) *v* argue

ark (ahrk) *nt* sheet

arkade (ahr-*kaa*-der) *c* arcade

arkeolog (ahr-keh-oo-*lawg*) *c* archaeologist

arkeologi (ahr-keh-oo-loo-*gee*) *c* archaeology

arkitekt (ahr-ki-*tehkt*) *c* architect

arkitektur (ahr-ki-tehk-*tēwr*) *c* architecture

arkiv (ahr-*keev*) *nt* archives *pl*

arm (ahrm) *c* arm; **arm i arm** arm-in-arm

armbånd (*ahrm*-bon) *nt* (pl ~) bangle, bracelet

armbåndsur (*ahrm*-bons-ēwr) *nt* (pl ~) wrist-watch

armé (ahr-*māy*) *c* army

aroma (ah-*rōō*-mah) *c* aroma

arr (ahrr) *nt* scar

arrangere (ah-rahng-*shāy*-rer) *v* arrange

arrestasjon (ah-reh-stah-*shōōn*) *c* arrest, capture

arrestere (ah-reh-*stāy*-rer) *v* arrest

art (ahtt) *c* species

artikkel (ah-*tik*-kerl) *c* (pl artikler) article

artisjokk (ah-ti-*shokk*) *c* artichoke

artistisk (ah-*tiss*-tisk) *adj* artistic

arv (ahrv) *c* inheritance

arve (*ahr*-ver) *v* inherit

arvelig (*ahr*-ver-li) *adj* hereditary

asbest (ahss-*behst*) *c* asbestos

asfalt (ahss-*fahlt*) *c* asphalt

Asia (*aa*-si-ah) Asia

asiat (ah-si-*aat*) *c* Asian

asiatisk (ah-si-*aa*-tisk) *adj* Asian

aske (*ahss*-ker) *c* ash

askebeger (*ahss*-ker-bāy-gerr) *nt* (pl -gre) ashtray

asparges (ah-*spahr*-gerss) *c* (pl ~) asparagus

aspekt (ah-*spehkt*) *nt* aspect

aspirin (ahss-pi-*reen*) *c* aspirin

assistanse (ah-si-*stahng*-ser) *c* assistance

assistent (ah-si-*stehnt*) *c* assistant

astma (*ahst*-mah) *c* asthma

astronomi (ah-stroo-noo-*mee*) *c* astronomy

asyl (ah-*sēwl*) *nt* asylum

at (ahtt) *conj* that

ateist (ah-teh-*ist*) *c* atheist

Atlanterhavet (aht-*lahn*-terr-haa-ver) Atlantic

atlet (aht-*lāyt*) *c* athlete

atmosfære (aht-mooss-*fææ*-rer) *c* atmosphere

atom (ah-*tōōm*) *nt* atom; **atom-** atomic

atskillelse (*aat*-shi-lerl-ser) *c* separation

atskillige (aht-*shil*-li-er) *adj* several

atskilt (*aat*-shilt) *adj* separate; *adv* apart

atspredelse (*aat*-sprāy-derl-ser) *c* amusement, diversion; recreation

atten (*aht*-tern) *num* eighteen

attende (*aht*-terner) *num* eighteenth

atter (*aht*-terr) *adv* again

attest (ah-*tehst*) *c* certificate

attraksjon (ah-trahk-*shōōn*) *c* attraction

attrå (*aht*-raw) *c* desire, lust

attråverdig (*aht*-raw-vær-di) *adj* desirable

aubergine (o-behr-*sheen*) *c* eggplant

auditorium (ou-di-*tōō*-ri-ewm) *nt* (pl -ier) auditorium

august (ou-*gewst*) August

auksjon (ouk-*shōōn*) *c* auction

Australia (ou-*straa*-li-ah) Australia

australier (ou-*straa*-li-err) *c* Australian

australsk (ou-*straalsk*) *adj* Australian

autentisk (ou-*tehn*-tisk) *adj* authentic

automat (ou-too-*maat*) *c* slot-machine; vending machine

automatisering (ou-too-mah-ti-*sāy*-ring) *c* automation

automatisk (ou-too-*maa*-tisk) *adj* automatic

automobilklubb (ou-too-moo-*beel*-klewb) *c* automobile club

autorisasjon (ou-too-ri-sah-*shōōn*) *c* authorization

autoritet (ou-too-ri-*tāyt*) *c* authority

autoritær (ou-too-ri-*tæær*) *adj* authoritarian

av (aav) *prep* by, of; for, with, *adv* off, *prep* from; off; ~ **og til** sometimes, occasionally

avansert (ah-vahng-*sāyrt*) *adj* advanced

avbestille (*aav*-beh-sti-ler) *v* cancel

avbetale (*aav*-beh-tah-ler) *v* *pay on account; *pay instalments on

avbetalingskjøp (*aav*-beh-tah-lings-kh*ūp*) *nt* (pl ~) hire-purchase

***avbryte** (*aav*-br*ēw*-ter) *v* interrupt

avbrytelse (*aav*-br*ēw*t-erl-ser) *c* interruption

avdekke (*aav*-deh-ker) *v* uncover

avdeling (ahv-*dāy*-ling) *c* department; division, section

avdrag (*aav*-draag) *nt* (pl ~) instalment

aveny (ah-ver-*nēw*) *c* avenue

avfall (*aav*-fahl) *nt* rubbish, refuse, garbage, litter

avfatte (*aav*-fah-ter) *v* *draw up

avføringsmiddel (*aav*-fūr-rings-mi-derl) *nt* (pl -midler) laxative

avgangstid (*aav*-gahngs-teed) *c* time of departure

avgifter (*aav*-Yif-terr) *pl* dues *pl*

avgiftspliktig (*aav*-Yifts-plik-ti) *adj* dutiable

***avgjøre** (*aav*-Y*ūr*-rer) *v* decide

avgjørelse (*aav*-Y*ūr*-rerl-ser) *c* decision

avgrunn (*aav*-grewn) *c* abyss

avgud (*aav*-g*ēw*d) *c* idol

avhandling (*aav*-hahnd-ling) *c* essay, treatise

avhengig (*aav*-heh-ngi) *adj* dependant

avhente (*aav*-hehn-ter) *v* collect, fetch

***avholde seg fra** (*aav*-ho-ler) abstain from

avholdsmann (*aav*-hols-mahn) *c* (pl -menn) teetotaller

avis (ah-*veess*) *c* newspaper

avishandler (ah-*vee*-s-hahnd-lerr) *c* newsagent

aviskiosk (ah-*veess*-khosk) *c* newsstand

avlang (*aav*-lahng) *adj* oblong

avle (*ahv*-ler) *v* generate

avleiring (*aav*-lay-ring) *c* deposit

avlevere (*aav*-leh-v*āy*-rer) *v* deliver

avling (*ahv*-ling) *c* harvest, crop

avløp (*aav*-l*ūr*p) *nt* (pl ~) drain

avløse (*aav*-l*ūr*-ser) *v* relieve

avreise (*aav*-ray-ser) *c* departure

avrundet (*aav*-rew-nert) *adj* rounded

avsende (*aav*-seh-ner) *v* dispatch, despatch

avsides (*aav*-see-derss) *adj* out of the

way, remote
avskaffe (*aav*-skah-fer) *v* abolish
avskjed (*aav*-shayd) *c* parting; resignation
avskjedige (*aav*-shay-di-er) *v* dismiss, fire
avskjedsansøkning (*aav*-shayd-sahn-sūrk-ning) *c* resignation
avskrift (*aav*-skrift) *c* copy
avsky[1] (*aav*-shew) *v* hate, dislike
avsky[2] (*aav*-shew) *c* dislike
avskyelig (ahv-*shew*-er-li) *adj* hideous, horrible, disgusting
avslag (*aav*-shlaag) *nt* (pl ~) refusal; discount, reduction
avslapning (*aav*-shlahp-ning) *c* relaxation
avslappet (*aav*-shlah-pert) *adj* easygoing
avslutning (*aav*-shlewt-ning) *c* ending
avslutte (*aav*-shlew-ter) *v* stop, finish; settle
avsløre (*aav*-shlūr-rer) *v* reveal
avsløring (*aav*-shlūr-ring) *c* revelation
•**avslå** (*aav*-shlaw) *v* refuse
avsnitt (*aav*-snit) *nt* (pl ~) paragraph; passage
avspark (*aav*-spahrk) *nt* kick-off
avstamning (*aav*-stahm-ning) *c* origin
avstand (*aav*-stahn) *c* distance; space; way
avstandsmåler (*aav*-stahns-maw-lerr) *c* range-finder
avstemning (*aav*-stehm-ning) *c* vote
•**avta** (*aav*-taa) *v* decrease
avtale (*aav*-taa-ler) *c* agreement, engagement; date, appointment
avtrekker (*aav*-treh-kerr) *c* trigger
avtrykk (*aav*-trewk) *nt* (pl ~) print
avveksling (*aav*-vehks-ling) *c* variation
avvente (*aa*-vehn-ter) *v* await
avverge (*aa*-vær-ger) *v* prevent
•**avvike** (*aa*-vee-ker) *v* deviate
avvise (*aa*-vee-ser) *v* reject

B

babord (*baa*-boor) port
baby (*bay*-bi) *c* baby
babybag (*bay*-bi-bæg) *c* carry-cot
bacon (*bay*-kern) *nt* bacon
bad (baad) *nt* bath
bade (*baa*-der) *v* bathe
badebukse (*baa*-der-book-ser) *c* swimming-trunks *pl*, bathing-suit
badedrakt (*baa*-der-drahkt) *c* swim-suit, bathing-suit
badehette (*baa*-der-heh-ter) *c* bathing-cap
badehåndkle (*baa*-der-hong-kler) *nt* (pl -lær) bath towel
badekåpe (*baa*-der-kaw-per) *c* bathrobe
badesalt (*baa*-der-sahlt) *nt* bath salts
badested (*baa*-der-stay) *nt* seaside resort
badeværelse (*baa*-der-væl-ser) *nt* bathroom
badstue (*bahss*-tewer) *c* sauna
bagasje (bah-*gaa*-sher) *c* luggage, baggage
bagasjehylle (bah-*gaa*-sher-hew-ler) *c* luggage rack
bagasjeoppbevaring (bah-*gaa*-sher-oop-ber-vaa-ring) *c* left luggage office; baggage deposit office *Am*
bagasjerom (bah-*gaa*-sher-room) *nt* (pl ~) boot; trunk *nAm*
bagasjevogn (bah-*gah*-sher-vongn) *c* luggage van
bak (baak) *prep* behind; *adv* behind; *c* bottom
bake (*baa*-ker) *v* bake
baker (*baa*-kerr) *c* baker
bakeri (bah-ker-*ree*) *nt* bakery
bakgrunn (*baak*-grewn) *c* background
bakhold (*baak*-hol) *nt* (pl ~) ambush
bakke (*bahk*-ker) *c* hill; earth

bakketopp (*bahk*-ker-top) *c* hilltop

baklengs (*baak*-lehngs) *adv* backwards

baklykt (*baak*-lewkt) *c* rear-light

baklys (*baak*-lēwss) *nt* (pl ~) tail-light

bakside (*baak*-see-der) *c* rear; reverse

bakterie (bahk-*tāy*-ri-er) *c* bacterium

bakvaskelse (*baak*-vahss-kerl-ser) *c* slander

bakverk (*baak*-værk) *nt* pastry

balanse (bah-*lahng*-ser) *c* balance

balkong (bahl-*kongng*) *c* balcony; dress circle

ball (bahll) *c* ball; *nt* ball

ballett (bah-*lehtt*) *c* ballet

ballong (bah-*longng*) *c* balloon

ballsal (*bahll*-saal) *c* ballroom

bambus (*bahm*-bewss) *c* bamboo

banan (bah-*naan*) *c* banana

bandasje (bahn-*daa*-sher) *c* bandage

bande (*bahn*-der) *c* gang

banditt (bahn-*ditt*) *c* bandit

bane (*baa*-ner) *c* track

bank (bahngk) *c* bank; *c/nt* tap; ***sette i banken** deposit

banke (*bahng*-ker) *v* knock, tap

bankett (bahng-*kehtt*) *c* banquet

bankettsal (bahng-*kehtt*-saal) *c* banqueting-hall

bankhvelv (bahngk-vehlv) *nt* (pl ~) vault

banking (*bahng*-king) *c* knock

bankkonto (*bahng*-kon-too) *c* (pl ~er, -ti) bank account

banne (*bahn*-ner) *v* curse, *swear

banner (*bahn*-nerr) *nt* (pl ~, ~e) banner

banning (*bahn*-ning) *c* curse

bar (baar) *adj* bare, naked; neat; *c* bar, saloon

barberblad (bahr-*bāy*r-blaa) *nt* (pl ~) razor-blade

barbere seg (bahr-*bāy*-rer) shave

barberhøvel (bahr-*bair*-hur-verl) *c* (pl -vler) safety-razor, razor

barberkost (bahr-*bāy*r-koost) *c* shaving-brush

barberkrem (bahr-*bāy*r-krāym) *c* shaving-cream

barbermaskin (bahr-*bāy*r-mah-sheen) *c* electric razor, shaver

barbersåpe (bahr-*bāy*r-saw-per) *c* shaving-soap

barbervann (bahr-*bāy*r-vahn) *nt* after-shave lotion

bare (*baa*rer) *adv* only, merely

bark (bahrk) *c* bark

barm (bahrm) *c* bosom

barmhjertig (bahrm-*ᵞæ*-ti) *adj* merciful

barmhjertighet (bahrm-*ᵞæ*-ti-hāyt) *c* mercy

barn (baan) *nt* child; kid; **foreldreløst** ~ orphan

barnehage (*baa*-ner-haa-ger) *c* kindergarten

barnelammelse (*baa*-ner-lah-merl-ser) *c* polio

barnepike (*baa*-ner-pee-ker) *c* nurse

barnevakt (*baa*-ner-vahkt) *c* babysitter

barnevogn (*baa*-ner-voangn) *c* pram; baby carriage *Am*

barneværelse (*baa*-ner-vǣæ-rerl-ser) *nt* nursery

barokk (bah-*rokk*) *adj* baroque

barometer (bah-roo-*māy*-terr) *nt* (pl -tre) barometer

barriere (bah-ri-*ǣæ*-rer) *c* barrier; crash barrier

barsk (bahshk) *adj* bleak; tough

bart (bahtt) *c* moustache

bartender (*baa*-tehn-derr) *c* bartender, barman

baryton (*bahr*-ri-ton) *c* baritone

basar (bah-*saar*) *c* fair

base (*baa*-ser) *c* base

basere (bah-*sāy*-rer) v base
basilika (bah-*see*-li-kah) c basilica
basill (bah-*sill*) c germ
basis (*baa*-siss) c basis, base
bass (bahss) c bass
bastard (bah-*stahrd*) c bastard
batteri (bah-ter-*ree*) nt battery
***be** (*bāy*) v ask; beg; pray
bebo (beh-*bōō*) v inhabit
beboelig (beh-*bōō*-er-li) adj habitable, inhabitable
beboer (beh-*bōō*-err) c occupant, inhabitant
bebreide (beh-*bray*-der) v blame, reproach
bebreidelse (beh-*bray*-derl-ser) c blame, reproach
bedervelig (beh-*dær*-ver-li) adj perishable
***bedra** (beh-*draa*) v deceive
bedrag (beh-*draag*) nt (pl ~) deceit
bedrageri (beh-drah-ger-*ree*) nt fraud
bedre (*bāyd*-rer) adj better; superior
bedrift (beh-*drift*) c concern; feat
bedring (*bāyd*-ring) c recovery
bedrøvelig (beh-*drūr*-ver-li) adj sad, dreary
bedrøvet (beh-*drūr*-vert) adj sad
bedømme (beh-*durm*-mer) v judge
bedøvelse (beh-*dūr*-verl-ser) c anaesthesia
bedøvelsesmiddel (beh-*dūr*-verl-serss-mi-derl) nt (pl -midler) anaesthetic
bedårende (beh-*daw*-rer-ner) adj enchanting
befale (beh-*faa*-ler) v command
befaling (beh-*faa*-ling) c order, command
befalshavende (beh-*faals*-haa-ver-ner) c commander
befolkning (beh-*folk*-ning) c population
befrielse (beh-*free*-erl-ser) c liberation
befruktning (beh-*frewkt*-ning) c conception, fertilization

begavelse (beh-*gaa*-verl-ser) c talent, faculty
begavet (beh-*gaa*-vert) adj gifted, talented; clever, brilliant
begeistret (beh-*gayss*-trert) adj keen, enthusiastic
beger (*bāy*-gerr) nt (pl ~, begre) tumbler
begge (behg-ger) pron both; either
begivenhet (beh-*Yee*-vern-hāyt) c event, happening
begjær (beh-*Yæær*) nt desire; lust
begjære (beh-*Yææ*-rer) v desire
begrave (beh-*graa*-ver) v bury
begravelse (beh-*graa*-verl-ser) c funeral; burial
begrense (beh-*grehn*-ser) v limit
begrenset (beh-*grehn*-sert) adj limited
begrep (beh-*grāyp*) nt notion, idea
***begripe** (beh-*gree*-per) v *see, *understand
begunstige (beh-*gewns*-ti-er) v favour
begynne (beh-*Yewn*-ner) v start, commence, *begin; ~ igjen recommence
begynnelse (beh-*Yewn*-nerl-ser) c beginning; i begynnelsen at first; originally
***begå** (beh-*gaw*) v commit
behagelig (beh-*haa*-ger-li) adj agreeable, pleasing, enjoyable
behandle (beh-*hahnd*-ler) v handle, treat
behandling (beh-*hahnd*-ling) c treatment
***beholde** (beh-*hol*-ler) v *keep
beholder (beh-*hol*-lerr) c container
behov (beh-*hōōv*) nt (pl ~) need; want
behøve (beh-*hūr*-ver) v need; demand
beige (*bāysh*) adj beige
bein (bayn) nt (pl ~) leg; bone

beinskinne (*bāyn*-shi-ner) *c* splint

beite (*bay*-ter) *nt* pasture; *v* graze

bekjempe (beh-*khehm*-per) *v* combat

bekjenne (beh-*kheh*-ner) *v* confess

bekjent (beh-*khehnt*) *c* acquaintance

*****bekjentgjøre** (beh-khehnt-ᵞ*ūr*-rer) *v* announce

bekjentgjørelse (beh-*khehnt*-ᵞūr-rerl-ser) *c* announcement

bekk (behkk) *c* stream, brook

bekken (*behk*-kern) *nt* pelvis

beklage (beh-*klaager*) *v* regret

beklagelse (beh-*klaa*-gerl-ser) *c* regret

beklager! (beh-*klaa*-gerr) sorry!

bekrefte (beh-*krehf*-ter) *v* confirm; acknowledge

bekreftelse (beh-*krehf*-terl-ser) *c* confirmation

bekreftende (beh-*krayf*-ter-ner) *adj* affirmative

bekvem (beh-*kvehmm*) *adj* comfortable; easy, convenient

bekvemmelighet (beh-*kvehm*-mer-li-hāyt) *c* comfort

bekymre seg (beh-*khewm*-rer) worry; **bekymre seg om** care about

bekymret (beh-*khewm*-rert) *adj* concerned, worried

bekymring (beh-*khewm*-ring) *c* anxiety, worry; concern, care

belastning (beh-*lahst*-ning) *c* load, strain

beleilig (beh-*lay*-li) *adj* convenient

beleiring (beh-*lay*-ring) *c* siege

Belgia (*behl*-gi-ah) Belgium

belgier (*behl*-gi-err) *c* Belgian

belgisk (*behl*-gisk) *adj* Belgian

beliggende (beh-*lig*-ger-ner) *adj* situated

beliggenhet (beh-*lig*-gern-hāyt) *c* location, site

belte (*behl*-ter) *nt* belt

belyse (beh-*lēw*-ser) *v* illuminate

belysning (beh-*lēwss*-ning) *c* lighting, illumination

belønne (beh-*lurn*-ner) *v* reward

belønning (beh-*lurn*-ning) *c* reward; prize

beløp (beh-*lūrp*) *nt* (pl ~) amount

*****beløpe seg til** (beh-*lūr*-per) amount to

bemerke (beh-*mær*-ker) *v* note, notice; remark

bemerkelsesverdig (beh-*mær*-kerl-serss-vær-di) *adj* noticeable, remarkable

bemerkning (beh-*mærk*-ning) *c* remark

benekte (beh-*nehk*-ter) *v* deny

benektende (beh-*nehk*-ter-ner) *adj* negative

benevnelse (beh-*nehv*-nerl-ser) *c* name, designation, denomination

benk (behngk) *c* bench

bensin (behn-*seen*) *c* fuel, petrol; gas *nAm*, gasoline *nAm*

bensinpumpe (behn-*seen*-poom-per) *c* petrol pump; fuel pump *Am;* gas pump *Am*

bensinstasjon (behn-*seen*-stah-shōōn) *c* service station, petrol station, filling station; gas station *Am*

bensintank (behn-*seen*-tahngk) *c* petrol tank gas tank *nAm*

benytte (beh-*newt*-ter) *v* use, make use of

benådning (beh-*nawd*-ning) *c* pardon

beordre (beh-*or*-drer) *v* order

beredt (beh-*reht*) *adj* prepared

beregne (beh-*ray*-ner) *v* calculate

berettiget (beh-*reht*-ti-ert) *adj* justified

berg (bærg) *nt* mountain

berglendt (*bærg*-lehnt) *adj* mountainous

berolige (beh-*rōō*-li-er) *v* reassure, calm down

beroligende (beh-*rōō*-li-er-ner) *adj*

restful; ~ **middel** sedative, tranquillizer

bero på (beh-*rōō*) depend on

beruset (beh-*rew*-sert) *adj* intoxicated, drunk

beryktet (beh-*rewk*-tert) *adj* notorious

berømmelse (beh-*rurm*-merl-ser) *c* fame, glory, celebrity

berømt (beh-*rurmt*) *adj* famous

berøre (beh-*rūr*-rer) *v* touch

berøring (beh-*rūr*-ring) *c* touch

besatt (beh-*sahtt*) *adj* possessed

beseire (beh-*say*-rer) *v* conquer

*****besette** (beh-*seht*-ter) *v* occupy

besettelse (beh-*seht*-terl-ser) *c* obsession

besittelse (beh-*sit*-terl-ser) *c* possession

beskatning (beh-*skaht*-ning) *c* taxation

beskjed (beh-*shēr*) *c* message

beskjeden (beh-*shāy*-dern) *adj* modest

beskjedenhet (beh-*shāy*-dern-hāyt) *c* modesty

beskjeftige (beh-*shehf*-ti-er) *v* employ, occupy

beskjeftigelse (beh-*shehf*-ti-erl-ser) *c* employment, occupation

*****beskrive** (beh-*skree*-ver) *v* describe

beskrivelse (beh-*skree*-verl-ser) *c* description

beskylde (beh-*shewl*-ler) *v* accuse

beskytte (beh-*shewt*-ter) *v* protect

beskyttelse (beh-*shewt*-terl-ser) *c* protection

*****beslaglegge** (beh-*shlaag*-leh-ger) *v* impound, confiscate

beslektet (beh-*shlehk*-tert) *adj* related

beslutning (beh-*shlewt*-ning) *c* decision

besluttsom (beh-*shlewt*-som) *adj* resolute

best (behst) *adj* best

bestanddel (beh-*stahn*-dāyl) *c* element, ingredient

bestefar (*behss*-ter-faar) *c* (pl -fedre) grandfather, granddad

besteforeldre (*behss*-ter-fo-rehl-drer) *pl* grandparents *pl*

bestemme (beh-*stehm*-mer) *v* define, determine; designate, destine

bestemmelse (beh-*stehm*-merl-ser) *c* regulation

bestemmelsessted (beh-*stehm*-merl-serss-stāy) *nt* destination

bestemor (*behss*-ter-mōōr) *c* (pl -mødre) grandmother

bestemt (beh-*stehmt*) *adj* definite; resolute

*****bestige** (beh-*stee*-ger) *v* ascend; mount

bestikk (beh-*stikk*) *nt* cutlery; silverware *nAm*

*****bestikke** (beh-*stik*-ker) *v* corrupt, bribe

bestikkelse (beh-*stik*-kerl-ser) *c* corruption, bribery; bribe

bestille (beh-*stil*-ler) *v* order; book, engage, reserve

bestilling (beh-*stil*-ling) *c* order; booking; **laget på** ~ made to order

bestrebelse (beh-*strāy*-berl-ser) *c* effort

*****bestride** (beh-*stree*-der) *v* dispute

bestyre (beh-*stēw*-rer) *v* manage

bestyrerinne (beh-*stew*-rer-*rin*-ner) *c* manageress

*****bestå** (beh-*staw*) *v* exist; pass a test; ~ **av** consist of

besvare (beh-*svaa*-rer) *v* answer

besvime (beh-*svee*-mer) *v* faint

besvær (beh-*svæær*) *nt* trouble, inconvenience

besværlig (beh-*svææ*-li) *adj* inconvenient

besøk (beh-*sūrk*) *nt* (pl ~) call, visit

besøke (beh-*sūr*-ker) *v* call on, visit

besøkende (beh-*sūr*-ker-ner) *c* visitor

besøkstid (beh-*sūrks*-teed) *c* visiting hours

betagende (beh-*taa*-ger-ner) *adj* moving; beautiful

betalbar (beh-*taal*-bahr) *adj* due; payable

betale (beh-*taa*-ler) *v* *pay

betaling (beh-*taa*-ling) *c* payment

bete (*bāy*-ter) *c* beet

betegnende (beh-*tay*-ner-ner) *adj* characteristic

betenkt (beh-*tehngkt*) *adj* uneasy

betennelse (beh-*tehn*-nerl-ser) *c* inflammation; *gå ~ i *become septic

betingelse (beh-*ting*-ngerl-ser) *c* term; stipulation

betingelsesløs (beh-*ting*-ngerl-serss-lūrss) *adj* unconditional

betinget (beh-*ting*-ngert) *adj* conditional

betjene (beh-t*Yāy*-ner) *v* attend on; serve

betjening (beh-t*Yāy*-ning) *c* service

betong (beh-*tongng*) *c* concrete

betoning (beh-*tōō*-ning) *c* accent

betrakte (beh-*trahk*-ter) *v* consider, regard; view, watch; **i betraktning av** considering

betraktelig (beh-*trahk*-ter-li) *adj* considerable

betro (beh-*trōō*) *v* confide in

betvile (beh-*tvee*-ler) *v* query, doubt

bety (beh-*tēw*) *v* *mean

betydelig (beh-*tēw*-der-li) *adj* considerable

betydning (beh-*tēwd*-ning) *c* sense; importance; *være av ~ matter

betydningsfull (beh-*tēwd*-nings-fewl) *adj* important; significant

beundre (beh-*ewn*-drer) *v* admire

beundrer (beh-*ewn*-drerr) *c* fan

beundring (beh-*ewn*-dring) *c* admiration

bevare (beh-*vaa*-rer) *v* *keep; *uphold

bevege (beh-*vāy*-ger) *v* move

bevegelig (beh-*vāy*-ger-li) *adj* mobile

bevegelse (beh-*vāy*-gerl-ser) *c* motion, movement

bever (*bāy*-verr) *c* beaver

beverte (beh-*væ*-ter) *v* entertain, treat

bevilge (beh-*veel*-ger) *v* extend, grant; allow

bevis (beh-*veess*) *nt* proof, evidence; token

bevise (beh-*vee*-ser) *v* prove; demonstrate, *show

bevisst (beh-*vist*) *adj* conscious

bevissthet (beh-*vist*-hāyt) *c* consciousness

bevisstløs (beh-*vist*-lūrss) *adj* unconscious

bevokte (beh-*vok*-ter) *v* watch, guard

bevæpne (beh-*vāyp*-ner) *v* arm

bevæpnet (beh-*vāyp*-nert) *adj* armed

bibel (*bee*-berl) *c* (pl bibler) bible

bibetydning (*bee*-beh-tēwd-ning) *c* connotation

bibliotek (bi-bli-oo-*tāyk*) *nt* library

bidrag (*bee*-draag) *nt* (pl ~) contribution; allowance

bie (*bee*-er) *c* bee

bielv (*bee*-ehlv) *c* tributary

bifalle (*bee*-fah-ler) *v* consent; applaud

biff (biff) *c* steak

bikube (*bee*-kew-ber) *c* beehive

bil (beel) *c* automobile, motor-car, car

bilde (*bil*-der) *nt* picture, image

bile (*bee*-ler) *v* motor

bilhorn (*beel*-hōōn) *nt* (pl ~) hooter

bilisme (bi-*liss*-mer) *c* motoring

bilist (bi-*list*) *c* motorist

biljard (bil-*Yaad*) *c* billiards *pl*

bille (*bil*-ler) *c* beetle; bug

billedhogger (*bil*-lerd-ho-gerr) *c* sculp-

tor
billett (bi-*lehtt*) c ticket
billettautomat (bi-*lehtt*-ou-too-maat) c ticket machine
billettkontor (bi-*leht*-koon-tōōr) nt box-office
billettluke (bi-*leht*-lew-ker) c box-office window
billettpris (bi-*leht*-preess) c fare; admission fee
billig (*bil*-li) adj cheap, inexpensive
bilpanser (*beel*-pahn-serr) nt bonnet; hood nAm
bilutleie (*beel*-oot-lay-er) c car hire; car rental Am
bind (binn) nt volume
***binde** (*bin*-ner) v *bind; tie; ~ sammen bundle
bindestrek (*bin*-ner-strāyk) c hyphen
biologi (bi-oo-loo-*gee*) c biology
biskop (*biss*-kop) c bishop
***bistå** (*bee*-staw) v assist, aid
bit (beet) c bit, piece; scrap, morsel; bite
***bite** (*bee*-ter) v *bite
bitter (*bit*-terr) adj bitter
bjelke (*bYehl*-ker) c beam
bjelle (*bYehl*-ler) c small bell
bjørk (bYurrk) c birch
bjørn (bYūrn) c bear
bjørnebær (*bYūr*-ner-bæær) nt (pl ~) blackberry
blad (blaa) nt leaf; blade
bladgull (*blaa*-gewl) nt gold leaf
bladsalat (*blaa*-sah-laht) c lettuce
blakk (blahkk) adj broke
blande (*blahn*-ner) v mix; ~ seg inn i interfere with
blandet (*blahn*-nert) adj mixed
blanding (*blahn*-ning) c mixture
blank (blahngk) adj glossy; blank
blankett (blahng-*kehtt*) c form
blant (blahnt) prep amid; among; ~ annet among other things

bleie (*blay*-er) c nappy; diaper nAm
blek (blāyk) adj pale
bleke (*blāy*-ker) v bleach
blekk (blehkk) nt ink
blekksprut (*blehk*-sprēwt) c octopus
blekne (*blāyk*-ner) v fade; *grow pale
blemme (*blehm*-mer) c blister
blende (*blehn*-ner) v blind
blendende (*blehn*-ner-ner) adj glaring
***bli** (blee) v *become, *be, *get, *grow; stay; ~ igjen remain
blikk (blikk) nt glance, look; kaste et ~ glance
blind (blinn) adj blind
blindgate (*blin*-gaa-ter) c cul-de-sac
blindtarm (*blin*-tahrm) c appendix
blindtarmbetennelse (*blin*-tahrm-beh-teh-nerl-ser) c appendicitis
blinklys (*blingk*-lēwss) nt (pl ~) trafficator; blinker nAm
blitzlampe (*blits*-lahm-per) c flash-bulb
blivende (*blee*-ver-ner) adj permanent
blod (blōō) nt blood
blodforgiftning (*blōō*-for-Yift-ning) c blood-poisoning
blodkar (*blōō*-kaar) nt (pl ~) blood-vessel
blodomløp (*blōō*-oom-lūrp) nt (pl ~) circulation
blodtrykk (*blōō*-trewk) nt (pl ~) blood pressure
blokkere (blo-*kāy*-rer) v block
blomkål (*blom*-kawl) c cauliflower
blomst (blomst) c flower
blomsterbed (*blom*-sterr-behd) nt (pl ~) flowerbed
blomsterforretning (*blom*-sterr-for-reht-ning) c flower-shop
blomsterhandler (*blom*-sterr-hahnd-lerr) c florist
blomsterløk (*blom*-sterr-lūrk) c bulb
blond (blonn) adj fair
blondine (blon-*dee*-ner) c blonde

*blottlegge (blott-leh-ger) v expose

bluse (blew-ser) c blouse

bly (blew) nt lead

blyant (blew-ahnt) c pencil

blyantspisser (blew-ahnt-spi-serr) c pencil-sharpener

blyg (blewg) adj timid

blære (blææ-rer) c bladder

blærekatarr (blææ-rer-kah-tahr) c cystitis

blø (blur) v *bleed

blødning (blurd-ning) c haemorrhage

bløt (blurt) adj mellow

bløte (blur-ter) v soak

*bløtgjøre (blurt-γur-rer) v soften

blå (blaw) adj blue; blått merke bruise

blåse (blaw-ser) v *blow; ~ opp inflate

blåsende (blaw-ser-ner) adj gusty

blåskjell (blo-shehl) nt (pl ~) mussel

bo (boo) v live, reside

boble (bob-ler) c bubble

bok (book) c (pl bøker) book

bokbind (book-bin) nt (pl ~) binding

bokføre (book-fur-rer) v enter, book

bokhandel (book-hahn-derl) c (pl -dler) bookstore

bokhandler (book-hahnd-lerr) c bookseller

boks (boks) c can, tin

bokse (bok-ser) v box

boksekamp (bok-ser-kahmp) c boxing match

bokstav (book-staav) c letter; stor ~ capital letter

boksåpner (boks-awp-nerr) c can opener

bolig (boo-li) c house, residence

Bolivia (boo-lee-vi-ah) Bolivia

bolivianer (boo-li-vi-aa-nerr) c Bolivian

boliviansk (boo-li-vi-aansk) adj Bolivian

bolle (bol-ler) c bowl; basin

bolt (bolt) c bolt

bom (boomm) c barrier; miss

bombardere (boom-bah-day-rer) v bomb

bombe (boom-ber) c bomb

bomme (boom-mer) v miss

bomull (boom-mewl) c cotton; bomulls- cotton

bomullsfløyel (boom-mewls-flur ew-erl) c velveteen

bomvei (boom-vay) c turnpike nAm

bonde (boon-ner) c (pl bønder) peasant, farmer

bondegård (boon-ner-gawr) c farm

bondekone (boon-ner-koo-ner) c farmer's wife

bong (bong) c voucher

bopel (boo-payl) c domicile

bor (borr) nt drill

bord (boor) nt table

bordell (boo-dehll) nt brothel

bordtennis (boor-teh-niss) c ping-pong, table tennis

bore (boo-rer) v bore, drill

borg (borg) c castle

borger (bor-gerr) c citizen; borger-civic

borgerlig (bor-ger-li) adj middle-class

borgermester (bor-ger-mehss-terr) c (pl -tre) mayor

bort (boott) adv away; *gå ~ *leave, *go away

borte (boot-ter) adv gone; off

bortenfor (boot-tern-for) adv beyond; prep off; beyond

bortsett fra (boot-seht) apart from

bosatt (boo-saht) adj resident

boss (boss) c boss

bot (boot) c (pl bøter) fine

botanikk (boo-tah-nikk) c botany

botemiddel (boo-ter-mi-derl) nt (pl -midler) remedy

bowlingbane (bov-ling-baa-ner) c bowling alley

bra (braa) *adj* good; **bra!** all right!

brann (brahnn) *c* fire

brannalarm (*brahn*-nah-lahrm) *c* fire-alarm

brannsikker (*brahn*-si-kerr) *adj* fire-proof

brannslokker (*brahn*-shloo-kerr) *c* fire-extinguisher

brannsår (*brahn*-sawr) *nt* (pl ~) burn

branntrapp (*brahn*-trahp) *c* fire-escape

brannvesen (*brahn*-vāy-sern) *nt* fire-brigade

Brasil (brah-*seel*) Brazil

brasilianer (brah-si-li-*aa*-nerr) *c* Brazilian

brasiliansk (brah-si-li-*aansk*) *adj* Brazilian

brasme (*brahss*-mer) *c* bream

bratt (brahtt) *adj* steep

bred (brāy) *adj* wide, broad

bredd (brehdd) *c* shore, bank; embankment

bredde (*brehd*-der) *c* width, breadth

breddegrad (*brehd*-der-graad) *c* latitude

*****brekke** (*brehk*-ker) *v* fracture; ~ **seg** vomit

brekkjern (*brehk*-ɤæn) *nt* crowbar

bremse (*brehm*-ser) *c* brake; *v* slow down

bremselys (*brehm*-ser-lēwss) *pl* brake lights

bremsetrommel (*brehm*-ser-troo-merl) *c* (pl -tromler) brake drum

*****brenne** (*brehn*-ner) *v* *burn

brennemerke (*brehn*-ner-mær-ker) *nt* brand; stigma

brennpunkt (*brehn*-poongkt) *nt* focus

brensel (*brehn*-sherl) *nt* fuel

brenselolje (*brehn*-sherl-ol-ɤer) *c* fuel oil

brett (brehtt) *nt* tray

brette (*breht*-ter) *v* fold; ~ **ut** unfold

brev (brāyv) *nt* letter; **rekommandert** ~ registered letter

brevkort (*brāyv*-kot) *nt* (pl ~) card

brevpapir (*brāyv*-pah-peer) *nt* notepaper

brevveksle (*brāyvehk*-shler) *v* correspond

brevveksling (*brāyvehk*-shling) *c* correspondence

briller (*bril*-lerr) *pl* spectacles, glasses

*****bringe** (*bring*-nger) *v* *bring; ~ **tilbake** *bring back

bringebær (*bring*-nger-bæær) *nt* (pl ~) raspberry

bris (breess) *c* breeze

*****briste** (*briss*-ter) *v* *burst

brite (*brit*-ter) *c* Briton

britisk (*brit*-tisk) *adj* British

bro (brōō) *c* bridge

brodere (broo-*dāy*-rer) *v* embroider

broderi (broo-der-*ree*) *nt* embroidery

broiler (*broi*-lerr) *c* chicken

brokk (brokk) *c* hernia

*****brolegge** (*brōō*-leh-ger) *v* pave

bronkitt (broong-*kitt*) *c* bronchitis

bronse (*brong*-sher) *c* bronze; **bronse-** bronze

bror (brōōr) *c* (pl brødre) brother

brorskap (*brōōsh*-kaap) *c*/*nt* fraternity, brotherhood

brosje (*brosh*-sher) *c* brooch

brosjyre (bro-*shēw*-rer) *c* brochure

brud (brēwd) *c* bride

brudd (brewdd) *nt* fracture, break

bruddstykke (*brewd*-stew-ker) *nt* fragment

brudgom (*brewd*-gom) *c* (pl ~mer) bridegroom

bruk (brewk) *c* use

brukbar (*brēwk*-baar) *adj* useful

bruke (*brēw*-ker) *v* apply, use; *spend; ~ **opp** use up

bruker (*brēw*-kerr) *c* user

bruksanvisning (*brewks*-ahn-viss-ning)

c directions for use

brukt (brewkt) *adj* second-hand

brumme (broom-mer) *v* growl

brun (brewn) *adj* brown; tanned

brunette (brew-neht-ter) *c* brunette

brus (brewss) *nt* fizz; *c* lemonade; soft drink *Am*

bruse (brew-ser) *v* roar

brusk (brewsk) *c* cartilage

brutal (brew-taal) *adj* brutal

brutto (brewt-too) *adj* gross

bry (brew) *v* trouble; *nt* bother; ~ seg bother; ~ seg om mind; care for

brydd (brewdd) *adj* embarrassed; *gjøre ~ embarrass

brygge (brewg-ger) *v* brew

bryggeri (brew-ger-ree) *nt* brewery

bryllup (brewl-lewp) *nt* wedding

bryllupsreise (brewl-lewps-ray-ser) *c* honeymoon

brysom (brew-som) *adj* troublesome

bryst (brewst) *nt* chest, breast; bosom

brystholder (brewst-ho-lerr) *c* brassiere, bra

brystkasse (brewst-kah-ser) *c* chest

brystsvømming (brewst-svur-ming) *c* breaststroke

***bryte** (brew-ter) *v* *break; ~ sammen collapse

bryter (brew-terr) *c* switch

brød (brur) *nt* bread; loaf; ristet ~ toast

brøkdel (brurk-dayl) *c* fraction

brøl (brurl) *nt* roar

brøle (brur-ler) *v* roar

brønn (brurnn) *c* well

bråk (brawk) *nt* fuss

bu (bew) *c* booth

bud (bewd) *nt* messenger; sende ~ etter *send for

budsjett (bewd-shehtt) *nt* budget

bue (bew-er) *c* bow; arch

bueformet (bew-er-for-mert) *adj* arched

buegang (bew-er-gahng) *c* arcade

buet (bew-ert) *adj* curved

bukett (bew-kehtt) *c* bouquet, bunch

bukke (book-ker) *v* bow; ~ under succumb

bukse (book-ser) *c* trousers *pl*; pants *plAm*

buksedrakt (book-ser-drahkt) *c* pant-suit

bukseseler (book-ser-say-lerr) *pl* braces *pl*; suspenders *plAm*

buksesmekk (book-ser-smehk) *c* fly

bukt (bookt) *c* bay

buktet (book-tert) *adj* winding

bulder (bewl-derr) *nt* noise

bulgarer (bewl-gaa-rerr) *c* Bulgarian

Bulgaria (bewl-gaa-ri-ah) Bulgaria

bulgarsk (bewl-gaashk) *adj* Bulgarian

bulk (bewlk) *c* dent

bunke (boong-ker) *c* batch

bunn (bewnn) *c* bottom

bunnfall (bewn-fahl) *nt* (pl ~) deposit; sediment

bunt (bewnt) *c* bundle

bunte (bewn-ter) *v* bundle

buntmaker (bewnt-maa-kerr) *c* furrier

bur (bewr) *nt* cage

***burde** (bew-der) *v* *ought to

busk (bewsk) *c* bush; shrub

buss (bewss) *c* bus; coach

butikk (bew-tikk) *c* shop; boutique

butt (bewtt) *adj* blunt

butterfly (burt-ter-fligh) *c* butterfly stroke

by (bew) *c* town, city; by- urban

byfolk (bew-folk) *pl* townspeople *pl*

bygg (bewgg) *nt* barley; building

bygge (bewg-ger) *v* construct, *build

byggekunst (bewg-ger-kewnst) *c* architecture

bygning (bewg-ning) *c* construction, building

byll (bewll) *c* abscess, boil

byrde (bewrr-der) *c* burden; charge

byrå (bew-raw) *nt* agency

byråkrati (bew-ro-krah-*tee*) *nt* bureaucracy

byste (bewss-ter) *c* bust

bytte (bewt-ter) *v* exchange, swap; *nt* exchange

bær (bææer) *nt* berry

*****bære** (bææ-rer) *v* carry, *bear; support

bærer (bææ-rerr) *c* porter

bøddel (burd-derl) *c* (pl bødler) executioner

bøk (burk) *c* beech

bølge (burl-ger) *c* wave

bølgelengde (burl-ger-lehng-der) *c* wave-length

bølgende (burl-ger-ner) *adj* undulating

bølget (burl-gert) *adj* wavy

bølle (burl-ler) *c* brute

bøllete (burl-ler-ter) *adj* rowdy

bønn (burnn) *c* prayer

bønne (burn-ner) *c* bean

*****bønnfalle** (burn-fah-ler) *v* beg

bør (burr) *c* load

børs (bursh) *c* stock exchange

børste (bursh-ter) *v* brush; *c* brush

bøyd (bur^ewd) *adj* bent

bøye (bur^ew-er) *v* *bend; *c* buoy; ~ **seg** *bend down

bøyelig (bur^ew-er-li) *adj* flexible, supple

bøyning (bur^ew-ning) *c* bend

både . . . og (baw-der aw) both ... and

bål (bawl) *nt* bonfire

bånd (bonn) *nt* band; ribbon; tape; leash

båndopptaker (bonn-op-taa-kerr) *c* tape-recorder

bås (bawss) *c* booth

båt (bawt) *c* boat

C

campe (kæm-*per*) *v* camp

camping (kæm-ping) *c* camping

campinggjest (kæm-ping-Yehst) *c* camper

campingplass (kæm-ping-plahss) *c* camping site

campingvogn (kæm-ping-vongn) *c* caravan; trailer *nAm*

Canada (kahn-nah-dah) Canada

cape (kayp) *c* cape

celle (sehl-ler) *c* cell

cellofan (sehloa-faan) *c* cellophane

celsius (sehl-si-ewss) centigrade

cembalo (shehm-bah-loo) *c* harpsichord

centimeter (sehn-ti-may-terr) *c* (pl ~) centimetre

champagne (shahm-*pahn*-Yer) *c* champagne

charterflygning (chaa-terr-flewg-ning) *c* charter flight

chassis (shahss-siss) *nt* chassis

Chile (chee-ler) Chile

chilener (chi-*lay*-nerr) *c* Chilean

chilensk (chi-*lay*nsk) *adj* Chilean

cirka (seer-kah) *adv* approximately

clutch (klurch) *c* clutch

cocktail (kok-tayl) *c* cocktail

Colombia (koo-*loom*-bi-ah) Colombia

colombianer (koo-loom-bi-*aa*-nerr) *c* Colombian

colombiansk (koo-loom-bi-*aansk*) *adj* Colombian

container (koon-*tay*-nerr) *c* container

cricket (*kri*-kertt) *c* cricket

cruise (krewss) *nt* (pl ~) cruise

Cuba (kew-bah) Cuba

D

da (daa) *conj* when; *adv* then
daddel (*dahd*-derl) *c* (pl dadler) date
dag (daag) *c* day; i ~ today; om da-
    gen by day; per ~ per day
dagbok (*daag*-bōōk) *c* (pl -bøker) dia-
    ry
daggry (*daa*-grew) *nt* daybreak, dawn
daghjem (*daag*-Yehm) *nt* (pl ~) nurs-
    ery
daglig (*daag*-li) *adj* everyday, daily
dagligdags (*daag*-li-dahks) *adj* ordi-
    nary
dagligstue (*daag*-li-stēw-er) *c* living-
    room
dagsavis (*dahks*-ahveess) *c* daily
    newspaper
dagslys (*dahks*-lēwss) *nt* daylight
dagsorden (*dahk*-so-dern) *c* agenda
dagstur (*dahks*-tēwr) *c* day trip
dal (daal) *c* valley
dam (dahmm) *c* (pl ~mer) pond
dambrett (*dahm*-breht) *nt* draught-
    board; checkerboard *nAm*
dame (*daa*-mer) *c* lady
dametoalett (*daa*-mer-too-ah-leht) *nt*
    powder-room, ladies' room
dameundertøy (*daa*-mer-ew-ner-tur^ew)
    nt lingerie
damp (dahmp) *c* steam, vapour
dampskip (*dahmp*-sheep) *nt* (pl ~)
    steamer
damspill (*dahm*-spil) *nt* (pl ~)
    draughts; checkers *plAm*
Danmark (*dahn*-mahrk) Denmark
dans (dahns) *c* dance
danse (*dahn*-ser) *v* dance
dansk (dahnsk) *adj* Danish
danske (*dahn*-sker) *c* Dane
dask (dahsk) *c* smack
data (*daa*-tah) *pl* data *pl*
dato (*daa*-too) *c* date

datter (*daht*-terr) *c* (pl døtre) daugh-
    ter
datterdatter (*daht*-ter-dah-terr) *c* (pl
    -døtre) granddaughter
dattersønn (*daht*-ter-shurn) *c* grand-
    son
De (dee) *pron* you
de (dee) *pron* those, they; *adj* those
debatt (deh-*bahtt*) *c* debate, dis-
    cussion
debattere (deh-bah-*tāy*-rer) *v* argue,
    discuss
debet (*dāy*-bert) *c* debit
defekt (deh-*fehkt*) *c* fault; *adj* faulty
definere (deh-fi-*nāy*-rer) *v* define
definisjon (deh-fi-ni-*shōōn*) *c* defini-
    tion
deg (day) *pron* yourself; you
deig (day) *c* batter, dough
deilig (*day*-li) *adj* enjoyable, deli-
    cious; pleasant
dekk (dehkk) *nt* tire, tyre; deck; øver-
    ste ~ main deck
dekke (*dehk*-ker) *v* cover
dekkslugar (*dehks*-lew-gaar) *c* deck
    cabin
deklarasjon (dehk-lah-rah-*shōōn*) *c*
    declaration
deklarere (dehk-lah-*rāy*-rer) *v* declare
dekorasjon (deh-koo-rah-*shōōn*) *c* dec-
    oration
del (dāyl) *c* part; share
dele (*dāy*-ler) *v* divide; share; ~ seg
    fork; ~ ut *deal
delegasjon (deh-leh-gah-*shōōn*) *c* del-
    egation
delikat (deh-li-*kaat*) *adj* delicate
delikatesse (deh-li-kah-*tehss*-ser) *c*
    delicatessen
deling (*dāy*-ling) *c* division
*delta (*dāyl*-taa) *v* participate
deltakelse (*dāyl*-taa-kerl-ser) *c* partici-
    pation
deltakende (*dāyl*-taa-ker-ner) *adj*

sympathetic

deltaker (*dāyl*-taa-kerr) *c* participant

delvis (*dāyl*-veess) *adv* partly; *adj* partial

Dem (dehmm) *pron* you

dem (dehmm) *pron* them

demning (*dehm*-ning) *c* dam; dike

demokrati (deh-moo-krah-*tee*) *nt* democracy

demokratisk (deh-moo-*kraa*-tisk) *adj* democratic

demonstrasjon (deh-moon-strah-*shōōn*) *c* demonstration

demonstrere (deh-moon-*strāy*-rer) *v* demonstrate

den (dehnn) *pron* (nt det, pl de) that

denne (*dehn*-ner) *pron* (nt dette) this; *adj* this

deodorant (deh-oo-doo-*rahnt*) *c* deodorant

departement (deh-pah-ter-*mahngng*) *nt* department; ministry

deponere (deh-poo-*nāy*-rer) *v* deposit

depositum (deh-*pōō*-si-tewm) *nt* (pl -ta) deposit

depresjon (deh-preh-*shōōn*) *c* depression

deprimere (deh-pri-*māy*-rer) *v* depress

deprimerende (deh-pri-*māy*-rer-ner) *adj* depressing

deprimert (deh-pri-*māyt*) *adj* depressed

deputert (deh-pew-*tāyt*) *c* deputy

der (dæær) *adv* there; ~ **borte** over there

dere (*dāy*-rer) *pron* you, yourselves

Deres (*dāy*-rerss) *pron* your

deres (*dāy*-rerss) *pron* your; their

derfor (*dæær*-for) *adv* therefore

dersom (*dæ*-shom) *conj* if, in case

desember (deh-*sehm*-berr) December

desertere (deh-sæ-*tāy*-rer) *v* desert

desimalsystem (deh-si-*maal*-sewss-tāym) *nt* decimal system

desinfisere (dehss-sin-fi-*sāy*-rer) *v* disinfect; **desinfiserende middel** disinfectant

dessert (deh-*sæær*) *c* dessert; sweet

dessuten (deh-*sēw*-tern) *adv* moreover, also, furthermore, besides

dessverre (dehss-*vær*-rer) *adv* unfortunately

det (dāy) *pron* it

detalj (deh-*tahlᵞ*) *c* detail

detaljert (deh-tahl-*ᵞāyt*) *adj* detailed

detaljhandel (deh-*tahlᵞ*-hahn-derl) *c* (pl -dler) retail trade

detaljist (deh-tahl-ᵞ*ist*) *c* retailer

detektiv (*deht*-tehk-teev) *c* detective

detektivroman (*deht*-tehk-tiv-roo-maan) *c* detective story

devaluere (deh-vah-lew-*āy*-rer) *v* devalue

devaluering (deh-vah-lew-*āy*-ring) *c* devaluation

diabetes (di-ah-*bāy*-terss) *c* diabetes

diabetiker (di-ah-*bāy*-ti-kerr) *c* diabetic

diagnose (di-ahg-*nōō*-ser) *c* diagnosis; **stille en** ~ diagnose

diagonal (di-ah-goo-*naal*) *c* diagonal; *adj* diagonal

diagram (di-ah-*grahmm*) *nt* (pl ~mer) chart, graph, diagram

dialekt (di-ah-*lehkt*) *c* dialect

diamant (di-ah-*mahnt*) *c* diamond

diaré (di-ah-*rāy*) *c* diarrhoea

diesel (*dee*-serl) *c* diesel

diett (di-*ehtt*) *c* diet

difteri (dif-ter-*ree*) *c* diphtheria

dike (*dee*-ker) *nt* dike

dikt (dikt) *nt* poem

diktafon (dik-tah-*fōōn*) *c* dictaphone

diktat (dik-*taat*) *c* dictation

diktator (dik-*taa*-toor) *c* dictator

dikter (*dik*-terr) *c* poet

diktere (dik-*tāy*-rer) *v* dictate

dimensjon (di-mehn-*shōōn*) *c* size; di-

mension
din (deen) *pron* your
dine (*dee*-ner) *pron* your
diplom (di-*ploom*) *nt* certificate, diploma
diplomat (dip-loo-*maat*) *c* diplomat
direksjon (deer-ehk-*shoon*) *c* board of directors
direkte (di-*rehk*-ter) *adj* direct
direktiv (di-rehk-*teev*) *nt* directive; direction
direktør (di-rehk-*türr*) *c* executive, manager, director
dirigent (di-ri-*gehnt*) *c* conductor
dirigere (di-ri-*gay*-rer) *v* conduct
dirre (*deer*-rer) *v* tremble
dis (deess) *c* mist, haze
disig (*dee*-si) *adj* hazy; misty
disiplin (di-si-*pleen*) *c* discipline
disk (disk) *c* counter
diskonto (diss-*kon*-too) *c* bank-rate
diskusjon (diss-kew-*shoon*) *c* discussion; argument
diskutere (diss-kew-*tay*-rer) *v* discuss; argue
disponibel (diss-poo-*nee*-berl) *adj* available
disposisjon (diss-poo-si-*shoon*) *c* disposal
disse (*diss*-ser) *pron* these
distrikt (diss-*trikt*) *nt* district
dit (deet) *adv* there
divan (di-*vaan*) *c* couch
diverse (di-*væsh*-sher) *adj* miscellaneous, various
djerv (d^yærv) *adj* fearless, bold
djevel (d^y*ay*-verl) *c* (pl -vler) devil
dobbel (*dob*-berl) *adj* double
dobbeltsenger (*dob*-berlt-seh-ngerr) *pl* twin beds
dog (dawg) *conj* but, yet
dokk (dokk) *c* dock
***dokksette** (*dok*-seh-ter) *v* dock
doktor (*dok*-toor) *c* doctor

dokument (doo-kew-*mehnt*) *nt* certificate, document
dokumentmappe (doo-kew-*mehnt*-mah-per) *c* attaché case, briefcase
dom (domm) *c* (pl ~mer) judgment; verdict, sentence
domfellelse (*dom*-feh-lerl-ser) *c* conviction
domfelt (*dom*-fehltt) *c* (pl ~e) convict
dominere (doo-mi-*nay*-rer) *v* dominate
domkirke (*dom*-kheer-ker) *c* cathedral
dommer (*dom*-merr) *c* judge; magistrate; umpire
domstol (*dom*-stool) *c* court, law court
donasjon (doo-nah-*shoon*) *c* donation
dose (*doo*-ser) *c* dose
dott (dott) *c* wisp; tuft; wad
doven (*daw*-vern) *adj* lazy
***dra** (draa) *v* pull; travel, *go; ~ av sted *set out
drake (*draa*-ker) *c* kite; dragon
drakt (drahkt) *c* costume
dram (drahmm) *c* drink of liquor
drama (*draa*-mah) *nt* drama
dramatiker (drah-*maa*-ti-kerr) *c* dramatist
dramatisk (drah-*maa*-tisk) *adj* dramatic
drap (draap) *nt* manslaughter, homicide
dreie (*dray*-er) *v* turn, resolve
dreining (*dray*-ning) *c* turn
drenere (dreh-*nay*-rer) *v* drain
drepe (*dray*-per) *v* kill
dress (drehss) *c* suit
dressere (dreh-*say*-rer) *v* train
dressjakke (*drehss*-yahk-ker) *c* jacket
dreven (*dray*-vern) *adj* skilled, clever
drikk (drikk) *c* drink; beverage; **alkoholfri ~** soft drink
***drikke** (*drik*-ker) *v* *drink
drikkelig (*drik*-ker-li) *adj* drinkable
drikkepenger (*drik*-ker-peh-ngerr) *pl*

tip, gratuity

drikkevann (*drik*-ker-vahn) *nt* drink-ing-water

drink (dringk) *c* drink

dristig (*driss*-ti) *adj* bold, daring; risky

dristighet (*driss*-ti-hāȳt) *c* daring

*drive frem (*dree*-ver) propel

drivhus (*dreev*-hewss) *nt* (pl ~) greenhouse

drivkraft (*dreev*-krahft) *c* driving force

dronning (*droan*-ning) *c* queen

drosje (*drosh*-sher) *c* cab, taxi

drosjeholdeplass (*drosh*-sher-ho-ler-plahss) *c* taxi rank; taxi stand *Am*

drosjesjåfør (*drosh*-sher-sho-fǖrr) *c* cab-driver, taxi-driver

druer (*drēw*-err) *pl* grapes *pl*

drukne (*drook*-ner) *v* *be drowned; drown

dryppe (*drewp*-per) *v* drip

drøm (drurmm) *c* (pl ~mer) dream

drømme (*drurm*-mer) *v* *dream

dråpe (*draw*-per) *c* drop

du (dēw) *pron* you

due (*dēw*-er) *c* pigeon

duft (dewft) *c* scent

dugg (dewgg) *c* dew

duk (dēwk) *c* table-cloth

dukke (*dewk*-ker) *v* dive; *c* doll

dukketeater (*dewk*-ker-teh-*aa*-terr) *nt* (pl ~, -tre) puppet-show

dum (doomm) *adj* stupid, dumb; foolish, silly

dun (dēwn) *nt* down

dunke (*doong*-ker) *v* thump, bump

dunkel (*doong*-kerl) *adj* dim

dur (dēwr) *c* roar

dusin (dew-*seen*) *nt* (pl ~) dozen

dusj (dewshsh) *c* shower

duskregn (*dewsk*-rehngn) *nt* drizzle

dverg (dværg) *c* dwarf

dybde (*dewb*-der) *c* depth

dyd (dēwd) *c* virtue

dykke (*dewk*-ker) *v* dive

dykkermaske (*dew*-ker-*mahss*-ker) *c* goggles *pl*

dyktig (*dewk*-ti) *adj* able, capable, skilful

dyktighet (*dewk*-ti-hāȳt) *c* ability, skill

dynamo (dew-*naa*-moo) *c* dynamo

dyne (*dēw*-ner) *c* eiderdown

dyp (dēwp) *adj* deep; low

dypfryser (*dēwp*-frēw-serr) *c* deep-freeze

dypfryst mat (*dēwp*-frewst maat) frozen food

dypsindig (*dēwp*-sin-di) *adj* profound

dyr (dēwr) *nt* beast, animal; *adj* expensive

dyrebar (*dēw*-rer-baar) *adj* precious; dear

dyrekretsen (*dēw*-rer-kreht-sern) zodiac

dyrke (*dewr*-ker) *v* raise, cultivate, *grow

dyrlege (*dēwr*-lāȳ-ger) *c* veterinary surgeon

dysenteri (dew-sehn-ter-*ree*) *c* dysentery

dyster (*dewss*-terr) *adj* gloomy, sombre

dytt (dewtt) *c* push

dø (dūr) *v* die

død (dūr) *adj* dead; *c* death

dødelig (*dūr*-der-li) *adj* mortal, fatal

dødsfall (*durts*-fahl) *nt* (pl ~) death

dødsstraff (*durt*-strahf) *c* death penalty

døgn (durngn) *nt* twenty-four hours

dømme (*durm*-mer) *v* sentence; judge

døpe (*dūr*-per) *v* baptize, christen

dør (dūrr) *c* door

dørslag (*dūr*-shlaag) *nt* (pl ~) strainer

dørvokter (*dūrr*-vok-terr) *c* door-keeper

døv (dūrv) *adj* deaf
dåd (dawd) *c* exploit, achievement
dåkalv (*daw*-kahlv) *c* fawn
dåp (dawp) *c* christening, baptism
dårlig (*daw*-li) *adj* ill, bad; poor
dåse (*daw*-ser) *c* canister

E

ebbe (*ehb*-ber) *c* ebb
Ecuador (ehk-vah-*dawr*) Ecuador
ecuadorianer (ehk-vah-do-ri-*aa*-nerr) *c* Ecuadorian
ed (āyd) *c* oath, vow
edderkopp (*ehd*-derr-kop) *c* spider
eddik (*ehd*-dik) *c* vinegar
edel (*āy*-derl) *adj* noble
edelsten (*āy*-derl-stāyn) *c* gem
edru (*āyd*-rēw) *adj* sober
effekt (eh-*fehkt*) *c* effect
effektiv (*ehf*-fehk-tiv) *adj* effective; efficient
eføy (*āy*-fur ᵉʷ) *c* ivy
egen (*āy*-gern) *adj* own; peculiar, odd
egenskap (*āy*-gern-skaap) *c* quality, characteristic
egentlig (*āy*-gernt-li) *adv* really
egg (ehgg) *nt* egg
eggeglass (*ehg*-ger-glahss) *nt* (pl ~) egg-cup
eggeplomme (*ehg*-ger-plo-mer) *c* yolk, egg-yolk
egn (ayn) *c* region
egnet (*ay*-nert) *adj* convenient, suitable, fit
egoisme (eh-goo-*iss*-mer) *c* selfishness
egoistisk (eh-goo-*iss*-tisk) *adj* egoistic
Egypt (eh-*gewpt*) Egypt
egypter (eh-*gewp*-terr) *c* Egyptian
egyptisk (eh-*gewp*-tisk) *adj* Egyptian
eie (*ay*-er) *v* own; possess, *nt* possession; **eiendeler** belongings *pl*

eiendom (*ay*-ern-dom) *c* (pl ~mer) property; estate; premises *pl*
eiendommelig (ay-ern-*dom*-li) *adj* peculiar; quaint
eiendommelighet (ay-ern-*dom*-li-hāyt) *c* peculiarity
eiendomsmegler (*ay*-ern-doms-mehg-lerr) *c* house-agent; realtor *nAm*
eier (*ay*-err) *c* owner, proprietor
eik (ayk) *c* oak
eike (*ay*-ker) *c* spoke
eikenøtt (*ay*-ker-nurt) *c* acorn
ekkel (*ehk*-kerl) *adj* nasty
ekko (*ehk*-koo) *nt* echo
ekorn (*ehk*-koon) *nt* squirrel
eksakt (ehk-*sahkt*) *adj* exact
eksamen (ehk-*saa*-mern) *c* examination; ***ta ~** graduate
eksem (ehk-*sāym*) *c*/*nt* eczema
eksempel (ehk-*sehm*-perl) *nt* (pl -pler) example, instance; **for ~** for instance, for example
eksemplar (ehk-sehm-*plaar*) *nt* specimen; copy
eksentrisk (ehk-*sehn*-trisk) *adj* eccentric
eksil (ehk-*seel*) *nt* exile
eksistens (ehk-si-*stehns*) *c* existence
eksistere (ehk-si-*stāy*-rer) *v* exist
eksklusiv (*ehks*-klew-seev) *adj* exclusive
eksos (ehk-*sōōss*) *c* exhaust gases
eksospotte (ehk-*sōōss*-po-ter) *c* silencer; muffler *nAm*
eksosrør (ehk-*sōōss*-rūrr) *nt* (pl ~) exhaust pipe
eksotisk (ehk-*soo*-tisk) *adj* exotic
ekspedisjon (ehk-sper-di-*shōōn*) *c* expedition
ekspeditrise (ehk-sper-di-*tree*-ser) *c* salesgirl
ekspeditør (ehk-sper-di-*tūrr*) *c* shop assistant, salesman
eksperiment (ehk-speh-ri-*mehnt*) *nt*

experiment
eksperimentere (ehk-speh-ri-mehn-*tāy*-rer) v experiment
ekspert (ehk-*spæt*) c expert
eksplodere (ehk-sploo-*dāy*-rer) v explode
eksplosiv (ehk-sploo-*seev*) adj explosive
eksplosjon (ehk-sploo-*shōon*) c blast, explosion
eksponering (ehk-spoo-*nāy*-ring) c exposure
eksport (ehk-*spot*) c exports pl
eksportere (ehk-spo-*tāy*-rer) v export
ekspress- (ehk-*sprehss*) express
ekstase (ehk-*staa*-ser) c ecstasy
ekstra (*ehk*-strah) adj additional, extra; spare
ekstravagant (ehk-strah-vah-*gahnt*) adj extravagant
ekstrem (ehk-*strāym*) adj extreme
ekte (*ehk*-ter) adj genuine, authentic, true; v marry
ektemann (*ehk*-ter-mahn) c (pl -menn) husband
ektepar (*ehk*-ter-paar) nt married couple
ekteskap (*ehk*-teh-skaap) nt matrimony, marriage
ekteskapelig (ehk-ter-*skaaper*-li) adj matrimonial
ekvator (ehk-*vaa*-toor) c equator
elastisk (eh-*lahss*-tisk) adj elastic
eldre (*ehl*-drer) adj older; elderly; **eldst** eldest
elefant (eh-ler-*fahnt*) c elephant
eleganse (eh-ler-*gahng*-ser) c elegance
elegant (eh-ler-*gahnt*) adj elegant
elektriker (eh-*lehk*-tri-kerr) c electrician
elektrisitet (eh-lehk-tri-si-*tāyt*) c electricity
elektrisk (eh-*lehk*-trisk) adj electric
elektronisk (eh-lehk-*trōo*-nisk) adj electronic
element (eh-ler-*mehnt*) nt element
elementær (eh-ler-mehn-*tæær*) adj primary
elendig (eh-*lehn*-di) adj miserable
elendighet (eh-lehn-di-*hāyt*) c misery
elev (eh-*lāyv*) c pupil
elfenbein (*ehl*-fern-bayn) nt ivory
elg (ehlg) c moose, elk
eliminere (eh-li-mi-*nāy*-rer) v eliminate
eller (*ehl*-lerr) conj or; **enten ... eller** either ... or; **om ... eller** whether ... or
ellers (*ehl*-lersh) adv otherwise; else
elleve (*ehl*-ver) num eleven
ellevte (*ehl*-lerf-ter) num eleventh
elske (*ehl*-sker) v love
elsker (*ehl*-skerr) c lover
elskerinne (ehl-sker-*rin*-ner) c mistress
elsket (*ehl*-skert) adj beloved
elskling (*ehlsk*-ling) c sweetheart
elv (ælv) c river
elvebredd (*æl*-ver-brehd) c river bank, riverside
elvemunning (*æl*-ver-mew-ning) c estuary
emalje (eh-*mahl*-Yer) c enamel
emaljert (eh-mahl-*Yāyt*) adj enamelled
embete (*ehm*-ber-ter) nt civil service affice
embetsmann (*ehm*-berts-mahnn) c (pl -menn) civil servant
emblem (ehm-*blāym*) nt emblem
emigrant (eh-mi-*grahnt*) c emigrant
emigrasjon (eh-mi-grah-*shōon*) c emigration
emne (*ehm*-ner) nt topic, theme
en (*āyn*) art (nt et) a art; num one; - **en** the art
enakter (*āyn*-ahk-terr) c one-act play
ende (*ehn*-ner) c end
endelig (*ehn*-der-li) adv finally

endestasjon (*ehn*-ner-stah-shōōn) *c* terminal

endetarm (*ehn*-ner-tahrm) *c* rectum

endog (*ehn*-dawg) *adv* even

endossere (ahng-do-*sāy*-rer) *v* endorse

endre (*ehn*-drer) *v* alter; modify

endring (*ehn*-dring) *c* alteration; change

eneforhandler (*āy*-ner-for-hahnd-lerr) *c* sole distributor

energi (eh-nær-*gee*) *c* power, energy

energisk (eh-nær-gisk) *adj* energetic

eneste (*āy*-nerss-ter) *adj* sole, only

enestående (*āy*-ner-sto-er-ner) *adj* exceptional, unique; singular

eng (ehngng) *c* meadow

engangs- (*āyn*-gahngs) disposable

engel (*ehng*-ngerl) *c* (pl engler) angel

engelsk (*eh*-ngerlsk) *adj* English

engelskmann (*eh*-ngerlsk-mahn) *c* (pl -menn) Englishman; Briton

England (*ehng*-lahn) England

engroshandel (ahng-*graw*-hahn-derl) *c* (pl -dler) wholesale-trade

engstelig (*ehng*-ster-li) *adj* anxious; afraid

engstelse (*ehng*-sterl-ser) *c* fear

enhet (*āyn*-hāyt) *c* unity; unit

enhver (ehn-*væær*) *pron* anyone; everybody, everyone

enig (*āy*-ni) *adj* unanimous, agreed; •være ~ agree

enke (*ehng*-ker) *c* widow

enkel (*ehng*-kerl) *adj* simple; plain; single

enkelt (*ehng*-kerlt) *adj* individual

enkelte (*ehng*-kerl-ter) *pron* some

enkeltperson (*ehng*-kerlt-pæ-shōōn) *c* individual

enkeltrom (*ehng*-kerlt-room) *nt* (pl ~) single room

enkemann (*ayng*-ker-mahn) *c* (pl -menn) widower

enn (ehnn) *conj* than

ennå (*ehn*-naw) *adv* yet

enorm (eh-*norm*) *adj* enormous; huge, immense, gigantic

ensartet (*āyn*-saa-tert) *adj* uniform

ensidig (*āyn*-see-di) *adj* one-sided

ensom (*āyn*-som) *adj* lonely

enstemmig (*āyn*-steh-mi) *adj* unanimous

entall (*āyn*-tahl) *nt* singular

entrénøkkel (ahng-*trāy*-nur-kerl) *c* (pl -nøkler) latchkey

entreprenør (ahng-trer-preh-*nūrr*) *c* contractor

entusiasme (ehn-tew-si-*ahss*-mer) *c* enthusiasm

entusiastisk (ehn-tew-si-*ahss*-tisk) *adj* enthusiastic

enveiskjøring (*āyn*-vayss-khūr-ring) *c* one-way traffic

epidemi (eh-pi-der-*mee*) *c* epidemic

epilepsi (eh-pi-lehp-*see*) *c* epilepsy

epilog (eh-pi-*lawg*) *c* epilogue

episk (*āy*-pisk) *adj* epic

episode (eh-pi-*sōō*-der) *c* episode

eple (*ehp*-ler) *nt* apple

epos (*āy*-pooss) *nt* epic

erfare (ær-*faa*-rer) *v* experience

erfaren (ær-*faa*-rern) *adj* experienced

erfaring (ær-*faa*-ring) *c* experience

ergerlig (*ær*-ger-li) *adj* annoying

ergre (*ær*-grer) *v* annoy; irritate

ergrelse (*ær*-grerl-ser) *c* annoyance

erindre (eh-*rin*-drer) *v* recall

erindring (eh-*rin*-dring) *c* remembrance

erkebiskop (*ær*-ker-biss-kop) *c* archbishop

erkjenne (ær-*khehn*-ner) *v* acknowledge; confess, admit

erklære (ær-*klææ*-rer) *v* declare; state

erklæring (ær-*klææ*-ring) *c* declaration, statement

erme (*ær*-mer) *nt* sleeve

erobre (æ-*rōōb*-rer) *v* conquer; capture

erobrer (æ-*rōōb*-rerr) *c* conqueror

erobring (æ-*rōōb*-ring) *c* conquest; capture

erstatning (æ-*shtaht*-ning) *c* indemnity; substitute

erstatte (æ-*shtaht*-ter) *v* replace, substitute

ert (ætt) *c* pea

erte (æ-ter) *v* tease

erverve (ær-*vær*-ver) *v* acquire; obtain

ervervelse (ær-*vær*-verl-ser) *c* acquisition

esel (*āy*-serl) *nt* (pl esler) ass, donkey

eskadrille (ehss-kah-*dril*-ler) *c* squadron

eske (*ehss*-ker) *c* box

eskorte (ehss-*kor*-ter) *c* escort

eskortere (ehss-ko-*tāy*-rer) *v* escort

esplanade (ehss-plah-*naa*-der) *c* esplanade

essay (*ehss*-say) *nt* (pl ~, ~s) essay

essens (eh-*sehns*) *c* essence

etablere (eh-tah-*blāy*-rer) *v* establish

etappe (eh-*tahp*-per) *c* stage, leg

etasje (eh-*taa*-sher) *c* storey, floor; **første ~** ground floor

eter (*āy*-terr) *c* ether

etikett (eh-ti-*kehtt*) *c* label

Etiopia (eh-ti-*ōō*-pi-ah) Ethiopia

etiopier (eh-ti-*ōō*-pi-err) *c* Ethiopian

etiopisk (eh-ti-*ōō*-pisk) *adj* Ethiopian

etsteds (eht-*stehss*) *adv* somewhere

etter (*eht*-terr) *prep* after; **~ at** after

etterforske (*eht*-terr-fosh-ker) *v* investigate

etterforskning (*eht*-terr-foshk-ning) *c* inquiry

*etterfølge (*eht*-terr-fur-ler) *v* succeed

etterkommer (*eht*-terr-ko-merr) *c* descendant

*etterlate (*eht*-ter-laa-ter) *v* *leave behind; *leave

etterligne (*eht*-ter-ling-ner) *v* copy, imitate

etterligning (*eht*-ter-ling-ning) *c* imitation

ettermiddag (*eht*-terr-mi-dah) *c* afternoon; **i ~** this afternoon

etternavn (*eht*-ter-nahvn) *nt* (pl ~) family name, surname

etterpå (*eht*-terr-paw) *adv* afterwards

ettersende (*eht*-ter-sheh-ner) *v* forward

ettersom (*eht*-ter-shom) *conj* as, because

etterspore (*eht*-ter-shpōō-rer) *v* trace

etterspørsel (*eht*-ter-shpur-sherl) *c* demand

etui (eh-tew-*ee*) *nt* case

Europa (ou-*rōō*-pah) Europe

europeer (ou-roo-*pāy*-err) *c* European

europeisk (ou-roo-*pāy*-isk) *adj* European

evakuere (eh-vah-kew-*āy*-rer) *v* evacuate

evangelium (eh-vahng-*gāy*-li-ewm) *nt* (pl -ier) gospel

eventuell (eh-vehn-tew-*ehll*) *adj* possible

eventyr (*āy*-vern-tēwr) *nt* (pl ~) fairytale; tale; adventure

evig (*āy*-vi) *adj* eternal

evighet (*āy*-vi-hāyt) *c* eternity

evne (*ehv*-ner) *c* faculty, gift; ability, capacity

evolusjon (eh-voo-lew-*shōōn*) *c* evolution

F

fabel (*faa*-berl) *c* (pl fabler) fable

fabrikant (fahb-ri-*kahnt*) *c* manufacturer

fabrikk (fahb-*rikk*) *c* works *pl*, mill,

plant, factory

fabrikkere (fahb-ri-*kay*-rer) v manufacture

fag (faag) nt profession

fagforening (*faag*-fo-reh-ning) c trade-union; union

fagmann (*faag*-mahnn) c (pl -menn) expert

fajanse (fah-*Yahng*-ser) c faience

fakkel (*fahk*-kerl) c (pl fakler) torch

faktisk (*fahk*-tisk) adv as a matter of fact, really, actually, in effect, in fact; adj actual, factual

faktor (*fahk*-toor) c factor

faktum (*fahk*-tewm) nt (pl -ta) fact

faktura (fahk-*tew*-rah) c invoice

fakturere (fahk-tew-*ray*-rer) v bill

fakultet (fah-kewl-*tayt*) nt faculty

fald (fahll) c hem

falk (fahlk) c hawk

fall (fahll) nt fall; **i alle ~** at any rate; **i hvert ~** anyway, at any rate

***falle** (*fahl*-ler) v *fall; **~ sammen med** coincide; ***la ~** drop

falleferdig (*fahl*-ler-fæ-di) adj ramshackle

fallitt (fah-*litt*) adj bankrupt

falme (*fahl*-mer) v fade

falsk (fahlsk) adj false

familie (fah-*mee*-li-er) c family

familiær (fah-mi-li-*æær*) adj familiar

fanatisk (fah-*naa*-tisk) adj fanatical

fange (*fahng*-nger) v capture; *catch; c prisoner; ***ta til ~** capture

fangenskap (*fahng*-ngern-skaap) nt imprisonment

fangevokter (*fahng*-nger-vok-terr) c prison guard, jailer

fangst (fahngst) c catch

fantasi (fahn-tah-*see*) c fantasy, imagination, fancy

fantasifoster (fahn-tah-*seefooss*-terr) nt illusion

fantastisk (fahn-*tahss*-tisk) adj fantastic

fantom (fahn-*toom*) nt phantom

far (faar) c (pl fedre) father; dad

fare (*faa*-rer) c peril, danger; risk

farfar (*fahr*-faar) c (pl -fedre) grandfather

farge (*fahr*-ger) c colour; dye; v dye; **~ av** discolour

fargeblind (*fahr*-ger-blin) adj colourblind

fargeekte (*fahr*-ger-ehk-ter) adj fast-dyed

fargefilm (*fahr*-ger-film) c colour film

fargemiddel (*fahr*-ger-mi-derl) nt (pl -midler) colourant

fargerik (*fahr*-ger-reek) adj colourful; gay

farget (*fahr*-gert) adj coloured

farlig (*faa*-li) adj dangerous

farmakologi (fahr-mah-koo-loo-*gee*) c pharmacology

farmor (*fahr*-moor) c (pl -mødre) grandmother

farse (*fah*-sher) c stuffing; farce

fart (fahrtt) c rate, speed; **i full ~** in a hurry; **saktne farten** slow down; **øke farten** accelerate

fartsgrense (*fahts*-grehn-ser) c speed limit

fartsmåler (*fahts*-maw-lerr) c speedometer

fartøy (*faa*-tur**ew**) nt vessel

fasade (fah-*saa*-der) c façade

fasan (fah-*saan*) c pheasant

fascisme (fah-*shiss*-mer) c fascism

fascist (fah-*shist*) c fascist

fascistisk (fah-*shiss*-tisk) adj fascist

fase (*faa*-ser) c stage, phase

fast (fahst) adj firm; fixed; permanent; adv tight

fastboende (*fahst*-boo-er-ner) c (pl ~) resident

***fastholde** (*fahst*-ho-ler) v insist

fastland (*fahst*-lahn) nt mainland;

continent

•**fastsette** (*fahst*-seh-ter) *v* determine

•**fastslå** (*fahst*-shlo) *v* establish; ascertain

fat (faat) *nt* dish; cask, barrel

fatal (fah-*taal*) *adj* fatal

fatning (*faht*-ning) *c* composure

fatte (*faht*-ter) *v* *understand, grasp

fattig (*faht*-ti) *adj* poor

fattigdom (*faht*-ti-dom) *c* poverty

fattigslig (*faht*-tik-sli) *adj* poor

favoritt (fah-voo-*ritt*) *c* favourite

fe (fāy) *c* fairy

feber (*fāy*-berr) *c* fever

feberaktig (*fāy*-berr-ahk-ti) *adj* feverish

februar (feh-brew-*aar*) February

fedme (*fehd*-mer) *c* fatness

fedreland (*fāy*-drer-lahn) *nt* fatherland, native country

feie (*fay*-er) *v* *sweep

feig (fayg) *adj* cowardly

feiging (*fay*-ging) *c* coward

feil (fayl) *c* (pl ~) fault, error, mistake; *adj* incorrect; *ta ~ *be mistaken

feilaktig (fayl-*ahk*-ti) *adj* mistaken

feile (*fay*-ler) *v* err

feilfri (*fayl*-free) *c* faultless

feiltakelse (*fayl*-taa-kerl-ser) *c* mistake, error

feiltrinn (*fayl*-trin) *nt* slip

feinschmecker (*fighn*-shmeh-kerr) *c* gourmet

feire (*fay*-rer) *v* celebrate

feiring (*fay*-ring) *c* celebration

fekte (*fehk*-ter) *v* fence

fele (*fai*-ler) *c* fiddle

felg (fehlg) *c* rim

felle (*fehl*-ler) *c* trap

felles (*fehl*-lerss) *adj* common; joint

i fellesskap (*fehl*-ler-skaap) jointly

felt (fehlt) *nt* field

feltkikkert (*fehlt*-khi-kert) *c* field glasses

feltseng (*fehlt*-sehng) *c* camp-bed; cot *nAm*

fem (fehmm) *num* five

feminin (feh-mi-*neen*) *adj* feminine

femte (*fehm*-ter) *num* fifth

femten (*fehm*-tern) *num* fifteen

femtende (*fehm*-ter-ner) *num* fifteenth

femti (*fehm*-ti) *num* fifty

fengsel (*fehng*-sherl) *nt* (pl -sler) jail, gaol, prison

fengsle (*fehng*-shler) *v* imprison; fascinate

ferdig (*fææ*-di) *adj* finished

ferdselsåre (*færd*-serls-aw-rer) *c* thoroughfare

ferie (*fāy*-ri-er) *c* vacation, holiday; **på ~** on holiday

ferieleir (*fāy*-ri-er-layr) *c* holiday camp

feriested (*fāy*-ri-er-stāy) *nt* holiday resort

ferje (*fær*-Yer) *c* ferry-boat

fersk (fæshk) *adj* fresh

fersken (*fæsh*-kern) *c* peach

ferskvann (*fæshk*-vahn) *nt* fresh water

fest (fehst) *c* feast, party

feste (*fehss*-ter) *v* attach, fasten; **~ med nål** pin

festeinnretning (*fehss*-ter-in-reht-ning) *c* fastener

festival (fehss-ti-*vaal*) *c* festival

festlig (*fehst*-li) *adj* festive

festning (*fehst*-ning) *c* fortress; stronghold

fet (fāyt) *adj* fat

fett (fehtt) *nt* grease, fat

fetter (*feht*-terr) *c* cousin

fettet (*feht*-tert) *adj* greasy

fettholdig (*feht*-hol-di) *adj* fatty

fiasko (fi-*ahss*-koo) *c* failure

fiber (*fee*-berr) *c* (pl fibrer) fibre

fiende (*fee*-ern-der) *c* enemy
fiendtlig (*fee*-ern-tli) *adj* hostile
figur (fi-*gewr*) *c* figure
fik (feek) *c* slap, blow
fike (*fee*-ker) *v* slap
fiken (*fee*-kern) *c* fig
fiks (fiks) *adj* smart
fil (feel) *c* file; lane
filial (fi-li-*aal*) *c* branch
filipens (fi-li-*pehns*) *c* acne
Filippinene (fi-li-*pee*-ner-ner) Philippines *pl*
filippiner (fi-li-*pee*-nerr) *c* Filipino
filippinsk (fi-li-*peensk*) *adj* Philippine
fille (*fil*-ler) *c* rag
film (film) *c* movie, film
filmavis (*film*-ahveess) *c* newsreel
filme (*fil*-mer) *v* film
filmkamera (*film*-kaa-mer-rah) *nt* camera
filmlerret (*film*-lær-rert) *nt* screen
filosof (fi-loo-*soof*) *c* philosopher
filosofi (fi-loo-soo-*fee*) *c* philosophy
filt (filt) *c* felt
filter (*fil*-terr) *nt* (pl -tre) filter
fin (feen) *adj* fine
finanser (fi-nahng-serr) *pl* finances *pl*
finansiell (fi-nahng-si-*ehll*) *adj* financial
finansiere (fi-nahng-si-*āy*-rer) *v* finance
finger (*fing*-ngerr) *c* (pl -gre) finger
fingeravtrykk (*fing*-ngerr-ahv-trewk) *nt* (pl ~) fingerprint
fingerbøl (*fing*-ngerr-burl) *nt* (pl ~) thimble
finhakke (*feen*-hah-ker) *v* mince
finke (*fing*-ker) *c* finch
Finland (*fin*-lahn) Finland
finmale (*feen*-maa-ler) *v* *grind
finne[1] (*fin*-ner) *c* Finn
***finne**[2] (*fin*-ner) *v* *find; ~ igjen recover; ~ skyldig convict; ~ sted *take place

finsk (finsk) *adj* Finnish
fint! (feent) all right!, okay!
fiol (fi-*ool*) *c* violet
fiolett (fi-oo-*lehtt*) *adj* violet
fiolin (fi-oo-*leen*) *c* violin
fire (*fee*-rer) *num* four
firma (*feer*-mah) *nt* firm, company
fisk (fisk) *c* fish
fiske (*fiss*-ker) *v* fish; angle
fiskebein (*fiss*-ker-bayn) *nt* bone, fishbone
fiskeforretning (*fiss*-ker-fo-reht-ning) *c* fish shop
fiskegarn (*fiss*-ker-gaan) *nt* (pl ~) fishing net
fiskekort (*fiss*-ker-kot) *nt* (pl ~) fishing licence
fiskekrok (*fiss*-ker-krōōk) *c* fishing hook
fisker (*fiss*-kerr) *c* fisherman
fiskeredskap (*fiss*-ker-rehss-kaap) *nt* fishing tackle
fiskeri (*fiss*-ker-ree) *nt* fishing industry
fiskesnøre (*fiss*-ker-snūr-rer) *nt* fishing line
fiskestang (*fiss*-ker-stahng) *c* (pl -stenger) fishing rod
fiskeutstyr (*fiss*-ker-ewt-stēwr) *nt* fishing gear
fjell (fᵞehll) *nt* mountain
fjelldal (fᵞehl-daal) *c* glen
fjellkjede (fᵞehl-khāy-der) *c* mountain range
fjellklatring (fᵞehl-klaht-ring) *c* mountaineering
fjerde (fᵞææ-rer) *num* fourth
fjern (fᵞææn) *adj* far-away, far, distant, remote, far-off
fjerne (fᵞææ-ner) *v* *take away, remove
fjerning (fᵞææ-ning) *c* removal
fjernskriver (fᵞææn-skree-verr) *c* telex
fjernsyn (fᵞææn-sēwn) *nt* television

fjernsynsapparat (f**Y**ææn-sēwn-sah-pah-raat) *nt* television set

fjernvalgnummer (f**Y**ææn-vahlg-noo-merr) *nt* (pl -numre) area code

fjollet (f**Y**ol-lert) *adj* foolish

i fjor (ee f**Y**ōōr) last year

fjord (f**Y**ōōr) *c* fjord

fjorten (f**Y**oot-tern) *num* fourteen; ∼ **dager** fortnight

fjortende (f**Y**oot-ter-ner) *num* fourteenth

fjær (f**Y**æær) *c* (pl ∼) feather; spring

fjære (f**Y**ææ-rer) *c* low tide

fjæring (f**Y**ææ-ring) *c* suspension

fjærkre (f**Y**æær-krāy) *nt* (pl ∼) fowl, poultry

flagg (flahgg) *nt* flag

flakke (flahk-ker) *v* wander

flamingo (flah-*ming*-goo) *c* flamingo

flamme (flahm-mer) *c* flame

flanell (flah-*nehll*) *c* flannel

flaske (flahss-ker) *c* bottle; flask

flaskehals (flahss-ker-hahls) *c* bottle-neck

flaskeåpner (flahss-ker-awp-nerr) *c* bottle opener

flass (flahss) *nt* dandruff

flat (flaat) *adj* flat; plane

flekk (flehkk) *c* spot, stain; speck, blot

flekke (flehk-ker) *v* stain

flekket (flehk-kert) *adj* spotted

flekkfjerner (flehk-f**Y**æ-nerr) *c* stain remover

flere (flāy-rer) *adj* several; **flest** most

flertall (flāy-tahl) *nt* majority; plural

flid (fleed) *c* diligence

flink (flingk) *adj* clever, skilful, smart

flintstein (flint-stayn) *c* flint

flis (fleess) *c* chip; tile

flittig (fli-ti) *adj* diligent; industrious

flo (floo) *c* flood

flokk (flokk) *c* herd, flock; bunch

flott (flott) *adj* swell

flottør (flo-*turr*) *c* float

flue (flēw-er) *c* fly

flukt (flewkt) *c* escape

fluktstol (flewkt-stōōl) *c* deck chair

fly (flēw) *nt* aircraft, aeroplane, plane; airplane *nAm*

*fly (flēw) *v* **fly*

flygel (flēw-gerl) *nt* (pl -gler) grand piano

flyhavn (flēw-hahvn) *c* airport

flykaptein (flēw-kahp-tayn) *c* captain

flykte (flewk-ter) *v* escape

flyktig (flewk-ti) *adj* casual

flymaskin (flēw-mah-sheen) *c* aircraft

flyndre (flewnd-rer) *c* sole

flyplass (flēw-plahss) *c* airfield

flyselskap (flēw-sehl-skaap) *nt* airline

*flyte (flēw-ter) *v* flow; float

flytende (flēw-ter-ner) *adj* fluent; fluid, liquid

flyttbar (flewt-baar) *adj* movable

flytte (flewt-ter) *v* move

flytur (flēw-tēwr) *c* flight

flyulykke (flēw-ew-lew-ker) *c* plane crash

flyvertinne (flēw-væ-ti-ner) *c* stewardess

fløte (flūr-ter) *c* cream

fløteaktig (flūr-ter-ahk-ti) *adj* creamy

fløyel (flur*ew*-erl) *c* velvet

fløyte (flur*ew*-ter) *c* flute; whistle

flå (flaw) *v* fleece

flåte (flaw-ter) *c* raft; fleet; navy

fnise (fnee-ser) *v* giggle

foajé (foo-ah-*Y*āy) *c* foyer, lobby

fokk (fokk) *c* foresail

fold (foll) *c* crease, fold

folde (fol-ler) *v* fold; ∼ **sammen** fold; ∼ **ut** *v* unfold

foldekniv (fol-ler-kneev) *c* clasp-knife

folk (folk) *nt* people, nation; *pl* people; **folke-** popular; national

folkedans (fol-ker-dahns) *c* folk-dance

folkemengde (fol-ker-mehng-der) *c* crowd

folkerik (*fol*-ker-reek) *adj* populous
folkeslag (fol-ker-*shlaag*) *nt* (pl ~)
people
folkevise (*fol*-ker-vee-ser) *c* folk song
folklore (folk-*law*-rer) *c* folklore
fond (fonn) *nt* fund
fondsbørs (*fons*-būrsh) *c* stock ex-
change
fondsmarked (*fons*-mahr-kerd) *nt*
stock market
fonetisk (foo-*nāy*-tisk) *adj* phonetic
for[1] (forr) *conj* for; *prep* for; ~ hån-
den available; ~ å in order to, to
fôr[2] (fōōr) *nt* lining; fodder
forakt (for-*ahkt*) *c* scorn, contempt
forakte (for-*ahk*-ter) *v* despise, scorn
foran (*for*-rahn) *prep* before, ahead
of, in front of
forandre (for-*ahn*-drer) *v* change;
vary, alter
forandring (for-*ahn*-dring) *c* variation,
change; alteration
foranledning (for-rahn-*lāyd*-ning) *c* oc-
casion
foranstaltning (for-rahn-stahlt-ning) *c*
measure
forargelse (for-*ahr*-gerl-ser) *c* indigna-
tion
forbanne (for-*bahn*-ner) *v* curse
forbause (for-*bou*-ser) *v* astonish;
amaze, surprise
forbauselse (for-*bou*-serl-ser) *c* aston-
ishment; amazement
forbausende (for-*bou*-ser-ner) *adj* as-
tonishing
forbedre (for-*bāyd*-rer) *v* improve
forbedring (for-*bāyd*-ring) *c* improve-
ment
forbehold (for-ber-hol) *nt* qualifica-
tion; reservation
forberede (for-ber-*rāy*-der) *v* prepare
forberedelse (for-ber-*rāy*-derl-ser) *c*
preparation
forberedende (for-ber-*rāy*-der-ner) *adj*

preliminary
forbi (for-*bee*) *prep* past, beyond,
past; *gå ~ pass by
***forbinde** (for-*bin*-ner) *v* connect,
link, join; dress; associate
forbindelse (for-*bin*-nerl-ser) *c* connec-
tion; relation, reference
forbipasserende (for-*bee*-pah-sāy-rer-
ner) *c* (pl ~) passer-by
***forbli** (for-*blee*) *v* remain
forbløffe (for-blurf-fer) *v* astonish
forbokstav (for-book-staav) *c* initial
forbruk (for-*brewk*) *nt* expenditure
forbruker (for-*brēw*-kerr) *c* consumer
forbrytelse (for-*brēw*-terl-ser) *c* crime
forbryter (for-*brēw*-terr) *c* criminal
forbrytersk (for-*brēw*-tershk) *adj*
criminal
forbud (for-*bēwd*) *nt* (pl ~) prohib-
ition
forbudt (for-*bewtt*) *adj* prohibited;
forbikjøring forbudt no passing
Am
forbund (for-*bewn*) *nt* (pl ~) league,
union; **forbunds-** federal
forbundsfelle (for-bewns-feh-ler) *c* as-
sociate
forbundsstat (for-bewn-staat) *c* feder-
ation
***forby** (for-*bēw*) *v* *forbid, prohibit
fordampe (fo-*dahm*-per) *v* evaporate
fordel (fo-*dāyl*) *c* benefit, advantage,
profit; *ha ~ av benefit; til ~ for
for the benefit of
fordelaktig (fo-dāyl-ahk-ti) *adj* advan-
tageous
fordele (fo-*dāy*-ler) *v* divide
fordervet (fo-*dær*-vert) *adj* stale
fordi (fo-*dee*) *conj* as, because; since
fordom (fo-dom) *c* (pl ~mer) preju-
dice
fordreid (fo-*drayd*) *adj* crooked,
twisted
fordring (*fod*-ring) *c* claim

*fordrive (fo-*dree*-ver) v expel; chase

fordum (fo-dewm) adv formerly

fordøye (fo-*dur*ew-er) v digest

fordøyelig (fo-*dur*ew-er-li) adj digestible

fordøyelse (fo-*dur*ew-erl-ser) c digestion; dårlig ~ indigestion

forebygge (faw-rer-bew-ger) v prevent

forebyggende (faw-rer-bew-ger-ner) adj preventive

foredrag (faw-rer-draag) nt (pl ~) lecture

*foregi (faw-rer-Yee) v pretend

*foregripe (faw-rer-gree-per) v anticipate

foregående (faw-rer-gaw-er-ner) adj preceding, previous

*forekomme (faw-rer-ko-mer) v occur

foreldet (for-*ehl*-dert) adj out of date

foreldre (for-*ehl*-drer) pl parents pl

*forelegge (faw-rer-leh-ger) v present

forelesning (faw-rer-*lay*ss-ning) c lecture

forelsket (for-*ehl*-skert) adj in love

foreløpig (faw-rer-*lūr*-pi) adj provisional, temporary

forene (for-*ay*-ner) v join, unite

forening (for-*ay*-ning) c association; club, society

forent (for-*ay*nt) adj joint

De forente stater (di for-*ay*n-ter staa-terr) the States, United States

*foreskrive (faw-rer-skree-ver) v prescribe

*foreslå (faw-rer-shlaw) v propose, suggest

*forespørre (faw-rer-spur-rer) v inquire, query, enquire

forespørsel (faw-rer-spur-sherl) c (pl -sler) inquiry, query, enquiry

forestille (faw-rer-sti-ler) v represent; ~ seg conceive; imagine, fancy

forestilling (faw-rer-sti-ling) c show, performance; idea, conception

foretagende (faw-rer-taa-ger-ner) nt undertaking; concern

*foretrekke (faw-rer-treh-ker) v prefer; å ~ preferable

forfader (for-faa-derr) c (pl -fedre) ancestor

forfallen (for-fahl-lern) adj dilapidated; overdue

forfalske (for-fahl-sker) v counterfeit, forge

forfalskning (for-fahlsk-ning) c fake

forfatter (for-faht-terr) c author, writer

forfengelig (for-fehng-nger-li) adj vain

forferdelig (for-fæ-der-li) adj awful, dreadful, frightful, terrible

forfremme (for-frehm-mer) v promote

forfremmelse (for-frehm-merl-ser) c promotion

forfriske (for-friss-ker) v refresh

forfriskende (for-friss-ker-ner) adj refreshing

forfriskning (for-frisk-ning) c refreshment

*forfølge (for-furl-ler) v pursue, chase

forføre (for-fūr-rer) v seduce

forgasser (for-gahss-serr) c carburettor

forgifte (for-Yif-ter) v poison

forgjenger (for-Yeh-ngerr) c predecessor

forgjeves (for-Yay-verss) adv in vain; adj vain

forglemmelse (for-glehm-merl-ser) c oversight

forgrunn (for-grewn) c foreground

forgylt (for-Yewlt) adj gilt

i forgårs (ee for-gosh) the day before yesterday

*forgå seg (for-gaw) offend

forhandle (for-hahnd-ler) v negotiate

forhandler (for-hahnd-lerr) c dealer

forhandling (for-hahnd-ling) c negotiation

forhastet (for-*hahss*-tert) *adj* rash; premature

forhekse (for-*hehk*-ser) *v* bewitch

forhenværende (*for*-hehn-vææ-rer-ner) *adj* former

forhindre (*for*-hin-drer) *v* prevent

forhold (*for*-hol) *nt* (pl ~) relation; affair

forholdsmessig (*for*-hols-meh-si) *adj* proportional

forhør (*for*-hürr) *nt* (pl ~) interrogation, examination

forhøre (for-*hür*-rer) *v* interrogate; ~ **seg** inquire

på forhånd (po *for*-hon) in advance

forhåndsbetalt (*for*-hons-beh-tahlt) *adj* prepaid

forkaste (for-*kahss*-ter) *v* reject, turn down

forkjemper (for-*khehm*-perr) *c* champion

forkjærlighet (for-*khææ*-li-hāyt) *c* preference

forkjølelse (for-*khür*-lerl-ser) *c* cold; *bli forkjølet *catch a cold

forkjørsrett (for-*khürsh*-reht) *c* right of way

forklare (for-*klaa*-rer) *v* explain

forklaring (for-*klaa*-ring) *c* explanation

forklarlig (for-*klaa*-li) *adj* accountable

forkle (*for*-kler) *nt* (pl -lær) apron

forkledning (for-*klāyd*-ning) *c* disguise

forkle seg (for-*klāy*) disguise

forkorte (for-*kot*-ter) *v* shorten

forkortelse (for-*ko*-terl-ser) *c* abbreviation

forlange (fo-*lahng*-nger) *v* demand

*forlate** (fo-*laa*-ter) *v* check out, *leave; desert

forleden (fo-*lāy*-dern) *adv* recently

forlegen (fo-*lāy*-gern) *adj* embarrassed; *gjøre ~ embarrass

*forlegge** (fo-*leh*-ger) *v* *mislay

forlegger (fo-*leh*-gerr) *c* publisher

forlenge (fo-*lehng*-nger) *v* lengthen; extend

forlengelse (fo-*lehng*-ngerl-ser) *c* extension

forlovede (fo-*law*-ver-der) *c* fiancé; fiancée

forlovelse (fo-*law*-verl-ser) *c* engagement

forlovelsesring (fo-*law*-verl-serss-ring) *c* engagement ring

forlovet (fo-*law*-vert) *adj* engaged

forlystelse (fo-*lewss*-terl-ser) *c* entertainment, amusement

*forløpe** (fo-*lür*-per) *v* pass

form (form) *c* form, shape

formalitet (for-mah-li-*tāyt*) *c* formality

formane (for-*maa*-ner) *v* urge

formann (for-*mahn*) *c* (pl -menn) president, chairman; foreman

format (for-*maat*) *nt* size

forme (*for*-mer) *v* shape, model, form

formel (*for*-merl) *c* (pl -mler) formula

formell (for-*mehll*) *adj* formal

formiddag (*for*-mi-dah) *c* morning

formiddagsmat (*for*-mi-dahks-maat) *c* lunch

forminske (for-*min*-sker) *v* lessen

formodning (for-*mōōd*-ning) *c* guess

formue (*for*-moo-er) *c* fortune

formynder (for-*mewn*-derr) *c* tutor, guardian

formynderskap (for-*mewn*-der-shkaap) *nt* custody

formørkelse (for-*murr*-kerl-ser) *c* eclipse

formål (*for*-mawl) *nt* (pl ~) purpose, objective, object

formålstjenlig (*for*-mawls-tˠāyn-li) *adj* appropriate

fornavn (*fo*-nahvn) *nt* (pl ~) first name, Christian name

fornemme (fo-*nehm*-mer) *v* perceive

fornemmelse (fo-*nehm*-merl-ser) *c* perception; sensation

fornuft (fo-*newft*) *c* reason, sense

fornuftig (fo-*newf*-ti) *adj* reasonable, sensible

fornye (fo-*nēw*-er) *v* renew

fornærme (fo-*nær*-mer) *v* offend; insult

fornærmelse (fo-*nær*-merl-ser) *c* offence; insult

fornøyd (for-*nurew*d) *adj* pleased; glad

fornøyelse (fo-*nurew*-erl-ser) *c* pleasure

forpakte bort (for-*pahk*-ter bot) lease

forpaktning (for-*pahkt*-ning) *c* lease

forplikte (for-*plik*-ter) *v* oblige; ~ **seg** engage; **være forpliktet til *be obliged to

forpliktelse (for-*plik*-terl-ser) *c* engagement

forresten (fo-*rehss*-tern) *adv* besides; by the way

forretning (fo-*reht*-ning) *c* store, shop; business

forretninger (fo-*reht*-ni-ngerr) *pl* business; **i** ~ on business

forretningsmann (fo-*reht*-nings-mahn) *c* (pl -menn) businessman

forretningsmessig (fo-*reht*-nings-meh-si) *adj* business-like

forretningsreise (fo-*reht*-nings-ray-ser) *c* business trip

forretningssenter (fo-*reht*-ning-sehn-terr) *nt* (pl -trer) shopping centre

forrett (*for*-reht) *c* hors-d'œuvre

forrige (*for*-Yer) *adj* previous, last, past

forræder (fo-*rāy*-derr) *c* traitor

forræderi (fo-reh-der-*ree*) *nt* treason

forråd (*foar*-rawd) *nt* (pl ~) supply

forråde (fo-*raw*-der) *v* betray

forsamling (fo-*shahm*-ling) *c* assembly, rally

forseelse (fo-*shāy*-erl-ser) *c* offence, misdemeanour

forsere (fo-*shāy*-rer) *v* force

forside (*fo*-shee-der) *c* front

forsikre (fo-*shik*-rer) *v* assure; insure

forsikring (fo-*shik*-ring) *c* insurance

forsikringspolise (fo-*shik*-rings-poo-lee-ser) *c* insurance policy

forsikringspremie (fo-*shik*-rings-prāy-mi-er) *c* premium

forsiktig (fo-*shik*-ti) *adj* careful, cautious; gentle; wary; **være* ~ watch out

forsiktighet (fo-*shik*-ti-hāyt) *c* caution, precaution

forsinke (fo-*shing*-ker) *v* delay

forsinkelse (fo-*shing*-kerl-ser) *c* delay

forsinket (fo-*shing*-kert) *adj* overdue

forskjell (*fo*-shehl) *c* distinction, difference; **gjøre* ~ distinguish

forskjellig (fo-*shehl*-li) *adj* different, unlike, distinct; **være* ~ vary, differ

forskning (*foshk*-ning) *c* research

forskole (fo-*shkōō*-ler) *c* kindergarten

forskrekke (fo-*shkrehk*-ker) *v* frighten; **bli forskrekket *be frightened

forskrekkelig (fo-*shkrehk*-ker-li) *adj* frightful

forskudd (*fo*-shkewd) *nt* (pl ~) advance; **betale på** ~ advance; **på** ~ in advance

forslag (fo-*shlaag*) *nt* (pl ~) proposal, suggestion, proposition; motion

forsoning (fo-*shōō*-ning) *c* reconciliation

forsove seg (fo-*shaw*-ver) **oversleep

forsprang (fo-*shprahng*) *nt* (pl ~) lead

forstad (*fo*-shtaad) *c* (pl -steder) suburb; **forstads-** suburban

forstand (fo-*shtahnn*) *c* reason; brain, wits *pl*, intellect

forstavelse (fo-*shtaa*-verl-ser) *c* prefix

forstmann (*fosht*-mahn) *c* (pl -menn)

forester

forstoppelse (fo-*shtop*-perl-ser) c constipation

forstoppet (fo-*shtop*-pert) adj constipated

forstue (fo-*shtew*-er) v sprain

forstuing (fo-*shtew*-ing) c sprain

forstyrre (fo-*shtewr*-rer) v disturb; *upset

forstyrrelse (fo-*shtewr*-rerl-ser) c disturbance

forstørre (fo-*shturr*-rer) v enlarge

forstørrelse (fo-*shturr*-rerl-ser) c enlargement

forstørrelsesglass (fo-*shturr*-rerl-serss-glahss) nt (pl ~) magnifying glass

*forstå (fo-*shtaw*) v *understand; *see

forståelse (fo-*shtaw*-erl-ser) c understanding

forsvar (fo-*shvaar*) nt defence

forsvare (fo-*shvaa*-rer) v defend

forsvarstale (fo-*shvaa*-sh-taa-ler) c plea

*forsvinne (fo-*shvin*-ner) v disappear, vanish

forsvunnet (fo-*shvewn*-nert) adj lost

forsyne (fo-*shew*-ner) v provide, furnish, supply; ~ **med** furnish with

forsyning (fo-*shew*-ning) c stock

forsøk (fo-*shurk*) nt (pl ~) try, attempt; trial; experiment

forsøke (fo-*shur*-ker) v try, attempt

forsømme (fo-*shurm*-mer) v neglect; fail

forsømmelig (fo-*shurm*-mer-li) adj neglectful

forsømmelse (fo-*shurm*-merl-ser) c neglect

fort[1] (foott) adv quickly

fort[2] (fott) nt fort

*forta seg (fo-*taa*) *wear away

fortau (fo-*tou*) nt (pl ~) pavement; sidewalk nAm

fortauskant (fo-*touss*-kahnt) c curb

*fortelle (fo-*tehl*-ler) v *tell; relate

fortelling (fo-*tehl*-ling) c story, tale

forte seg (foot-ter) hurry

fortid (fo-teed) c past

fortjene (fo-tᵛᵃʸ-ner) v deserve, merit

fortjeneste (fo-tᵛᵃʸ-nerss-ter) c profit, gain; merit

fortred (fo-*trayd*) c harm, mischief

fortrinnsrett (fo-*trins*-reht) c priority

fortryllelse (fo-*trewl*-lerl-ser) c spell

fortryllende (fo-*trewl*-ler-ner) adj charming

*fortsette (fot-seh-ter) v continue; *keep on, carry on, *go on, proceed, *go ahead

fortsettelse (fot-seh-terl-ser) c sequel

fortvile (fo-*tvee*-ler) v despair

fortvilet (fo-*tvee*-lt) adj desperate

fortynne (fo-*tewn*-ner) v dilute

forundre (for-*ewn*-drer) v amaze

forundring (for-*ewn*-dring) c wonder

forurensning (for-rew-rehns-ning) c pollution

forurolige (for-rew-rōō-li-er) v alarm

foruroligende (for-rew-rōō-li-er-ner) adj scary

foruten (for-ēw-tern) prep besides

forutgående (for-rewt-gaw-er-ner) adj prior

forutsatt at (for-ēwt-sahtt ahtt) provided that, supposing that

*forutse (for-rēwt-sāy) v anticipate

*forutsi (for-rewt-see) v predict, forecast

forutsigelse (for-rewt-see-erl-ser) c prediction

forvaltende (for-vahl-ter-ner) adj administrative

forvaltningsrett (for-vahlt-nings-reht) c administrative law

forvandle (for-vahnd-ler) v transform; **forvandles til** turn into

forvaring (for-*vaa*-ring) *c* custody

forveksle (for-*vehk*-shler) *v* *mistake, confuse

forventning (for-*vehnt*-ning) *c* expectation

forvirre (for-*veer*-rer) *v* confuse

forvirret (for-*veer*-rert) *adj* confused

forvirring (for-*veer*-ring) *c* confusion; disturbance; muddle

forvisse seg om (for-*viss*-ser) ascertain

forårsake (*for*-ro-shaa-ker) *v* cause

foss (foss) *c* waterfall

fossestryk (*foss*-ser-strewk) *nt* (pl ~) rapids *pl*

fot (fōōt) *c* (pl føtter) foot; **til fots** on foot, walking

fotball (*foot*-bahl) *c* soccer; football

fotballkamp (*foot*-bahl-kahmp) *c* football match

fotbrems (*fōōt*-brehms) *c* foot-brake

fotgjenger (*fōōt*-ᵞehng-err) *c* pedestrian

fotgjengerovergang (*fōōt*-ᵞayng-err-aw-verr-gahng) *c* crossing, pedestrian crossing; crosswalk *nAm*

fotoforretning (*fōō*-too-fo-reht-ning) *c* camera shop

fotograf (foo-too-*graaf*) *c* photographer

fotografere (foo-too-grah-*fay*-rer) *v* photograph

fotografering (foo-too-grah-*fay*-ring) *c* photography

fotografi (foo-too-grah-*fee*) *nt* photograph, photo

fotografiapparat (foo-too-grah-*fee*-ah-pah-raat) *nt* camera

fotokopi (*foot*-too-koo-pee) *c* photostat

fotpudder (*fōōt*-pew-derr) *nt* foot powder

fotspesialist (*fōōt*-speh-si-ah-list) *c* chiropodist

fottur (foot-*tēwr*) *c* hike

fra (fraa) *prep* from; out of; as from; ~ **og med** from, as from

fradrag (*fraa*-draag) *nt* (pl ~) deduction; rebate

fraflytte (*fraa*-flew-ter) *v* vacate

frakk (frahkk) *c* topcoat, coat

frakt (frahkt) *c* cargo, freight

frankere (frahng-*kay*-rer) *v* stamp

franko (*frahng*-koo) *adv* post-paid

Frankrike (*frahngk*-ree-ker) France

fransk (frahnsk) *adj* French

franskmann (*frahnsk*-mahn) *c* (pl -menn) Frenchman

fraråde (*fraa*-raw-der) *v* dissuade from

frastøtende (*fraa*-stūr-ter-ner) *adj* revolting, repellent, repulsive

***frata** (*fraa*-taa) *v* deprive of

***fratre** (fraa-*tray*) *v* resign

fravær (*fraa*-væær) *nt* (pl ~) absence

fraværende (*fraa*-vææ-rer-ner) *adj* absent

fred (frayd) *c* peace

fredag (*fray*-dah) *c* Friday

fredelig (*fray*-der-li) *adj* peaceful

frekk (frehkk) *adj* insolent, bold

frekkhet (*frehk*-hayt) *c* impertinence

frekvens (freh-*kvehns*) *c* frequency

frelse (*frehl*-ser) *v* redeem, save; *c* salvation

frem (frehmm) *adv* forward

fremad (*frehm*-maad) *adv* forward

fremadstrebende (*frehm*-maad-stray-ber-ner) *adj* go-ahead

***frembringe** (*frehm*-bri-nger) *v* effect

fremdeles (frehm-*day*-lerss) *adv* still

fremgang (*frehm*-gahng) *c* prosperity

fremgangsmåte (*frehm*-gahngs-maw-ter) *c* approach; method, process, procedure

***fremgå** (*frehm*-gaw) *v* appear

fremkalle (*frehm*-kah-ler) *v* develop

fremme (*frehm*-mer) *v* promote

fremmed (*frehm*-merd) *adj* strange; foreign; *c* stranger

fremover (*frehm*-maw-verr) *adv* onwards, ahead

fremragende (*frehm*-raa-ger-ner) *adj* outstanding, excellent

fremskritt (*frehm*-skrit) *nt* (pl ∼) progress; advance; ***gjøre** ∼ *get on, advance

fremstille (*frehm*-sti-ler) *v* produce

fremstående (*frehm*-staw-er-ner) *adj* distinguished

fremtid (*frehm*-tee) *c* future

fremtidig (*frehm*-tee-di) *adj* future

fremtoning (*frehm*-tōō-ning) *c* appearance

***fremtre** (*frehm*-trāȳ) *v* appear

fremtredende (*frehm*-trāȳ-der-ner) *adj* outstanding, distinguished

fremvise (*frehm*-vee-ser) *v* exhibit

fri (free) *adj* free

fribillett (*free*-bi-leht) *c* free ticket

frifinnelse (*free*-fi-nerl-ser) *c* acquittal

frigjørelse (*free*-Yūr-rerl-ser) *c* emancipation

frihet (*free*-hāȳt) *c* freedom, liberty

friidrett (*free*-id-reht) *c* athletics *pl*

friksjon (frik-*shōōn*) *c* friction

frikvarter (*free*-kvah-tāȳr) *nt* break; recess *nAm*

frimerke (*free*-mær-ker) *nt* postage stamp, stamp

frimerkeautomat (*free*-mær-ker-ou-too-maat) *c* stamp machine

frisk (frisk) *adj* well; **bli** ∼ recover

frist (frist) *c* term

friste (*friss*-ter) *v* tempt

fristelse (*friss*-terl-ser) *c* temptation

frisyre (fri-*sēw*-rer) *c* hair-do

frisør (fri-*sūrr*) *c* hairdresser

***frita** (*free*-taa) *v* exempt; ∼ **for** discharge of

fritakelse (*free*-taa-kerl-ser) *c* exemption

fritatt (*free*-taht) *adj* exempt

fritid (*free*-teed) *c* spare time; leisure

frivillig[1] (*free*-vi-li) *adj* voluntary

frivillig[2] (*free*-vi-li) *c* (pl ∼e) volunteer

frokost (*frōō*-kost) *c* breakfast

from (fromm) *adj* pious

frontlys (*front*-lēwss) *nt* (pl ∼) headlamp, headlight

frontrute (*front*-rēw-ter) *c* windscreen; windshield *nAm*

frosk (frosk) *c* frog

frossen (*fross*-sern) *adj* frozen

frost (frost) *c* frost

frostknute (*frost*-knēw-ter) *c* chilblain

frotté (fro-*tāȳ*) *c* towelling

frue (*frēw*-er) *c* madam; mistress

frukt (frewkt) *c* fruit

fruktbar (*frewkt*-baar) *adj* fertile

frukthage (*frewkt*-haa-ger) *c* orchard

fruktsaft (*frewkt*-sahft) *c* squash

fryd (frēwd) *c* delight, joy

frykt (frewkt) *c* fear, dread

frykte (*frewk*-ter) *v* fear, dread

fryktelig (*frewk*-ter-li) *adj* terrible, dreadful

frynse (*frewn*-ser) *c* fringe

fryse (*frēw*-ser) *v* *freeze

***fryse** (*frēw*-ser) *v* *freeze

frysepunkt (*frēw*-ser-pewngt) *nt* freezing-point

fryseveske (*frēw*-ser-vehss-ker) *c* antifreeze

frø (frūr) *nt* seed

frøken (*frūr*-kern) *c* (pl -kner) miss

fugl (fēwl) *c* bird

fukte (*fook*-ter) *v* moisten, damp

fuktig (*fook*-ti) *adj* wet, damp, humid, moist

fuktighet (*fook*-ti-hāȳt) *c* damp, humidity, moisture

fuktighetskrem (*fook*-ti-hāȳts-krāȳm) *c* moisturizing cream

full (fewll) *adj* full; drunk

fullblods (*fewl*-bloots) *adj* thorough-bred

fullende (*fewl*-leh-ner) *v* accomplish, complete, finish

fullføre (*fewl*-fūr-rer) *v* complete

fullkommen (*fewl*-ko-mern) *adj* perfect

fullkommenhet (*fewl*-ko-mern-hāyt) *c* perfection

fullsatt (*fewl*-saht) *adj* full up

fullstappet (*fewl*-stah-pert) *adj* chock-full

fullstendig (fewl-*stehn*-di) *adv* altogether, *adj* total; utter, whole, complete

fundament (fewn-dah-*mehnt*) *nt* base

fundamental (fewn-dah-mehn-*taal*) *adj* fundamental

fungere (fewng-*gāy*-rer) *v* work

funklende (*foongk*-ler-ner) *adj* sparkling

funksjon (fewngk-*shōōn*) *c* function; operation

fure (*fēw*-rer) *c* groove

furu (*fēw*-rew) *c* pine

fy! (fēw) shame!

fyldig (*fewl*-di) *adj* bulky, plump

fylke (*fewl*-ker) *nt* province

fyll (fewll) *nt* filling

fylle (*fewl*-ler) *v* fill; ~ **opp** fill up; ~ **ut** fill in; fill out *Am*

fyllepenn (*fewl*-ler-pehn) *c* fountain-pen

fylt (fewlt) *adj* stuffed

fyr (fēwr) *c* chap, fellow

fyring (*fēw*-ring) *c* heating

fyrstikk (*fewsh*-tik) *c* match

fyrstikkeske (*fewsh*-ti-kehss-ker) *c* match-box

fyrtårn (*fēw*-tawn) *nt* (pl ~) lighthouse

fysiker (*fēw*-si-kerr) *c* physicist

fysikk (few-*sikk*) *c* physics

fysiologi (few-si-oo-loo-*gee*) *c* physiol-ogy

fysisk (*fēw*-sisk) *adj* physical

føde (*fūr*-der) *c* nourishment

fødested (*fūr*-der-stāyd) *nt* place of birth

fødsel (*fūr*-serl) *c* (pl -sler) birth; childbirth

fødselsdag (*fūr*-serls-daag) *c* birthday

fødselsveer (*fūr*-serls-vāy-err) *pl* labour pains

født (furtt) *adj* born

følbar (*fūl*-baar) *adj* tangible

føle (*fūr*-ler) *v* *feel; ~ **på** *feel

følelig (*fūr*-ler-li) *adj* perceptible

følelse (*fūr*-lerl-ser) *c* sensation, feeling; emotion

følelsesløs (*fūr*-lerl-serss-lūrss) *adj* numb

følesans (*fūr*-ler-sahns) *c* touch

følge (*furl*-ler) *c* consequence; result; ***holde** ~ **med** *keep up with
***følge** (*furl*-ler) *v* follow, accompany

følgende (*furl*-ger-ner) *adj* subsequent, following

føljetong (furl-Yer-*tongng*) *c* serial

følsom (*fūl*-som) *adj* sensitive

før (fūrr) *conj* before; *prep* before

føre (*fūr*-rer) *v* *lead, conduct

fører (*fūr*-rerr) *c* leader; driver, conductor

førerhund (*fūr*-rerr-hewn) *c* guide-dog

førerkort (*fūr*-rerr-kot) *nt* (pl ~) driving licence

førerskap (*fūr*-rer-shkaap) *nt* leadership

førkrigs- (*fūrr*-kriks) pre-war

først (fursht) *adv* at first; ~ **og fremst** especially, essentially

første (*fursh*-ter) *num* first; *adj* foremost, primary

førstehjelp (fursh-ter-Yehlp) *c* first-aid

førstehjelpsskrin (fursh-ter-Yehlp-skreen) *nt* first-aid kit

førstehjelpsstasjon (*fursh*-ter-Yehlp-stah-shōōn) *c* first-aid post

førsteklasses (*fursh*-ter-klah-serss) *adj* first-class, first-rate

førsterangs (*fursh*-ter-rahngs) *adj* first-rate

førti (*furt*-ti) *num* forty

føydal (fur^{ew}-*daal*) *adj* feudal

få (faw) *adj* few

*få (faw) *v* *get; obtain, receive; *have; ~ til å cause to

fårekjøtt (*faw*-rer-khurtt) *nt* mutton

G

gaffel (*gahf*-ferl) *c* (pl gafler) fork

gal (gaal) *adj* wrong, false; mad, crazy

galge (*gahl*-ger) *c* gallows *pl*

galle (*gahl*-ler) *c* bile, gall

galleblære (*gahl*-ler-blææ-rer) *c* gall bladder

galleri (gah-ler-*ree*) *nt* gallery

gallestein (*gahl*-ler-stayn) *c* gallstone

galopp (gah-*lopp*) *c* gallop

galskap (*gaal*-skaap) *c* madness

gammel (*gahm*-merl) *adj* ancient, old; aged

gammeldags (*gahm*-merl-dahks) *adj* ancient, old-fashioned; quaint

gang¹ (gahngng) *c* time; **en ~** once; some time, some day; **en ~ til** once more; **gang på gang** again and again; ***gå i ~ med** *undertake; **med en ~** straight away; **nok en ~** once more

gang² (gahngng) *c* aisle; hallway

gangart (*gahng*-aat) *c* gait

gange (*gahng*-nger) *c* pace, walk

gangsti (*gahng*-sti) *c* footpath

ganske (*gahn*-sker) *adv* quite, fairly, pretty, rather

gap (gaap) *nt* mouth

garantere (gah-rahn-*tāy*-rer) *v* guarantee

garanti (gah-rahn-*tee*) *c* guarantee

garasje (gah-*raa*-sher) *c* garage

garderobe (gahr-der-*rōō*-ber) *c* (pl ~) wardrobe; checkroom *nAm*, cloakroom

garderobeskap (gahr-der-*rōō*-ber-skaap) *nt* (pl ~) closet *nAm*

gardin (gah-*deen*) *c/nt* curtain

garn (gaan) *nt* yarn

gartner (*gaht*-nerr) *c* gardener

gas (gaass) *c* (pl ~) gauze

gasje (*gaa*-sher) *c* pay, salary

gasjepålegg (*gaa*-sher-paw-lehg) *nt* (pl ~) rise

gass (gahss) *c* gas

gasskomfyr (*gahss*-koom-fēw) *c* gas cooker

gassovn (*gahss*-ovnn) *c* gas stove

gasspedal (*gahss*-peh-daal) *c* accelerator

gassverk (*gahss*-værk) *nt* gasworks

gate (*gaa*-ter) *c* street, road

gatekryss (*gaa*-ter-krewss) *nt* (pl ~) crossroads

gave (*gaa*-ver) *c* present, gift

gavl (gahvl) *c* gable

gavmild (*gaav*-mil) *adj* liberal, generous

gavmildhet (*gaav*-mil-hāyt) *c* generosity

gebiss (geh-*biss*) *nt* denture, false teeth

geit (Yayt) *c* goat

geitebukk (*Yay*-ter-book) *c* goat

geiteskinn (*Yay*-ter-shin) *nt* kid

gelé (sheh-*lāy*) *c* jelly

gelender (geh-*lehn*-derr) *nt* (pl -dre) banisters *pl;* railing, rail

gemen (geh-*māyn*) *adj* foul, mean

general (geh-ner-*raal*) *c* general

generasjon (geh-ner-rah-*shoon*) *c* generation

generator (geh-ner-*raa*-toor) *c* generator

generell (sheh-ner-rehll) *adj* universal, general

generøs (sheh-ner-*rūrss*) *adj* generous

geni (sheh-*nee*) *nt* genius

genser (*gehn*-serr) *c* jersey

geografi (geh-oo-grah-*fee*) *c* geography

geologi (geh-oo-loo-*gee*) *c* geology

geometri (geh-oo-meh-*tree*) *c* geometry

gest (shehst) *c* gesture

gestikulere (gehss-ti-kew-*lāy*-rer) *v* gesticulate

gevinst (geh-*vinst*) *c* prize

gevir (geh-*veer*) *nt* antlers *pl*

gevær (geh-*væær*) *nt* rifle, gun

***gi** (*Yee*) *v* *give; ~ **etter** indulge, *give in; ~ **opp** *v* *give up; ~ **seg** *give in

gift (Yift) *c* poison

gifte seg (*Yif*-ter) marry

giftig (*Yif*-ti) *adj* toxic, poisonous

gikt (Yikt) *c* gout

gips (Yips) *c* plaster

gir (geer) *nt* gear; **skifte ~** change gear

girkasse (*geer*-kah-ser) *c* gear-box

girstang (*gee*-shtahng) *c* (pl -stenger) gear lever

gissel (*giss*-serl) *nt* (pl gisler) hostage

gitar (gi-*taar*) *c* guitar

gjedde (*Yayd*-der) *c* pike

gjeld (Yehll) *c* debt

***gjelde** (*Yehl*-ler) *v* concern, apply

gjelle (*Yehl*-ler) *c* gill

gjemme (*Yehm*-mer) *v* *hide

gjenforene (*Yehn*-fo-*rāy*-ner) *v* reunite

gjeng (Yehngng) *c* gang

gjenlyd (*Yehn*-*lēwd*) *c* echo

gjennom (*Yehn*-noom) *prep* through;

***gå ~** pass through

gjennombløte (*Yehn*-noom-*blūr*-ter) *v* soak

gjennombore (*Yehn*-noom-*bōo*-rer) *v* pierce

***gjennomgå** (*Yehn*-noom-gaw) *v* *go through, suffer

gjennomreise (*Yehn*-noom-ray-ser) *c* passage

gjennomsiktig (*Yehn*-noom-sik-ti) *adj* sheer, transparent

gjennomsnitt (*Yehn*-noom-snit) *nt* (pl ~) average, mean; **i ~** on the average

gjennomsnittlig (*Yehn*-noom-snit-li) *adj* average, medium

gjennomtrenge (*Yehn*-noom-treh-nger) *v* penetrate

gjenopplivelse (*Yehn*-noop-lee-verl-ser) *c* revival

***gjenoppta** (*Yehn*-nop-taa) *v* resume

gjenpart (*Yehn*-paht) *c* carbon copy

gjensidig (*Yehn*-see-di) *adj* mutual

gjenstand (*Yehn*-stahn) *c* object; article

***gjenta** (*Yehn*-taa) *v* repeat

gjentakelse (*Yehn*-taa-kerl-ser) *c* repetition

gjerde (*Yææ*-der) *nt* fence

gjerne (*Yææ*-ner) *adv* willingly, gladly

gjerning (*Yææning*) *c* deed

gjerrig (*Yær*-ri) *adj* avaricious

gjespe (*Yehss*-per) *v* yawn

gjest (Yehst) *c* guest

gjesteværelse (*Yehss*-ter-væær-rerl-ser) *nt* guest room

gjestfri (*Yehst*-free) *adj* hospitable

gjestfrihet (*Yehst*-fri-hāyt) *c* hospitality

gjeter (*Yāy*-terr) *c* shepherd

gjette (*Yeht*-ter) *v* guess

gjær (Yæær) *c* yeast

gjære (*Yææ*-rer) *v* ferment

gjø (Yūr) v bark, bay

gjødsel (Yurt-serl) c manure, dung

gjødseldynge (Yurt-serl-dew-nger) c dunghill

gjøk (Yūrk) c cuckoo

*gjøre (Yūr-rer) v *do

gjørlig (Yūr-li) adj feasible

glad (glaa) adj cheerful, glad, joyful, happy; *være ~ i love

glans (glahns) c gloss

glansløs (glahns-lūrss) adj mat

glass (glahss) nt glass; farget ~ stained glass; glass- glass

glassmaleri (glahss-maa-ler-ree) nt stained glass

glasur (glah-sēwr) c icing, frosting

glatt (glahtt) adj slippery; smooth

glede (glāy-der) c gladness, joy, delight; v please, delight; *ha ~ av enjoy; med ~ gladly

glemme (glehm-mer) v *forget

glemsom (glehm-som) adj forgetful

*gli (glee) v *slide, glide, slip

glidefly (glee-der-flēw) nt (pl ~) glider

glidelås (glee-der-lawss) c zip, zipper

glimrende (glim-rer-ner) adj splendid

glimt (glimt) nt flash; glimpse

glinse (glin-ser) v *shine

glis (gleess) nt grin

glise (glee-ser) v grin

globus (glōō-bewss) c globe

glød (glūrd) c glow

gløde (glūr-der) v glow

*gni (gnee) v rub

gnist (gnist) c spark

gobelin (goo-beh-lehngng) nt tapestry

god (gōō) adj good; kind

godkjenne (gōō-kheh-ner) v approve of, approve

godkjennelse (gōō-kheh-nerl-ser) c approval

godlyndt (gōō-lewnt) adj good-humoured

godmodig (gōō-mōō-di) adj good-tempered, good-natured

*godskrive (gōō-skree-ver) v credit

godstog (goots-tawg) nt (pl ~) goods train; freight-train nAm

godsvogn (goots-vongn) c waggon

godt (gott) adv well

*godtgjøre (got-Yūr-rer) v *make good

godtgjørelse (got-Yūr-rerl-ser) c remuneration

godtroende (gōō-trōō-er-ner) adj credulous

godvilje (gōō-vil-Yer) c goodwill

golf (golf) c golf; gulf

golfbane (golf-baa-ner) c golf-links, golf-course

gondol (gon-dōōl) c gondola

gotter (got-terr) pl candy nAm

grad (graad) c degree; grade; i den ~ so

gradvis (graad-veess) adv gradually; adj gradual

grafisk (graa-fisk) adj graphic; ~ fremstilling diagram

gram (grahmm) nt gram

grammatikk (grah-mah-tikk) c grammar

grammatisk (grah-maa-tisk) adj grammatical

grammofon (grah-moo-fōōn) c record-player, gramophone

grammofonplate (grah-moo-fōōn-plaa-ter) c disc, record

gran (graan) c fir-tree

granitt (grah-nitt) c granite

granne (grahn-ner) c neighbour

grapefrukt (grayp-frewkt) c grapefruit

grasiøs (grah-si-ūrss) adj graceful

gratis (graa-tiss) adj free, gratis; free of charge

gratulasjon (grah-tew-lah-shōōn) c congratulation

gratulere (grah-too-*lay*-rer) v congra-
tulate
grav (graav) c tomb, grave
grave (*graa*-ver) v *dig; ~ **ned** bury
gravere (grah-*vay*-rer) v engrave
gravid (grah-*veed*) adj pregnant
gravlund (*graav*-lewn) c cemetery
gravstein (*graav*-stayn) c tombstone,
gravestone
gravør (grah-*vurr*) c engraver
gre (greh) v comb
greker (*gray*-kerr) c Greek
gren (*grayn*) c branch, bough
grense (*grehn*-ser) c limit, bound,
boundary; frontier, border
grenseløs (*grehn*-ser-lurss) adj un-
limited
grep (*grayp*) nt grasp; clutch, grip
gresk (*graysk*) adj Greek
gress (grehss) nt grass
gresshoppe (*grehss*-ho-per) c grass-
hopper
gressløk (*grehss*-lurk) c chives pl
gressplen (*grehss*-playn) c lawn
gresstrå (*greh*-straw) nt (pl ~) blade
of grass
greve (*gray*-ver) c earl, count
grevinne (greh-*vin*-ner) c countess
grevskap (*grayv*-skaap) nt county
gribb (gribb) c vulture
grille (*gril*-ler) v grill
grillrom (*grill*-room) nt (pl ~) grill-
room
grind (grinn) c gate
***gripe** (*gree*-per) v *take, *catch,
grasp, seize, grip; ~ **inn** intervene,
interfere
gris (greess) c pig
grisk (grisk) adj greedy
griskhet (*grisk*-hayt) c greed
grop (*groop*) c pit
gross (gross) nt gross
grosserer (groo-*say*-rerr) c wholesale
dealer

grotte (*grot*-ter) c cave, grotto
grov (grawv) adj coarse, gross
grovsmed (*grawv*-smay) c blacksmith
gru (grew) c horror
grundig (*grewn*-di) adj thorough
grunn¹ (grewnn) c reason; cause; **på
~ av** owing to, because of, for, on
account of
grunn² (grewnn) c ground
grunn³ (grewnn) adj shallow
grunnlag (*grewn*-laag) nt (pl ~) basis
***grunnlegge** (*grewn*-leh-ger) v found
grunnleggende (*grewn*-leh-ger-ner)
adj basic
grunnlov (*grewn*-lawv) c constitution
grunnsetning (*grewn*-seht-ning) c
principle
gruppe (*grewp*-per) c group; party
gruppere (grew-*pay*-rer) v classify
grus (*grewss*) c gravel, grit
grusom (*grew*-som) adj cruel, harsh;
terrible, horrible
gruve (*grew*-ver) c pit, mine
gruvearbeider (*grew*-ver-ahr-bay-derr)
c miner
gruvedrift (*grew*-ver-drift) c mining
gryte (*grew*-ter) c pot
grøft (grurft) c ditch
grønn (grurnn) adj green; **grønt kort**
green card
grønnsak (*grurn*-saak) c vegetable
grønnsakhandler (*grurn*-saak-hahnd-
lerr) c greengrocer; vegetable
man
grøt (grurt) c porridge
grå (graw) adj grey
grådig (*graw*-di) adj greedy
***gråte** (*graw*-ter) v *weep, cry
gud (gewd) c god
guddommelig (gew-*dom*-mer-li) adj
divine
gudfar (*gew*-faar) c (pl -fedre) godfa-
ther
gudinne (gew-*din*-ner) c goddess

gudstjeneste (*gewts*-tᵞāy-nerss-ter) *c* worship, service

guide (gighd) *c* guide

gul (gēwl) *adj* yellow

gull (gewll) *nt* gold

gullgruve (*gewl*-grēw-ver) *c* goldmine

gullsmed (*gewl*-smāy) *c* jeweller, goldsmith

gulrot (*gēwl*-rōōt) *c* (pl -røtter) carrot

gulsott (*gēwl*-sot) *c* jaundice

gulv (gewlv) *nt* floor

gulvteppe (*gewlv*-teh-per) *nt* carpet

gummi (*gewm*-mi) *c* rubber, gum

gummisko (*gewm*-mi-skōō) *pl* plimsolls *pl*

gunstig (*gewn*-sti) *adj* favourable; cheap

gurgle (*gewr*-gler) *v* gargle

gutt (gewtt) *c* boy; lad

guttespeider (*gewt*-ter-spay-derr) *c* scout, boy scout

guvernante (gew-veh-*nahn*-ter) *c* governess

guvernør (gew-veh-*nūrr*) *c* governor

gyldig (ᵞewl-di) *adj* valid

gyllen (ᵞewl-lern) *adj* golden

gymnastikk (gewm-nah-*stikk*) *c* physical education; gymnastics *pl*

gymnastikksal (gewm-nah-*stik*-saal) *c* gymnasium

gynekolog (gew-ner-koo-*lawg*) *c* gynaecologist

gynge (ᵞewng-nger) *v* rock

gys (ᵞēwss) *nt* shudder

gøy (gurᵉʷ) *c/nt* fun

gøyal (gurᵉʷ-ahl) *adj* amusing

*gå (gaw) *v* *go, walk; pull out; ~ bort *leave, *go away; ~ forbi pass by; ~ forut for precede; ~ fottur hike; ~ fra borde disembark; ~ gjennom pass through; ~ hjem *go home; ~ igjennom *go through; ~ i land land; ~ inn enter, *go in; ~ med på agree; ~

ned descend; ~ om bord embark; ~ over cross; ~ sin vei depart; ~ tilbake *get back; ~ til verks proceed; ~ ut *go out; ~ videre *go ahead, *go on

i går (i-*gawr*) yesterday

gårdsplass (*gawsh*-plahss) *c* backyard, courtyard

gås (gawss) *c* (pl gjess) goose

gåsehud (*gaw*-ser-hēwd) *c* goose-flesh

gåte (*gaw*-ter) *c* puzzle, enigma, riddle

gåtefull (*gaw*-ter-fewl) *adj* mysterious

H

*ha (haa) *v* *have; ~ noe imot mind; ~ på seg *wear

hage (*haa*-ger) *c* garden

hagl (hahgl) *nt* hail; buckshot

hai (high) *c* shark

haike (*high*-ker) *v* hitchhike

haiker (*high*-kerr) *c* hitchhiker

hake (*haa*-ker) *c* chin

hakke (*hahk*-ker) *v* chop; *c* pick-axe

hale (*haa*-ler) *c* tail

hallo! (hah-*lōō*) hello!

halm (hahlm) *c* straw

halmtak (*hahlm*-taak) *nt* (pl ~) thatched roof

hals (hahls) *c* throat, neck

halsbrann (*hahls*-brahn) *c* heartburn

halsbånd (*hahls*-bon) *nt* (pl ~) collar

halsesyke (*hahl*-ser-sēw-ker) *c* sore throat

halskjede (*hahls*-khāy-der) *nt* necklace

halt (hahlt) *adj* lame

halte (*hahl*-ter) *v* limp

halv (hahll) *adj* half; **halv-** semi-

halvdel (*hahl*-dāyl) *c* half

halvere (hahl-*vāy*-rer) *v* halve

halvsirkel (*hahl*-seer-kerl) *c* (pl -kler)

semicircle
halvt (hahlt) *adv* half
halvtid (*hahl*-teed) *c* half-time
halvveis (*hahl*-vayss) *adv* halfway
halvøy (*hahl*-lur^ew) *c* peninsula
ham (hahmm) *pron* him
hammer (*hahm*-merr) *c* hammer
hamp (hahmp) *c* hemp
han (hahnn) *pron* he; **hann-** male
handel (*hahn*-derl) *c* (pl -dler) com-
merce, business, trade; deal; *•dri-
ve ~ trade; handels-* commercial
handelsmann (*hahn*-derls-mahn) *c* (pl
-menn) tradesman
handelsrett (*hahn*-derls-reht) *c* com-
mercial law
handelsvare (*hahn*-derls-vaa-rer) *c*
merchandise
handle (*hahnd*-ler) *v* shop; act; ~
med *•deal with
handlebag (*hahnd*-ler-bæg) *c* shopping
bag
handlende (*hahnd*-ler-ner) *c* (pl ~)
dealer
handling (*hahnd*-ling) *c* action, act,
deed; plot
hane (*haa*-ner) *c* cock
hans (hahns) *pron* his
hanske (*hahn*-sker) *c* glove
hard (haar) *adj* hard
hardnakket (*haanah*-kert) *adj* obsti-
nate
hare (*haa*-rer) *c* hare
harmoni (hahr-moo-*nee*) *c* harmony
harpe (*hahr*-per) *c* harp
harpiks (*hahr*-piks) *c* resin
harsk (hahshk) *adj* rancid
hasselnøtt (*hahss*-serl-nurt) *c* hazel-
nut
hast (hahst) *c* haste
hastig (*hahss*-ti) *adj* hasty
hastighet (*hahss*-ti-hāyt) *c* speed
hastverk (*hahst*-værk) *nt* hurry
hat (haat) *nt* hatred, hate

hate (*haa*-ter) *v* hate
hatt (hahtt) *c* hat
haug (hou) *c* pile, heap; mound
hauk (houk) *c* hawk
hav (haav) *nt* ocean
havfrue (*haav*-frēw-er) *c* mermaid
havmåke (*haav*-maw-ker) *c* seagull
havn (hahvn) *c* port, harbour
havnearbeider (*hahv*-ner-ahr-bay-derr)
c docker
havneby (*hahv*-ner-bēw) *c* seaport
havre (*hahv*-rer) *c* oats *pl*
hebraisk (heh-*braa*-isk) *nt* Hebrew
hedensk (*hāy*-dernsk) *adj* pagan, hea-
then
heder (*hāy*-derr) *c* glory
hederlig (*hāy*-der-li) *adj* honourable
hedning (*hāyd*-ning) *c* pagan, heathen
hedre (*hāy*-drer) *v* honour
heftig (*hehf*-ti) *adj* severe, violent,
fierce
heftplaster (*hehft*-plahss-terr) *nt* (pl
-tre) plaster, adhesive tape
hegre (*hāy*-grer) *c* heron
hei (hay) *c* heath, moor
heis (hayss) *c* lift; elevator *nAm*
heise (*hay*-ser) *v* hoist
heisekran (*hay*-ser-kraan) *c* crane
hekk (hehkk) *c* hedge
hekle (*hehk*-ler) *v* crochet
heks (hehks) *c* witch
hel (hāyl) *adj* entire, whole
helbrede (*hehl*-brāy-der) *v* cure, heal
helbredelse (*hehl*-brāy-derl-ser) *c* re-
covery, cure
heldig (*hehl*-di) *adj* lucky, fortunate
hele (*hāy*-ler) *nt* whole; **i det ~** alto-
gether
helgen (*hehl*-gern) *c* saint
helgenskrin (*hehl*-gern-skreen) *nt* (pl
~) reliquary
helkornbrød (*hāyl*-kōon-brūr) *nt* (pl
~) wholemeal bread
hell (hehll) *nt* luck

Hellas (*hehl*-lahss) Greece

helle (*hehl*-ler) v pour; slope

heller (*hehl*-lerr) adv sooner, rather

hellig (*hehl*-li) adj holy, sacred

helligbrøde (*hehl*-li-brūr-der) c sacrilege

helligdag (*hehl*-li-daag) c holiday, Sunday

helligdom (*hehl*-li-dom) c (pl ~mer) shrine

hellige (*hehl*-li-er) v dedicate

helling (*hehl*-ling) c gradient

helse (*hehl*-ser) c health

helseattest (*hehl*-ser-ah-tehst) c health certificate

helt[1] (hehlt) c hero

helt[2] (hāylt) adv wholly, entirely, quite, completely

heltinne (hehlt-*inn*-ner) c heroine

helvete (*hehl*-ver-ter) nt hell

hemmelig (*hehm*-li) adj secret

hemmelighet (*hehm*-li-hāyt) c secret

hemorroider (heh-moo-*ree*-derr) pl piles pl, haemorrhoids pl

hende (*hehn*-ner) v happen, occur

hendelse (*hehn*-nerl-ser) c incident, happening, occurrence

hendig (*hehn*-di) adj handy

***henge** (*hehng*-nger) v *hang

hengebru (*hehng*-nger-brēw) c suspension bridge

hengekøye (*hehng*-nger-kur^{ew}-er) c hammock

hengelås (*heh*-nger-lawss) c padlock

henger (*hehng*-ngerr) c hanger

hengesmykke (*hehng*-nger-smew-ker) nt pendant

hengiven (*hehn*-Yee-vern) adj affectionate

hengivenhet (*hehn*-Yee-vern-hāyt) c affection

hengsel (*hehng*-sherl) nt (pl -sler) hinge

henne (*hehn*-ner) pron her

hennes (*hehn*-nerss) pron her

henrettelse (*hehn*-reh-terl-ser) c execution

henrivende (*hehn*-ree-ver-ner) adj adorable, delightful, enchanting

henrykt (*hehn*-rewkt) adj delighted

hensikt (*hehn*-sikt) c intention, purpose, design; ***ha til ~** intend

henstand (*hehn*-stahn) c respite

hensyn (*hehn*-sēwn) nt regard; **med ~ til** as regards, regarding

hensynsfull (*hehn*-sēwns-fewl) adj considerate

hensynsfullhet (*hehn*-sēwns-fewl-hāyt) c consideration

hente (*hehn*-ter) v fetch; *get, pick up, collect

henvende seg til (*hehn*-veh-ner) address

henvise til (*hehn*-vee-ser) refer to

henvisning (*hehn*-veess-ning) c reference

her (hæær) adv here

herberge (*hær*-bær-ger) nt hostel

heretter (hææ-reh-terr) adv henceforth

herkomst (*hæær*-komst) c origin

herlig (*hææ*-li) adj wonderful, lovely, delightful

hermetikk (*hær*-mer-tikk) c tinned food

hermetikkboks (*hær*-mer-tik-boks) c tin; can nAm

hermetikkåpner (*hær*-mer-tik-awp-nerr) c tin-opener

hermetisere (hær-mah-ti-sāy-rer) v preserve

herr (hærr) mister

herre (*hær*-rer) c gentleman

herredømme (*hær*-rer-dur-mer) nt dominion

herrefrisør (*hær*-rer-fri-sūrr) c barber

herregård (*hær*-rer-gawr) c mansion, manor-house

herretoalett (*hær-rer-too-ah-leht*) *nt* men's room

herske (*hæsh-ker*) *v* reign, rule

hersker (*hæsh-kerr*) *c* sovereign

hertug (*hæt-tewg*) *c* duke

hertuginne (*hæ-tew-gin-ner*) *c* duchess

hes (*hāyss*) *adj* hoarse

hest (*hehst*) *c* horse

hestekraft (*hehss-ter-krahft*) *c* (pl -krefter) horsepower

hestesko (*hehss-ter-skōō*) *c* (pl ~) horseshoe

hesteveddeløp (*hehss-ter-veh-der-lūrp*) *nt* (pl ~) horserace

het (*hāyt*) *adj* hot

hete (*hāy-ter*) *c* heat

***hete** (*hāy-ter*) *v* *be called

heteroseksuell (*hāy-ter-roo-sehk-sew-ehl*) *adj* heterosexual

hette (*heht-ter*) *c* hood

hevarm (*hāyv-ahrm*) *c* lever

heve (*hāy-ver*) *v* raise; *draw, cash

hevelse (*hāy-verl-ser*) *c* swelling

hevn (*hehvn*) *c* revenge

hi (*hee*) *nt* den

hierarki (*hi-eh-rahr-kee*) *nt* hierarchy

hikke (*hik-ker*) *c* hiccup

hilse (*hil-ser*) *v* greet; salute

hilsen (*hil-sern*) *c* greeting

himmel (*him-merl*) *c* (pl himler) sky; heaven

hindre (*hin-drer*) *v* hinder, impede

hindring (*hin-dring*) *c* obstacle, impediment

hinsides (*heen-see-derss*) *prep* beyond

hissig (*hiss-si*) *adj* hot-tempered, quick-tempered

historie (*hiss-tōō-ri-er*) *c* history

historiker (*hiss-tōō-ri-kerr*) *c* historian

historisk (*hiss-tōō-risk*) *adj* historic, historical

hittegods (*hit-ter-goots*) *nt* lost and found

hittegodskontor (*hit-ter-goots-koon-tōōr*) *nt* lost property office

hittil (*heet-til*) *adv* so far

hjelm (*Yehlm*) *c* helmet

hjelp (*Yehlp*) *c* aid, assistance, help; relief

***hjelpe** (*Yehl-per*) *v* help, aid; support, assist

hjelper (*Yehl-perr*) *c* helper

hjelpsom (*Yehlp-som*) *adj* helpful

hjem (*Yehmm*) *nt* home

hjemlengsel (*Yehm-lehng-serl*) *c* homesickness

hjemme (*Yehm-mer*) *adv* at home

hjemmelaget (*Yehm-mer-laa-gert*) *adj* home-made

hjemover (*Yehm-maw-verr*) *adv* homeward

hjemreise (*Yehm-ray-ser*) *c* return journey

hjerne (*Yææ-ner*) *c* brain

hjernerystelse (*Yææ-ner-rewss-terl-ser*) *c* concussion

hjerte (*Yæt-ter*) *nt* heart

hjerteanfall (*Yæt-ter-ahn-fahl*) *nt* (pl ~) heart attack

hjerteklapp (*Yæt-ter-klahp*) *c* palpitation

hjertelig (*Yæt-li*) *adj* cordial, hearty

hjerteløs (*Yæt-ter-lūrss*) *adj* heartless

hjort (*Yott*) *c* deer

hjul (*Yēwl*) *nt* wheel

hjørne (*Yūr-ner*) *nt* corner

hode (*hōō-der*) *nt* head; **på hodet** upside-down

hodepine (*hōō-der-pee-ner*) *c* headache

hodepute (*hōō-der-pēw-ter*) *c* pillow

hoff (*hoff*) *nt* court

hofte (*hof-ter*) *c* hip

hofteholder (*hof-ter-ho-lerr*) *c* girdle

hold (*holl*) *nt* stitch

***holde** (*hol-ler*) *v* *hold; *keep; ~ **oppe** *hold up; ~ **opp med** stop;

~ **på** *hold; ~ **på med** *keep at;
~ **seg borte fra** *keep away from;
~ **seg fast** *hold on; ~ **tilbake**
keep back, *withhold ~ **ut** *keep
up; *bear, endure; ~ **utkikk etter**
watch for

holdeplass (*hol*-ler-plahss) *c* stop

holdning (*hold*-ning) *c* position, attitude

Holland (*hol*-lahn) Holland

hollandsk (*hol*-lahnsk) *adj* Dutch

hollender (*hol*-lehn-derr) *c* Dutchman

homoseksuell (*hoo*-moo-sehk-sew-ehl)
adj homosexual

honning (*hon*-ning) *c* honey

honorar (hoo-noo-*raar*) *nt* fee

hop (hoop) *c* lot; heap

hopp (hopp) *nt* jump, leap, hop

hoppe[1] (*hop*-per) *v* jump; skip, hop;
*leap; ~ **over** skip

hoppe[2] (*hop*-per) *c* mare

hore (*hoo*-rer) *c* whore

horisont (hoo-ri-*sont*) *c* horizon

horisontal (hoo-ri-son-*taal*) *adj* horizontal

horn (hoon) *nt* horn

hornorkester (*hoo*-nor-kehss-terr) *nt*
(pl -tre) brass band

hos (hooss) *prep* with; at

hospital (hooss-pi-*taal*) *nt* hospital

hoste (*hooss*-ter) *v* cough; *c* cough

hotell (hoo-*tehll*) *nt* hotel

hov (hoov) *c* hoof

hoved- (*hoo*-verd) capital, cardinal,
chief, main, primary, principal

hovedgate (*hoo*-verd-gaa-ter) *c* main
street

hovedkvarter (*hoo*-verd-kvah-*tāyr*) *nt*
headquarters *pl*

hovedledning (*hoo*-verd-lāyd-ning) *c*
mains *pl*

hovedlinje (*hoo*-verd-lin-ᵞer) *c* main
line

hovedsakelig (*hoo*-verd-saa-ker-li) *adv*
mainly

hovedstad (*hoo*-verd-staad) *c* (pl -steder) capital

hovedvei (*hoo*-verd-vay) *c* thoroughfare, main road

hoven (*haw*-vern) *adj* snooty

hovmester (*hawv*-mehss-terr) *c* (pl
-tre) head-waiter

hovmodig (hov-*mōō*-di) *adj* haughty;
proud

hud (hēwd) *c* skin; **hard ~** callus

hudfarge (*hēwd*-fahr-ger) *c* complexion

hudkrem (*hēwd*-krāym) *c* skin cream

hukommelse (hew-*kom*-merl-ser) *c*
memory

hul (hēwl) *adj* hollow

hule (*hēw*-ler) *c* cave, cavern

hull (hewll) *nt* hole

hulrom (*hēwl*-room) *nt* (pl ~) cavity

humle (*hoom*-ler) *c* bumblebee; hops

hummer (*hoom*-merr) *c* lobster

humor (*hēw*-moor) *c* humour

humoristisk (hew-moo-*riss*-tisk) *adj*
humorous

humpet (*hoom*-pert) *adj* bumpy

humør (hew-*mūrr*) *nt* spirit, mood;
spirits

hun (hewnn) *pron* she; **hunn-** female

hund (hewnn) *c* dog

hundehus (*hewn*-ner-hēwss) *nt* (pl ~)
kennel

hunderem (*hewn*-ner-rehmm) *c* (pl
~mer) lead

hundre (*hewn*-drer) *num* hundred

hurtig (*hewt*-ti) *adj* fast, quick, rapid

hurtigtog (*hewt*-ti-tawg) *nt* (pl ~)
through train, express train

hus (hēwss) *nt* house; **hus-** domestic

husarbeid (*hēwss*-ahr-bayd) *nt* housework

husbåt (*hēwss*-bawt) *c* houseboat

husdyr (*hēwss*-dēwr) *nt* (pl ~)
domestic animal

huse (*hēw*-ser) *v* lodge

huseier (*hēwss*-ay-err) *c* landlord

hushjelp (*hēwss*-ᴙerlp) *c* maid, house-maid

husholderske (*hēwss*-ho-lersh-ker) *c* housekeeper

husholdning (*hēwss*-hol-ning) *c* house-keeping

huske (*hewss*-ker) *v* remember; recollect; *swing; c swing

huslærer (*hēwss*-lææ-rerr) *c* tutor

husmor (*hēwss*-mōōr) *c* (pl -mødre) housewife

husrom (*hēwss*-room) *nt* accommodation; **skaffe** ~ accommodate

husstand (*hēw*-stahn) *c* household

hustru (*hewss*-trew) *c* wife

husvert (*hēwss*-væt) *c* landlord

husvogn (*hēwss*-vongn) *c* caravan

hutre (*hewt*-rer) *v* shiver

hutrende (*hewt*-rer-ner) *adj* shivery

hva (vaa) *pron* what; ~ **enn** whatever; ~ **som helst** anything

hval (vaal) *c* whale

hvelv (vehlv) *nt* arch

hvelving (*vehl*-ving) *c* vault

hvem (vehmm) *pron* who; ~ **som enn** whoever; ~ **som helst** anybody; **til** ~ whom

hver (væær) *adj* every, each

hverandre (væ-*rahn*-drer) *pron* each other

hverdag (*vææ*-daag) *c* weekday

hvete (*vāy*-ter) *c* wheat

hvetebolle (*vāy*-ter-bo-ler) *c* bun

hvetebrødsdager (*vāy*-ter-brūrss-daa-gerr) *pl* honeymoon

hvile (*vee*-ler) *v* rest; *c* rest

hvilehjem (*vee*-ler-ᴙehm) *nt* (pl ~) rest-home

hvilken (*vil*-kern) *pron* which; ~ **som helst** whichever; **hvilke som helst** any

hvin (veen) *nt* shriek

hvis (viss) *conj* if; in case

hviske (*viss*-ker) *v* whisper

hvisking (*viss*-king) *c* whisper

hvit (veet) *adj* white

hvitløk (*veet*-lūrk) *c* garlic

hvitting (*vit*-ting) *c* whiting

hvor (vōōr) *adv* where; how; ~ **enn** wherever; ~ **mange** how many; ~ **mye** how much; ~ **som helst** anywhere

hvordan (voo-dahn) *adv* how

hvorfor (*voor*-for) *adv* why; what for

hyggelig (*hewg*-ger-li) *adj* pleasant, enjoyable

hygiene (hew-gi-*āy*-ner) *c* hygiene

hygienisk (hew-gi-*āy*-nisk) *adj* hygienic

hykler (*hewk*-lerr) *c* hypocrite

hykleri (hewk-ler-*ree*) *nt* hypocrisy

hyklersk (*hewk*-lehshk) *adj* hypocritical

hyl (hēwl) *nt* scream, yell

hyle (*hēw*-ler) *v* scream, yell

hylle (*hewl*-ler) *c* shelf; *v* *pay tribute to

hyllest (*hewl*-lerst) *c* homage, tribute

hymne (*hewm*-ner) *c* hymn

hypotek (hew-poo-*tāyk*) *nt* mortgage

hyppig (*hewp*-pi) *adj* frequent

hyppighet (*hewp*-pi-hāyt) *c* frequency

hyssing (*hewss*-sing) *c* twine

hysterisk (hewss-*tāy*-risk) *adj* hysterical

hytte (*hewt*-ter) *c* cabin, hut; chalet; cottage

hæl (hææl) *c* heel

høflig (*hurf*-li) *adj* polite, civil

høne (*hūr*-ner) *c* hen

hørbar (*hūrr*-baar) *adj* audible

høre (*hūr*-rer) *v* *hear

hørsel (*hursh*-sherl) *c* hearing

høst (hurst) *c* autumn; fall *nAm*

høste (*hurss*-ter) *v* gather

høvding (*hurv*-ding) *c* chieftain

høvisk (*hūr*-visk) *adj* courteous

høy (hur^{ew}) *adj* tall, high; loud; *nt* hay

høyde (hur^{ew}-der) *c* height; altitude, rise

høydepunkt (hur^{ew}-der-poongt) *nt* zenith, height

høyderygg (hur^{ew}-der-rewgg) *c* ridge

høyere (hur^{ew}-er-rer) *adj* superior, higher

høyland (hur^{ew}-lahn) *nt* (pl ~) uplands *pl*

høylydt (hur^{ew}-lewt) *adj* loud

høyre (hur^{ew}-rer) *adj* right; right-hand; **på** ~ **side** right-hand

høyrød (hur^{ew}-rūr) *adj* crimson

høysesong (hur^{ew}-seh-song) *c* peak season, high season

høyslette (hur^{ew}-shleh-ter) *c* plateau

høysnue (hur^{ew}-snew-er) *c* hay fever

høyst (hur^{ew}st) *adv* at most

høyt (hur^{ew}t) *adv* aloud

høytidelig (hur^{ew}-*tee*-der-li) *adj* solemn

høyttaler (hur^{ew}-taa-lerr) *c* loudspeaker

høyvann (hur^{ew}-vahn) *nt* high tide

hån (hawn) *c* mockery, scorn

hånd (honn) *c* (pl hender) hand; **hånd-** manual; ***ta** ~ **om** attend to

håndarbeid (*hon*-nahr-bayd) *nt* needlework

håndbagasje (*hon*-bah-gaa-sher) *c* hand luggage; hand baggage *Am*

håndbok (*hon*-bōōk) *c* (pl -bøker) handbook

håndbrems (*hon*-brehms) *c* handbrake

håndflate (*hon*-flaa-ter) *c* palm

håndfull (*hon*-fewl) *c* handful

håndjern (*hon*-^Yææn) *pl* handcuffs *pl*

håndkle (*hong*-kler) *nt* (pl -lær) towel

håndkrem (*hon*-krāÿm) *c* hand cream

håndlaget (*hon*-laa-gert) *adj* hand-made

håndledd (*hon*-lehd) *nt* (pl ~) wrist

håndskrift (*hon*-skrift) *c* handwriting

håndtak (*hon*-taak) *nt* (pl ~) handle

håndtere (hon-*tāÿ*-rer) *v* handle

håndterlig (hon-*tāÿ*-li) *adj* manageable

håndtrykk (*hon*-trewk) *nt* (pl ~) handshake

håndvask (*hon*-vahsk) *c* wash-basin

håndverk (*hon*-værk) *nt* (pl ~) handicraft

håndveske (*hon*-vehss-ker) *c* bag, handbag

håne (*haw*-ner) *v* mock

håp (hawp) *nt* hope

håpe (*haw*-per) *v* hope

håpefull (*haw*-per-fewl) *adj* hopeful

håpløs (*hawp*-lūrss) *adj* hopeless

håpløshet (*hawp*-lūrss-hāÿt) *c* despair

hår (hawr) *nt* hair

hårbørste (*hawr*-bursh-ter) *c* hairbrush

håret (*haw*-rert) *adj* hairy

hårfrisyre (*hawr*-fri-sēw-rer) *c* hair-do

hårklipp (*hawr*-klip) *c* haircut

hårkrem (*hawr*-krāÿm) *c* hair cream

hårlakk (*haw*-lahk) *c* hair-spray

hårnett (*haw*-neht) *nt* (pl ~) hairnet

hårolje (*hawr*-ol-^Yer) *c* hair-oil

hårrull (*haw*-rewl) *c* curler

hårskill (*haw*-shil) *c* parting

hårspenne (*haw*-shpeh-ner) *c* hairgrip; bobby pin *Am*

hårtørker (*haw*-turr-kerr) *c* hair-dryer

hårvann (*haw*-vahn) *nt* hair tonic

I

i (ee) *prep* in; for, at

*iaktta (i-*ahk*-tah) *v* observe, watch

iakttakelse (i-*ahk*-taa-kerl-ser) *c* observation

ibenholt (*ee*-bern-holt) *c*/*nt* ebony

idé (i-*dāy*) *c* idea

ideal (i-deh-*aal*) *nt* ideal

ideell (i-deh-*ehll*) *adj* ideal

identifisere (i-dehn-ti-fi-*sāy*-rer) *v* identify

identifisering (i-dehn-ti-fi-*sāy*-ring) *c* identification

identisk (i-*dehn*-tisk) *adj* identical

identitet (i-dehn-ti-*tāyt*) *c* identity

identitetskort (i-dehn-ti-*tāyts*-kot) *nt* (pl ~) identity card

idiom (i-di-*ōōm*) *nt* idiom

idiomatisk (i-di-oo-*maa*-tisk) *adj* idiomatic

idiot (i-di-*ōōt*) *c* idiot

idiotisk (i-di-*ōō*-tisk) *adj* idiotic

idol (i-*dōōl*) *nt* idol

idrettsmann (*eed*-rehts-mahn) *c* (pl -menn) sportsman

ifølge (i-*furl*-ger) *prep* according to

igjen (i-*Yehnn*) *adv* again

ignorere (ig-noo-*rāy*-rer) *v* ignore

ikke (*ik*-ker) *adv* not

ikon (i-*kōōn*) *c*/*nt* icon

ild (ill) *c* fire

ildfast (*il*-fahst) *adj* fireproof, ovenproof

ildsfarlig (*ils*-faa-li) *adj* inflammable

ildsted (*il*-stāyd) *nt* hearth

illegal (*il*-leh-gaal) *adj* illegal

illeluktende (*il*-ler-look-ter-ner) *adj* smelly

illevarslende (*il*-ler-vahsh-ler-ner) *adj* sinister, ominous

illusjon (i-lew-*shōōn*) *c* illusion

illustrasjon (i-lew-strah-*shōōn*) *c* illustration; picture

illustrere (i-lew-*strāy*-rer) *v* illustrate

imens (i-*mehns*) *adv* meanwhile, in the meantime

imidlertid (i-*mid*-ler-ti) *adv* though, in

the meantime

imitasjon (i-mi-tah-*shōōn*) *c* imitation

imitere (i-mi-*tāy*-rer) *v* imitate

immigrant (i-mi-*grahnt*) *c* immigrant

immigrasjon (i-mi-grah-*shōōn*) *c* immigration

immigrere (i-mi-*grāy*-rer) *v* immigrate

*gjøre immun (*Yūr*-rer i-*mēwn*) immunize

immunitet (i-mew-ni-*tāyt*) *c* immunity

imperium (im-*pāy*-ri-ewm) *nt* (pl -ier) empire

imponere (im-poo-*nāy*-rer) *v* impress

imponerende (im-poo-*nāy*-rer-ner) *adj* impressive, imposing

import (im-*pott*) *c* import

importavgift (im-*pot*-taav-Yift) *c* import duty

importere (im-po-*tāy*-rer) *v* import

importvarer (im-*pot*-vaa-rerr) *pl* imported goods

importør (im-po-*tūrr*) *c* importer

impotens (im-poo-*tehns*) *c* impotence

impotent (im-poo-*tehnt*) *adj* impotent

improvisere (im-proo-vi-*sāy*-rer) *v* improvise

impuls (im-*pewls*) *c* impulse

impulsiv (*im*-pewl-seev) *adj* impulsive

imøtekommende (i-*mūr*-ter-ko-merner) *adj* obliging

indeks (*in*-dehks) *c* index

inder (*in*-derr) *c* Indian

India (*in*-di-ah) India

indianer (in-di-*aa*-nerr) *c* Indian

indiansk (in-di-*aansk*) *adj* Indian

indirekte (in-di-*rehk*-ter) *adj* indirect

indisk (*in*-disk) *adj* Indian

individ (in-di-*veed*) *nt* individual

individuell (in-di-vi-dew-*ehll*) *adj* individual

Indonesia (in-doo-*nāy*-si-ah) Indonesia

indonesier (in-doo-*nāy*-si-err) *c* Indonesian

indonesisk (in-doo-*nāy*-sisk) *adj* Indonesian

indre (*in*-drer) *adj* internal; inside, inner

industri (in-dew-*stree*) *c* industry

industriell (in-dew-stri-*ehll*) *adj* industrial

industriområde (in-dew-*stree*-om-raw-der) *nt* industrial area

infanteri (in-fahn-ter-*ree*) *nt* infantry

infeksjon (in-fehk-*shoon*) *c* infection

infinitiv (in-*fin*-ni-teev) *c* infinitive

infisere (in-fi-*say*-rer) *v* infect

inflasjon (in-flah-*shoon*) *c* inflation

influensa (in-flew-*ehn*-sah) *c* flu, influenza

informasjon (in-for-mah-*shoon*) *c* information

informasjonskontor (in-for-mah-*shoons*-koon-toor) *nt* inquiry office, information bureau

informere (in-for-*may*-rer) *v* inform

infrarød (*in*-frah-rūr) *adj* infra-red

ingefær (ing-nger-fæær) *c* ginger

ingen (ing-ngern) *pron* nobody, no one; none; *adj* no; ~ av dem neither

ingeniør (in-shern-*Yurr*) *c* engineer

ingensteds (*ing*-ngern-stehss) *adv* nowhere

ingenting (*ing*-ngern-ting) *pron* nil, nothing

ingrediens (ing-greh-di-*ehns*) *c* ingredient

initiativ (i-nit-si-ah-*teev*) *nt* initiative

injeksjon (in-Yehk-*shoon*) *c* injection

inkludert (in-klew-*dayt*) *adj* included; alt ~ all included

inklusive (in-klew-seever) *adv* inclusive

inkompetent (*in*-kom-per-tehnt) *adj* incompetent

inn (inn) *adv* in; ~ i into

innbefatte (*in*-beh-fah-ter) *v* comprise, include

innbille seg (*in*-bi-ler) imagine

innbilsk (*in*-bilsk) *adj* conceited

innbilt (*in*-bilt) *adj* imaginary

innblande (*in*-blah-ner) *v* involve

innblandet (*in*-blah-nert) *adj* concerned, involved

innblanding (*in*-blah-ning) *c* interference

innbringende (*in*-bri-nger-ner) *adj* profitable

innbrudd (*in*-brewd) *nt* burglary

innbruddstyv (*in*-brewds-tēwv) *c* burglar

***innby** (in-bēw) *v* ask; invite

innbydelse (in-bēw-derl-ser) *c* invitation

innbygger (*in*-bew-gerr) *c* inhabitant

inndele (in-*day*-ler) *v* *break down, divide into

inne (*in*-ner) *adv* indoors; inside

***innebære** (*in*-ner-bææ-rer) *v* imply

innehaver (*in*-ner-haa-verr) *c* owner, bearer

***inneholde** (*in*-ner-ho-ler) *v* contain

innen (*in*-nern) *prep* inside; ~ lenge soon, shortly

innendørs (*in*-nern-dūrsh) *adj* indoor

innenfor (*in*-nern-for) *prep* inside; within

innenlands (*in*-nern-lahns) *adj* domestic

innfall (*in*-fahl) *nt* (pl ~) idea; whim; brain-wave

innfatning (*in*-faht-ning) *c* frame

innflytelse (in-flēw-terl-ser) *c* influence

innflytelsesrik (*in*-flēw-terl-serss-reek) *adj* influential

innfødt¹ (*in*-furt) *c* (pl ~e) native

innfødt² (*in*-furt) *adj* native

innføre (*in*-fūr-rer) *v* import; introduce

innføring (*in*-fūr-ring) *c* entry

innførsel (*in*-fur-sherl) *c* import

innførselstoll (*in*-fur-sherls-tol) *c* duty

inngang (*in*-gahng) *c* entrance, entry; way in

inngangspenger (*in*-gahngs-peh-ngerr) *pl* entrance-fee

innhold (*in*-hol) *nt* contents *pl*

innholdsfortegnelse (*in*-hols-fo-tay-nerl-ser) *c* table of contents

inni (*in*-ni) *adv* within; inside

innkassere (*in*-kah-sāȳ-rer) *v* collect

innkomst (*in*-komst) *c* revenue

innledende (*in*-lāȳ-der-ner) *adj* preliminary

innledning (*in*-lāȳd-ning) *c* introduction

innlysende (*in*-lēw-ser-ner) *adj* obvious

innover (*in*-naw-verr) *adv* inwards

innpakning (*in*-pahk-ning) *c* packing, wrapping

innpakningspapir (*in*-pahk-nings-pah-peer) *nt* wrapping paper

innregistreringsblankett (*in*-reh-gi-strāȳ-rings-blahng-kehtt) *c* registration form

innrette (*in*-reh-ter) *v* furnish; arrange

innrømme (*in*-rur-mer) *v* acknowledge, admit

innsamler (*in*-sahm-lerr) *c* collector

innsats (*in*-sahts) *c* achievement; contribution; stake

innsatt (*in*-saht) *c* (pl ~e) prisoner

*****innse** (*in*-sāȳ) *v* realize, *see

innside (*in*-see-der) *c* inside; interior

innsikt (*in*-sikt) *c* insight

innsirkle (*in*-seer-kler) *v* encircle

innsjø (*in*-shūr) *c* lake

innskipning (*in*-ship-ning) *c* embarkation

innskrenkning (*in*-skrehngk-ning) *c* reduction, restriction

*****innskrive** (*in*-skree-ver) *v* list, enter, register; ~ **seg** register

*****innskyte** (*in*-shēw-ter) *v* insert

innskytelse (*in*-shēw-terl-ser) *c* impulse

innsprøyte (*in*-sprur^{ew}-ter) *v* inject

innstendig (in-stehn-di) *adj* urgent

inntekt (*in*-tehkt) *c* income, earnings *pl;* **inntekter** *pl* revenue

inntektsskatt (*in*-tehkt-skaht) *c* income-tax

inntil (*in*-til) *conj* until, till; *prep* till

inntreden (*in*-trāȳ-dern) *c* entrance

inntrengende (*in*-treh-nger-ner) *adj* pressing

inntrykk (*in*-trewk) *nt* impression; *****gjøre** ~ **på** impress

innvende (*in*-veh-ner) *v* object; ~ **mot** object to

innvendig (*in*-vehn-di) *adv* within

innvending (*in*-veh-ning) *c* objection

innviklet (*in*-vik-lert) *adj* complex, complicated

innvilge (*in*-vil-ger) *v* grant

innvoller (*in*-vo-lerr) *pl* insides

innånde (*in*-no-ner) *v* inhale

insekt (*in*-sehkt) *nt* insect; bug *nAm*

insektmiddel (*in*-sehkt-mi-derl) *nt* (pl -midler) insecticide, insect repellent

insinuere (in-si-new-āȳ-rer) *v* hint

insistere (in-si-stāȳ-rer) *v* insist

inskripsjon (in-skrip-*shoon*) *c* inscription

inspeksjon (in-spehk-*shoon*) *c* inspection

inspektør (in-spayk-*tūrr*) *c* inspector

inspirere (in-spi-rāȳ-rer) *v* inspire

inspisere (in-spi-sāȳ-rer) *v* inspect

installasjon (in-stah-lah-*shoon*) *c* installation

installere (in-stah-lāȳ-rer) *v* install

instinkt (in-*stingt*) *nt* instinct

institusjon (in-sti-tew-*shoon*) *c* institution

institutt (in-sti-*tewtt*) *nt* institution,

institute

instruktør (in-strewk-*tūrr*) *c* instructor

instrument (in-strew-*mehnt*) *nt* instrument

instrumentbord (in-strew-*mehnt*-bōōr) *nt* (pl ∼) dashboard

intakt (in-*tahkt*) *adj* intact; unbroken

intellekt (in-teh-*lehkt*) *nt* intellect

intellektuell (in-teh-lehk-tew-*ehll*) *adj* intellectual

intelligens (in-teh-li-*gehns*) *c* intelligence

intelligent (in-teh-li-*gehnt*) *adj* intelligent; clever

intens (in-*tehns*) *adj* intense

interessant (in-ter-reh-*sahngng*) *adj* interesting

interesse (in-ter-*rehss*-ser) *c* interest

interessere (in-ter-reh-*sāy*-rer) *v* interest

interessert (in-ter-reh-*sāyt*) *adj* interested

internasjonal (*in*-ter-nah-shoo-naal) *adj* international

intervall (in-terr-*vahl*) *nt* interval

intervju (in-terr-v^yew) *nt* interview

intet (*in*-tert) *nt* nothing

intetkjønns- (*in*-tert-khurns) neuter

intetsigende (*in*-tert-see-er-ner) *adj* insignificant, petty

intim (in-*teem*) *adj* intimate

intrige (in-*tree*-ger) *c* intrigue

introduksjonsskriv (in-troo-dewk-*shōōn*-skreev) *nt* (pl ∼) letter of recommendation

introdusere (in-troo-dew-*sāy*-rer) *v* introduce

invadere (in-vah-*dāy*-rer) *v* invade

invalid (in-vah-*leed*) *c* invalid; *adj* disabled

invasjon (in-vah-*shōōn*) *c* invasion

investere (in-vehss-*tāy*-rer) *v* invest

investering (in-vehss-*tāy*-ring) *c* investment

invitere (in-vi-*tāy*-rer) *v* invite

Irak (i-*raak*) Iraq

iraker (i-*raa*-kerr) *c* Iraqi

irakisk (i-*raa*-kisk) *adj* Iraqi

Iran (i-*raan*) Iran

iraner (i-*raa*-nerr) *c* Iranian

iransk (i-*rahnsk*) *adj* Iranian

Irland (*eer*-lahn) Ireland

irlending (*eer*-leh-ning) *c* Irishman

ironi (i-roo-*nee*) *c* irony

ironisk (i-*rōō*-nisk) *adj* ironical

irritabel (i-ri-*taa*-berl) *adj* irritable

irritere (i-ri-*tāy*-rer) *v* irritate; annoy

irriterende (i-ri-*tāy*-rer-ner) *adj* annoying

irsk (eeshk) *adj* Irish

is (eess) *c* ice

isbre (*eess*-brāy) *c* glacier

iskald (*eess*-kahl) *adj* freezing

iskrem (*eess*-krāym) *c* ice-cream

Island (*eess*-lahn) Iceland

islandsk (*eess*-lahnsk) *adj* Icelandic

islending (*eess*-leh-ning) *c* Icelander

isolasjon (i-soo-lah-*shōōn*) *c* isolation; insulation

isolator (i-soo-*laa*-toor) *c* insulator

isolere (i-soo-*lāy*-rer) *v* insulate; isolate

isolert (i-soo-*lāyt*) *adj* isolated

ispose (*eess*-pōō-ser) *c* ice-bag

Israel (*eess*-rah-ehl) Israel

israeler (iss-rah-*āy*-lerr) *c* Israeli

israelsk (iss-rah-*āylsk*) *adj* Israeli

istedenfor (i-*stāy*-dern-for) *prep* instead of

isvann (*eess*-vahn) *nt* iced water

især (i-*sæær*) *adv* especially

Italia (i-*taa*-li-ah) Italy

italiener (i-tah-li-*āy*-nerr) *c* Italian

italiensk (i-tah-li-*āynsk*) *adj* Italian

iver (*ee*-verr) *c* zeal

ivrig (*eev*-ri) *adj* zealous; anxious, eager

J

ja (Yaa) yes; ~ vel! well!

jade (Yaa-der) c jade

jage (Yaa-ger) v hunt, chase; ~ bort chase

jakke (Yahk-ker) c jacket

jakt (Yahkt) c hunt; chase

jakte (Yahk-ter) v hunt

jakthytte (Yahkt-hew-ter) c lodge

jamre (Yahm-rer) v moan

januar (Yah-new-aar) January

Japan (Yaa-pahn) Japan

japaner (Yah-paa-nerr) c Japanese

japansk (Yaa-pahnsk) adj Japanese

jeg (Yay) pron I

jekk (Yehkk) c jack

jeksel (Yehk-serl) c (pl -sler) molar

jente (Yehn-ter) c girl

jern (Yææn) nt iron

jernbane (Yææn-baa-ner) c railway; railroad nAm

jernbaneferje (Yææn-baa-ner-fær-Yer) c train ferry

jernbaneovergang (Yææn-baa-ner-aw-verr-gahng) c crossing

jernbanevogn (Yææn-baa-ner-vongn) c coach

jernvarehandel (Yææn-vaa-rer-hahn-derl) c (pl -dler) hardware store

jernvarer (Yææn-vaa-rerr) pl hardware

jernverk (Yææn-værk) nt (pl ~) iron-works

jersey (Yæsh-shi) c jersey

jetfly (Yeht-flew) nt (pl ~) jet

jevn (Yehvn) adj level; smooth, even

jo (Yoo) adv yes; certainly; jo ... jo the ... the

jobb (Yobb) c job

jockey (Yok-ki) c jockey

jod (Yodd) c iodine

jolle (Yol-ler) c dinghy

jomfru (Yom-frew) c virgin; gammel ~ spinster

jord (Yoor) c earth; ground, soil

Jordan (Yoo-dahn) Jordan

jordaner (Yoo-daa-nerr) c Jordanian

jordansk (Yoo-daansk) adj Jordanian

jordbruk (Yoor-brewk) nt agriculture; jordbruks- agrarian

jordbunn (Yoor-bewn) c soil

jordbær (Yoor-bæær) nt (pl ~) strawberry

jordklode (Yoor-kloo-der) c globe

jordmor (Yoor-moor) c (pl -mødre) midwife

jordskjelv (Yoor-shehlv) c/nt (pl ~) earthquake

jordsmonn (Yoosh-mon) nt soil

journalist (shoo-nah-list) c journalist

journalistikk (shoor-nah-li-stikk) c journalism

jubileum (Yew-bi-læy-ewm) nt (pl -eer) jubilee; anniversary

jugoslav (Yew-goo-shlaav) c Yugoslav, Jugoslav

Jugoslavia (Yew-goo-shlaa-vi-ah) Yugoslavia, Jugoslavia

jugoslavisk (Yew-goo-shlaa-visk) adj Jugoslav

jukse (Yook-ser) v cheat

jul (Yewl) c Christmas, Xmas

juli (Yew-li) July

juling (Yew-ling) c spanking

jumper (Yoom-perr) c jumper

jungel (Yoong-ngerl) c jungle

juni (Yew-ni) June

junior (Yew-ni-oor) adj junior

juridisk (Yew-ree-disk) adj legal

jurist (Yew-rist) c lawyer

jury (Yew-ri) c jury

justere (Yewss-tæy-rer) v adjust

juvel (Yew-væyl) c gem

jøde (Yur-der) c Jew

jødisk (Yur-disk) adj Jewish

K

kabaret (kah-bah-*rāy*) *c* cabaret

kabel (*kaa*-berl) *c* (pl kabler) cable

kabin (kah-*been*) *c* cabin

kabinett (kah-bi-*nehtt*) *nt* cabinet

kader (*kaa*-derr) *c* (pl kadrer) cadre

kafé (kah-*fāy*) *c* café

kafeteria (kah-feh-*tāy*-ri-ah) *c* cafeteria; self-service restaurant

kaffe (*kahf*-fer) *c* coffee

kaffein (kah-feh-*een*) *c* caffeine

kaffeinfri (kah-feh-*een*-free) *adj* decaffeinated

kaffetrakter (*kahf*-fer-trahk-terr) *c* percolator

kagge (*kahg*-ger) *c* keg

kai (kigh) *c* dock, quay

kajakk (kah-*Yahkk*) *c* kayak

kake (*kaa*-ker) *c* cake

kaki (*kaa*-ki) *c* khaki

kald (kahll) *adj* cold

kalender (kah-*lehn*-derr) *c* (pl -drer) calendar

kalk (kahlk) *c* lime

kalkun (kahl-*kēwn*) *c* turkey

kalle (*kahl*-ler) *v* call, name

kalori (kah-loo-*ree*) *c* calorie

kalsium (*kahl*-si-ewm) *nt* calcium

kalv (kahlv) *c* calf

kalvekjøtt (*kahl*-ver-khurt) *nt* veal

kalveskinn (*kahl*-ver-shin) *nt* (pl ~) calf skin

kalvinisme (kahl-vi-*niss*-mer) *c* Calvinism

kam (kahmm) *c* (pl ~mer) comb

kamaksel (*kahm*-mahk-serl) *c* (pl -sler) camshaft

kamé (kah-*māy*) *c* cameo

kamerat (kah-mer-*raat*) *c* friend, comrade

kamgarn (*kahm*-gaan) *nt* worsted

kammertjener (*kahm*-mer-t*Yāy*-nerr) *c* valet

kamp (kahmp) *c* fight, battle, combat; struggle; match

kampanje (kahm-*pahn*-Yer) *c* campaign

kanadier (kah-*naa*-di-err) *c* Canadian

kanadisk (kah-*naa*-disk) *adj* Canadian

kanal (kah-*naal*) *c* channel, canal; **Den engelske ~** English Channel

kanarifugl (kah-*naa*-ri-fēwl) *c* canary

kandelaber (kahn-der-*laa*-berr) *c* (pl -bre) candelabrum

kandidat (kahn-di-*daat*) *c* candidate

kanel (kah-*nāyl*) *c* cinnamon

kanin (kah-*neen*) *c* rabbit

kano (*kaa*-noo) *c* canoe

kanon (kah-*nōōn*) *c* gun

kanskje (*kahn*-sher) *adv* perhaps, maybe

kant (kahnt) *c* edge, verge, rim, border

kantine (kahn-*tee*-ner) *c* canteen

kaos (*kaa*-oss) *nt* chaos

kaotisk (kah-*ōō*-tisk) *adj* chaotic

kapasitet (kah-pah-si-*tāyt*) *c* capacity

kapell (kah-*pehll*) *nt* chapel

kapellan (kah-peh-*laan*) *c* chaplain

kapital (kah-pi-*taal*) *c* capital

kapitalanbringelse (kah-pi-*taal*-ahn-bri-ngerl-ser) *c* investment

kapitalisme (kah-pi-tah-*liss*-mer) *c* capitalism

kapitulasjon (kah-pi-tew-lah-*shōōn*) *c* capitulation

kapp (kahpp) *nt* cape

kappe (*kahp*-per) *c* cloak

kappløp (*kahp*-lūrp) *nt* race

kapre (*kaap*-rer) *v* hijack

kaprer (*kaap*-rerr) *c* hijacker

kapsel (*kahp*-serl) *c* (pl -sler) capsule

kaptein (kahp-*tayn*) *c* captain

kar (kaar) *nt* vessel; *c* guy

karaffel (kah-*rahf*-ferl) *c* (pl -afler) carafe

karakter (kah-rahk-*tayr*) c character; mark

karakterisere (kah-rahk-teh-ri-*say*-rer) v characterize

karakteristisk (kah-rahk-teh-*riss*-tisk) adj characteristic

karaktertrekk (kah-rahk-*tay*-trehk) nt (pl ~) characteristic

karamell (kah-rah-*mehll*) c caramel

karantene (kah-rahn-*tay*-ner) c quarantine

karat (kah-*raat*) c carat

kardinal (kahr-di-*naal*) c cardinal

karneval (*kaa*-ner-vahl) nt carnival

karosseri (kah-ro-ser-*ree*) nt bodywork; body nAm

karpe (*kahr*-per) c carp

karri (*kahr*-ri) c curry

karriere (kah-ri-*ææ*-rer) c career

kart (kahtt) nt map

kartong (kah-*tongng*) c carton; **kartong-** cardboard

karusell (kah-rew-*sehll*) c merry-go-round

kaserne (kah-*sææ*-ner) c barracks pl

kasino (kah-*see*-noo) nt casino

kasjmir (kahsh-*meer*) c cashmere

kasse (*kahss*-ser) c pay-desk

kassere (kah-*say*-rer) v discard

kasserer (kah-*say*-rerr) c cashier; treasurer; teller nAm

kassererske (kah-*say*-rersh-ker) c cashier

kasserolle (kah-ser-*rol*-ler) c saucepan

kast (kahst) nt throw, cast

kastanje (kah-*stahn*-Yer) c chestnut

kastanjebrun (kah-*stahn*-Yer-brewn) adj auburn

kaste (*kahss*-ter) v *cast, *throw; toss; ~ **opp** vomit

katakombe (kah-tah-*koom*-ber) c catacomb

katalog (kah-tah-*lawg*) c catalogue

katarr (kah-*tahrr*) c catarrh

katastrofal (kah-tah-stroo-*faal*) adj disastrous

katastrofe (kah-tah-*stroo*-fer) c catastrophe, calamity, disaster

katedral (kah-ter-*draal*) c cathedral

kategori (kah-ter-goo-*ree*) c category

kateter (kah-*tay*-terr) nt (pl -tre) desk

katolsk (kah-*tool*sk) adj catholic

katt (kahtt) c cat

kausjon (kou-*shoon*) c bail, security; guarantee

kausjonist (kou-shoo-*nist*) c guarantor

kaviar (kah-vi-*aar*) c caviar

keiser (*kay*-serr) c emperor

keiserdømme (*kay*-ser-dur-mer) nt empire

keiserinne (kay-ser-*rin*-ner) c empress

keiserlig (*kay*-ser-li) adj imperial

keivhendt (*khayv*-hehnt) adj left-handed

kelner (*kehl*-nerr) c waiter

kenguru (*kehng*-gew-rew) c kangaroo

kennel (*kehn*-nerl) c kennel

Kenya (*kehn*-Yah) Kenya

keramikk (kheh-rah-*mikk*) c ceramics pl; pottery

kikke (*khik*-ker) v peep

kikkert (*khik*-kert) c binoculars pl

kilde (*khil*-der) c fountain, source, well, spring

kile (*khee*-ler) v tickle; c wedge

kilespill (*kee*-ler-spil) nt (pl ~) bowling

kilo (*khee*-loo) c/nt kilogram

kilometer (*khil*-loo-may-terr) c (pl ~) kilometre

kilometertall (*khil*-loo-may-ter-tahl) nt (pl ~) distance in kilometres

kim (kheem) c germ

Kina (*khee*-nah) China

kineser (khi-*nay*-serr) c Chinese

kinesisk (khi-*nay*-sisk) adj Chinese

kinin (khi-*neen*) c quinine

kinn (khinn) *nt* cheek

kinnbein (*khin*-bayn) *nt* (pl ~) cheekbone

kinnskjegg (*khin*-shehg) *nt* sideburns *pl*, whiskers *pl*

kino (*khee*-noo) *c* cinema, pictures; movies *Am*, movie theater *Am*

kiosk (khosk) *c* kiosk

kirke (*kheer*-ker) *c* church; chapel

kirkegård (*kheer*-ker-gawr) *c* graveyard, churchyard

kirketjener (*kheer*-ker-tᵛay-nerr) *c* sexton

kirketårn (*kheer*-ker-tawn) *nt* (pl ~) steeple

kirsebær (*khish*-sher-bæær) *nt* (pl ~) cherry

kirurg (khi-*rewrg*) *c* surgeon

kiste (*khiss*-ter) *c* chest; coffin

kjede (*khāy*-deh) *v* bore

kjedelig (*khāy*-der-li) *adj* dull, boring

kjeft (khehft) *c* mouth

kjeks (khehks) *c* (pl ~) cookie; biscuit

kjele (*khāy*-ler) *c* kettle

kjelke (*khæl*-ker) *c* sledge, sleigh

kjeller (*khehl*-lerr) *c* cellar

kjelleretasje (*khehl*-lerr-eh-taa-sher) *c* basement

kjemi (kheh-*mee*) *c* chemistry

kjemisk (*khāy*-misk) *adj* chemical

kjempe (*khehm*-per) *v* combat, **fight, struggle, battle; *c* giant

kjenne (*khehn*-ner) *v* *know; ~ igjen recognize

kjennelse (*khehn*-nerl-ser) *c* verdict

kjennemerke (*khehn*-ner-mær-ker) *nt* feature

kjenner (*khehn*-nerr) *c* connoisseur

kjennetegn (*khehn*-ner-tayn) *nt* (pl ~) characteristic

kjennetegne (*khehn*-ner-tay-ner) *v* mark, characterize

kjennskap (*khehn*-skaap) *nt* knowledge

kjent (khehnt) *adj* noted

kjepphest (*khehp*-hehst) *c* hobbyhorse

kjerne (*khææ*-ner) *c* pip; heart, essence, core, nucleus; **kjerne-** nuclear

kjernehus (*khææ*-ner-hēwss) *nt* (pl ~) fruit core

kjernekraft (*khææ*-ner-krahft) *c* nuclear energy

kjerre (*khær*-rer) *c* cart

kjertel (*khæt*-terl) *c* (pl -tler) gland

kjetting (*kheht*-ting) *c* chain

kjeve (*khāy*-ver) *c* jaw

kjole (*khōō*-ler) *c* gown, dress; frock; **lang ~** robe

kjælenavn (*khāy*-ler-nahvn) *nt* (pl ~) nickname

kjær (khæær) *adj* dear

kjæreste (*khææ*-rerss-ter) *c* darling

kjærlig (*khææ*-li) *adj* affectionate

kjærlighet (*khææ*-li-hāyt) *c* love

kjærlighetsaffære (*khææ*-li-hāyt-sah-fææ-rer) *c* affair

kjærlighetshistorie (*khææ*-li-hāyts-hiss-tōō-ri-er) *c* love-story

kjøkken (*khurk*-kern) *nt* kitchen

kjøkkenhage (*khurk*-kern-haager) *c* kitchen garden

kjøkkenhåndkle (*khurk*-kern-hong-kler) *nt* (pl -lær) kitchen towel

kjøkkenredskap (tᵛurk-kehn-reh-skaap) *nt* utensil

kjøkkensjef (*khurk*-kern-shāyf) *c* chef

kjøl (khūrl) *c* keel

kjøleskap (*khūr*-ler-skaap) *nt* (pl ~) refrigerator, fridge

kjølesystem (*khūr*-ler-sew-stāym) *nt* cooling system

kjølig (*khūr*-li) *adj* chilly, cool

kjønn (khurnn) *nt* sex; gender; **kjønns-** genital

kjønnssykdom (*khurn*-sēwk-dom) *c*

venereal disease

kjøp (khūrp) nt purchase; **godt ~** bargain

kjøpe (khūr-per) v purchase, *buy

kjøper (khūr-perr) c purchaser, buyer

kjøpesum (khūr-per-sewm) c (pl ~mer) purchase price

kjøpmann (khūrp-mahn) c (pl -menn) shopkeeper; trader, merchant

***kjøpslå** (khūrp-shlo) v bargain

kjøre (khūr-rer) v *drive; *ride; **~ forbi** *overtake; pass vAm; **~ for fort** *speed

kjørebane (khūr-rer-baa-ner) c carriageway; roadway nAm

kjøretur (khūr-rer-tewr) c drive

kjøretøy (khūr-rer-turew) nt vehicle

kjøtt (khurtt) nt meat; flesh

klage (klaa-ger) v complain; c complaint

klagebok (klaa-ger-bōōk) c (pl -bøker) complaints book

klandre (klahn-drer) v blame

klang (klahngng) c tone; sound

klappe (klahp-per) v clap

klar (klaar) adj clear; serene; ready; ***ha klart for seg** realize; **~ over** aware

***klargjøre** (klaar-ʸūr-rer) v elucidate, clarify

***klarlegge** (klaar-leh-ger) v clarify

klasse (klahss-ser) c class; form

klassekamerat (klahss-ser-kah-mer-raat) c class-mate

klasseværelse (klahss-ser-vææ-rerl-ser) nt classroom

klassifisere (klah-si-fi-sāy-rer) v classify, class

klassisk (klahss-sisk) adj classical

klatre (klaht-rer) v climb

klatring (klaht-ring) c climb

klausul (klou-sewl) c clause

kle (klāy) v *become; suit; **~ av seg** undress; **~ på** dress; **~ på seg** dress; **~ seg** dress; **~ seg om** change

klebe (klāy-beh) v *stick

klebrig (klāyb-ri) adj sticky

klem (klehm) c (pl ~mer) hug

klemme (klehm-mer) v squeeze; cuddle, hug

klenodie (kleh-nōō-di-er) nt gem

klesbørste (klāyss-bursh-ter) c clothes-brush

kleshenger (klāyss-heh-ngerr) c coathanger

klesskap (klāy-skaap) nt (pl ~) wardrobe

klient (kli-ehnt) c client

klikk (klik) c set, clique; nt click

klima (klee-mah) nt climate

klinikk (kli-nikk) c clinic

klinkekule (kling-ker-kōō-ler) c marble

klippe (klip-per) v *cut; c cliff, rock; **~ av** *cut off

klistre (kliss-trer) v paste

klo (klōō) c (pl klør) claw

kloakk (kloo-ahkk) c sewer

klok (klōōk) adj clever

klokke (klok-ker) c clock; bell; **klokken . . . at** ... o'clock

klokkerem (klok-ker-rehm) c (pl ~mer) watch-strap

klokkespill (klok-ker-spil) nt chimes pl

klor (klōōr) c chlorine

kloss (kloss) c block

klosset (kloss-sert) adj awkward, clumsy

kloster (kloss-terr) nt (pl -tre) convent, monastery, cloister

klovn (klovn) c clown

klubb (klewbb) c club

klubbe (klewb-ber) c cudgel, club

klukke (klook-ker) v chuckle

klump (kloomp) c lump

klumpet (kloom-pert) adj lumpy

klut (klewt) c cloth

***klype** (klew-per) v pinch

klær (klæær) *pl* clothes *pl*

klø (klūr) *v* itch

kløe (*klū*r-er) *c* itch

kløft (klurft) *c* chasm, cleft

kløver (klurv-verr) *c* clover

kløyve (klur*ew*-ver) *v* *split

knagg (knahgg) *c* peg

knaggrekke (*knahg*-reh-ker) *c* hat rack

knapp (knahpp) *c* button; *adj* scarce

knappe (*knahp*-per) *v* button; ~ **opp** unbutton

knappenål (*knahp*-per-nawl) *c* pin

knapphet (*knahp*-hāyt) *c* scarcity, shortage

knapphull (*knahp*-hewl) *nt* buttonhole

knapt (knahpt) *adv* scarcely

kne (knāy) *nt* (pl knær) knee

kneipe (*knay*-per) *c* pub

knekk (knehkk) *c/nt* (pl ~) toffee

*knekke (*knehk*-ker) *v* crack; break

knekt (knehkt) *c* knave

knele (*knāy*-ler) *v* *kneel

knep (knāyp) *nt* trick

kneskål (*knāy*-skawl) *c* kneecap

knipetang (*knee*-per-tahng) *c* (pl -tenger) pincers *pl*

knipling (*knip*-ling) *c* lace

knirke (*kneer*-ker) *v* creak

kniv (kneev) *c* knife

knoke (*knōo*-ker) *c* knuckle

knopp (knopp) *c* bud

knott (knott) *c* knob

knurre (*knewr*-rer) *v* grumble

knust (knēwst) *adj* broken

knute (*knēw*-ter) *c* knot

knutepunkt (*knēw*-ter-poongt) *nt* junction

knytte (*knēw*-ter) *v* tie, knot; ~ **til** attach to; ~ **opp** untie

knyttneve (*knewt*-nāy-ver) *c* fist

knyttneveslag (*knewt*-nāy-ver-shlaag) *nt* (pl ~) punch

koagulere (koo-ah-gew-*lāy*-rer) *v* coagulate

kobbe (*kob*-ber) *c* seal

kode (*kōo*-der) *c* code

koffert (*koof*-fert) *c* case, suitcase, bag; trunk

kokain (koo-kah-*een*) *c/nt* cocaine

koke (*kōo*-ker) *v* boil

kokebok (*kōo*-ker-bōok) *c* (pl -bøker) cookery-book; cookbook *nAm*

kokk (kokk) *c* cook

kokosnøtt (*kook*-kooss-nurt) *c* coconut

koldtbord (*kolt*-bōor) *nt* (pl ~) buffet

kolje (*kol*-Yer) *c* haddock

kolle (*kol*-ler) *c* hill, peak

kollega (koo-*lāy*-gah) *c* colleague

kollektiv (*kol*-lerk-teev) *adj* collective

kollidere (koo-li-*dāy*-rer) *v* collide, crash

kollisjon (koo-li-*shōon*) *c* crash, collision

koloni (koo-loo-*nee*) *c* colony

kolonialvarer (koo-loo-ni-*aal*-vaa-rerr) *pl* groceries *pl*

kolonne (koo-*lon*-ner) *c* column

kolossal (koo-loo-*saal*) *adj* enormous, tremendous

koma (*kōo*-mah) *c* coma

kombinasjon (koom-bi-nah-*shōon*) *c* combination

kombinere (koom-bi-*nāy*-rer) *v* combine

komedie (koo-*māy*-di-er) *c* comedy

komfort (koom-*fawr*) *c* comfort

komfortabel (koom-fo-*taa*-berl) *adj* comfortable

komfyr (koom-*fēwr*) *c* cooker; stove

komiker (*kōo*-mi-kerr) *c* comedian

komisk (*kōo*-misk) *adj* funny, comic

komité (koo-mi-*tāy*) *c* committee

komma (*kom*-mah) *nt* comma

komme (*kom*-mer) *nt* coming

*komme (*kom*-mer) *v* *come; ~ **over**

*come across; ~ **på** *think of; ~
seg recover; ~ **tilbake** return

kommende (*kom*-mer-ner) *adj* oncoming

kommentar (koo-mehn-*taar*) *c* comment

kommentere (koo-mehn-*tāy*-rer) *v* comment

kommersiell (koo-mæ-shi-*ehll*) *adj* commercial

kommisjon (koo-mi-*shōōn*) *c* commission

kommode (koo-*mōō*-der) *c* chest of drawers; bureau *nAm*

kommunal (koo-mew-*naal*) *adj* municipal

kommune (koo-*mēw*-ner) *c* local authority, municipality

kommunestyre (koo-*mēw*-ner-stēw-rer) *nt* local council

kommunikasjon (koo-mew-ni-kah-*shōōn*) *c* communication

kommuniké (koo-mew-ni-*kāy*) *nt* communiqué

kommunisme (koo-mew-*niss*-mer) *c* communism

kommunist (koo-mew-*nist*) *c* communist

kompakt (koom-*pahkt*) *adj* compact

kompani (koom-pah-*nee*) *nt* company

kompanjong (koom-pahn-*Yongng*) *c* partner, associate

kompass (koom-*pahss*) *c/nt* compass

kompensasjon (koom-pehn-sah-*shōōn*) *c* compensation

kompensere (koom-pehn-*sāy*-rer) *v* compensate

kompetent (koom-per-*tehnt*) *adj* qualified; capable

kompleks (koom-*plehks*) *nt* complex

komplett (koom-*plehtt*) *adj* complete

kompliment (koom-pli-*mahngng*) *c* compliment

komplimentere (koom-pli-mehn-*tāy*-rer) *v* compliment

komplisert (koom-pli-*sāyt*) *adj* complicated

komplott (koom-*plott*) *nt* plot

komponist (koom-poo-*nist*) *c* composer

komposisjon (koom-poo-si-*shōōn*) *c* composition

kompromiss (koom-proo-*miss*) *nt* compromise

kondisjon (koon-di-*shōōn*) *c* physical fitness

konditor (koon-*dit*-toor) *c* confectioner

konditori (koon-di-too-*ree*) *nt* pastry shop

konduktør (koon-dewk-*tūrr*) *c* ticket collector

kone (*kōō*-ner) *c* wife

konfeksjons- (koon-fehk-*shōōns*) ready-made

konfekt (koon-*fehkt*) *c* chocolate

konferanse (koon-fer-*rahng*-ser) *c* conference

konfidensiell (koon-fi-dehn-si-*ehll*) *adj* confidential

konfiskere (koon-fiss-*kāy*-rer) *v* confiscate

konflikt (koon-*flikt*) *c* conflict

konfrontere (kon-fron-*tāy*-rer) *v* face

konge (*kong*-nger) *c* king

kongelig (*kong*-nger-li) *adj* royal

kongerike (*kong*-nger-ree-ker) *nt* kingdom

kongress (kong-*grehss*) *c* congress

konjakk (kon-*Yahkk*) *c* cognac

konklusjon (koong-klew-*shōōn*) *c* conclusion

konkret (koong-*krāyt*) *adj* concrete

konkurranse (koong-kew-*rahng*-ser) *c* contest, competition; rivalry

konkurrent (koong-kew-*rehnt*) *c* rival, competitor

konkurrere (koong-kew-*rāy*-rer) *v*

compete

konkurs (koong-*kewsh*) *adj* bankrupt

konsekvens (kon-ser-*kvehns*) *c* consequence

konsentrasjon (koon-sehn-trah-*shoon*) *c* concentration

konsentrere (koon-sehn-*tray*-rer) *v* concentrate

konsert (koon-*sætt*) *c* concert

konsertsal (koon-*sæt*-saal) *c* concert hall

konservativ (koon-*sær*-vah-teev) *adj* conservative

konservatorium (koon-sær-vah-*too*-ri-ewm) *nt* (pl -ier) music academy

konservere (kon-sær-*vay*-rer) *v* preserve

konservering (kon-sær-*vay*-ring) *c* preservation

konsesjon (koon-seh-*shoon*) *c* licence; concession

konsis (koon-*seess*) *adj* concise

konstant (koon-*stahnt*) *adj* constant; even

konstatere (koon-stah-*tay*-rer) *v* note; diagnose, ascertain

konstruere (koon-strew-*ay*-rer) *v* construct

konstruksjon (koon-strewk-*shoon*) *c* construction

konsul (*kon*-sewl) *c* consul

konsulat (kon-sew-*laat*) *nt* consulate

konsultasjon (kon-sewl-tah-*shoon*) *c* consultation

konsultasjonstid (kon-sewl-tah-*shoons*-teed) *c* consultation hours

konsument (koon-sew-*mehnt*) *c* consumer

kontakt (koon-*tahkt*) *c* touch, contact

kontakte (koon-*tahk*-ter) *v* contact

kontaktlinser (koon-*tahkt*-lin-serr) *pl* contact lenses

kontanter (koon-*tahn*-terr) *pl* cash

kontinent (koon-ti-*nehnt*) *nt* continent

kontinental (koon-ti-nehn-*taal*) *adj* continental

kontinuerlig (koon-ti-new-*ay*-li) *adj* continuous

konto (*kon*-too) *c* (pl ~er, -ti) account

kontor (koon-*toor*) *nt* office

kontorist (koon-too-*rist*) *c* clerk

kontormann (koon-*toor*-mahn) *c* (pl -menn) clerk

kontortid (koon-*too*-teed) *c* office hours, business hours

kontra (*kon*-trah) *prep* versus

kontrakt (koon-*trahkt*) *c* contract; agreement

kontrast (koon-*trahst*) *c* contrast

kontroll (koon-*troll*) *c* control; inspection

kontrollere (koon-troo-*lay*-rer) *v* verify, check, control

kontrollør (koon-troo-*lurr*) *c* supervisor

kontroversiell (kon-troo-væ-shi-*ehll*) *adj* controversial

kontur (kon-*toor*) *c* outline

konversasjon (koon-væ-shah-*shoon*) *c* conversation

konvolutt (koon-voo-*lewtt*) *c* envelope

kooperativ (koo-*op*-rah-teev) *adj* co-operative

koordinasjon (koo-o-di-nah-*shoon*) *c* co-ordination

kopi (koo-*pee*) *c* copy

kopiere (koo-pi-*ay*-rer) *v* copy

kople (kop-ler) *v* connect; ~ til connect

kopp (kopp) *c* cup

kopper (*kop*-perr) *pl* smallpox; *nt* copper

kor (*koor*) *nt* choir

korall (koo-*rahll*) *c* coral

kordfløyel (*kawd*-flur^(ew)-erl) *c* corduroy

korint (koo-*rint*) *c* currant

kork (kork) c cork; stopper

korketrekker (*kor*-ker-treh-kerr) c corkscrew

korn (kōōn) nt grain, corn

kornåker (*kōō*-naw-kerr) c (pl -krer) cornfield

korpulent (kor-pew-*lehnt*) adj stout, corpulent

korrekt (koo-*rehkt*) adj correct

korrespondanse (koo-rer-spoon-*dahng*-ser) c correspondence

korrespondent (koo-rer-spoon-*dehnt*) c correspondent

korridor (koo-ri-*dōōr*) c corridor

korrigere (koo-ri-*gāy*-rer) v correct

korrupt (koo-*rewpt*) adj corrupt

kors (koshsh) nt cross

korsett (ko-*shehtt*) nt corset

korsfeste (kosh-*fehss*-ter) v crucify

korsfestelse (kosh-*fehss*-terl-ser) c crucifixion

korstog (kosh-tawg) nt (pl ~) crusade

korsvei (*kosh*-vay) c road fork

kort (kott) adj short; brief; nt card

kortevarehandel (ko-ter-vaa-rer-hahn-derl) c (pl -dler) haberdashery

kortfattet (*kot*-fah-tert) adj brief

kortslutning (*kot*-slewt-ning) c short circuit

kortstokk c pack nAm

kortvarig (*kot*-vaa-ri) adj momentary

koselig (*kōō*-ser-li) adj cosy; nice

kosmetika (koss-meh-*tikk*) pl cosmetics pl

kost[1] (kost) c fare; ~ og losji room and board, bed and board, board and lodging

kost[2] (koost) c broom

kostbar (*kost*-baar) adj expensive; precious

koste (*koss*-ter) v *cost

kostfri (*kost*-free) adj free of charge

kostnad (*kost*-nah) c cost

kotelett (ko-ter-*lehtt*) c cutlet, chop

krabbe (*krahb*-ber) v crawl; c crab

kraft (krahft) c (pl krefter) force; energy, power

kraftig (*krahf*-ti) adj strong

kraftverk (*krahft*-værk) nt power-station

krage (*kraa*-ger) c collar

kragebein (*kraa*-ger-bayn) nt (pl ~) collarbone

krageknapp (*kraa*-ger-knahp) c collar stud

krampe (*krahm*-per) c cramp; clamp

krampetrekning (*krahm*-per-trehk-ning) c convulsion

kran (kraan) c crane; tap

krangel (*krahng*-ngerl) c/nt (pl -gler) dispute, row, quarrel

krangle (*krahng*-ler) v quarrel

krater (*kraa*-terr) nt crater

kratt (krahtt) nt scrub

krav (kraav) nt demand, claim; requirement

kreditor (*krāy*-di-toor) c creditor

kreditt (kreh-*ditt*) c credit

kredittkort (kreh-*dit*-kot) nt (pl ~) credit card; charge plate Am

kreere (kreh-*āy*-rer) v create

kreft (krehft) c cancer

krem (krāym) c cream

kremere (kreh-*māy*-rer) v cremate

kremering (kreh-*māy*-ring) c cremation

kremgul (*krāy*-m-gēwl) adj cream

krenke (*krehng*-ker) v offend, injure; trespass

krenkelse (*krehng*-kerl-ser) c violation

krenkende (*krehng*-ker-ner) adj offensive

kresen (*krāy*-sern) adj particular

krets (krehts) c ring, circle

kretsløp (*krehts*-lūrp) nt (pl ~) cycle

kreve (*krāy*-ver) v require, claim; charge

krig (kreeg) c war

krigsfange (kriks-fah-nger) c prisoner of war

krigsmakt (kriks-mahkt) c armed forces

krigsskip (krik-sheep) nt warship

kriminalitet (kri-mi-nah-li-táyt) c criminality

kriminell (kri-mi-nehll) adj criminal

kringkaste (kring-kahss-ter) v *broadcast

kringkasting (kring-kahss-ting) c broadcast

krise (kree-ser) c crisis

kristen[1] (kriss-tern) c (pl -tne) Christian

kristen[2] (kriss-tern) adj Christian

Kristus (kriss-tewss) Christ

kritiker (kree-ti-kerr) c critic

kritikk (kri-tikk) c criticism

kritisere (kri-ti-sáy-rer) v criticize

kritisk (kree-tisk) adj critical

kritt (kritt) nt chalk

kro (króo) c pub, tavern

krok (króok) c hook

kroket (króo-kert) adj crooked

krokodille (kroo-koo-dil-ler) c crocodile

krom (kroomm) c chromium

kronblad (króon-blaa) nt (pl ~) petal

krone (króo-ner) c crown; v crown

kronisk (króo-nisk) adj chronic

kronologisk (kroo-noo-law-gisk) adj chronological

kropp (kropp) c body

krukke (krook-ker) c jar; pitcher

krum (kroomm) adj curved

krumning (kroom-ning) c bend; curve

krus (krewss) nt mug

krusifiks (krew-si-fiks) nt crucifix

krutt (krewtt) nt gunpowder

krybbe (krewb-ber) c manger

krydder (krewd-derr) nt (pl ~) spice

krydderier (krew-der-ree-err) pl spices

krydret (krewd-rert) adj spiced, spicy

krykke (krewk-ker) c crutch

krympe (krewm-per) v *shrink

krympefri (krewm-per-free) adj shrinkproof

krypdyr (kréwp-dewr) nt (pl ~) reptile

***krype** (kréw-per) v *creep

***krypskyte** (krewp-shéw-ter) v poach

kryss (krewss) nt cross

krysse (krewss-ser) v cross

krysse av (krewss-ser) tick off

krystall (krew-stahll) c/nt crystal; **krystall-** adj crystal

krøll (krurll) c curl

krølle (krurl-ler) v curl; crease

krøllet (krurl-lert) adj curly

krølltang (krurl-tahng) c (pl -tenger) curling-tongs pl

kråke (kraw-ker) c crow

ku (kéw) c (pl ~er, kyr) cow

kubaner (kew-baa-nerr) c Cuban

kubansk (kew-baansk) adj Cuban

kubbe (kewb-ber) c log

kube (kéw-ber) c cube

kul (kéwl) c lump

kulde (kewl-ler) c cold

kuldegysning (kewl-ler-géwss-ning) c chill

kule (kéw-ler) c bullet; sphere

kulepenn (kéw-ler-pehn) c ballpoint-pen, Biro

kull (kewll) nt coal; litter

kultivert (kewl-ti-váyt) adj cultured

kultur (kewl-téwr) c culture

kun (kewnn) adv only

kunde (kewn-der) c client, customer

***kunne** (kewn-ner) v *can, *be able to; *may, *might

***kunngjøre** (kewn-Yúr-rer) v announce; proclaim

***kunngjøring** (kewn-Yúr-ring) c announcement; notice

kunst (kewnst) c art; ~ og håndverk

arts and crafts; **skjønne kunster**
fine arts

kunstakademi (*kewnst*-ah-kah-deh-mee) *nt* art school

kunstferdig (*kewnst*-fææ-di) *adj* elaborate

kunstgalleri (*kewnst*-gah-ler-ree) *nt* gallery, art gallery

kunsthistorie (*kewnst*-hiss-tōō-ri-er) *c* art history

kunsthåndverk (*kewnst*-hon-værk) *nt* (pl ~) handicraft

kunstig (*kewn*-sti) *adj* artificial

kunstner (*kewnst*-nerr) *c* artist

kunstnerinne (*kewnst*-ner-*rin*-ner) *c* artist

kunstnerisk (*kewnst*-ner-risk) *adj* artistic

kunstsamling (*kewnst*-sahm-ling) *c* art collection

kunstsilke (*kewnst*-sil-ker) *c* rayon

kunstutstilling (*kewnst*-ewt-sti-ling) *c* art exhibition

kunstverk (*kewnst*-værk) *nt* work of art

kupé (kew-*pāy*) *c* compartment

kupert (kew-*pāyt*) *adj* hilly

kupong (kew-pongng) *c* coupon

kuppel (*kewp*-perl) *c* (pl kupler) dome

kur (kēwr) *c* cure

kuriositet (kew-ri-oo-si-*tāyt*) *c* curio

kurs (kēwsh) *nt* course; *c* course

kursivskrift (koo-*sheev*-skrift) *c* italics *pl*

kursted (*kēw*-shtāy) *nt* spa

kurv (kewrv) *c* basket; hamper

kurve (*kewr*-ver) *c* curve

kusine (kew-*see*-ner) *c* cousin

kusma (*kewss*-mah) *c* mumps

kutt (kewtt) *nt* cut

kuvertavgift (kew-*vææ*-raav-Yift) *c* cover charge

kuøye (*kēw*-ur^ew-er) *nt* porthole

kvadrat (kvah-*draat*) *nt* square

kvadratisk (kvah-*draa*-tisk) *adj* square

kvaksalver (*kvahk*-sahl-verr) *c* quack

kvalifikasjon (kvah-li-fi-kah-*shōōn*) *c* qualification

kvalifisere seg (kvah-li-fi-*sāy*-rer) qualify

kvalifisert (kvah-li-fi-*sāyt*) *adj* qualified

kvalitet (kvah-li-*tāyt*) *c* quality

kvalm (kvahlm) *adj* sick

kvalme (*kvahl*-mer) *c* nausea; sickness

kvantitet (kvahn-ti-*tāyt*) *c* quantity

kvart (kvahtt) *c* quarter

kvartal (kvah-taal) *nt* quarter; house block *Am;* **kvartals-** quarterly

kvarter (kvah-*tāyr*) *nt* quarter of an hour; district; quarter

kveg (kvāyg) *nt* cattle *pl*

kveite (*kvay*-ter) *c* halibut

kveld (kvehll) *c* evening

kvele (*kvāy*-ler) *v* choke; strangle

kveles (*kvāy*-lerss) *v* choke

kveste (*kvehss*-ter) *v* injure

kvestelse (*kvehss*-terl-ser) *c* injury

kvikksølv (*kvik*-surl) *nt* mercury

kvinne (*kvin*-ner) *c* woman

kvinnelege (*kvin*-ner-lāy-ger) *c* gynaecologist

kvise (*kvee*-ser) *c* pimple

kvist (kvist) *c* twig

kvittering (kvi-*tāy*-ring) *c* receipt

kvote (*kvōō*-ter) *c* quota

kylling (*khewl*-ling) *c* chicken

kyndig (*khewn*-di) *adj* skilled, skilful

kysk (khewsk) *adj* chaste

kyss (khewss) *nt* kiss

kysse (*khewss*-ser) *v* kiss

kyst (khewst) *c* coast; seashore, shore, seaside

kø (kūr) *c* line; queue; *****stå i ~** queue; stand in line *Am*

kølle (*kurl*-ler) *c* club; mallet

køye (*kur*^ew-er) *c* bunk, berth

kål (kawl) c cabbage

kåpe (kaw-per) c coat

L

*la (laa) v *let; allow to; ~ være
*keep off

laboratorium (lah-boo-rah-tōō-ri-ewm)
nt (pl -ier) laboratory

labyrint (lah-bew-rint) c labyrinth;
maze

ladning (lahd-ning) c charge

lag (laag) nt layer; team

lage (laa-ger) v *make

lager (laa-gerr) nt (pl lagre) deposi-
tory

lagerbeholdning (laa-gerr-beh-hold-
ning) c stock

lagerbygning (laagerr-bewg-ning) c
store-place, warehouse

lagerplass (laa-gerr-plahss) c depot

lagre (laag-rer) v store; stock

lagring (laag-ring) c storage

lagune (lah-gēw-ner) c lagoon

laken (laa-kern) nt sheet

lakk (lahkk) c varnish, lacquer

lakkere (lah-kāy-rer) v varnish

lakris (lahk-riss) c liquorice

laks (lahks) c salmon

lam (lahmm) nt lamb; adj lame

lamme (lahm-mer) v paralyse

lammekjøtt (lahm-mer-khurt) nt lamb

lampe (lahm-per) c lamp

lampeskjerm (lahm-per-shærm) c
lampshade

land (lahnn) nt country, land; *gå i
~ disembark, land; i ~ ashore; på
landet in the country

landbruk (lahn-brewk) nt agriculture;
landbruks- agrarian

lande (lahn-ner) v land

landemerke (lahn-ner-mær-ker) nt
landmark

landflyktig c (pl ~e) exile

landgang (lahn-gahng) c gangway

landlig (lahn-li) adj rural

landmerke (lahn-mær-ker) nt land-
mark

landområde (lahnn-om-raw-der) nt
country

landsby (lahns-bew) c village

landsens (lahn-serns) adj rustic

landskap (lahn-skaap) nt scenery,
landscape

landsmann (lahns-mahn) c (pl -menn)
countryman

landsted (lahn-stāy) nt country house

landstryker (lahn-strēw-kerr) c tramp

landtunge (lahn-tew-nger) c isthmus

lang (lahngng) adj long; tall

langs (lahngs) prep past, along; på ~
lengthways

langsom (lahng-som) adj slow

langvarig (lahng-vaa-ri) adj longlast-
ing

lapp (lahp) c patch, scrap, note

lappe (lahp-per) v patch

larm (lahrm) c noise

last (lahst) c freight, cargo, load;
bulk

laste (lahss-ter) v charge, load

lastebil (lahss-ter-beel) c lorry; truck
nAm

lasterom (lahss-ter-room) nt (pl ~)
hold

lat (laat) adj idle

*late som (laa-ter somm) pretend

*late til (laa-ter till) seem

Latin-Amerika (lah-teen-ah-māy-ri-
kah) Latin America

latinamerikansk (lah-tee-nah-māy-ri-
kaansk) adj Latin-American

latter (laht-terr) c laughter, laugh

latterlig (laht-ter-li) adj ridiculous; lu-
dicrous

*latterliggjøre (laht-ter-li-Yūr-rer) v

ridicule
lav (laav) *adj* low
lavland (laav-lahn) *nt* (pl ~) lowlands *pl*
lavsesong (laav-seh-song) *c* low season
lavtrykk (laav-trewk) *nt* (pl ~) low pressure; depression
lavvann (laa-vahn) *nt* low tide
***le** (lāȳ) *v* laugh
ledd¹ (lehdd) *nt* joint; **gått av ~** dislocated
ledd² (lehdd) *nt* link
lede (lāȳ-der) *v* *lead, head
ledelse (lāȳ-derl-ser) *c* management, administration; lead
ledende (lāȳ-der-ner) *adj* leading
ledig (lāȳ-di) *adj* vacant, unoccupied
ledning (lāȳd-ning) *c* flex; electric cord
ledsage (lāȳd-saa-ger) *v* accompany, conduct
ledsager (lāȳd-saa-gerr) *c* companion
legal (leh-gaal) *adj* legal
legalisasjon (leh-gah-li-sah-shōōn) *c* legalization
legasjon (leh-gah-shōōn) *c* legation
legat (leh-gaat) *nt* legacy
lege (lāȳ-ger) *c* physician, doctor; *v* cure, heal; **almenpraktiserende ~** general practitioner
legekontor (lāȳ-ger-koon-tōōr) *nt* surgery
legeme (lāȳ-ger-mer) *nt* body
legemiddel (lāȳ-ger-mi-derl) *nt* (pl -midler) remedy, medicine
legevitenskap (lāȳ-ger-vee-tern-skaap) *c* medical science
legg (lehgg) *c* calf
***legge** (lehg-ger) *v* *put, *lay; pave; **~ igjen** *leave; **~ sammen** add; **~ seg** *go to bed; **~ seg nedpå** *lie down
leggevann (lehg-ger-vahn) *nt* setting

lotion
lei av (lay) fed up with, tired of
leie (lay-er) *v* hire, rent, lease; *c* rent; **~ ut** *let; lease; **til ~** for hire
leieboer (lay-er-bōō-err) *c* lodger, tenant
leiegård (lay-er-gawr) *c* block of flats; apartment house *Am*
leiekontrakt (lay-er-koon-trahkt) *c* tenancy agreement
lei for (lay) sorry
leilighet (lay-li-hāȳt) *c* occasion, opportunity; flat; apartment *nAm*
leir (layr) *c* camp
leire (lay-rer) *c* clay
leirvarer (layr-vaa-rerr) *pl* ceramics *pl*
lek (lāȳk) *c* play
leke (lāȳ-ker) *v* play
lekeplass (lāȳ-ker-plahss) *c* recreation ground, playground
leketøy (lāȳ-ker-turᵉʷ) *nt* toy
leketøysforretning (lāȳ-ker-turᵉʷss-fo-reht-ning) *c* toyshop
lekk (lehkk) *adj* leaky
lekkasje (leh-kaa-sher) *c* leak
lekke (lehk-ker) *v* leak
lekker (lehk-kerr) *adj* delicious, nice
lekkerbisken (lehk-kerr-biss-kern) *c* delicacy
lekmann (lāȳk-mahn) *c* (pl -menn) layman
leksikon (lehk-si-kon) *nt* (pl ~, ~er, -ka) encyclopaedia
leksjon (lehk-shōōn) *c* lesson
lektor (lehk-toor) *c* master, teacher
lem (lehmm) *nt* (pl ~mer) limb
lene seg (lāȳ-ner) *v* *lean
lenestol (lāȳ-ner-stōōl) *c* armchair; easy chair
lengde (lehng-der) *c* length
lengdegrad (lehng-der-graad) *c* longitude
lenge (lehng-er) *adv* long

lengsel (*lehng*-serl) *c* (pl -sler) longing; wish

lengte etter (*lehng*-ter) long for

lenke (*lehng*-ker) *c* chain

leppe (*lehp*-per) *c* lip

leppepomade (*lehp*-per-poo-maa-der) *c* lipsalve

leppestift (*lehp*-per-stift) *c* lipstick

lerke (*lær*-ker) *c* lark

lerret (*lær*-rert) *nt* linen

lese (*lāy*-ser) *v* *read

leselampe (*lāy*-ser-lahm-per) *c* reading-lamp

leselig (*lāy*-ser-li) *adj* legible

lesesal (*lāy*-ser-saal) *c* reading-room

lesning (*lāyss*-ning) *c* reading

lesse av (*lehss*-ser) discharge, unload

lete etter (*lāy*-ter) look for, search; hunt for

leting (*lāy*-ting) *c* search

lett (lehtt) *adj* light; easy; gentle

lette (*leht*-ter) *v* *take off

lettelse (*leht*-terl-ser) *c* relief

letthet (*leht*-hāyt) *c* facility, ease

leve (*lāy*-ver) *v* live

levebrød (*lāy*-ver-brūr) *nt* livelihood

levende (*lay*-ver-ner) *adj* alive, live

lever (*lehv*-verr) *c* liver

leveranse (leh-ver-*rahng*-ser) *c* delivery

levere (leh-*vāy*-rer) *v* deliver

levering (leh-*vāy*-ring) *c* delivery; supply

levestandard (*lāy*-ver-stahn-dahr) *c* standard of living

levetid (*lāy*-ver-teed) *c* lifetime

levning (*lehv*-ning) *c* remnant

li (lee) *c* hillside

libaneser (li-bah-*nāy*-serr) *c* Lebanese

libanesisk (li-bah-*nāy*-sisk) *adj* Lebanese

Libanon (*lee*-bah-non) Lebanon

liberal (li-beh-*raal*) *adj* liberal

Liberia (li-*bāy*-ri-ah) Liberia

liberier (li-*bāy*-ri-err) *c* Liberian

liberisk (li-*bāy*-risk) *adj* Liberian

*lide (*lee*-der) *v* suffer

lidelse (*lee*-derl-ser) *c* suffering; ailment; affliction

lidenskap (*lee*-dern-skaap) *c* passion

lidenskapelig (lee-dern-*skaa*-per-li) *adj* passionate

*ligge (*lig*-ger) *v* *lie

lighter (*ligh*-terr) *c* lighter

lik¹ (leek) *adj* alike, like; equal; ***være** ~ equal

lik² (leek) *nt* corpse

like (*lee*-ker) *v* *be fond of, fancy, like; *adv* equally, as; *adj* even

likedan (*lee*-ker-dahn) *adv* alike; *adj* alike

likefrem (*lee*-ker-frehm) *adj* direct; simple

likegyldig (*lee*-ker-ʸewl-di) *adj* indifferent; careless

likeledes (*lee*-ker-lāy-derss) *adv* likewise; also

likesinnet (*lee*-ker-si-nert) *adj* likeminded

likestrøm (*lee*-ker-strurm) *c* direct current

likeså (*lee*-ker-so) *adv* likewise

likevekt (*lee*-ker-vehkt) *c* balance

likevel (*lee*-ker-vehl) *adv* yet, however; still

likhet (*leek*-hāyt) *c* equality; resemblance, similarity

likne (*lik*-ner) *v* resemble

liknende (*lik*-ner-ner) *adj* similar

liksom (*lik*-som) *conj* like, as

liktorn (*leek*-tōōn) *c* corn

likør (li-*kūrr*) *c* liqueur

lilje (*lil*-ʸer) *c* lily

lilla (*lil*-lah) *adj* mauve

lillefinger (*lil*-ler-fi-ngerr) *c* (pl -gre) little finger

lim (leem) *nt* gum, glue

limbånd (*leem*-bon) *nt* (pl ~) adhe-

sive tape
limett (li-*mehtt*) c lime
limonade (li-moo-*naa*-der) c lemonade
lind (linn) c lime
lindetre (*lin*-der-tr$\overline{ay}$) nt (pl -rær) li-
metree
lindre (*lin*-drer) v relieve
lindring (*lin*-dring) c relief
line (*lee*-ner) c line
linjal (lin-*Yaal*) c ruler
linje (*lin*-Yer) c line; extension
linse (*lin*-ser) c lens
lintøy (*leen*-tur^{ew}) nt linen
lirekasse (*lee*-rer-kah-ser) c street-or-
gan
lisens (li-*sehns*) c licence
lisse (*liss*-ser) c lace
list (list) c cunning, ruse
liste (*liss*-ter) c list
lite (*lee*-ter) adj little
liten (*lee*-tern) adj (pl små) small,
little; short; petty, minor; **bitte ~**
tiny, minute
liter (*lee*-terr) c (pl ~) litre
litt (litt) pron some
litteratur (*li*-ter-rah-t$\overline{ewr}$) c literature
litterær (li-ter-*ræær*) adj literary
liv (leev) nt life
livbelte (*leev*-behl-ter) nt lifebelt
livfull (*leev*-fewl) adj vivid
livlig (*liv*-li) adj lively, brisk
livmor (*leev*-m$\overline{oo}$r) c womb
livsfarlig (*lishs*-faa-li) adj perilous
livsforsikring (*lifs*-fo-shik-ring) c life
insurance
livvakt (*lee*-vahkt) c bodyguard
lodd (lodd) c destiny, lot
lodde (*lod*-der) v solder
loddebolt (*lod*-der-bolt) c soldering-
iron
loddrett (*lod*-reht) adj perpendicular
loft (loft) nt attic
logikk (loo-*gikk*) c logic
logisk (*l$\overline{oo}$*-gisk) adj logical

lojal (loo-*Yaal*) adj loyal
lokal (loo-*kaal*) adj local
lokalisere (loo-kah-li-*s$\overline{ay}$*-rer) v locate
lokalsamtale (loo-*kaal*-sahm-taa-ler) c
local call
lokaltog (loo-*kaal*-tawg) nt (pl ~) lo-
cal train
lokk (lokk) nt cover, lid, top
lokomotiv (loo-koo-moo-*teev*) nt en-
gine, locomotive
lomme (*loom*-mer) c pocket
lommebok (*loom*-mer-b$\overline{oo}$k) c (pl -bø-
ker) wallet, pocket-book
lommekam (*loom*-mer-kahm) c (pl
~mer) pocket-comb
lommekniv (*loom*-mer-kneev) c pen-
knife, pocket-knife
lommelykt (*loom*-mer-lewkt) c torch,
flash-light
lommetørkle (*loom*-mer-turr-kler) nt
(pl -lær) handkerchief
lommeur (*loom*-mer-$\overline{ewr}$) nt (pl ~)
pocket-watch
lord (lord) c lord
los (l$\overline{oo}$ss) c pilot
losji (loo-*shee*) nt accommodation,
lodgings pl
loslitt (*l$\overline{oo}$*-shlit) adj threadbare
losse (*loss*-ser) v discharge
lotteri (lo-ter-*ree*) nt lottery
lov (lawv) c law; permission; ***ha ~
til **be allowed to
love (*law*-ver) v promise
lovlig (*lawv*-li) adj lawful, legitimate
LP-plate (ehl-*p$\overline{ay}$*-plaa-ter) c long-
playing record
lubben (*lewb*-bern) adj plump
lue (*l$\overline{ew}$er) c cap
luft (lewft) c air; sky; **luft-** pneumatic
lufte (*lewf*-ter) v air; ventilate; ~ **ut**
ventilate
luftfilter (*lewft*-fil-terr) nt (pl -tre) air-
filter
luftig (*lewf*-ti) adj airy

luft-kondisjonering (*lewft*-koon-di-shoo-nāy-ring) *c* air-conditioning

luft-kondisjonert (*lewft*-koon-di-shoo-nāyt) *adj* air-conditioned

luftpost (*lewft*-post) *c* airmail

luftslange (*lewft*-shlahng-er) *c* inner tube

luftsyke (*lewft*-sew-ker) *c* air-sickness

lufttett (*lewf*-teht) *adj* airtight

lufttrykk (*lewft*-trewkk) *nt* (pl ~) atmospheric pressure

lugar (lew-*gaar*) *c* cabin

luke (*lew*-ker) *c* hatch

lukke (*look*-ker) *v* close, *shut; ~ opp* unlock

lukket (*look*-kert) *adj* closed, shut

luksuriøs (lewk-sew-ri-*ūrss*) *adj* luxurious

luksus (*lewk*-sewss) *c* luxury

lukt (lookt) *c* odour, smell

lukte (*look*-ter) *v* *smell

lumbago (loom-*baa*-goo) *c* lumbago

lund (lewnn) *c* grove

lune (*lew*-ner) *nt* mood, humour

lunge (*loong*-nger) *c* lung

lungebetennelse (*loong*-nger-beh-teh-nerl-ser) *c* pneumonia

lunken (*loong*-kern) *adj* lukewarm, tepid

lunsj (lurnsh) *c* luncheon, dinner, lunch

lunte (*lewn*-ter) *c* fuse

lur (lewr) *c* nap; *adj* cunning

lus (lewss) *c* (pl ~) louse

ly (lew) *nt* shelter, cover; *gi ~ shelter*

lyd (lewd) *c* sound; noise

lydbånd (*lewd*-bonn) *nt* (pl ~) tape

*lyde (*lew*-der) *v* sound

lydig (*lew*-di) *adj* obedient

lydighet (*lew*-di-hāyt) *c* obedience

lydpotte (*lewd*-po-ter) *c* silencer; muffler *nAm*

lydtett (*lew*-d-teht) *adj* soundproof

lyge (*lew*-ger) *v* lie, *tell a lie

lykke (*lewk*-ker) *c* happiness, fortune

lykkelig (*lewk*-li) *adj* happy

lykkes (*lewk*-kerss) *v* manage, succeed

lykkønskning (*lewk*-kurnsk-ning) *c* congratulation

lykt (lewkt) *c* lantern

lyktestolpe (*lewk*-ter-stol-per) *c* lamppost

lyn (lewn) *nt* lightning

lyng (lewngng) *c* heather

lyngmo (*lewng*-mōō) *c* moor

lynkurs (*lewn*-kewsh) *nt* intensive course

lys (lewss) *nt* light; *adj* light; **lyse-** pale; **skarpt ~** glare

lysbilde (*lewss*-bil-der) *nt* slide

lysende (*lew*-ser-ner) *adj* luminous

lyserød (*lew*-ser-rūr) *adj* pink

lyshåret (*lewss*-haw-rert) *adj* fair

lyskaster (*lewss*-kahss-terr) *c* searchlight

lyske (lewss-ker) *c* groin

lysmåler (*lewss*-maw-lerr) *c* exposure meter

lysning (*lewss*-ning) *c* clearing

lyspære (*lewss*-pææ-rer) *c* light bulb

lyst (lewst) *c* desire; zest; *ha ~ til *feel like, fancy

lystbåt (*lewst*-bawt) *c* yacht

lystig (*lewss*-ti) *adj* cheerful, jolly

lystighet (*lewss*-ti-hāyt) *c* gaiety

lystspill (*lewst*-spil) *nt* (pl ~) comedy

lytt (lewtt) *adj* noisy

lytte (*lewt*-ter) *v* listen; eavesdrop

lytter (*lewt*-terr) *c* listener

lær (læær) *nt* leather; **lær-** leather

lærd (læærd) *adj* scholarly

lære (*læ æ*-rer) *v* *learn; *teach; *c* teachings *pl; ~ utenat* memorize

lærebok (*læ æ*-rer-bōōk) *c* (pl -bøker) textbook

lærer (*læ æ*-rerr) *c* master, teacher,

schoolmaster, schoolteacher
lærerik (*lǣæ-rer-reek*) *adj* instructive
løfte (*lurf-ter*) *v* lift; *nt* vow; promise
løgn (*lur*^{ew}*n*) *c* lie
løk (lurk) *c* onion
løkke (*lurk-ker*) *c* loop
lønn (lurnn) *c* salary, pay, wages *pl;* maple
lønne (*lurn-ner*) *v* *pay; ~ **seg** *be worthwhile
lønnsom (*lurn-som*) *adj* profitable
lønnstaker (*lurns-taa-kerr*) *c* employee
lønnstillegg (*lurns-ti-lehg*) *nt* (pl ~) *pay rise; raise *nAm*
løp (lūrp) *nt* course
*løpe (*lūr-per*) *v* *run
lørdag (*lūr-dah*) *c* Saturday
løs (lūrss) *adj* loose
løse (*lūr-ser*) *v* solve; unfasten; ~ **opp** *undo
løsepenger (*lūr-ser-peh-ngerr*) *pl* ransom
løsne (lurss-ner) *v* unfasten, detach; loosen
løsning (*lūrss-ning*) *c* solution
løve (*lūr-ver*) *c* lion
løvetann (*lūr-ver-tahn*) *c* dandelion
lån (lawn) *nt* loan
låne (*law-ner*) *v* borrow; ~ **bort** *lend
lår (lawr) *nt* thigh
lås (lawss) *c* lock
låse (*law-ser*) *v* lock; ~ **inne** lock up; ~ **opp** unlock
låve (*law-ver*) *c* barn

M

madrass (mahd-*rahss*) *c* mattress
mage (*maa-ger*) *c* stomach; belly; **mage-** gastric
mager (*maa-gerr*) *adj* lean, thin

magesår (*maa-ger-sawr*) *nt* (pl ~) gastric ulcer
magi (mah-*gee*) *c* magic
magisk (*maa-gisk*) *adj* magic
magnetisk (mahng-*nāy*-tisk) *adj* magnetic
mai (migh) May
mais (mighss) *c* maize; corn *nAm*
maiskolbe (*mighss*-kol-ber) *c* corn on the cob
major (mah-*Yōōr*) *c* major
makrell (mah-*krehll*) *c* mackerel
maksimumshastighet (*mahk*-si-mewms-hahss-ti-*hāyt*) *c* speed limit
makt (mahkt) *c* might, power; rule
maktesløs (*mahk*-terss-lūrss) *adj* powerless
malaria (mah-*laa*-ri-ah) *c* malaria
Malaysia (mah-*ligh*-si-ah) Malaysia
malaysier (mah-*ligh*-sYerr) *c* Malay
malaysisk (mah-*ligh*-sisk) *adj* Malaysian
male (*maa-ler*) *v* paint; *grind
maler (*maa-lerr*) *c* painter
maleri (mah-ler-*ree*) *nt* picture, painting
malerisk (*maa-ler-risk*) *adj* picturesque
malerskrin (*maa-ler-shkreen*) *nt* (pl ~) paint-box
maling (*maa-ling*) *c* paint
malm (mahlm) *c* ore
malplassert (*maal*-plah-sāyt) *adj* misplaced
mammut (*mahm*-mewt) *c* mammoth
man (mahnn) *pron* one
mandag (*mahn-dah*) *c* Monday
mandarin (mahn-dah-*reen*) *c* tangerine, mandarin
mandat (mahn-*daat*) *nt* mandate
mandel (*mahn*-derl) *c* (pl -dler) almond
mandler (*mahn*-dlerr) *pl* tonsils *pl;* **betente** ~ tonsilitis

manerer (mah-*nāy*-rerr) *pl* manners *pl*

manesje (mah-*nāy*-sher) *c* ring

manet (mah-*nāyt*) *c* jelly-fish

mange (*mahng*-nger) *pron* many; much

mangel (*mahng*-ngerl) *c* (pl -gler) shortcoming, want, lack, deficiency; shortage

mangelfull (*mahng*-ngerl-fewl) *adj* faulty, defective

mangle (*mahng*-ler) *v* fail, lack

manglende (*mahng*-ler-ner) *adj* missing, lacking

mani (mah-*nee*) *c* craze

manikyr (mah-ni-*kēwr*) *c* manicure

manikyrere (mah-ni-kew-*rāy*-rer) *v* manicure

mann (mahnn) *c* (pl menn) man; husband

mannekeng (mah-ner-*kehngng*) *c* model

mannskap (*mahn*-skaap) *nt* crew

mansjett (mahn-*shehtt*) *c* cuff

mansjettknapper (mahn-*sheht*-knah-perr) *pl* cuff-links *pl*

manufakturhandler (nah-new-fahk-*tewr*-hahnd-lerr) *c* draper

manuskript (mah-noo-*skript*) *nt* manuscript

marg (mahrg) *c* margin; marrow

margarin (mahr-gah-*reen*) *c* margarine

marine- (mah-*ree*-ner) naval

maritim (mah-ri-*teem*) *adj* maritime

mark (mahrk) *c* worm; field

marked (*mahr*-kerd) *nt* market

markere (mahr-*kāy*-rer) *v* mark; score

marmelade (mahr-mer-*laa*-der) *c* marmalade

marmor (*mahr*-moor) *c* marble

marokkaner (mah-ro-*kaa*-nerr) *c* Moroccan

marokkansk (mah-ro-*kaansk*) *adj* Moroccan

Marokko (mah-*rok*-koo) Morocco

mars (mahshsh) March

marsj (mahshsh) *c* march

marsjere (mah-*shāy*-rer) *v* march

marsjfart (*mahsh*-faht) *c* cruising speed

marsvin (*maa*-shveen) *nt* (pl ∼) guinea-pig

martyr (*maa*-tēwr) *c* martyr

mas (maass) *nt* fuss

maske (*mahss*-ker) *c* mask; mesh

maskin (mah-*sheen*) *c* machine, engine

maskineri (mah-shi-ner-ree) *nt* machinery

maskinskade (mah-*sheen*-skaa-der) *c* breakdown

maskinskrevet (mah-*sheen*-skrāy-vert) *adj* typewritten

*****maskinskrive** (mah-*sheen*-skree-ver) *v* type

maskinskriverske (mah-*sheen*-skree-versh-ker) *c* typist

maskulin (*mahss*-kew-leen) *adj* masculine

massasje (mah-*saa*-sher) *c* massage

masse (*mahss*-ser) *c* bulk

masseproduksjon (*mahss*-ser-proo-dewk-shōōn) *c* mass production

massere (mah-*sāy*-rer) *v* massage

massiv (mah-*seev*) *adj* massive; solid

massør (mah-*sūrr*) *c* masseur

mast (mahst) *c* mast

mat (maat) *c* food; **lage** ∼ cook

matbit (*maat*-beet) *c* a bite to eat

mate (*maa*-ter) *v* *feed

matematikk (mah-ter-mah-*tikk*) *c* mathematics

matematisk (mah-ter-*maa*-tisk) *adj* mathematical

materiale (mah-ter-ri-*aa*-ler) *nt* material

materiell (mah-ter-ri-*ehll*) *adj* material

matforgiftning (maat-for-ᵞift-ning) *c*

food poisoning

matlyst (*maat*-lewst) *c* appetite

matolje (*maat*-ol-Yer) *c* salad-oil

matt (mahtt) *adj* mat, dull, dim

matte (*maht*-ter) *c* mat

matvareforretning (*maat*-vaa-rer-fo-reht-ning) *c* grocer's

matvarehandler (*maat*-vaa-rer-hahnd-lerr) *c* grocer

matvarer (*maat*-vaa-rerr) *pl* foodstuffs *pl*

maur (mour) *c* ant

mausoleum (mou-soo-*lāy*-ewm) *nt* (pl -eer) mausoleum

med (māy) *prep* with; by; ~ mindre unless

medalje (meh-*dahl*-Yer) *c* medal

*****medbringe** (*māy*-bri-nger) *v* *bring

meddele (*māy*-dāy-ler) *v* communicate, inform; notify

meddelelse (*māy*-dāy-lerl-ser) *c* information, communication

medfødt (*māy*-furt) *adj* inborn

medfølelse (*māyd*-fūr-lerl-ser) *c* sympathy

medfølende (*māyd*-fūr-leh-ner) *adj* sympathetic

medisin (meh-di-*seen*) *c* medicine; drug

medisinsk (meh-di-*seensk*) *adj* medical

meditere (meh-di-*tāy*-rer) *v* meditate

medlem (*māyd*-lehm) *nt* (pl ~mer) member, associate

medlemskap (*māyd*-lehm-skaap) *nt* membership

medlidenhet (mehd-*lee*-dern-hāyt) *c* pity; *ha ~ med pity

medregne (*māyd*-ray-ner) *v* include, count in

medskyldig (*māyd*-shewl-di) *c* accessary

medvirkning (*māyd*-veerk-ning) *c* cooperation

meg (may) *pron* me, myself

meget (*māy*-gert) *adv* very; far

megle (mehg-ler) *v* mediate

megler (mehg-lerr) *c* mediator; broker

meieri (may-er-*ree*) *nt* dairy

meisel (*may*-serl) *c* (pl -sler) chisel

mekaniker (meh-*kaa*-ni-kerr) *c* mechanic

mekanisk (meh-*kaa*-nisk) *adj* mechanical

mekanisme (meh-kah-*niss*-mer) *c* mechanism

meksikaner (mehks-i-*kaa*-nerr) *c* Mexican

meksikansk (mehks-i-*kaansk*) *adj* Mexican

mektig (*mehk*-ti) *adj* powerful, mighty

mel (māyl) *nt* flour

melankoli (meh-lahng-koo-*lee*) *c* melancholy

melde (*mehl*-ler) *v* report; bid; ~ seg report

melding (*mehl*-ling) *c* report

melk (mehlk) *c* milk

melkaktig (*mehl*-kahk-ti) *adj* milky

melkemann (*mehl*-ker-mahn) *c* (pl -menn) milkman

mellom (*mehl*-lom) *prep* between; among

mellometasje (*mehl*-lom-eh-*taa*-sher) *c* mezzanine

mellommann (*mehl*-loo-mahn) *c* (pl -menn) intermediary

mellomrom (*mehl*-loom-room) *nt* (pl ~) space

mellomspill (*mehl*-loom-spil) *nt* (pl ~) interlude

mellomste (*mehl*-loom-ster) *adj* middle

mellomtid (*mehl*-loom-teed) *c* interim

i mellomtiden (ee *mehl*-lom-tee-dern) meanwhile

melodi (meh-loo-*dee*) *c* tune; melody

melodisk (meh-*lōō*-disk) *adj* tuneful

melodrama (meh-loo-*draa*-mah) *nt* melodrama

melon (meh-*lōōn*) *c* melon

membran (mehm-*braan*) *c* diaphragm

memorandum (meh-moo-*rahn*-dewm) *nt* (pl -da) memo

men (mehnn) *conj* but; only

mene (*māy*-ner) *v* *mean; consider

mened (*māyn*-āyd) *c* perjury

mengde (*mehng*-der) *c* lot, amount, mass; crowd

menighet (*māy*-ni-hāyt) *c* congregation

mening (*māy*-ning) *c* opinion; meaning, sense

meningsløs (*māy*-nings-lūrss) *adj* meaningless, senseless

menneske (*mehn*-sker) *nt* human being, man

menneskehet (*mehn*-sker-hāyt) *c* humanity, mankind

menneskelig (*mehn*-sker-li) *adj* human

mens (mehns) *conj* whilst, while

menstruasjon (mehn-strew-ah-*shōōn*) *c* menstruation

mental (mehn-*taal*) *adj* mental

meny (meh-*nēw*) *c* menu

mer (māyr) *adj* more; **litt ~** some more

merkbar (*mærk*-baar) *adj* perceptible, noticeable

merke[1] (*mær*-ker) *v* mark; *nt* tick, mark; brand

merke[2] (*mær*-ker) *v* sense; notice; *legge ~ til** notice

merkelapp (*mær*-ker-lahp) *c* tag; *sette ~ på** label

merkelig (*mær*-ker-li) *adj* funny, queer

merknad (*mærk*-nah) *c* note

merkverdig (mærk-*vær*-di) *adj* curious, strange

meslinger (*mehsh*-li-ngerr) *pl* measles

messe (*mehss*-ser) *c* Mass

messing (*mehss*-sing) *c* brass

mest (mehst) *adv* most of all

mester (*mehss*-terr) *c* (pl ~e, -trer) master; champion

mesterverk (*mehss*-terr-vayrk) *nt* masterpiece

metall (meh-*tahll*) *nt* metal; **metall-** metal

metalltråd (meh-*tahl*-traw) *c* wire

meter (*māy*-terr) *c* (pl ~) metre

metode (meh-*tōō*-der) *c* method

metodisk (meh-*tōō*-disk) *adj* methodical

metrisk (*māyt*-risk) *adj* metric

Mexico (*mehk*-si-koo) Mexico

middag (*mid*-dah) *c* dinner; midday; **spise ~** dine

middel (*mid*-derl) *nt* (pl midler) means; **antiseptisk ~** antiseptic

middelalderen (*mid*-derl-ahld-rern) Middle Ages

middelaldersk (*mid*-derl-ahl-dershk) *adj* mediaeval

Middelhavet (*mid*-derl-haa-vert) Mediterranean

middelklasse (*mid*-derl-klah-ser) *c* middle class

middelmådig (*mid*-derl-maw-di) *adj* average, commonplace

middels (*mid*-derls) *adj* medium

midje (*mid*-Yer) *c* waist

midlertidig (*mid*-ler-tee-di) *adj* temporary

midnatt (*mid*-nahtt) *c* midnight

midte (*mit*-ter) *c* midst, middle

midt i (mitt ee) amid

midtpunkt (*mit*-poongt) *nt* centre

midtsommer (*mit*-so-merr) *c* midsummer

migrene (mig-*rāy*-ner) *c* migraine

mikrofon (mik-roo-*fōōn*) *c* microphone

mikser (*mik*-serr) *c* mixer

mild (mill) *adj* mild; gentle

milestein (*mee*-ler-stayn) *c* milestone

militær- (mi-li-*tæær*) military

miljø (mil-*Yur*) *nt* milieu; environment

million (mil-*Yoon*) *c* million

millionær (mil-Yoo-*næær*) *c* million-aire

min (meen) *pron* my

mindre (*min*-drer) *adv* less; *adj* minor; **ikke desto ~** nevertheless

mindretall (*min*-drer-tahll) *nt* (pl ~) minority

mindreverdig (*min*-drer-vær-di) *adj* inferior

mindreårig (*min*-drer-aw-ri) *c* (pl ~e) minor

mineral (mi-ner-*raal*) *nt* mineral

mineralvann (mi-ner-*raal*-vahn) *nt* mineral water

miniatyr (mi-ni-ah-*tewr*) *c* miniature

minimum (*mee*-ni-moom) *nt* (pl -ima) minimum

mink (mingk) *c* mink

minke (*ming*-ker) *v* decrease

minne (*min*-ner) *nt* remembrance, memory; **~ på** remind

minnefest (*min*-ner-fehst) *c* commemoration

minnes (*min*-nerss) *v* recall

minnesmerke (*min*-nerss-mær-ker) *nt* monument

minnestein (*min*-nerstayn) *c* memorial

minneverdig (*min*-ner-vær-di) *adj* memorable

minoritet (mi-noo-ri-*tayt*) *c* minority

minske (*min*-sker) *v* lessen, reduce, decrease

minst (minst) *adj* least; *adv* at least; **i det minste** at least

minus (*mee*-newss) *adv* minus

minutt (mi-*newtt*) *nt* minute

mirakel (mi-*raa*-kerl) *nt* (pl -kler) miracle

mirakuløs (mi-rah-kew-*lurss*) *adj* miraculous

misbillige (*miss*-bi-li-er) *v* disapprove

misbruk (*miss*-brewk) *nt* abuse, misuse

misdannet (*miss*-dahn-nert) *adj* deformed

misfornøyd (*miss*-fo-nur**ewd**) *adj* discontented

*misforstå (*miss*-fo-shtaw) *v* *misunderstand

misforståelse (*miss*-fo-shtaw-erl-ser) *c* misunderstanding

mishage (*miss*-haa-ger) *v* displease

mislike (*miss*-lee-ker) *v* dislike

mislykkes (*miss*-lew-kerss) *v* fail

mislykket (*miss*-lew-kert) *adj* unsuccessful

mistanke (*miss*-tahng-ker) *c* suspicion

miste (*miss*-ter) *v* miss; *lose

mistenke (*miss*-tehng-ker) *v* suspect

mistenkelig (*miss*-*tehng*-ker-li) *adj* suspicious

mistenksom (miss-*tehngk*-som) *adj* suspicious

mistenksomhet (*miss*-*tehngk*-som-hayt) *c* suspicion

mistenkt (*miss*-tehngt) *c* suspect

mistro (*miss*-troo) *v* mistrust

mistroisk (*miss*-troo-isk) *adj* distrustful

misunne (mi-*sewn*-ner) *v* envy; grudge

misunnelig (mi-*sewn*-li) *adj* envious

misunnelse (*mi*-sewn-nerl-ser) *c* envy

mobil (moo-*beel*) *adj* mobile

modell (moo-*dehll*) *c* model

modellere (moo-der-*lay*-rer) *v* model

moden (*mōō*-dern) *adj* ripe, mature

modenhet (*mōō*-dern-hayt) *c* maturity

moderat (moo-der-*raat*) *adj* moderate

moderne (moo-*dææ*-ner) *adj* modern; fashionable

modifisere (moo-di-fi-*say*-rer) *v* modify

modig (*mōo*-di) *adj* courageous, brave, plucky

mohair (moo-*hæær*) *c/nt* mohair

molo (*mōo*-loo) *c* jetty

monark (moo-*nahrk*) *c* monarch, ruler

monarki (moo-nahr-*kee*) *nt* monarchy

monolog (moo-noo-*lawg*) *c* monologue

monopol (moo-noo-*pōol*) *nt* monopoly

monoton (moo-noo-*tōon*) *adj* monotonous

monter (*moon*-terr) *c* (pl -trer) show-case

monument (moo-new-*mehnt*) *nt* monument

moped (moo-*pāyd*) *c* moped; motorbike *nAm*

mor (*mōor*) *c* (pl mødre) mother

moral (moo-*raal*) *c* morality; moral

moralsk (moo-*raalsk*) *adj* moral

morbær (*moor*-bæær) *nt* (pl ~) mulberry

mord (moord) *nt* assassination, murder

morder (*moor*-derr) *c* murderer

more (*mōo*-rer) *v* amuse; entertain

morfar (*moor*-faar) *c* (pl -fedre) grandfather

morfin (moor-*feen*) *c* morphia, morphine

morgen (*maw*-ern) *c* morning; **i ~** to-morrow; **i morges** this morning

morgenavis (*maw*-ern-ah-veess) *c* morning paper

morgenkåpe (*maw*-ern-kaw-per) *c* dressing-gown

morgenutgave (*maw*-ern-ēwt-gaa-ver) *c* morning edition

mormor (*moor*-mōor) *c* (pl -mødre) grandmother

morn! (mon) hello!

moro (*moor*-roo) *c* fun

morsmål (*mōosh*-mawl) *nt* mother

tongue, native language

morsom (*moosh*-shom) *adj* enjoyable, entertaining; humorous

mort (moot) *c* roach

mosaikk (moo-sah-*ikk*) *c* mosaic

mose (*mōo*-ser) *c* moss; *v* mash

moské (mooss-*kāy*) *c* mosque

moskito (mooss-*kee*-too) *c* mosquito

mot (*mōot*) *prep* against; towards; *nt* courage

motbydelig (moot-*bēw*-der-li) *adj* disgusting, revolting

mote (*mōo*-ter) *c* fashion

motell (moo-*tehll*) *nt* motel

motgang (*mōot*-gahng) *c* adversity, hardship

motiv (moo-*teev*) *nt* motive; pattern

motor (*mōo*-toor) *c* motor, engine

motorbåt (*mōo*-toor-bawt) *c* motor-boat

motorstopp (*mōo*-toor-stop) *c/nt* (pl ~) breakdown

motorsykkel (*mōo*-toor-sew-kerl) *c* (pl -sykler) motor-cycle

motorvei (*mōo*-toor-vay) *c* motorway; highway *nAm*

motsatt (*mōot*-saht) *adj* opposite, contrary; reverse; **det motsatte** the contrary

motsetning (*mōot*-seht-ning) *c* contrast; reverse

*****motsette seg** (*mōot*-seh-ter) oppose

*****motsi** (*mōot*-see) *v* contradict

motstand (*mōot*-stahn) *c* resistance

motstander (*mōot*-stahn-derr) *c* opponent

motstridende (*mōot*-stree-der-ner) *adj* contradictory

motsvarende (*mōot*-svaa-rer-ner) *adj* equivalent

*****motta** (*mōo*-taa) *v* receive; accept

mottakelse (*mōo*-taa-kerl-ser) *c* reception, receipt

motto (*moot*-too) *nt* motto

motvilje (*mōōt*-vil-ᵞer) *c* aversion, dislike, antipathy

mugg (mewgg) *c* mildew

mugge (*mewg*-ger) *c* jug

muggen (*mewg*-gern) *adj* mouldy

muldyr (mewl-*dewr*) *nt* (pl ~) mule

mulesel (mewl-*āy*-serl) *nt* (pl -sler) mule

mulig (*mēw*-li) *adj* possible; eventual; realizable

muligens (*mēw*-li-erns) *adv* perhaps

mulighet (*mēw*-li-hāyt) *c* possibility

mulkt (mewlkt) *c* fine

mulle (mewl-ler) *c* mullet

multiplikasjon (mool-ti-pli-kah-*shōōn*) *c* multiplication

multiplisere (mool-ti-pli-*sāy*-rer) *v* multiply

munk (moongk) *c* monk

munkeorden (*moong*-ker-*or*-dern) *c* monastic order

munn (mewnn) *c* mouth

munning (*mewn*-ning) *c* outlet; estuary; muzzle

munnvann (*mewn*-vahn) *nt* mouthwash

munter (*mewn*-terr) *adj* merry, gay

munterhet (*mewn*-terr-hāyt) *c* gaiety

muntlig (*mewnt*-li) *adj* oral, verbal

mur (mēwr) *c* brick wall

mure (*mēw*-rer) *v* *lay bricks

murer (*mēw*-rerr) *c* bricklayer

murpuss (*mēwr*-pewss) *c* plaster

murstein (*mēw*-shtayn) *c* brick

mus (mēwss) *c* (pl ~) mouse

museum (mew-*sāy*-ewm) *nt* (pl -eer) museum

musical (*mᵞēw*-si-kerl) *c* musical

musikalsk (mew-si-*kaalsk*) *adj* musical

musiker (*mēw*-si-kerr) *c* musician

musikk (mew-*sikk*) *c* music

musikkinstrument (mew-*sikk*-in-strew-mehnt) *nt* musical instrument

musikkspill (mew-*sikk*-spil) *nt* (pl ~) musical comedy

muskatnøtt (mewss-*kaat*-nurt) *c* nutmeg

muskel (*mewss*-kerl) *c* (pl -kler) muscle

muskuløs (mewss-kew-*lūrss*) *adj* muscular

musselin (mew-ser-*leen*) *c* muslin

musserende (mew-*sāy*-rer-ner) *adj* sparkling

mutter (*mewt*-terr) *c* (pl ~e, mutrer) nut

mye (*mēw*-er) *adj* much; *adv* much; like ~ as much

mygg (mewgg) *c* (pl ~) mosquito

myggnett (*mewg*-neht) *nt* (pl ~) mosquito-net

myk (mēwk) *adj* supple, smooth, soft; tender

mynde (*mewn*-der) *c* greyhound

myndig (*mewn*-di) *adj* of age

myndighet (*mewn*-di-hāyt) *c* authority; myndigheter authorities *pl;* utøvende ~ executive

mynt (mewnt) *c* coin

mynte (*mewn*-ter) *c* mint

myntenhet (mewnt-*āyn*-hāyt) *c* monetary unit

myr (mēwr) *c* swamp, bog

myrde (*mēwr*-der) *v* murder

mysterium (mewss-*tāy*-ri-ewm) *nt* (pl -ier) mystery

mystisk (*mewss*-tisk) *adj* mysterious

myte (*mēw*-ter) *c* myth

mytteri (mew-ter-*ree*) *nt* mutiny

møbler (*mūrb*-lerr) *pl* furniture

møblere (murb-*lāy*-rer) *v* furnish

møkk (murkk) *c* muck

møll (murll) *c* (pl ~) moth

mølle (*murl*-ler) *c* mill

møller (*murl*-lerr) *c* miller

mønster (*murn*-sterr) *nt* (pl -tre) pattern

mør (mūrr) *adj* tender
mørk (murrk) *adj* obscure, dark
mørke (murr-ker) *nt* dark; gloom
møte (*mūr*-ter) *v* encounter, *meet;
  nt encounter, meeting; appoint-
  ment
møtende (*mūr*-ter-ner) *adj* oncoming
møtested (*mūr*-ter-stay) *nt* meeting-
  place
møye (mur*ew*-er) *c* difficulty
måke (maw-ker) *c* gull
mål (mawl) *nt* measure; goal; target;
  tongue, language
målbevisst (*mawl*-beh-vist) *adj* deter-
  mined
måle (maw-ler) *v* measure
målebånd (*maw*-ler-bon) *nt* (pl ~)
  tape-measure
måleinstrument (*maw*-ler-in-strew-
  mehnt) *nt* gauge
måler (maw-lerr) *c* meter
målestokk (*maw*-ler-stok) *c* scale
mållinje (*mawl*-lin-Yer) *c* finish
målløs (*mawl*-lūrss) *adj* speechless
målmann (*mawl*-mahn) *c* (pl -menn)
  goalkeeper
måltid (*mawl*-teed) *nt* meal
måne (maw-ner) *c* moon
måned (maw-nerd) *c* month
månedlig (maw-nerd-li) *adj* monthly
månedsblad (maw-nerss-blaad) *nt* (pl
  ~) monthly magazine
måneskinn (maw-ner-shin) *nt* moon-
  light
måte (maw-ter) *c* fashion, way, man-
  ner; på hvilken som helst ~ any
  way; på ingen ~ by no means
*måtte (mot-ter) *v* *must, *have to;
  *be bound to; need, need to

N

nabo (naa-boo) *c* neighbour
nabolag (naa-boo-laag) *nt* (pl ~) vi-
  cinity, neighbourhood
naiv (nah-eev) *adj* naïve
naken (naa-kern) *adj* nude, bare,
  naked
nakke (nahk-ker) *c* nape of the neck
narkose (nahr-*kōō*-ser) *c* narcosis
narkotika (nahr-*kōō*-ti-kah) *c* (pl ~)
  drug; narkotisk middel narcotic
narre (nahr-rer) *v* fool
nasjon (nah-*shōōn*) *c* nation
nasjonal (nah-shoo-*naal*) *adj* national
nasjonaldrakt (nah-shoo-*naal*-drahkt) *c*
  national dress
nasjonalisere (nah-shoo-nah-li-*say*-rer)
  v nationalize
nasjonalitet (nah-shoo-nah-li-*tayt*) *c*
  nationality
nasjonalpark (nah-shoo-*naal*-pahrk) *c*
  national park
nasjonalsang (nah-shoo-*naal*-sahng) *c*
  national anthem
natt (nahtt) *c* (pl netter) night; i ~
  tonight; om natten by night
nattergal (*naht*-terr-gaal) *c* nightin-
  gale
nattfly (*naht*-flew) *nt* (pl ~) night
  flight
nattkjole (*naht*-khōō-ler) *c* nightdress
nattklubb (*naht*-klewb) *c* cabaret,
  nightclub
nattkrem (*naht*-kraym) *c* night-cream
nattlig (*naht*-li) *adj* nightly
natt-takst (*naht*-tahkst) *c* night rate
natt-tog (*naht*-tawg) *nt* (pl ~) night
  train
natur (nah-*tewr*) *c* nature
naturlig (nah-*tew*-li) *adj* natural
naturligvis (nah-*tew*-li-veess) *adv* of
  course, naturally

naturskjønn (nah-*tew*-shurn) *adj* scenic

naturvitenskap (nah-*tewr*-vee-tern-skaap) *c* natural science

navigasjon (nah-vi-gah-*shoon*) *c* navigation

navigere (nah-vi-*gay*-rer) *v* navigate

navle (*nahv*-ler) *c* navel

navn (nahvn) *nt* name; **i . . . ~ on** behalf of, in the name of

nebb (nehbb) *nt* beak

ned (nayd) *adv* down; downstairs

nedbetale (*nayd*-beh-taa-ler) *v* *pay off

nedbetaling (*nayd*-beh-taa-ling) *c* down payment

nedbør (*nayd*-bürr) *c* precipitation

nede (*nay*-der) *adv* below

nedenfor (*nay*-dern-for) *prep* under, below

nedenunder (*nay*-dern-ew-nerr) *adv* underneath

nederlag (*nay*-der-laag) *nt* (pl ~) defeat

Nederland (*nay*-der-lahn) the Netherlands

nederlandsk (*nay*-der-lahnsk) *adj* Dutch

nederlender (*nay*-der-leh-nerr) *c* Dutchman

nedgang (*nayd*-gahng) *c* decrease; depression

nedkomst (*nayd*-komst) *c* delivery

nedover (*nay*-do-verr) *adv* down, downwards

nedre (*nayd*-rer) *adj* inferior, lower

nedrivning (*nayd*-reev-ning) *c* demolition

nedslått (*nayd*-shlot) *adj* down

nedstamning (*nayd*-stahm-ning) *c* origin

nedstemt (*nayd*-stehmt) *adj* depressed

nedstigning (*nayd*-steeg-ning) *c* descent

nedtrykt (*nayd*-trewkt) *adj* depressed

negativ (*nay*-gah-teev) *adj* negative; *nt* negative

neger (*nay*-gerr) *c* (pl ~e, negrer) Negro

negl (nayl) *c* nail

neglebørste (*nay*-ler-bursh-ter) *c* nailbrush

neglefil (*nay*-ler-feel) *c* nail-file

neglelakk (*nay*-ler-lahk) *c* nail-polish

neglesaks (*nay*-ler-sahks) *c* nail-scissors *pl*

neglisjé (nehg-li-*shay*) *c*/*nt* negligee

nei (nay) no

nekte (*nehk*-ter) *v* deny

nemlig (*nehm*-li) *adv* namely

neon (*nay*-oon) *c* neon

neppe (*nehp*-per) *adv* hardly

nerve (*nær*-ver) *c* nerve

nervøs (nær-*vürss*) *adj* nervous

nese (*nay*-ser) *c* nose

neseblod (*nay*-ser-bloo) *nt* nosebleed

nesebor (*nay*-ser-boor) *nt* (pl ~) nostril

nesevis (*nay*-ser-veess) *adj* impertinent

neshorn (*nayss*-hoon) *nt* (pl ~) rhinoceros

neste (*nehss*-ter) *adj* next; following

nesten (*nehss*-tern) *adv* nearly, almost

nett (nehtt) *nt* net; *adj* neat

netthinne (*neht*-hi-ner) *c* retina

netto (*neht*-too) *adv* net

nettopp (*neht*-top) *adv* just

nettverk (*neht*-værk) *nt* network

nevne (*nehv*-ner) *v* mention

nevralgi (nehv-rahl-*gee*) *c* neuralgia

nevrose (nehv-*roo*-ser) *c* neurosis

nevø (neh-*vür*) *c* nephew

ni (nee) *num* nine

niende (*nee*-er-ner) *num* ninth

niese (ni-*ay*-ser) *c* niece

nifs (nifs) *adj* creepy
Nigeria (ni-*gāy*-ri-ah) Nigeria
nigerianer (ni-geh-ri-*aa*-nerr) *c* Nigerian
nigeriansk (ni-geh-ri-*aansk*) *adj* Nigerian
nikk (nikk) *nt* nod
nikke (*nik*-ker) *v* nod
nikkel (*nik*-kerl) *c* nickel
nikotin (ni-koo-*teen*) *c* nicotine
nitten (*nit*-tern) *num* nineteen
nittende (*nit*-ter-ner) *num* nineteenth
nitti (*nit*-ti) *num* ninety
nivellere (ni-ver-*lāy*-rer) *v* level
nivå (ni-*vaw*) *nt* level
noe (*nōō*-er) *pron* something
noen (*nōō*-ern) *pron* somebody, someone; some; ~ gang ever
nok (nokk) *adv* enough
nokså (*nok*-so) *adv* fairly, somewhat
nominasjon (noo-mi-nah-*shōōn*) *c* nomination
nominell (noo-mi-*nehll*) *adj* nominal
nominere (noo-mi-*nāy*-rer) *v* nominate
nonne (*non*-ner) *c* nun
nonnekloster (*non*-ner-kloss-terr) *nt* (pl -tre) nunnery
nonsens (*non*-serns) *nt* nonsense
nord (nōōr) *c* north
nordlig (*nōō*-li) *adj* north, northern; northerly
nordmann (*noor*-mahn) *c* (pl -menn) Norwegian
Nordpolen (*nōōr*-pōō-lern) North Pole
nordvest (noor-*vehst*) *c* north-west
nordøst (noor-*urst*) *c* north-east
Norge (*nor*-ger) Norway
norm (norm) *c* standard
normal (noor-maal) *adj* normal; regular
norsk (noshk) *adj* Norwegian
nota (*nōō*-tah) *c* bill
notar (noo-*taar*) *c* notary
notat (noo-*taat*) *nt* note

notere (noo-*tāy*-rer) *v* note
notis (noo-*teess*) *c* note
notisblokk (noo-*teess*-blok) *c* note pad
notisbok (noo-*teess*-bōōk) *c* (pl -bøker) notebook
nougat (noogaa) *c* nougat
november (noo-*vehm*-berr) November
null (newll) *nt* zero, nought
nummer (*noom*-merr) *nt* (pl numre) number; act
nummerskilt (*noom*-mer-shilt) *nt* registration plate; licence plate *Am*
ny (*nēw*) *adj* new; recent
nyanse (new-*ahng*-ser) *c* nuance; shade
nybegynner (*nēw*-beh-Yew-nerr) *c* beginner; learner
nybygger (*nēw*-bew-gerr) *c* pioneer
nyhet (*nēw*-hāyt) *c* news; nyheter *pl* news; tidings *pl*
nykke (*newk*-ker) *nt* fad, whim
nylig (*nēw*-li) *adv* recently, lately
nylon (*nēw*-lon) *nt* nylon
nynne (*newn*-ner) *v* hum
nyre (*nēw*-rer) *c* kidney
*nyse (*nēw*-ser) *v* sneeze
nysgjerrig (new-*shær*-ri) *adj* curious; inquisitive
nysgjerrighet (new-*shær*-ri-hāyt) *c* curiosity
*nyte (*nēw*-ter) *v* enjoy
nytelse (*nēw*-terl-ser) *c* enjoyment
nytte (*newt*-ter) *c* utility, use; *v* *be of use
nytteløs (*newt*-ter-lūrss) *adj* idle
nyttig (*newt*-ti) *adj* useful
nyttår (*newt*-tawr) *nt* New Year
Ny-Zealand (nēw-*sāy*-lahn) New Zealand
nær (nær) *adv* near; *adj* close, near
nærende (*næ*-rer-ner) *adj* nourishing, nutritious
nærhet (*næær*-hāyt) *c* vicinity
nærliggende (*næ*-li-ger-ner) *adj*

neighbouring, nearby

nærme seg (*nær*-mer) approach

nærsynt (*næ*-shewnt) *adj* short-sighted

nærvær (*næær*-væær) *nt* presence

nød (nūr) *c* misery, distress

nøde (*nū*-der) *v* compel; ***være nødt til** *be obliged to

nødsignal (*nūrd*-sing-naal) *nt* distress signal

nødssituasjon (*nūrd*-si-tew-ah-shōōn) *c* emergency

nødstilfelle (*nūrds*-til-feh-ler) *nt* emergency

nødtvunget (*nūrd*-tvoo-ngert) *adv* by force

nødutgang (*nūrd*-ēwt-gahng) *c* emergency exit

nødvendig (nurd-*vehn*-di) *adj* necessary

nødvendighet (nurd-*vehn*-di-hāyt) *c* necessity, need

nøkkel (*nurk*-kerl) *c* (pl nøkler) key

nøkkelhull (*nurk*-kerl-hewl) *nt* keyhole

nøktern (*nurk*-tern) *adj* down-to-earth, sober

nøle (*nūr*-ler) *v* hesitate

nøtt (nurtt) *c* nut

nøtteknekker (*nurt*-ter-kneh-kerr) *c* nutcrackers *pl*

nøtteskall (*nurt*-ter-skahl) *nt* (pl ∼) nutshell

nøyaktig (nur*ew*-*ahk*-ti) *adj* accurate, precise, exact; careful

nøyaktighet (nur*ew*-*ahk*-ti-hāyt) *c* correctness

nøye seg med (nur*ew*-er) *make do with

nøytral (nur*ew*-*traal*) *adj* neutral

nå[1] (naw) *v* reach; *catch; *make

nå[2] (naw) *adv* now; ∼ **og da** occasionally, now and then

nåde (*naw*-der) *c* mercy, grace

nål (nawl) *c* needle

nåletre (*naw*-ler-trāy) *nt* (pl -rær) fir-tree

når (norr) *adv* when; *conj* when; ∼ **enn** whenever

nåtid (*naw*-teed) *c* present

nåtildags (*naw*-til-dahks) *adv* nowadays

nåværende (naw-*væ*-er-ner) *adj* current, present

O

oase (oo-*aa*-ser) *c* oasis

obduksjon (ob-dewk-*shōōn*) *c* autopsy

oberst (*ōō*-bersht) *c* colonel

objekt (oob-*Yehkt*) *nt* object

objektiv (ob-Yehk-*teev*) *adj* objective

obligasjon (ob-li-gah-*shōōn*) *c* bond

obligatorisk (oob-li-gah-*tōō*-risk) *adj* obligatory, compulsory

observasjon (op-sehr-vah-*shōōn*) *c* observation

observatorium (op-sehr-vah-*tōō*-ri-ewm) *nt* (pl -ier) observatory

observere (op-sehr-*vāy*-rer) *v* observe

odde (*od*-der) *c* headland

offensiv (of-fahng-*seev*) *adj* offensive; *c* offensive

offentlig (of-fernt-li) *adj* public

*offentliggjøre (o-fernt-li-*Yūr*-rer) *v* publish

offentliggjørelse (of-fernt-li-*Yūr*-rerl-ser) *c* publication

offer (of-ferr) *nt* (pl ofre) victim; casualty; sacrifice

offiser (o-fi-*sāyr*) *c* (pl ∼er) officer

offisiell (o-fi-si-*ehll*) *adj* official

ofre (*of*-rer) *v* sacrifice

ofte (*of*-ter) *adv* frequently, often

og (o) *conj* and

også (*oss*-so) *adv* also; as well, too

okkupasjon (o-kew-pah-*shōōn*) *c* occu-

pation
okse (ook-ser) c ox
oksekjøtt (ook-ser-khurt) nt beef
oksygen (ok-sew-gāyn) nt oxygen
oktober (ok-tōō-berr) October
oldtid (ol-teed) c antiquity
oliven (oo-lee-vern) c (pl ~, ~er) olive
olivenolje (oo-lee-vern-ol-Yer) c olive oil
olje (ol-Yer) c oil
oljebrønn (ol-Yer-brurn) c oil-well
oljefilter (ol-Yer-fil-terr) nt (pl -tre) oil filter
oljemaleri (ol-Yer-maa-ler-ree) nt oil-painting
oljeraffineri (ol-Yer-rah-fi-ner-ree) nt oil-refinery
oljet (ol-Yert) adj oily
oljetrykk (ol-Yer-trewk) nt (pl ~) oil pressure
om (oomm) prep round; about; in; conj whether, if
om bord (om bōōr) aboard
omdanne (oom-dah-ner) v transform
omdreining (om-dray-ning) c revolution
omegn (oom-mayn) c surroundings pl
omelett (oo-mer-lehtt) c omelette
omfang (oom-fahng) nt extent
omfangsrik (oom-fahngs-reek) adj big, bulky, extensive
omfatte (oom-fah-ter) v comprise, include
omfattende (oom-fah-ter-ner) adj comprehensive, extensive
omfavne (oom-fahv-ner) v embrace, hug
omfavnelse (oom-fahv-nerl-ser) c embrace
omgang (oom-gahng) c round; half time; treatment
***omgi** (oom-Yee) v encircle, circle, surround

omgivelser (oom-Yee-verl-serr) pl environment; setting
***omgå** (oom-gaw) v by-pass
omgående (oom-gaw-er-ner) adj prompt
***omgås** (oom-gawss) v associate with; *~ med mix with
omhyggelig (oom-hew-ger-li) adj careful, thorough
omkjøring (oom-khūr-ring) c detour, diversion
***omkomme** (oom-ko-mer) v perish
omkostninger (oom-kost-ni-ngerr) pl expenses pl
omkring (oom-kringng) prep round, around; adv about
omkringliggende (om-kring-li-ger-ner) adj surrounding
omløp (oom-lūrp) nt circulation
omregne (oom-ray-ner) v convert
omregningstabell (oom-ray-nings-tah-behll) c conversion chart
omreisende (oom-ray-ser-ner) adj itinerant
omringe (oom-ri-nger) v encircle, circle, surround
omriss (oom-riss) nt (pl ~) contour
område (oom-raw-der) nt zone, area, territory, region; sphere
omsetning (oom-seht-ning) c turnover
omsetningsskatt (oom-seht-ning-skaht) c purchase tax, turnover tax; sales tax
omslag (oom-shlaag) nt reverse; sleeve, jacket
omsorg (oom-sorg) c care
omstendighet (oom-stehn-di-hāyt) c condition, circumstance
omstridt (oom-strit) adj controversial
omtale (oom-taa-ler) c mention
omtanke (oom-tahng-ker) c consideration
omtenksom (oom-tehngk-som) adj thoughtful

omtrent (oom-*trehnt*) *adv* approximately; about

omtrentlig (oom-*trehnt*-li) *adj* approximate

omvei (*oom*-vay) *c* detour

omvende (*oom*-veh-ner) *v* convert

ond (oonn) *adj* wicked, ill, evil

ondartet (*oon*-naa-tert) *adj* malignant

onde (*oon*-der) *nt* evil

ondsinnet (*oon*-si-nert) *adj* evil

ondskapsfull (*oon*-skaaps-fewl) *adj* vicious, spiteful, malicious

onkel (*oong*-kerl) *c* (pl onkler) uncle

onsdag (*oons*-dah) *c* Wednesday

onyks (*ōō*-newks) *c* onyx

opal (oo-*paal*) *c* opal

opera (*oo*-per-rah) *c* opera; opera house

operasjon (oo-per-rah-*shōōn*) *c* surgery, operation

operere (oo-per-*rāy*-rer) *v* operate

operette (oo-per-*reht*-ter) *c* operetta

opp (oopp) *adv* up

oppblåsbar (*oop*-blawss-baar) *adj* inflatable

oppdage (*oop*-daa-ger) *v* discover, detect; notice

oppdagelse (*oop*-daa-gerl-ser) *c* discovery

oppdikte (*oop*-dik-ter) *v* invent

*oppdra (*oop*-draa) *v* educate; *bring up; raise; rear

oppdrag (*oop*-draag) *nt* (pl ~) assignment

oppdragelse (*oop*-draa-gerl-ser) *c* upbringing

oppdrette (*oop*-dreh-ter) *v* *breed

oppfarende (*oop*-faa-rer-ner) *adj* irascible

oppfatning (*oop*-faht-ning) *c* opinion, view

oppfatte (*oop*-fah-ter) *v* conceive

*oppfinne (*oop*-fi-ner) *v* invent

oppfinnelse (*oop*-fi-nerl-ser) *c* invention

oppfinner (*oop*-fi-nerr) *c* inventor

oppfinnsom (oop-*fin*-som) *adj* inventive

oppfostre (*oop*-foost-rer) *v* educate; *bring up; raise; rear

oppføre (*oop*-fūr-rer) *v* construct; ~ seg act, behave

oppførelse (*oop*-fūr-rerl-ser) *c* show; construction

oppførsel (*oop*-fur-sherl) *c* conduct, behaviour

oppgave (*oop*-gaa-ver) *c* duty; task; exercise

*oppgi (*oop*-Yee) *v* declare; *give up

opphav (*oop*-haav) *nt* origin

opphisse (*oop*-hi-ser) *v* excite

opphisselse (*oop*-hi-serl-ser) *c* excitement

opphold (*oop*-hol) *nt* (pl ~) stay

*oppholde seg (*oop*-ho-ler) stay

oppholdstillatelse (*oop*-hols-ti-laa-terl-ser) *c* residence permit

opphøre (*oop*-hūr-rer) *v* finish, cease, discontinue, expire, end

opphørssalg (*oop*-hūrsh-sahlg) *nt* (pl ~) clearance sale

oppkalle (*oop*-kahl-ler) *v* name after

opplag (*oop*-laag) *nt* (pl ~) issue

opplagt (*oop*-lahkt) *adj* fit; self-evident

oppleve (*oop*-lāy-ver) *v* experience

opplyse (*oop*-lēw-ser) *v* inform; illuminate

opplysning (*oop*-lēwss-ning) *c* information

oppløp (*oop*-lūrp) *nt* (pl ~) riot

oppløse (*oop*-lūr-ser) *v* dissolve

oppløselig (oop-*lūr*-ser-li) *adj* soluble

oppløsning (*oop*-lūrss-ning) *c* solution

oppmerksom (oop-*mærk*-som) *adj* attentive; *være ~ *pay attention; *være ~ på attend to, *pay attention to

oppmerksomhet (oop-*mærk*-som-hāyt) *c* notice, attention

oppmuntre (oop-mewn-trer) *v* encourage; cheer up

oppnå (oop-naw) *v* achieve, attain

oppnåelig (oop-*naw*-er-li) *adj* attainable; obtainable

opponere seg (oo-poo-*nāy*-rer) *v* oppose

opposisjon (oo-poo-si-*shōōn*) *c* opposition

oppover (oop-paw-verr) *adv* up, upwards

oppreist (oop-rayst) *adj* erect

opprette (oop-reh-ter) *v* found; institute

*opprettholde (oop-reht-ho-ler) *v* maintain

opprettstående (oop-reht-staw-er-ner) *adj* upright

oppriktig (oop-*rik*-ti) *adj* sincere, honest

oppringning (oop-ring-ning) *c* call

opprinnelig (oop-*rin*-ner-li) *adj* original, initial

opprinnelse (oop-*rin*-nerl-ser) *c* origin, source

opprør (oop-rūrr) *nt* (pl ~) revolt, rebellion; *gjøre ~ revolt

opprørende (oop-rūr-rer-ner) *adj* revolting

opprørt (oop-rūrt) *adj* *upset

oppsiktsvekkende (oop-sikts-veh-ker-ner) *adj* sensational, striking

oppskrift (oop-skrift) *c* recipe

oppspore (oop-spōō-rer) *v* trace

oppstand (oop-stahn) *c* rising, rebellion, revolt

oppstigning (oop-steeg-ning) *c* ascent; rise

oppstyr (oop-stēwr) *nt* fuss

*oppstå (oop-staw) *v* *arise

oppsyn (oop-sēwn) *nt* (pl ~) supervision

oppsynsmann (oop-sēwns-mahn) *c* (pl -menn) warden; custodian

*oppta (oop-taa) *v* *take up; occupy

opptak (oop-taak) *nt* (pl ~) recording

opptakelse (oop-taa-kerl-ser) *c* admission

opptatt (oop-taht) *adj* busy, engaged; occupied

opptog (oop-tawg) *nt* (pl ~) procession

opptre (oop-trāy) *v* perform

opptreden (oop-trāy-dern) *c* appearance

oppvakt (oop-vahkt) *adj* bright

oppvarte (oop-vah-ter) *v* wait on

oppvarter (oop-vah-terr) *c* waiter

oppvarterske (oop-vah-tersh-ker) *c* waitress

oppvise (oop-vee-ser) *v* exhibit, show

oppå (oop-po) *prep* on top of

optiker (oop-ti-kerr) *c* optician

optimisme (oop-ti-*miss*-mer) *c* optimism

optimist (oop-t-*mist*) *c* optimist

optimistisk (oop-ti-*miss*-tisk) *adj* optimistic

oransje (oo-*rahng*-sher) *adj* orange

ord (ōōr) *nt* word

ordbok (ōōr-bōōk) *c* (pl -bøker) dictionary

orden (o-dern) *c* order; i ~ in order

ordentlig (o-dernt-li) *adj* tidy; neat

ordforråd (ōōr-fo-rawd) *nt* vocabulary

ordinær (o-di-*næær*) *adj* vulgar

ordliste (ōōr-liss-ter) *c* word list

ordne (oord-ner) *v* arrange, settle; sort; fix

ordning (oord-ning) *c* arrangement, method; settlement

ordre (oord-rer) *c* order

ordreblankett (oord-rer-blahng-keht) *c* order-form

ordspråk (ōōr-sprawk) *nt* (pl ~) pro-

verb
ordstrid (ōōr-streed) c dispute
ordveksling (ōōr-vehk-shling) c argument
organ (or-*gaan*) nt organ
organisasjon (or-gah-ni-sah-*shōōn*) c organization
organisere (or-gah-ni-*sāy*-rer) v organize
organisk (or-*gaa*-nisk) adj organic
orgel (*or*-gerl) nt (pl orgler) organ
orientalsk (o-ri-ehn-*taalsk*) adj oriental
Orienten (o-ri-*ehn*-tern) Orient
orientere seg (o-ri-ehn-*tāy*-rer) orientate
original (o-ri-gi-*naal*) adj original
orkan (or-*kaan*) c hurricane
orke (or-ker) v sustain
orkester (or-*kehss*-terr) nt (pl -tre) orchestra; band
orkesterplass (or-*kehss*-terr-plahss) c stall; orchestra seat Am
ornament (o-nah-*mehnt*) nt ornament
ornamental (o-nah-mehn-*taal*) adj ornamental
ortodoks (o-too-*doks*) adj orthodox
oss (oss) pron us, ourselves
ost (oost) c cheese
ouverture (oo-ver-*tēw*-rer) c overture
oval (oo-*vaal*) adj oval
ovenfor (aw-vern-for) prep above, over; adv above, overhead
ovenpå (aw-vern-paw) adv upstairs
over (aw-verr) prep across, over; adv over; **over-** upper; ~ **ende** down, over
overall (aw-ver-rol) c overalls pl
overalt (o-ver-*rahlt*) adv everywhere, throughout
overanstrenge (aw-ver-rahn-streh-nger) v strain; ~ **seg** overwork
overbevise (aw-verr-beh-vee-ser) v convince, persuade

overbevisning (aw-verr-beh-veess-ning) c conviction, persuasion
overdreven (aw-drāy-vern) adj extravagant, excessive
***overdrive** (aw-ver-dree-ver) v exaggerate
overenskomst (aw-ver-rehns-komst) c settlement, agreement
overensstemmelse (aw-ver-rehns-steh-merl-ser) c agreement; **i ~ med** in accordance with, according to
overfall (aw-verr-fahl) nt (pl ~) hold-up
overfart (aw-verr-faht) c crossing, passage
overfladisk (aw-verr-flaa-disk) adj superficial
overflate (aw-verr-flaa-ter) c surface
overflod (aw-verr-flōōd) c abundance; plenty
overflødig (aw-verr-flūr-di) adj superfluous; redundant
overfor (aw-verr-for) prep opposite, facing; towards
overfylt (aw-verr-fewlt) adj crowded
overføre (aw-verr-fūr-rer) v transfer; remit
overgang (aw-verr-gahng) c transition
***overgi seg** (aw-verr-Yee) surrender
overgivelse (aw-verr-Yee-verl-ser) c surrender
overgrodd (aw-verr-grood) adj overgrown
***overgå** (aw-verr-gaw) v exceed, *outdo
overhale (aw-verr-haa-ler) v overhaul
overhodet (o-verr-*hōō*-der) adv at all
overlagt (aw-verr-lahkt) adj deliberate
***overlate** (aw-verr-laa-ter) v *leave to; entrust
overlegen (aw-ver-lāy-gern) adj superior, haughty
overleve (aw-ver-lāy-ver) v survive

overlærer (aw-ver-læææ-rerr) c headmaster, head teacher

overmodig (aw-verr-mōō-di) adj presumptuous

overoppsyn (awv-err-op-sēwn) nt supervision

overraske (aw-ver-rahss-ker) v surprise

overraskelse (aw-ver-rahss-kerl-ser) c surprise

*****overrekke** (aw-ver-reh-ker) v hand, *give

overrumple (aw-ver-roomp-ler) v *catch

*****overse** (aw-ver-shāȳ) v overlook

*****oversette** (aw-ver-sheh-ter) v translate

oversettelse (aw-ver-sheh-terl-ser) c translation; version

oversetter (aw-ver-sheh-terr) c translator

overside (aw-ver-shee-der) c top side, top

oversikt (aw-ver-shikt) c survey

oversjøisk (aw-ver-shūr-isk) adj overseas

*****overskride** (aw-ver-shkree-der) v exceed

overskrift (aw-ver-shkrift) c heading; headline

overskudd (aw-ver-shkewd) nt (pl ∼) surplus

overskyet (aw-ver-shēw-ert) adj overcast, cloudy

overspent (aw-ver-shpehnt) adj overstrung

overstrømmende (aw-ver-shtrur-mer-ner) adj exuberant

oversvømmelse (aw-ver-shvur-merl-ser) c flood

*****overta** (aw-ver-taa) v *take over

overtale (aw-ver-taa-ler) v persuade

overtrett (aw-ver-trehtt) adj overtired

overtro (aw-ver-trōō) c superstition

overveie (aw-verr-vay-er) v consider; deliberate

overveielse (aw-verr-vay-erl-ser) c consideration; deliberation

overvekt (aw-ver-vehkt) c overweit; predominance

overvelde (aw-verr-veh-ler) v overwhelm

*****overvinne** (aw-verr-vi-ner) v *overcome; defeat

*****overvære** (aw-verr-væææ-rer) v attend, assist at

overvåke (awv-err-vaw-ker) v supervise; patrol

ovn (ovnn) c stove, furnace

P

padde (pahd-der) c toad

padleåre (pahd-ler-aw-rer) c paddle

Pakistan (pah-ki-staan) Pakistan

pakistaner (pah-ki-staa-nerr) c Pakistani

pakistansk (pah-ki-staansk) adj Pakistani

pakke[1] (pahk-ker) c package, parcel

pakke[2] (pahk-ker) v pack; ∼ inn wrap; ∼ ned pack up; ∼ opp unpack, unwrap

pakkhus (pahk-hēwss) nt (pl ∼) warehouse

palass (pah-lahss) nt palace

palme (pahl-mer) c palm

panel (pah-nāȳl) nt panel

panelverk (pah-nāȳl-værk) nt panelling

panikk (pah-nikk) c scare, panic

panne (pahn-ner) c forehead; pan

panser (pahn-serr) nt bonnet; hood nAm

pant (pahnt) c deposit

pantelån (*pahn*-ter-lawn) *nt* mortgage
pantelåner (*pahn*-ter-lawnerr) *c* pawn-broker
*pantsette (*pahnt*-seh-ter) *v* pawn
papegøye (pah-per-*gur^ew*-er) *c* parrot; parakeet
papir (pah-*peer*) *nt* paper; **papir-** paper
papirhandel (pah-*peer*-hahn-derl) *c* (pl -dler) stationer's
papirkniv (pah-*peer*-kneev) *c* paper-knife
papirkurv (pah-*peer*-kewrv) *c* waste-paper-basket
papirlommetørkle (pah-*peer*-loo-mer-turr-kler) *nt* (pl -lær) tissue
papirpose (pah-*peer*-pōō-ser) *c* paper bag
papirserviett (pah-*peer*-sær-vi-eht) *c* paper napkin
papirvarer (pah-*peer*-vaa-rerr) *pl* stationery
papp (pahpp) *c* cardboard
pappa (*pahp*-pah) *c* daddy
par (paar) *nt* pair; couple
parade (pah-*raa*-der) *c* parade
parafin (pah-rah-*feen*) *c* paraffin
parallell (pah-rah-*lehll*) *c* parallel; *adj* parallel
paraply (pah-rah-*plew*) *c* umbrella
parasoll (pah-rah-*soll*) *c* sunshade
parat (pah-*raat*) *adj* ready
parfyme (pahr-*few*-mer) *c* perfume
park (pahrk) *c* park; **offentlig park-anlegg** public garden
parkere (pahr-*kāy*-rer) *v* park
parkering (pahr-*kāy*-ring) *c* parking; ~ **forbudt** no parking
parkeringsavgift (pahr-*kāy*-rings-aav-^yift) *c* parking fee
parkeringslys (pahr-*kāy*-rings-*lēw*ss) *nt* (pl ~) parking light
parkeringsplass (pahr-*kāy*-rings-plahss) *c* car park; parking lot *Am*

parkeringssone (pahr-*kāy*-ring-sōō-ner) *c* parking zone
parkometer (pahr-koo-*māy*-terr) *nt* (pl ~, -tre) parking meter
parlament (pahr-lah-*mehnt*) *nt* parliament; **parlamentarisk** *adj* parliamentary
parlør (pah-*lūrr*) *c* phrase-book
parti (pah-*tee*) *nt* party; side
partisk (*paa*-tisk) *adj* partial
partner (*paat*-nerr) *c* partner; associate
parykk (pah-*rewkk*) *c* wig
pasient (pah-si-*ehnt*) *c* patient
pasifisme (pah-si-*fiss*-mer) *c* pacifism
pasifist (pah-si-*fist*) *c* pacifist
pasifistisk (pah-si-*fiss*-tisk) *adj* pacifist
pass (pahss) *nt* passport; mountain pass
passasje (pah-*saa*-sher) *c* passage
passasjer (pah-sah-*shāyr*) *c* passenger
passasjerbåt (pah-sah-*shāyr*-bawt) *c* liner
passasjervogn (pah-sah-*shāyr*-vongn) *c* carriage; passenger car *Am*
passe (*pahss*-ser) *v* fit, suit; tend; look after; ~ **på** mind, *take care of; ~ **seg for** mind, look out; ~ **til** match
passende (*pahss*-ser-ner) *adj* appropriate, convenient, adequate; proper, just
passere (pah-*sāy*-rer) *v* pass
passfoto (*pahss*-fōō-too) *nt* (pl ~) passport photograph
passiv (*pahss*-seev) *adj* passive
passkontroll (*pahss*-koon-trol) *c* passport control
pasta (*pahss*-tah) *c* paste
patent (pah-*tehnt*) *nt* patent
pater (*paa*-terr) *c* Father
patriot (paht-ri-*ōōt*) *c* patriot
patron (paht-*rōōn*) *c* cartridge

patrulje (paht-*rewl*-Yer) *c* patrol

patruljere (pah-trewl-*Yay*-rer) *v* patrol

pattedyr (*paht*-ter-dewr) *nt* (pl ~) mammal

pause (*pou*-ser) *c* pause; intermission, interval

pave (*paa*-ver) *c* pope

paviljong (pah-vil-*Yoangng*) *c* pavilion

peanøtt (*pee*-ah-nurt) *c* peanut

pedal (peh-*daal*) *c* pedal

pedikyr (peh-di-*kewr*) *c* pedicure

peis (payss) *c* fireplace

peke (*pay*-ker) *v* point

pekefinger (*pay*-ker-fi-ngerr) *c* (pl -grer) index finger

pelikan (peh-li-*kaan*) *c* pelican

pels (pehls) *c* fur

pelskåpe (*pehls*-kaw-per) *c* fur coat

pelsverk (*pehls*-værk) *nt* furs

pen (payn) *adj* good-looking, handsome, pretty; fine, nice

pendler (*pehnd*-lerr) *c* commuter

pengeanbringelse (*pehng*-nger-ahn-bri-ngerl-ser) *c* investment

pengepung (*pehng*-nger-poong) *c* purse

penger (*pehng*-ngerr) *pl* money

pengeseddel (*pehng*-nger-seh-derl) *c* (pl -sedler) banknote

pengeskap (*pehng*-nger-skaap) *nt* (pl ~) safe

pengeutpresning (*pehng*-nger-ewt-prehss-ning) *c* blackmail; **presse penger av** blackmail

penicillin (peh-ni-si-*leen*) *nt* penicillin

penn (payn) *c* pen

pensel (*pehn*-serl) *c* (pl -sler) paintbrush, brush

pensjon (pahng-*shoon*) *c* pension; board; **full** ~ full board, board and lodging, bed and board

pensjonat (pahng-shoo-*naat*) *nt* boarding-house, guest-house, pension

pensjonatskole (pahng-shoo-*naat*-skoo-ler) *c* boarding-school

pensjonert (pahng-shoo-*nayt*) *adj* retired

pensjonær (pahng-shoo-*næær*) *c* boarder

pepper (*pehp*-perr) *c* pepper

peppermynte (peh-perr-*mewn*-ter) *c* peppermint

pepperrot (*pehp*-per-root) *c* horse-radish

perfeksjon (pær-fehk-*shoon*) *c* perfection

perfekt (pær-*fehkt*) *adj* perfect; faultless

periode (peh-ri-*oo*-der) *c* period

periodevis (peh-ri-*oo*-der-veess) *adj* periodical

perle (*pææ*-ler) *c* pearl, bead

perlekjede (*pææ*-ler-khay-der) *nt* beads *pl*

perlemor (*pææ*-ler-moor) *c* mother-of-pearl

perm (pærm) *c* cover

permanent (pær-mah-*nehnt*) *adj* permanent; *c* permanent wave

permisjon (pær-mi-*shoon*) *c* leave; permit

perrong (peh-*rongng*) *c* platform

perrongbillett (peh-*rong*-bi-leht) *c* platform ticket

perser (*pæsh*-sherr) *c* Persian

Persia (*pæsh*-shi-ah) Persia

persienne (pæ-shi-*ehn*-ner) *c* blind, shutter

persille (pæ-*shil*-ler) *c* parsley

persisk (*pæsh*-shisk) *adj* Persian

person (pæ-*shoon*) *c* person; **per** ~ per person

personale (pæ-shoo-*naa*-ler) *nt* personnel, staff

personlig (pæ-*shoon*-li) *adj* personal; private

personlighet (pæ-*shoon*-li-hayt) *c* personality

persontog (*pæ-shōon*-tawg) *nt* (pl ~) passenger train

perspektiv (pæsh-pehk-*teev*) *nt* perspective

pertentlig (pæ-*tehnt*-li) *adj* precise

pese (*pāy*-ser) *v* pant

pessimisme (peh-si-*miss*-mer) *c* pessimism

pessimist (peh-si-*mist*) *c* pessimist

pessimistisk (peh-si-*miss*-tisk) *adj* pessimistic

petisjon (peh-ti-*shōon*) *c* petition

petroleum (peht-*rōo*-leh-ewm) *c* petroleum; kerosene

pianist (piah-*nist*) *c* pianist

piano (pi-*aa*-noo) *nt* piano

pigg (pigg) *c* spike; peak

pigge (*pigg*-ger) *v* spike; prod

pikant (pi-*kahnt*) *adj* savoury

pike (*pee*-ker) *c* girl

pikenavn (*pee*-ker-nahvn) *nt* (pl ~) maiden name

pikespeider (*pee*-ker-spay-derr) *c* girl guide

pikkolo (*pik*-koo-loo) *c* bellboy, pageboy

piknik (*pik*-nik) *c* picnic; ***dra på ~** picnic

pil (peel) *c* arrow

pilar (pi-*laar*) *c* pillar, column

pilegrim (*pil*-grim) *c* pilgrim

pilegrimsreise (*pil*-grims-ray-ser) *c* pilgrimage

pille (*pil*-ler) *c* pill

pilot (pi-*lōot*) *c* pilot

pimpstein (*pimp*-stayn) *c* pumice stone

pine (*pee*-ner) *v* torment; *c* torment

pingvin (ping-*veen*) *c* penguin

pinlig (*peen*-li) *adj* embarrassing, awkward

pinnsvin (*pin*-sveen) *nt* (pl ~) hedgehog

pinse (*pin*-ser) *c* Whitsun

pinsett (pin-*sehtt*) *c* tweezers *pl*

pipe (*pee*-per) *c* pipe

piperenser (*pee*-per-rehn-serr) *c* pipe cleaner

pipetobakk (*pee*-per-too-bahk) *c* pipe tobacco

pisk (pisk) *c* whip

pistol (piss-*tōol*) *c* pistol

pittoresk (pi-too-*rehsk*) *adj* picturesque

plage (*plaa*-ger) *v* bother; *c* nuisance

plagg (plahgg) *nt* garment

plakat (plah-*kaat*) *c* poster, placard

plan (plaan) *c* scheme, project, plan; map; *nt* level; *adj* even, flat, level

planet (plah-*nāyt*) *c* planet

planetarium (plah-neh-*taa*-ri-ewm) *nt* (pl -ier) planetarium

planke (*plahng*-ker) *c* board, plank

*planlegge (*plaan*-leh-ger) *v* plan

planovergang (*plaa*-naw-verr-gahng) *c* level crossing

plantasje (plahn-*taa*-sher) *c* plantation

plante (*plahn*-ter) *c* plant; *v* plant

planteskole (*plahn*-ter-skōoler) *c* nursery

plass (plahss) *c* square; room; seat

plassanviser (*plahss*-sahn-vee-serr) *c* usherette, usher

plassere (plah-*sāy*-rer) *v* *put, *lay

plaster (*plah*-sterr) *nt* (pl ~, -tre) plaster

plastikk (plahss-*tikk*) *c* plastic; **plastikk-** plastic

plate (*plaa*-ter) *c* plate; sheet

platespiller (*plaa*-ter-spi-lerr) *c* record-player

platina (*plaa*-ti-nah) *c* platinum

pleie (*play*-er) *v* *be in the habit of; nurse

pleieforeldre (*play*-er-fo-rehl-drer) *pl* foster-parents *pl*

pleiehjem (*play*-er-Yehm) *nt* (pl ~)

foster-home
plettfri (*pleht*-free) *adj* spotless, stainless
plikt (plikt) *c* duty
plog (ploog) *c* plough
plombe (*ploom*-ber) *c* filling
plomme (*ploom*-mer) *c* plum
plugge inn (*plewg*-er-in) plug in
plukke (*plook*-ker) *v* pick
pluss (plewss) *adv* plus
plutselig (*plewt*-ser-li) *adj* suddenly; sudden
plyndring (*plewn*-dring) *c* robbery
plystre (*plewss*-trer) *v* whistle
pløye (plur^{ew}-er) *v* plough
pocketbok (*pok*-kert-book) *c* (pl -bøker) paperback
poengsum (po-*ehng*-sewm) *c* (pl ~mer) score
poesi (poo-eh-*see*) *c* poetry
pokal (poo-*kaal*) *c* cup
polakk (poo-*lahkk*) *c* Pole
Polen (*poo*-lern) Poland
polere (poo-*lay*-rer) *v* polish
polio (*poo*-li-oo) *c* polio
polise (poo-*lee*-ser) *c* policy
politi (poo-li-*tee*) *nt* police *pl*
politibetjent (poo-li-*tee*-beh-^vehnt) *c* policeman
politiker (poo-*lee*-ti-kerr) *c* politician
politikk (poo-li-*tikk*) *c* politics; policy
politimann (poo-li-*tee*-mahn) *c* (pl -menn) policeman
politisk (poo-*lee*-tisk) *adj* political
politistasjon (poo-li-*tee*-stah-shoon) *c* police-station
polsk (poolsk) *adj* Polish
polstre (*pol*-strer) *v* upholster
pommes frites (pom fritt) chips; French fries *nAm*
ponni (*pon*-ni) *c* pony
poplin (*pop*-lin) *nt* poplin
popmusikk (*pop*-mew-sik) *c* pop music

populær (poo-pew-*læær*) *adj* popular
porselen (poo-sher-*layn*) *nt* china, porcelain
porsjon (poo-*shoon*) *c* portion; helping
port (poott) *c* gate
portier (poo-ti-*æær*) *c* (pl ~er) doorman
portner (*poot*-nerr) *c* porter
porto (*poot*-too) *c* postage
portrett (poot-*rehtt*) *nt* portrait
Portugal (*poo*-tew-gahl) Portugal
portugiser (poo-tew-*gee*-serr) *c* Portuguese
portugisisk (poo-tew-*gee*-sisk) *adj* Portuguese
pose (*poo*-ser) *c* bag
posisjon (poo-si-*shoon*) *c* position; station
positiv (*poo*-si-teev) *adj* positive; **positivt bilde** positive
post (post) *c* mail, post; item; **ledig ~** vacancy; **poste restante** poste restante
postanvisning (*poss*-tahn-veess-ning) *c* money order, postal order; mail order *Am*
postbud (*post*-bewd) *nt* (pl ~) postman
poste (*poss*-ter) *v* mail, post
poster (*poewss*-terr) *c* poster
postisj (poss-*teesh*) *c* hair piece
postkasse (*post*-kah-ser) *c* pillar-box, letter-box; mailbox *nAm*
postkontor (*post*-koon-toor) *nt* postoffice
postkort (*post*-kot) *nt* (pl ~) postcard
postnummer (*post*-noo-merr) *nt* (pl -numre) zip code *Am*
postvesen (*post*-vay-sern) *nt* postal service
pote (*poo*-ter) *c* paw
potet (poo-*tayt*) *c* potato

praksis (*prahk*-siss) *c* practice
prakt (prahkt) *c* splendour
praktfull (*prahkt*-fewl) *adj* magnificent, gorgeous, splendid
praktisere (prahk-ti-*sāy*-rer) *v* practise
praktisk (*prahk*-tisk) *adj* practical; ~ **talt** practically
prat (praat) *c/nt* chat
prate (*praa*-ter) *v* chat
preke (*prāy*-ker) *v* preach
preken (*prāy*-kern) *c* sermon
prekestol (*prāy*-ker-stōōl) *c* pulpit
premie (*prāy*-mi-er) *c* prize
preposisjon (preh-poo-si-*shōōn*) *c* preposition
presang (preh-*sahngng*) *c* gift, present
presenning (preh-*sehn*-ning) *c* tarpaulin
presentasjon (preh-sahng-tah-*shōōn*) *c* introduction
presentere (preh-sahng-*tāy*-rer) *v* present, introduce
president (preh-si-*dehnt*) *c* president
presis (preh-*seess*) *adj* punctual, precise
press (prehss) *nt* pressure
presse (*prehss*-ser) *v* press; *c* press; **permanent press** permanent press
pressekonferanse (*prehss*-ser-koon-feh-rahng-ser) *c* press conference
presserende (preh-*sāy*-rer-ner) *adj* urgent, pressing
prest (prehst) *c* clergyman, parson; rector, minister; **katolsk** ~ priest
prestasjon (prehss-tah-*shōōn*) *c* feat, achievement
prestegård (*prehss*-ter-gawr) *c* vicarage, parsonage, rectory
prestere (prehss-*tāy*-rer) *v* achieve
prestisje (prehss-*tee*-sher) *c* prestige
prevensjonsmiddel (preh-vahng-*shōōns*-mi-derl) *nt* (pl -midler) contraceptive
prikke (*prik*-ker) *v* prick

primær (pri-*mæær*) *adj* primary
prins (prins) *c* prince
prinsesse (prin-*sehss*-ser) *c* princess
prinsipp (prin-*sipp*) *nt* principle
prioritet (pri-oo-ri-*fāyt*) *c* priority
pris (preess) *c* cost, price; charge, rate; award
prisfall (*preess*-fahl) *nt* drop in price, slump
prisliste (*preess*-liss-ter) *c* price-list
privat (pri-*vaat*) *adj* private
privatliv (pri-*vaat*-leev) *nt* privacy
privilegere (pri-vi-leh-*gāy*-rer) *v* favour
privilegium (pri-vi-*lāy*-gi-ewm) *nt* (pl -ier) privilege
problem (proo-*blāym*) *nt* problem; question
produksjon (proo-dook-*shōōn*) *c* production; output
produkt (proo-*dewkt*) *nt* product; produce
produsent (proo-dew-*sehnt*) *c* producer
produsere (proo-dew-*sāy*-rer) *v* produce
profesjon (proo-feh-*shōōn*) *c* profession
profesjonell (proo-feh-shoo-*nehll*) *adj* professional
professor (proo-*fehss*-soor) *c* professor
profet (proo-*fāyt*) *c* prophet
program (proo-*grahmm*) *nt* (pl ~mer) programme
progressiv (*proog*-reh-seev) *adj* progressive
promenade (proo-mer-*naa*-der) *c* promenade
pronomen (proo-*nōō*-mern) *nt* pronoun
propaganda (proo-pah-*gahn*-dah) *c* propaganda
propell (proo-*pehll*) *c* propeller
proporsjon (proo-poo-*shōōn*) *c* pro-

portion
proppfull (*prop*-fewl) *adj* chock-full
prosent (proo-*sehnt*) *c* percent
prosentsats (proo-*sehnt*-sahts) *c* percentage
prosesjon (proo-seh-*shōōn*) *c* procession
prosess (proo-*sehss*) *c* process
prosjekt (proo-*shehkt*) *nt* project
prosjektør (proo-shehk-*tūrr*) *c* spotlight
prospekt (proo-*spehkt*) *nt* prospectus
prospektkort (proo-*spehkt*-kot) *nt* (pl ~) picture postcard, postcard
prostituert (proo-sti-tew-*āyt*) *c* prostitute
protein (proo-teh-*een*) *nt* protein
protest (proo-*tehst*) *c* protest
protestantisk (proo-ter-*stahn*-tisk) *adj* Protestant
protestere (proo-ter-*stāy*-rer) *v* protest; object
protokoll (proo-too-*koll*) *c* record
proviant (proo-vi-*ahnt*) *c* provisions *pl*
provins (proo-*vins*) *c* province
provinsiell (proo-vin-si-*ehll*) *adj* provincial
prute (*prew*-ter) *v* bargain
prøve (*prūr*-ver) *v* try, attempt; try on; rehearse; *c* specimen; test; rehearsal; **på ~** on approval
prøverom (*prūr*-ver-room) *nt* (pl ~) fitting room
psykiater (sew-ki-*aa*-terr) *c* psychiatrist
psykisk (*sēw*-kisk) *adj* psychic
psykoanalytiker (sew-koo-ah-nah-*lewt*-ti-kerr) *c* analyst, psychoanalyst
psykolog (sew-koo-*lawg*) *c* psychologist
psykologi (sew-koo-loo-*gee*) *c* psychology
psykologisk (sew-koo-*law*-gisk) *adj*

psychological
publikum (*pewb*-li-kewm) *nt* audience, public
publisitet (pewb-li-si-*tāyt*) *c* publicity
pudder (*pewd*-derr) *nt* powder
pudderdåse (*pewd*-der-daw-ser) *c* powder compact
pudderkvast (*pewd*-derr-kvahst) *c* powder-puff
puff (pewff) *nt* push
pullover (*pewl*-lo-verr) *c* pullover
puls (pewls) *c* pulse
pulsåre (*pewls*-aw-rer) *c* artery
pult (pewlt) *c* desk
pumpe (*poom*-per) *v* pump; *c* pump
pund (pewnn) *nt* pound
pung (poongng) *c* purse; pouch
punkt (poongt) *nt* point; item
punktering (poong-*tāy*-ring) *c* puncture, blow-out; flat tyre
punktert (poong-*tāyt*) *adj* punctured
punktlig (*poongt*-li) *adj* punctual
punktum (*pewng*-tewm) *nt* full stop, period
pur (pēwr) *adj* sheer
purpurfarget (*pewr*-pewr-fahr-gert) *adj* purple
pusekatt (*pēw*-ser-kaht) *c* pussy-cat
pusle (*pewsh*-ler) *v* potter; busy oneself
puslespill (*pewsh*-ler-spil) *nt* (pl ~) jigsaw puzzle
pusse (*pewss*-ser) *v* polish
pussig (*pewss*-si) *adj* funny
pust (pewst) *c* breath
puste (*pewss*-ter) *v* breathe; **~ ut** expire, exhale
pute (*pēw*-ter) *c* cushion; pillow; pad
putevar (*pēw*-ter-vaar) *nt* (pl ~) pillow-case
putte (*pewt*-ter) *v* *put
pyjamas (pew-*shaa*-mahss) *c* pyjamas *pl*
pytt (pewtt) *c* puddle

pære (*pææ*-rer) *c* pear

pæreholder (*pææ*-rer-hoa-lerr) *c* socket

pølse (*purl*-ser) *c* sausage

på (paw) *prep* upon, on, at; to

*pådra seg (*paw*-draa) contract

påfallende (*paw*-fah-ler-ner) *adj* striking

påfugl (*paw*-fewl) *c* peacock

påkledningsrom (*paw*-klaid-nings-room) *nt* dressing-room

påkrevd (*paw*-krehvd) *adj* requisite

pålegg (*paw*-lehg) *nt* (pl ~) rise; sandwich spread, cold cuts

*pålegge (*paw*-lehg-er) *v* raise, charge

pålitelig (po-*lee*-ter-li) *adj* sound, reliable, trustworthy

påseiling (*paw*-say-ling) *c* ship collision

påske (*pawss*-ker) *c* Easter

påskelilje (*pawss*-ker-lil-Yer) *c* daffodil

påskjønne (*paw*-shur-ner) *v* appreciate

påskrift *c* inscription

påskudd (*paw*-skewd) *nt* (pl ~) pretext, pretence

*påstå (*paw*-staw) *v* claim

*påta seg (*paw*-taa) *take charge of

påvirke (*paw*-veer-ker) *v* affect, influence

R

rabalder (rah-*bahl*-derr) *nt* racket

rabarbra (rah-*bahr*-brah) *c* rhubarb

rabatt (rah-*bahtt*) *c* discount, rebate

rabies (*raa*-bi-ehss) *c* rabies

racket (*ræk*-kert) *c* racquet

rad (raad) *c* row

radering (rah-*dāy*-ring) *c* etching

radiator (rah-di-*aa*-toor) *c* radiator

radikal (rah-di-*kaal*) *adj* radical

radio (*raa*-di-oo) *c* wireless, radio

radius (*raa*-di-ewss) *c* (pl -ier) radius

raffineri (rah-fi-ner-*ree*) *nt* refinery

rak (raak) *adj* straight

rake (*raa*-ker) *c* rake

rakett (rah-*kehtt*) *c* rocket

ramme (*rahm*-mer) *c* frame; *v* *hit

rampe (*rahm*-per) *c* ramp

ran (raan) *nt* robbery

rand (rahnn) *c* (pl render) brim

rane (*raa*-ner) *v* rob

rang (rahngng) *c* rank

ransake (*rahn*-saa-ker) *v* search

ransel (*rahn*-serl) *c* (pl -sler) satchel

ransmann (*raans*-mahn) *c* (pl -menn) robber

rapphøne (*rahp*-hūr-ner) *c* partridge

rapport (rah-*pott*) *c* report

rapportere (rah-po-*tāy*-rer) *v* report

rar (raar) *adj* odd

rase (*raa*-ser) *c* race; breed; *v* rage; rase- racial

rasende (*raa*-ser-ner) *adj* mad, furious

raseri (raa-ser-*ree*) *nt* rage, anger; passion

rasjon (rah-*shōōn*) *c* ration

rask (rahsk) *adj* swift, fast; *nt* trash

raskhet (*rahsk*-hāyt) *c* speed

raspe (*rahss*-per) *v* grate

rastløs (*rahst*-lūrss) *adj* restless

rastløshet (*rahst*-lūrss-hāyt) *c* unrest

ratt (rahtt) *nt* steering-wheel

rattstamme (*rahtt*-stah-mer) *c* steering-column

rav (raav) *nt* amber

ravn (rahvn) *c* raven

reaksjon (reh-ahk-*shōōn*) *c* reaction

realisere (reh-ah-li-*sāy*-rer) *v* realize

realistisk (reh-ah-*liss*-tisk) *adj* matter-of-fact

redaktør (reh-dahk-*tūrr*) *c* editor

redd (rehdd) *adj* afraid; *være ~

*be afraid

redde (*rehd*-der) *v* rescue, save

reddik (*rehd*-dik) *c* radish

rede (*rāy*-der) *nt* nest

redegjørelse (*rāy*-der-Yūr-rerl-ser) *c* account

redning (*rehd*-ning) *c* rescue

redningsmann (*rehd*-nings-mahn) *c* (pl -menn) saviour

redsel (*reht*-serl) *c* (pl -sler) terror, horror

redselsfull (*reht*-serls-fewl) *adj* awful, horrible

redskap (*rehss*-kaap) *nt* utensil, tool

reduksjon (reh-dewk-*shōōn*) *c* reduction

redusere (reh-dew-*sāy*-rer) *v* reduce

referanse (reh-fer-*rahng*-ser) *c* reference

referat (reh-fer-raat) *nt* minutes

refill (ri-*fill*) *c* (pl ~) refill

refleks (reh-*flehks*) *c* reflection

reflektere (rehf-lehk-*tāy*-rer) *v* reflect

reflektor (reh-*flehk*-toor) *c* reflector

Reformasjonen (reh-for-mah-*shōō*-nern) the Reformation

refundere (reh-fewn-*dāy*-rer) *v* refund

regatta (reh-*gaht*-tah) *c* regatta

regel (*rāy*-gerl) *c* (pl regler) rule; regulation; **som** ~ in general, as a rule

regelmessig (*rāy*-gerl-meh-si) *adj* regular

regent (reh-*gehnt*) *c* ruler

regi (reh-*shee*) *c* direction, staging

regime (reh-*shee*-mer) *nt* régime

regional (reh-gi-oo-*naal*) *adj* regional

regissere (reh-shi-*sai*-rer) *v* direct

regissør (reh-shi-*sürr*) *c* director

register (reh-*giss*-terr) *nt* (pl ~, -tre) index

registrere (reh-gi-*strāy*-rer) *v* record

registrering (reh-gi-*strāy*-ring) *c* registration

registreringsnummer (reh-gi-*strāy*-rings-noo-merr) *nt* (pl -numre) registration number; licence number *Am*

regjere (reh-*Yāy*-rer) *v* govern, rule

regjering (reh-*Yāy*-ring) *c* government; rule

regjeringstid (reh-*Yāy*rings-teed) *c* reign

regn (rayn) *nt* rain

regnbue (*rayn*-bēw-er) *c* rainbow

regne¹ (*ray*-ner) *v* rain

regne² (*ray*-ner) *v* reckon; ~ **for** reckon; ~ **ut** calculate

regnemaskin (*ray*-ner-mah-sheen) *c* adding-machine

regnfrakk (*rayn*-frahk) *c* raincoat, mackintosh

regnfull (*rayn*-fewl) *adj* rainy

regning (*ray*-ning) *c* arithmetic; bill; check *nAm*

regnskur (*rayn*-skōōr) *c* shower

regulere (reh-gew-*lāy*-rer) *v* regulate

regulering (reh-gew-*lāy*-ring) *c* regulation

rehabilitering (reh-hah-bi-li-*tāy*-ring) *c* rehabilitation

reinsdyr (*rayns*-dēwr) *nt* (pl ~) reindeer

reise¹ (*ray*-ser) *v* travel; *c* voyage, journey, trip; ~ **bort** depart

reise² (*ray*-ser) *v* erect; ~ **seg** *rise

reisebyrå (*ray*-ser-bew-raw) *nt* travel agency

reisebyråagent (*ray*-ser-bew-raw-ah-gehnt) *c* travel agent

reiseforsikring (*ray*-ser-fo-shik-ring) *c* travel insurance

reisehåndbok (*ray*-ser-hon-bōōk) *c* (pl -bøker) travel guide

reisende (*ray*-ser-ner) *c* (pl ~) traveller

reiseplan (*ray*-ser-plaan) *c* itinerary

reiserute (*ray*-ser-rēw-ter) *c* itinerary

reisesjekk (*ray*-ser-shehk) *c* traveller's cheque

reiseutgifter (*ray*-ser-ewt-yif-terr) *pl* travelling expenses

reke (*ray*-ker) *c* shrimp; prawn

rekke (*rehk*-ker) *c* rank, file; chain

*****rekke** (*rehk*-ker) *v* pass, *catch

rekkefølge (*rehk*-ker-fur-ler) *c* sequence, order

rekkevidde (*rehk*-ker-vi-der) *c* reach; range

rekkverk (*rehk*-værk) *nt* railing

reklame (reh-*klaa*-mer) *c* advertising; commercial

rekommandere (reh-koo-mahn-*day*-rer) *v* register

rekord (reh-koord) *c* record

rekreasjon (rehk-reh-ah-*shoon*) *c* recreation

rekreasjonssenter (reh-kreh-ah-*shoon*-sehn-terr) *nt* (pl -trer) recreation centre

rekrutt (reh-*rewtt*) *c* recruit

rektangel (rehk-*tahng*-ngerl) *nt* (pl -gler) oblong, rectangle

rektangulær (rehk-tahng-gew-*læær*) *adj* rectangular

rektor (*rehk*-toor) *c* headmaster, principal

relativ (*rehl*-lah-teev) *adj* comparative, relative

relieff (reh-li-*ehff*) *nt* relief

religion (reh-li-gi-*oon*) *c* religion

religiøs (reh-li-gi-*ürss*) *adj* religious

relikvie (reh-*leek*-vi-er) *c* relic

rem (rehmm) *c* (pl ~mer) strap

remisse (reh-*miss*-ser) *c* remittance

ren (rayn) *adj* clean; pure; **gjøre rent** clean

rengjøring (*rayn*-yür-ring) *c* cleaning

rengjøringsmiddel (*rayn*-yür-rings-mi-derl) *nt* (pl -midler) detergent

rennestein (*rehn*-ner-stayn) *c* gutter

rense (*rehn*-ser) *v* clean

rensemiddel (*rehn*-ser-mi-derl) *nt* (pl -midler) cleaning fluid

renseri (rehn-ser-*ree*) *nt* dry-cleaner's

renslig (*rayn*-shli) *adj* clean, cleanly

rente (*rehn*-ter) *c* interest

rep (rayp) *nt* rope

reparasjon (reh-pah-rah-*shoon*) *c* reparation, repair

reparere (reh-pah-*ray*-rer) *v* repair; mend, fix

repertoar (reh-peh-too-*aar*) *nt* repertory

reporter (reh-*paw*-terr) *c* reporter

representant (reh-preh-sern-*tahnt*) *c* agent

representasjon (reh-preh-sern-tah-*shoon*) *c* representation

representativ (reh-preh-*sehn*-tah-teev) *adj* representative

representere (reh-preh-sern-*tay*-rer) *v* represent

reproduksjon (reh-proo-dewk-*shoon*) *c* reproduction

reprodusere (reh-proo-dew-*say*-rer) *v* reproduce

republikansk (reh-pewb-li-*kaansk*) *adj* republican

republikk (reh-pew-*blikk*) *c* republic

resepsjon (reh-sehp-*shoon*) *c* reception office

resepsjonsdame (reh-sehp-*shoons*-daa-mer) *c* receptionist

resept (reh-*sehpt*) *c* prescription

reservasjon (reh-sær-vah-*shoon*) *c* reservation, booking

reserve (reh-*sær*-ver) *c* reserve; **reserve-** spare

reservedekk (reh-*sær*-ver-dehk) *nt* (pl ~) spare tyre

reservedel (reh-*sær*-ver-dayl) *c* spare part

reservehjul (reh-*sær*-ver-yewl) *nt* (pl ~) spare wheel

reservere (reh-sær-*vay*-rer) *v* reserve;

book

reservert (reh-sær-*vayt*) *adj* reserved

reservoar (reh-sær-voo-*aar*) *nt* reservoir

resonnere (reh-soo-*nay*-rer) *v* reason

respekt (rehss-*pehkt*) *c* esteem, respect; regard

respektabel (rehss-pehk-*taa*-berl) *adj* respectable

respektere (rehss-pehk-*tay*-rer) *v* respect

respektiv (rehss-pehk-teev) *adj* respective

rest (rehst) *c* rest; remainder, remnant

restaurant (rehss-tew-*rahngng*) *c* restaurant

resterende (rehss-*tay*-rer-ner) *adj* remaining

resultat (reh-sewl-*taat*) *nt* result; outcome, issue

resultere (reh-sewl-*tay*-rer) *v* result

resymé (reh-sew-*may*) *nt* résumé

retning (*reht*-ning) *c* direction; way

retningsviser (*reht*-nings-vee-serr) *c* trafficator; blinker *nAm*

rett¹ (rehtt) *c* dish, course

rett² (rehtt) *c* law, justice; *adj* right; appropriate; *adv* straight; *ha ~ * be right; *~ frem* straight on, straight ahead

rette¹ (*reht*-ter) *v* correct; *med ~* rightly

rette² (*reht*-ter) *v* direct; *~ mot* aim at

rettelse (*reht*-terl-ser) *c* correction

rettergang (*reht*-terr-gahng) *c* trial

rettferdig (reht-*fær*-di) *adj* just, fair, right

rettferdighet (reht-*fær*-di-hayt) *c* justice

rettighet (*reht*-ti-hayt) *c* right

rettskaffen (*reht*-skah-fern) *adj* righteous, honourable

rettslig (*reht*-shli) *adj* legal

rettssak (*reht*-saak) *c* lawsuit, trial

returnere (reh-tewr-*nay*-rer) *v* *send back

reumatisme (rehv-mah-*tiss*-mer) *c* rheumatism

rev (rayv) *c* fox; *nt* reef

revers (reh-*væshsh*) *c* reverse

revidere (reh-vi-*day*-rer) *v* revise

revisjon (reh-vi-*shoon*) *c* revision

revolusjon (reh-voo-lew-*shoon*) *c* revolution

revolusjonær (reh-voo-lew-shoo-*næær*) *adj* revolutionary

revolver (reh-*vol*-verr) *c* gun, revolver

revy (reh-*vew*) *c* revue

revyteater (reh-*vew*-teh-aa-terr) *nt* (pl ~, -tre) music-hall

ribbein (*rib*-bayn) *nt* (pl ~) rib

ridder (*rid*-derr) *c* knight

*ride (*ree*-der) *v* *ride

rideskole (*ree*-der-skoo-ler) *c* riding-school

ridning (*reed*-ning) *c* riding

rift (rift) *c* tear

rik (reek) *adj* wealthy, rich

rikdom (*reek*-dom) *c* (pl ~mer) wealth, riches *pl*

rike (*reeker*) *nt* kingdom

rikelig (*ree*-ker-li) *adj* plentiful; abundant

rikelighet (*reek*-li-hayt) *c* plenty

rikstelefonsamtale (riks-teh-ler-*foon*-sahm-taa-ler) *c* trunk-call; long distance call *Am*

riksvei (*riks*-vay) *c* highway

riktig (*rik*-ti) *adj* correct, just, right; proper; *adv* rather

rim (reem) *nt* rhyme

rimelig (*ree*-mer-li) *adj* reasonable

ring (ringng) *c* ring

ringe (*ring*-nger) *v* *ring; *adj* small; *~ opp* call; ring up, phone; call up *Am*

ringeakt (*ring*-nger-ahkt) *c* contempt, disdain

ringeklokke (*ring*-nger-klo-ker) *c* doorbell, bell

ringvei (*ring*-vay) *c* by-pass

rips (rips) *c* (pl ~) currant

ris (reess) *c* rice

risikabel (ri-si-*kaa*-berl) *adj* risky; precarious, critical

risikere (ri-si-*kay*-rer) *v* risk

risiko (*riss*-si-koo) *c* risk; hazard, chance

risp (risp) *nt* scratch

rispe (*riss*-per) *v* scratch

rist (rist) *c* grate

riste (*riss*-ter) *v* roast; *shake

rival (ri-*vaal*) *c* rival

rivalisere (ri-vah-li-*say*-rer) *v* rival

rivalitet (ri-vah-li-*tayt*) *c* rivalry

***rive** (*ree*-ver) *v* *tear; ~ **i stykker** rip; ~ **ned** demolish

rivjern (*reev*-ʸæn) *nt* (pl ~) grater

ro[1] (rōō) *c* quiet; **falle til ~** calm down; **roe seg** calm down; ~ **og mak** leisure

ro[2] (rōō) *v* row

robust (roo-*bewst*) *adj* robust

robåt (*rōō*-bawt) *c* rowing-boat

rogn (rongn) *c* roe

rolig (*rōō*-li) *adj* quiet, calm, tranquil; serene

rom (roomm) *nt* room, chamber; space

roman (roo-*maan*) *c* novel

romanforfatter (roo-*maan*-for-faht-terr) *c* novelist

Romania (roo-*maa*-ni-ah) Rumania

romantisk (roo-*mahn*-tisk) *adj* romantic

romerbad (*rōō*-merr-baad) *nt* (pl ~) Turkish bath

romersk-katolsk (*rōō*-mersh-kah-tōōlsk) *adj* Roman Catholic

romme (*room*-mer) *v* contain

rommelig (*room*-mer-li) *adj* spacious, roomy; large

rop (rōōp) *nt* call, cry; shout

rope (*rōō*-per) *v* cry, call; shout

ror (rōōr) *nt* helm, rudder

rorgjenger (*rōōr*-ʸeh-ngerr) *c* helmsman

rormann (*rōōr*-mahn) *c* (pl -menn) helmsman

ros (rōōss) *c* glory, praise

rosa (*rōō*-sah) *adj* rose

rose (*rōō*-ser) *c* rose; *v* praise

rosenkrans (*rōō*-sern-krahns) *c* beads *pl*, rosary

rosenkål (*rōō*-sern-kawl) *c* sprouts *pl*

rosin (roo-*seen*) *c* raisin

rot[1] (rōōt) *c* (pl røtter) root

rot[2] (rōōt) *nt* muddle, mess

rote (*rōō*-ter) *v* muddle; ~ **til** mess up

rotte (*rot*-ter) *c* rat

rouge (rōōsh) *c* rouge

rovdyr (*rawv*-dēwr) *nt* (pl ~) beast of prey

ru (rēw) *adj* rough; harsh

rubin (rew-*been*) *c* ruby

rubrikk (rew-*brikk*) *c* column

ruin (rew-*een*) *c* ruins

rulett (rew-*lehtt*) *c* roulette

rull (rewll) *c* roll

rulle (*rewl*-ler) *v* roll

rullegardin (*rewl*-ler-gah-deen) *c/nt* blind

rulleskøyteløping (rewl-ler-shur-ʸew-ter-lūrp-ing) *c* roller-skating

rullestein (*rewl*-ler-stayn) *c* boulder

rullestol (*rewl*-ler-stōōl) *c* wheelchair

rulletrapp (*rewl*-ler-trahp) *c* escalator

rumener (roo-*may*-nerr) *c* Rumanian

rumensk (roo-*maynsk*) *adj* Rumanian

rumpeballe (*room*-per-bah-ler) *c* buttock

rund (rewnn) *adj* round

runde (*rewn*-der) *c* round

rundhåndet (*rewn*-ho-nert) *adj* generous

rundkjøring (*rewn*-khūr-ring) *c* roundabout

rundreise (*rewn*-ray-ser) *c* tour

rundspørring (*rewn*-spur-ring) *c* enquiry

rundstykke (*rewn*-stew-ker) *nt* roll; bun *nAm*

rundt (rewnt) *prep* about; *adv* around

rushtid (*rursh*-teed) *c* rush-hour, peak hour

russer (*rewss*-serr) *c* Russian

russisk (*rewss*-sisk) *adj* Russian

Russland (*rewss*-lahn) Russia

rust (rewst) *c* rust

rusten (*rewss*-tern) *adj* rusty

rustning (*rewst*-ning) *c* armour

rute (*rēw*-ter) *c* check; pane; route

ruteplan (*rēw*-ter-plaan) *c* schedule

rutet (*rēw*-tert) *adj* chequered

rutine (rew-*tee*-ner) *c* routine

rutsjebane (*rewt*-sher-baa-ner) *c* slide

rydde opp (*rewd*-der) tidy up

rydde vekk (*rewd*-der vehkk) *put away

rye (*rēw*-er) *c* rug

rygg (rewgg) *c* back

rygge (*rewg*-ger) *v* reverse

ryggrad (*rewg*-raad) *c* spine, backbone

ryggsekk (*rewg*-sehk) *c* knapsack, rucksack; haversack

ryggsmerter (*rewg*-smæ-terr) *pl* backache

rykk (rewkk) *nt* wrench, tug

rykte (*rewk*-ter) *nt* rumour; reputation, fame

rynke (*rewng*-ker) *c* wrinkle; crease

ryste (*rewss*-ter) *v* *shake

rytme (*rewt*-mer) *c* rhythm

rytter (*rewt*-terr) *c* horseman, rider

rød (rūr) *adj* red

rødbete (*rūr*-bāy-ter) *c* beetroot

rødme (*rurd*-mer) *v* blush

rødspette (*rūr*-speh-ter) *c* plaice

rødstrupe (*rūr*-strēw-per) *c* robin

røkelse (*rūr*-kerl-ser) *c* incense

rømling (*rurm*-ling) *c* runaway

rømme (*rurm*-mer) *c* sour cream, *v* escape

røntgenbilde (*rurnt*-kern-bil-der) *nt* X-ray

røntgenfotografere (*rurnt*-kern-foo-too-grah-*fāy*-rer) *v* X-ray

røpe (*rūr*-per) *v* *give away

rør (rūr) *nt* tube, pipe; cane

røre (*rūr*-rer) *v* touch; stir; ~ **seg** move

rørende (*rūr*-rer-ner) *adj* touching

rørlegger (*rūr*-leh-gerr) *c* plumber

røyk (rur ᵉʷk) *c* smoke

røyke (rur ᵉʷ-ker) *v* smoke; **røyking forbudt** no smoking

røykekupé (rur ᵉʷ-ker-kew-*pāy*) *c* smoking-compartment, smoker

røyker (rur ᵉʷ-kerr) *c* smoker

røykerom (rur ᵉʷ-ker-room) *nt* (pl ~) smoking-room

rå (raw) *adj* raw

råd (rawd) *nt* advice; counsel, council; *ha ~ til *can afford

råde (*raw*-der) *v* advise

rådgiver (*rawd*-ᵞee-verr) *c* counsellor

rådhus (*rawd*-hēwss) *nt* (pl ~) town hall

rådslagning (*rawd*-shlaag-ning) *c* deliberation

***rådslå** (*rawd*-shlaw) *v* deliberate

rådsmedlem (*rawds*-māyd-lerm) *nt* (pl ~mer) councillor

***rådspørre** (*rawd*-spur-rer) *v* consult

råmateriale (*raw*-mah-ter-ri-aa-ler) *nt* raw material

råtten (*rot*-tern) *adj* rotten

S

safe (sayf) *c* safe

safir (sah-*feer*) *c* sapphire

saft (sahft) *c* juice

saftig (*sahf*-ti) *adj* juicy

sag (saag) *c* saw

sagbruk (*saag*-brōōk) *nt* (pl ∼) saw-mill

sagflis (*saag*-fleess) *c* sawdust

sak (saak) *c* matter, cause; case; is-sue

sakfører (*saak*-fūr-rerr) *c* solicitor

sakkarin (sah-kah-*reen*) *c/nt* saccharin

sakkyndig (*saak*-khewn-di) *adj* expert

saks (sahks) *c* scissors *pl*

sakte (*sahk*-ter) *adj* slow

sal (saal) *c* hall; saddle

salat (sah-*laat*) *c* salad, lettuce

saldo (*sahl*-doo) *c* balance

salg (sahlg) *nt* sale; **til salgs** for sale

salgbar (*sahlg*-baar) *adj* saleable

salme (*sahl*-mer) *c* hymn

salmiakk (sahl-mi-*ahkk*) *c* ammonia

salong (sah-*longng*) *c* salon; lounge, drawing-room

salt (sahlt) *nt* salt; *adj* salty

saltkar (*sahlt*-kaar) *nt* (pl ∼) salt-cel-lar

salve (*sahl*-ver) *c* ointment, salve

samarbeid (*sahm*-mahr-bayd) *nt* co-operation

samarbeidsvillig (*sahm*-mahr-bayds-vi-li) *adj* co-operative

same (*saa*-mer) *c* Lapp

samfunn (*sahm*-fewn) *nt* (pl ∼) so-ciety; community; **samfunns-** so-cial

samle (*sahm*-ler) *v* collect, gather; as-semble; compile; ∼ **inn** collect

samler (*sahm*-lerr) *c* collector

samles (*sahm*-lerss) *v* gather

samling (*sahm*-ling) *c* collection

samme (*sahm*-mer) *adj* same

sammen (*sahm*-mern) *adv* together

sammendrag (*sahm*-mern-draag) *nt* (pl ∼) summary

sammenføye (*sahm*-mern-fur^(ew)-er) *v* join

sammenheng (*sahm*-mern-hehng) *c* connection; coherence

sammenkomst (*sahm*-mern-komst) *c* meeting, assembly

sammenligne (*sahm*-mern-ling-ner) *v* compare

sammenligning (*sahm*-mern-ling-ning) *c* comparison; **uten** ∼ by far

sammensetning (*sahm*-mern-seht-ning) *c* composition

sammensmeltning (*sahm*-mern-smehlt-ning) *c* merger

sammenstille (*sahm*-mern-sti-ler) *v* combine

sammenstøt (*sahm*-mern-stūrt) *nt* (pl ∼) collision

sammensvergelse (*sahm*-mern-svær-gerl-ser) *c* plot

sammensverge seg (*sahm*-mern-svær-ger) conspire

sammentreff (*sahm*-mern-trehf) *nt* (pl ∼) coincidence

samordne (*sahm*-mor-dner) *v* co-ordi-nate

samtale (*sahm*-taa-ler) *c* talk, conver-sation; discussion

samtidig[1] (*sahm*-tee-di) *adj* simulta-neous; contemporary; *adv* simulta-neously

samtidig[2] (*sahm*-tee-di) *c* (pl ∼e) contemporary

samtykke (*sahm*-tew-ker) *v* consent; *nt* consent

samvirkelag (*sahm*-veer-ker-laag) *nt* co-operative

samvittighet (sahm-*vit*-ti-hāyt) *c* con-science

sanatorium (sah-nah-*tōō*-ri-ewm) *nt*
(pl -ier) sanatorium
sand (sahnn) *c* sand
sandal (sahn-*daal*) *c* sandal
sanddyne (*sahn*-dēw-ner) *c* dune
sandet (*sahn*-nert) *adj* sandy
sandpapir (*sahn*-pah-peer) *nt* sandpa-
per
sandwich (sæn-vich) *c* sandwich
sang (sahngng) *c* song
sanger (*sahng*-ngerr) *c* vocalist, singer
sangerinne (sah-nger-*rin*-ner) *c* singer
sanitetsbind (sah-ni-*tāyts*-bin) *nt* (pl
~) sanitary towel
sanitær (sah-ni-*tæær*) *adj* sanitary
sann (sahnn) *adj* true
sannferdig (sahn-*fær*-di) *adj* truthful
sannhet (*sahn*-hāyt) *c* truth
sannsynlig (sahn-*sēwn*-li) *adj* prob-
able, likely
sannsynligvis (sahn-*sēwn*-li-veess) *adv*
probably
sans (sahns) *c* sense
sardin (sah-*deen*) *c* sardine
satellitt (sah-ter-*litt*) *c* satellite
sateng (sah-*tehngng*) *c* satin
satt (sahtt) *adj* sedate
sau (sou) *c* sheep
Saudi-Arabia (sou-di-ah-rah-bi-ah)
Saudi Arabia
saudiarabisk (*sou*-di-ah-raa-bisk) *adj*
Saudi Arabian
saus (souss) *c* sauce
savn (sahvn) *nt* lack
savne (*sahv*-ner) *v* miss; lack; savnet
person missing person
scene (*sāy*-ner) *c* stage; scene; shot
*se (sāy) *v* *see; look; notice; ~ opp
look out; ~ på look at; ~ ut look;
~ ut til appear
sebra (*sāyb*-rah) *c* zebra
seder (*sāy*-derr) *pl* customs; morals
sedvane (*sāyd*-vaa-ner) *c* usage
sedvanlig (sehd-*vaan*-li) *adj* custom-

ary
seer (*sāy*-err) *c* spectator
seg (say) *pron* himself, herself,
itself, oneself; themselves
segl (sayl) *nt* seal
seier (say-err) *c* victory
seig (say) *adj* tough
seil (sayl) *nt* sail
seilbar (*sayl*-baar) *adj* navigable
seilbåt (*sayl*-bawt) *c* sailing-boat
seilduk (*sayl*-dēwk) *c* canvas
seile (*say*-ler) *v* sail
seilerforening (say-lerr-fo-rāy-ning) *c*
yacht-club
seilsport (*sayl*-spot) *c* yachting
sekk (sehkk) *c* sack
sekretær (sehk-rer-*tæær*) *c* secretary;
clerk
seks (sehks) *num* six
seksjon (sehk-*shōōn*) *c* section
seksten (*sayss*-tern) *num* sixteen
sekstende (*sayss*-ter-ner) *num* six-
teenth
seksti (*sehks*-ti) *num* sixty
seksualitet (sehk-sew-ah-li-*tāyt*) *c* sex-
uality
seksuell (sehk-sew-*ehll*) *adj* sexual
sekund (seh-*kewnn*) *nt* second
sekundær (seh-kewn-*dæær*) *adj* sec-
ondary; subordinate
sel (sāyl) *c* seal
*selge (*sehl*-ler) *v* *sell; ~ i detalj re-
tail
selleri (seh-ler-*ree*) *c* celery
selskap (*sehl*-skaap) *nt* party, com-
pany; society
selskapsantrekk (*sehl*-skaap-sahn-
trehk) *nt* (pl ~) evening dress
selskapsdyr (pl ~) pet
selters (*sehl*-tersh) *c* soda-water
selv (sehll) *pron* myself, yourself,
herself, himself, itself, oneself, our-
selves, yourselves, themselves;
~ om though, although

selvbetjening (sehl-beh-tY<u>ay</u>-ning) c
self-service

selvbetjeningsvaskeri (sehl-beh-tYay-nings-vahss-ker-ree) nt launderette

selvfølgelig (sehl-furl-ger-li) adv naturally, of course

selvgod (sehl-goo) adj conceited

selvisk (sehl-visk) adj selfish

selvmord (sehl-moord) nt (pl ~) suicide

selvopptatt (sehl-lop-taht) adj self-centred

selvstendig (sehl-stehn-di) adj independent; self-employed

selvstyre (sayl-stew-rer) nt self-government

selvstyrt (sehl-stewt) adj autonomous

sement (seh-mehnt) c cement

semikolon (seh-mi-k<del>oo</del>-lon) nt semicolon

sen (s<u>ay</u>n) adj late; **for sent** too late;
senere afterwards

senat (seh-naat) nt senate

senator (seh-naa-toor) c senator

sende (sehn-ner) v *send; transmit;
~ **av sted** dispatch, *send off; ~
bort dismiss; ~ **tilbake** *send back

sendemann (sehn-ner-mahn) c (pl
-menn) envoy

sender (sehn-nerr) c transmitter

sending (sehn-ning) c consignment;
transmission

sene (s<u>ay</u>-ner) c sinew, tendon

seng (sehngng) c bed

sengeteppe (sehng-nger-teh-per) nt
bedspread

sengetøy (sehng-nger-tur^{ew}) nt bedding

senil (seh-neel) adj senile

senit (s<u>ay</u>-nit) nt zenith

senke (sehng-ker) v lower

sennep (sehn-nerp) c mustard

sensasjon (sehn-sah-sh<del>oo</del>n) c sensa-
tion

sensasjonell (sehn-sah-shoo-nehll) adj
sensational

sensur (sehn-s<u>ew</u>r) c censorship

sentimental (sehn-ti-mehn-taal) adj
sentimental

sentral (sehn-traal) adj central

sentralbord (sehn-traal-b<del>oo</del>r) nt (pl
~) switchboard

sentralborddame (sehn-traal-b<del>oo</del>r-daa-mer) c telephone operator

sentralfyring (sehn-traal-f<u>ew</u>-ring) c
central heating

sentralisere (sehn-trah-li-s<u>ay</u>-rer) v
centralize

sentralstasjon (sehn-traal-stah-sh<del>oo</del>n)
c central station

sentrum (sehn-trewm) nt (pl -ra)
town centre, centre

separat (seh-pah-raat) adv apart, separately

separere (seh-pah-r<u>ay</u>-rer) v separate

september (sehp-tehm-berr) September

septisk (sehp-tisk) adj septic

seremoni (seh-reh-moo-nee) c ceremony

serie (s<u>ay</u>-ri-er) c series, sequence

seriøs (seh-ri-<u>ur</u>ss) adj serious

serum (s<u>ay</u>-rewm) nt (pl sera) serum

servere (sær-v<u>ay</u>-rer) v serve

serveringsavgift (sær-v<u>ay</u>-ring-saav-Yift) c service charge

serviett (sær-vi-ehtt) c napkin, serviette

servise (sær-vee-ser) nt dinner-service

sesjon (seh-sh<del>oo</del>n) c session

sesong (seh-songng) c season; **uten-
for sesongen** off season

sesongkort (seh-song-kot) nt (pl ~)
season-ticket

sete (s<u>ay</u>-ter) nt seat; chair

setning (seht-ning) c sentence

sett (sehtt) *nt* set

*sette (*seh*-ter) *v* *lay, place, *set; ~ **i gang** launch; ~ **inn** insert; ~ **i stand** enable; ~ **opp** *make up; *draw up; ~ **på** turn on; ~ **sammen** compose, assemble; ~ **seg** *sit down

severdighet (*say*-vær-di-hāyt) *c* sight; scenic place

sex (sehks) *c* sex

shorts (shawts) *c* (pl ~) shorts *pl*

*si (see) *v* *say, *tell

Siam (*si*-ahm) Siam

siameser (si-ah-*may*-serr) *c* Siamese

siamesisk (si-ah-*may*-sisk) *adj* Siamese

side (*see*-der) *c* page; side; **på den andre siden** across; **på den andre siden av** across, beyond; **til ~** aside; **til siden** sideways; aside; **ved siden av** next-door

sidegate (*see*-der-gaa-ter) *c* sidestreet

sidelys (*see*-der-lēwss) *nt* (pl ~) sidelight

siden (*see*-dern) *adv* since; *prep* since; *conj* since; **for . . . siden** ago

siffer (*sif*-ferr) *nt* (pl ~, sifre) digit

sifong (si-*fongng*) *c* syphon, siphon

sigar (si-*gaar*) *c* cigar

sigarbutikk (si-*gaar*-bew-tik) *c* cigar shop

sigarett (si-gah-*rehtt*) *c* cigarette

sigarettenner (si-gah-*reht*-teh-nerr) *c* cigarette-lighter

sigarettetui (si-gah-*reht*-teh-tew-ee) *nt* cigarette-case

sigarettmunnstykke (si-gah-*reht*-mewn-stew-ker) *nt* cigarette-holder

sigarettobakk (si-gah-*reht*-too-bahk) *c* cigarette tobacco

signal (sing-naal) *nt* signal

signalement (sing-nah-ler-*mahngng*) *nt* description

signalere (sing-nah-*lāy*-rer) *v* signal

signalhorn (sing-*naal*-hōōn) *nt* (pl ~) horn

signatur (sing-nah-*tēwr*) *c* signature

sigøyner (si-*gurⁱᵂ*-nerr) *c* gipsy

sikker (*sik*-kerr) *adj* secure, safe; certain, sure

sikkerhet (*sik*-kerr-hāyt) *c* security, safety

sikkerhetsbelte (*sik*-kerr-hāyts-behl-ter) *nt* seat-belt, safety-belt

sikkerhetsforanstaltning (*sik*-kerr-hāyts-fo-rahn-stahlt-ning) *c* precaution

sikkerhetsnål (*sik*-kerr-hāyts-nawl) *c* safety-pin

sikkert (*sik*-kert) *adv* surely; **helt ~** without fail

sikre seg (*sik*-rer) secure

sikring (*sik*-ring) *c* fuse

sikt (sikt) *c* visibility

sikte¹ (*sik*-ter) *nt* aim; ***ta ~ på** aim at

sikte² (*sik*-ter) *v* aim; ~ **på** aim at

sil (seel) *c* sieve

sild (sill) *c* (pl ~) herring

sile (*see*-ler) *v* strain

silke (*sil*-ker) *c* silk; **silke-** silken

simpel (*sim*-perl) *adj* common; vulgar

simpelthen (*sim*-pehlt-hehn) *adv* simply

simulere (si-mew-*lāy*-rer) *v* simulate

sindig (*sin*-di) *adj* sedate, sober-minded

sink (singk) *c* zinc

sinke (*sing*-ker) *v* impede

sinn (sinn) *nt* mind

sinne (*sin*-ner) *nt* anger, temper

sinnsbevegelse (sins-beh-vāy-gerl-ser) *c* emotion

sinnsforvirring (sins-for-vi-ring) *c* insanity

sinnssvak (*sin*-svaak) *adj* mad

sinnssyk¹ (*sin*-sēwk) *adj* insane,

crazy; lunatic

sinnssyk² (*sin-sēwk*) c (pl ~e) lunatic

sint (sint) adj cross, angry

sirene (si-*rāy*-ner) c siren

siriss (si-*riss*) c cricket

sirkel (*seer*-kerl) c (pl -kler) circle

sirkulasjon (seer-kew-lah-*shōōn*) c circulation

sirkus (*seer*-kewss) nt circus

sirup (*seer*-rewp) c syrup

sist (sist) adj last

siste (*siss*-ter) adj ultimate; **i det ~** lately

sitat (si-*taat*) nt quotation

sitere (si-*tāy*-rer) v quote

sitron (si-*trōōn*) c lemon

***sitte** (*sit*-ter) v *sit

sitteplass (*sit*-ter-plahss) c seat

situasjon (si-tew-ah-*shōōn*) c position, situation

siv (seev) nt rush, reed

sivil (si-*veel*) adj civil; civilian

sivilisasjon (si-vi-li-sah-*shōōn*) c civilization

sivilisert (si-vi-li-*sāyt*) adj civilized

sivilperson (si-*veel*-pæ-shōōn) c civilian

sivilrett (si-*veel*-reht) c civil law

sjakk (shahkk) c chess; **sjakk!** check!

sjakkbonde (*shahk*-boo-ner) c (pl -bønder) pawn

sjakkbrett (*shahk*-breht) nt (pl ~) chessboard; checkerboard nAm

sjal (shaal) nt shawl

sjalu (shah-*lēw*) adj jealous; envious

sjalusi (shah-lew-*see*) c jealousy

sjampinjong (shahm-pin-*Yongng*) c mushroom

sjampo (*shahm*-poo) c shampoo

sjanse (*shahng*-ser) c chance

sjarlatan (*shaa*-lah-tahn) c quack

sjarm (shahrm) c charm; glamour, attraction

sjarmerende (shahr-*māy*-rer-ner) adj charming

sjef (shāyf) c manager, boss, chief

sjekk (shehkk) c cheque; check nAm

sjekke (*shehk*-ker) v check

sjekkhefte (*shehk*-hehf-ter) nt cheque-book; check-book nAm

sjel (shāyl) c soul

sjelden (*shehl*-dern) adv rarely, seldom; adj rare, uncommon, infrequent

sjenere (sheh-*nāy*-rer) v embarrass

sjenert (sheh-*nāyt*) adj shy

sjenerthet (sheh-*nāyt*-hāyt) c timidity

sjetong (sheh-*tong*) c token

sjette (*sheht*-ter) num sixth

sjofel (*shōōf*-erl) adj mean

sjokk (shokk) nt shock

sjokkere (sho-*kāy*-rer) v shock

sjokkerende (sho-*kāy*-rer-ner) adj shocking

sjokolade (shoo-koo-*laa*-der) c chocolate

sjokoladeforretning (shoo-koo-*laa*-der-fo-reht-ning) c sweetshop; candy store Am

sju (shēw) num seven

sjuende (*shēw*-er-ner) num seventh

sjusket (*shewss*-kert) adj slovenly

sjy (shew) c gravy

sjø (shūr) c sea

sjøbilde (*shūr*-bil-der) nt seascape

sjøfugl (*shūr*-fēwl) c sea-bird

sjøkart (*shūr*kaht) nt chart

sjøkyst (*shūr*-khewst) c sea-coast

sjømann (*shūr*-mahn) c (pl -menn) sailor, seaman

sjøpinnsvin (*shūr*-pin-sveen) nt (pl ~) sea-urchin

sjøreise (*shūr*-ray-ser) c cruise

sjørøver (*shūr*-rūr-verr) c pirate

sjøsetning (*shūr*-seht-ning) c launching

sjøsyk (*shūr*-sēwk) adj seasick

sjøsyke (*shūr*-sew-ker) *c* seasickness

sjøvann (*shūr*-vahn) *nt* sea-water

sjåfør (sho-*fūrr*) *c* chauffeur

skade (*skaa*-der) *c* injury, damage; harm, mischief; *v* *hurt, harm, injure; damage

skadelig (*skaa*-der-li) *adj* harmful, hurtful

skadeserstatning (*skaa*-der-sææsh-taht-ning) *c* compensation, indemnity

skadet (*skaa*-dert) *adj* injured

skaffe (*skahf*-fer) *v* provide, furnish

skaft (skahft) *nt* handle

skala (*skaa*-lah) *c* scale

skall (skahll) *nt* shell; skin

skalldyr (*skahl*-dewr) *nt* (pl ~) shell-fish

skalle (*skahl*-ler) *c* skull

skallet (*skahl*-lert) *adj* bald

skam (skahmm) *c* shame, disgrace

skamfull (*skahm*-fewl) *adj* ashamed

skamme seg (*skahm*-mer) *be ashamed

skandale (skahn-*daa*-ler) *c* scandal

skandinav (skahn-di-*naav*) *c* Scandinavian

Skandinavia (skahn-di-*naa*-vi-ah) Scandinavia

skandinavisk (skahn-di-*naa*-visk) *adj* Scandinavian

skap (skaap) *nt* cupboard, closet

skape (*skaaper*) *v* create

skapning (*skaap*-ning) *c* creature

skarlagenrød (skah-*laa*-gern-rur) *adj* scarlet

skarp (skahrp) *adj* keen

skatt (skahtt) *c* treasure; tax; darling

skattefri (*skaht*-ter-free) *adj* tax-free

*skattlegge (*skaht*-leh-ger) *v* tax

ski (shee) *c* (pl ~) ski; *gå på ~ ski

skibukse (*shee*-book-ser) *c* ski pants

skifer (*shee*-ferr) *c* slate

skift (shift) *nt* shift

skifte (*shif*-ter) *v* switch; change

skiftenøkkel (*shif*-ter-nur-kerl) *c* (pl -nøkler) spanner; monkey wrench *nAm*

skiheis (shee-hayss) *c* ski-lift

skihopp (shee-hop) *nt* (pl ~) ski-jump

skikk (shikk) *c* custom

skikkelse (shi-kerl-ser) *c* figure

skille (*shil*-ler) *v* separate, part; divide

skilles (*shil*-lerss) *v* divorce

skillevegg (*shil*-ler-vehg) *c* partition

skillevei (*shil*-ler-vay) *c* road fork

skilpadde (*shil*-pah-der) *c* turtle

skilsmisse (*shils*-mi-ser) *c* divorce

skiløper (shee-*lūr*-perr) *c* skier

skiløping (shee-*lūr*-ping) *c* skiing

skimte (*shim*-ter) *v* glimpse

skinke (*shing*-ker) *c* ham

skinn (shinn) *nt* skin; hide; glare; semsket ~ suede; skinn- leather

skinne (*shin*-ner) *v* *shine

skinnegang (*shin*-ner-gahng) *c* railway

skinnende (*shin*-ner-ner) *adj* bright

skinnhellig (*shin*-heh-li) *adj* hypocritical

skip (sheep) *nt* boat, ship

skipe (*shee*-per) *v* ship

skipsfart (*ships*-faht) *c* navigation, navigation; shipping

skipsfartslinje (*ships*-fahts-lin-Yer) *c* shipping line

skipsreder (*ships*-ray-derr) *c* shipowner

skipsverft (*ships*-værft) *nt* shipyard

skisse (*shiss*-ser) *c* sketch

skissebok (*shiss*-ser-book) *c* (pl -bøker) sketch-book

skissere (shi-*say*-rer) *v* sketch

skistaver (*shee*-staa-verr) *pl* ski sticks; ski poles *Am*

skistøvler (*shee*-sturv-lerr) *pl* ski boots

skitt (shitt) *c* dirt

skitten (*shit*-tern) *adj* filthy, dirty,

foul; soiled

skive (*shee*-ver) *c* disc; slice

skiveprolaps (*shee*-ver-pro-lahps) *c* slipped disc

skje (shāy) *v* occur, happen; *c* spoon

skjebne (*shāyb*-ner) *c* destiny, fate; fortune, luck

skjebnesvanger (*shāyb*-ner-svahngerr) *adj* fatal

skjefull (*shāy*-fewl) *c* spoonful

skjegg (shehgg) *nt* beard

skjelett (*sheh*-lehtt) *nt* skeleton

skjell (shehll) *nt* shell, sea-shell; scale

skjelle (*shehl*-ler) *v* scold; ~ **ut** call names

skjelne (*shehl*-ner) *v* distinguish

*****skjelve** (*shehl*-ver) *v* tremble, shiver

skjeløyd (*shāyl*-ur^{ew}d) *adj* cross-eyed

skjema (*shāy*-mah) *nt* scheme

skjemme bort (*shehm*-mer boot) *****spoil

skjenke (*shehng*-ker) *v* pour; donate

skjenne på (*shehn*-ner) *v* scold

skjerf (shærf) *nt* scarf

skjerm (shærm) *c* screen

skjermbrett (*shærm*-breht) *nt* folding screen

skjev (shāyv) *adj* slanting

skjorte (*shoot*-ter) *c* shirt

skjul (shewl) *nt* cover

skjule (*shew*-ler) *v* *****hide, conceal

skjær (shæær) *adj* sheer; *nt* rock

skjære (*shææ*-rer) *c* magpie

*****skjære** (*shææ*-rer) *v* *****cut; carve; ~ **av** *****cut off; ~ **i** carve; ~ **ned** *****cut; ~ **ut** carve

skjødesløs (*shūr*-derss-lūrss) *adj* careless

skjønn (shurnn) *adj* wonderful, lovely

skjønne (*shurn*-ner) *v* *****understand, *****see

skjønnhet (shurn-hāyt) *c* beauty

skjønnhetspleie (shurn-hāyts-play-er) *c* beauty treatment

skjønnhetssalong (shurn-hāyt-sah-long) *c* beauty parlour, beauty salon

skjønt (shurnt) *conj* though, although

skjør (shürr) *adj* fragile

skjørt (shurtt) *nt* skirt

skjøteledning (*shūr*-ter-lāyd-ning) *c* extension cord

skli (sklee) *v* slip

sko (skōō) *c* (pl ~) shoe

skog (skōōg) *c* wood, forest

skogkledd (*skōōg*-klehd) *adj* wooded

skogtrakt (*skōōg*-trahkt) *c* woodland

skokrem (*skōō*-krāym) *c* shoe polish

skole (*skōō*-ler) *c* school; **høyere** ~ secondary school

skolebestyrer (*skōō*-ler-beh-stēw-rerr) *c* principal

skolegutt (*skōō*-ler-gewt) *c* schoolboy

skolelærer (*skōō*-ler-læææ-rerr) *c* teacher

skolepike (*skōō*-ler-pee-ker) *c* schoolgirl

skolisse (*skōō*-li-ser) *c* shoe-lace

skomaker (*skōō*-maa-kerr) *c* shoemaker

skorpe (*skor*-per) *c* crust

skorstein (*skosh*-tayn) *c* chimney

skotsk (skotsk) *adj* Scottish, Scotch

skotte (*skot*-ter) *c* Scot

Skottland (*skot*-lahn) Scotland

skotøy (*skōō*-tur^{ew}) *nt* footwear

skotøyforretning (*skōō*-tur^{ew}-fo-reht-ning) *c* shoe-shop

skramme (*skrahm*-mer) *c* scratch

skrap (skraap) *nt* junk

skrape (*skraa*-per) *v* scrape, scratch

skrapjern (*skraap*-Yæn) *nt* scrap-iron

skravle (*skrahv*-ler) *v* chat

skravlebøtte (*skrahv*-ler-bur-ter) *c* chatterbox

skredder (*skrehd*-derr) *c* tailor

skreddersydd (*skrehd*-der-shewd) *adj* tailor-made

skrekk (skrehkk) c fright

skrekkelig (skreh-ker-li) adj horrible

skrell (skrehll) nt peel

skrelle (skrehl-ler) v peel

skremme (skrehm-mer) v scare, terrify

skremmende (skrehm-mer-ner) adj terrifying

skremt (skrehmt) adj frightened

skrifte (skrif-ter) v confess

skriftemål (skrif-ter-mawl) nt (pl ~) confession

skriftlig (skrift-li) adj in writing; written

skrik (skreek) nt scream, cry

*skrike (skree-ker) v shout, scream, cry; shriek

skritt (skritt) nt step, pace, move

*skrive (skree-ver) v *write; ~ bak på endorse; ~ inn book; ~ ned *write down; ~ seg inn check in; ~ seg på book

skriveblokk (skree-ver-blok) c writing-pad

skrivebord (skree-ver-boor) nt desk, bureau

skrivemaskin (skree-ver-mah-sheen) c typewriter

skrivemaskinpapir (skree-ver-mah-sheen-pah-peer) nt typing paper

skrivepapir (skree-ver-pah-peer) nt writing-paper

skriver (skree-verr) c clerk

skru (skrew) v screw; ~ av turn off; ~ på turn on

skrubbe (skrewb-ber) v scrub

skrubbsår (skrewb-sawr) nt (pl ~) graze

skrue (skrew-er) c screw

skruestikke (skrew-er-sti-ker) c clamp

skrujern (skrew-¥ææn) nt (pl ~) screw-driver

skrukke (skrook-ker) c crease

skrunøkkel (skrew-nur-kerl) c (pl -nøkler) wrench

*skryte (skrew-ter) v boast

skrøne (skrūr-ner) v *tell tall tales

skrøpelig (skrūr-per-li) adj fragile

skrå (skraw) adj slanting

skråne (skraw-ner) v slant

skrånende (skraw-ner-ner) adj sloping, slanting

skråning (skraw-ning) c incline, slope

skudd (skewdd) nt shot

skuddår (skewd-dawr) nt (pl ~) leap-year

skue (skoo-er) nt sight

skuespill (skew-er-spil) nt (pl ~) drama

skuespiller (skew-er-spi-lerr) c actor, comedian

skuespillerinne (skew-er-spi-ler-rin-ner) c actress

skuespillforfatter (skew-er-spil-for-fah-terr) c playwright

skuff (skooff) c drawer

skuffe (skewf-fer) v disappoint; *være skuffende *be disappointing

skuffelse (skewf-ferl-ser) c disappointment

skulder (skewl-derr) c (pl -drer) shoulder

skulke (skewl-ker) v play truant

*skulle (skewl-ler) v *shall; *should

skulptur (skewlp-tewr) c sculpture

skum (skoomm) nt froth, foam; lather

skumgummi (skoom-gew-mi) c foam-rubber

skumme (skoom-mer) v foam

skumring (skoom-ring) c twilight

skur (skewr) nt shed; c shower

skurd (skewrd) c carving

skurk (skewrk) c bastard, villain, rascal

skvette (skveht-ter) v splash

skvettskjerm (skveht-shærm) c mud-guard

sky (*shew*) *c* cloud; *adj* shy
skybrudd (*shew*-brewd) *nt* (pl ~)
cloud-burst
skyet (*shew*-ert) *adj* cloudy
skyffel (*shewf*-ferl) *c* (pl skyfler)
shovel
skygge (*shewg*-ger) *c* shadow, shade
skyggefull (*shewg*-ger-fewl) *adj* shady
skyggelue (*shewg*-er-lew-er) *c* cap
skyhet (*shew*-hāyt) *c* shyness
skyld (shewll) *c* blame, guilt
skylde (*shewl*-ler) *v* owe
skyldig (*shewl*-di) *adj* guilty; due;
•**være** ~ owe
skylle (*shewl*-ler) rinse
skylling (*shewl*-ling) *c* rinse
skynde seg (shewn-ner) hurry,
hasten
skyskraper (*shew*-skraa-perr) *c* sky-
scraper
•**skyte** (*shew*-ter) *v* fire, *shoot
skyteskive (*shew*-ter-shee-ver) *c*
mark, target
•**skyve** (*shew*-ver) *v* push
skyvedør (*shew*-ver-dūrr) *c* sliding
door
skøyeraktig (skur*ew*-er-rahk-ti) *adj*
mischievous
skøyte (shur*ew*-ter) *c* skate; *•gå på
skøyter** skate
skøytebane (shur*ew*-ter-baa-ner) *c*
skating-rink
skøyteløping (shur*ew*-ter-lūr-ping) *c*
skating
skål (skawl) *c* saucer; toast
sladder (*shlahd*-derr) *c* gossip
sladre (*shlahd*-rer) *v* gossip
slag (shlaag) *nt* blow; breed; battle;
lapel
slaganfall (*shlaagahn*-fahl) *nt* (pl ~)
stroke
slagord (*shlaa*-gōōr) *nt* (pl ~) slogan
slags (shlahks) *c/nt* sort; **alle** ~ all
sorts of

slakter (*shlahk*-terr) *c* butcher
slange (*shlahng*-nger) *c* snake
slank (shlahngk) *adj* slender, slim
slanke seg (shlahng-ker) slim
slapp (shlahpp) *adj* limp
slappe av (*shlahp*-per) relax
slave (*shlaa*-ver) *c* slave
slede (*shlāy*-er) *c* sleigh, sledge
sleip (shlayp) *adj* slippery
slekt (shlehkt) *c* family
slektning (*shlehkt*-ning) *c* relation,
relative
slem (shlehmm) *adj* naughty, bad
slenge (*shlehng*-nger) *v* *throw
slentre (*shlehn*-trer) *v* stroll
slepe (*shlāy*-per) *v* haul, drag
slepebåt (*shlāy*-per-bawt) *c* tug
slette (*shleht*-ter) *c* plain
slettvar (*shleht*-vaar) *c* brill
slik (shleek) *pron* such; *adv* thus, so,
such; ~ **at** so that; ~ **som** such as
slikke (*shlik*-ker) *v* lick
slips (shlips) *nt* tie, necktie
•**slite** (*shlee*-ter) *v* labour; ~ **ut** wear
out
sliten (*shlee*-tern) *adj* weary, worn
out
slitt (shlitt) *adj* worn
slokke (*shlook*-ker) *v* *put out, extin-
guish
slott (shlott) *nt* castle
slu (shlew) *adj* sly, cunning
sludder (*shlewd*-derr) *nt* rubbish
sluke (*shlew*-ker) *v* swallow
slukt (shlewkt) *c* gorge
slum (shlewmm) *c* slum
slump (shloomp) *c* chance; **på** ~ by
chance
slurk (shlewrk) *c* sip
slurvet (*shlewr*-vert) *adj* sloppy
sluse (*shlew*-ser) *c* lock, sluice
slutning (*shlewt*-ning) *c* conclusion;
end
slutt (shlewtt) *c* finish, end; **til** ~ at

last

slutte (*shlewt*-ter) *v* finish, end; quit; ~ **seg til** join

sluttresultat (*shlewt*-reh-sewl-taat) *nt* final result

slyngel (*shlewng*-ngerl) *c* (pl -gler) rascal

slør (shlūrr) *nt* veil

sløse bort (*shlūr*-ser boot) waste

sløseri (shlūr-ser-*ree*) *nt* waste

sløv (shlūrv) *adj* dull, blunt

sløyfe (*shlur*ew-fer) *c* bow tie

slå (shlaw) *c* bolt

****slå** (shlaw) *v* *strike, *beat, *hit; punch; bruise; ~ **av** switch off; ~ **hakk i** chip; ~ **igjen** slam; ~ **i hjel** kill; ~ **i stykker** crack; ~ **ned** knock down; ~ **opp** look up; ~ **på** switch on; ~ **seg ned** settle down; ~ **til** *strike

slående (*shlaw*-er-ner) *adj* striking

****slåss** (shloss) *v* *fight; struggle

smak (smaak) *c* taste; flavour; *****sette** ~ **på** flavour

smake (*smaa*-ker) *v* taste; ~ **på** taste

smakløs (*smaak*-lūrss) *adj* tasteless

smal (smaal) *adj* narrow

smaragd (smah-*rahgd*) *c* emerald

smart (smaat) *adj* smart

smed (smāy) *c* smith

smekke (*smehk*-ker) *v* smack

smell (smehll) *nt* crack

****smelle** (*smehl*-ler) *v* crack

smelte (*smehl*-ter) *v* melt, thaw

smerte (*smæt*-ter) *c* pain; grief, sorrow

smertefri (*smæt*-ter-free) *adj* painless

smertefull (*smæ*-ter-fool) *adj* painful

****smette** (*smeht*-ter) *v* slip

smidig (*smee*-di) *adj* supple

smil (smeel) *nt* smile

smile (*smee*-ler) *v* smile

sminke (*sming*-ker) *c* make-up

smitte (*smit*-ter) *v* infect

smittende (*smi*-ter-ner) *adj* contagious

smittsom (*smit*-som) *adj* infectious, contagious

smoking (*smaw*-king) *c* dinner-jacket; tuxedo *nAm*

smug (smewg) *nt* alley, lane

smugle (*smewg*-ler) *v* smuggle

smul (smēwl) *adj* smooth

smule (*smēw*-ler) *c* crumb; bit

smykke (*smewk*-ker) *nt* jewel; **smykker** jewellery

smør (smurr) *nt* butter

smørbrød (*smūrr*-brūr) *nt* (pl ~) open sandwich

****smøre** (*smūr*-rer) *v* grease; lubricate

smøreolje (*smūr*-rer-ol-Yer) *c* lubrication oil

smøring (*smūr*-ring) *c* lubrication

smøringssystem (*smūr*-rings-sewss-tāym) *nt* lubrication system

smågris (*smaw*-greess) *c* piglet

småkake (*smaw*-kaa-ker) *c* biscuit; cracker *nAm*

smålig (*smaw*-li) *adj* stingy

småpenger (*smaw*-peh-ngerr) *pl* petty cash, change

smårolling (*smaw*-ro-ling) *c* toddler

småstein (*smaw*-stayn) *c* pebble

snackbar (*snæk*-baar) *c* snack-bar

snakke (*snahk*-ker) *v* *speak, talk

snakkesalig (*snahk*-ker-saa-li) *adj* talkative

snapshot (*snæp*-shot) *nt* (pl ~) snapshot

snart (snaat) *adv* presently, soon, shortly; **så** ~ **som** as soon as

snegl (snayl) *c* snail

snekker (*snehk*-kerr) *c* carpenter

snever (*snāy*-verr) *adj* narrow, restricted

sneversynt (*snāy*-ver-shēwnt) *adj* narrow-minded

snikskytter (*sneek*-shew-terr) *c* sniper

snill (snill) *adj* good, nice, kind

snitte (*snit*-ter) *v* *cut, slice

sno (snoo) *v* twist; ~ **seg** *wind

snor (snoor) *c* string; cord

snorke (*snor*-ker) *v* snore

snorkel (*snor*-kerl) *c* (pl -kler) snorkel

snu (snew) *v* turn round; ~ **om** invert; ~ **seg** turn round

snuble (*snewb*-ler) *v* stumble

snurre (*snewr*-rer) *v* *spin

snute (*snew*-ter) *c* snout

*snyte (*snew*-ter) *v* cheat

snø (snur) *v* snow; *c* snow

snødekket (*snur*-deh-kert) *adj* snowy

snøskred (*snur*-skrayd) *nt* (pl ~) avalanche

snøslaps (*snur*-shlahps) *nt* slush

snøstorm (*snur*-storm) *c* blizzard, snowstorm

sodavann (*soo*-dah-vahn) *nt* sodawater

sofa (*soof*-fah) *c* sofa

sogn (songn) *nt* parish

sogneprest (*song*-ner-prehst) *c* rector, vicar

sokk (sokk) *c* sock

sol (sool) *c* sun

solbrent (*sool*-brehnt) *adj* sunburned

solbriller (*sool*-bri-lerr) *pl* sun-glasses *pl*

solbær (*sool*-bæær) *nt* (pl ~) blackcurrant

soldat (sool-*daat*) *c* soldier

sole seg (*soo*-ler) sunbathe

solid (soo-*leed*) *adj* solid, firm

solistkonsert (soo-*list*-koon-sæt) *c* recital

sollys (*sool*-lewss) *nt* sunlight

solnedgang (*sool*-nay-gahng) *c* sunset

sololje (*sool*-lol-Yer) *c* suntan oil

soloppgang (*soo*-lop-gahng) *c* sunrise

solrik (*sool*-reek) *adj* sunny

solseil (*sool*-sayl) *nt* (pl ~) awning

solskinn (*sool*-shin) *nt* sunshine

solstikk (*sool*-stik) *nt* (pl ~) sunstroke

som (somm) *pron* who, that, which; *conj* as; ~ **om** as if

somletog (*soom*-ler-tawg) *nt* (pl ~) slow train; milk train *nAM*

sommer (*som*-merr) *c* (pl somrer) summer

sommerfugl (*som*-merr-fewl) *c* butterfly

sommertid (*som*-mer-teed) *c* summer time

sone (*soo*-ner) *c* zone

sopp (sopp) *c* mushroom; toadstool

sorg (sorg) *c* sorrow, grief

sort (sott) *c* kind, sort

sortere (so-*tay*-rer) *v* sort, assort

sortiment (so-ti-*mahngng*) *nt* assortment

sosial (soo-si-*aal*) *adj* social

sosialisme (soo-si-ah-*liss*-mer) *c* socialism

sosialist (soo-si-ah-*list*) *c* socialist

sosialistisk (soo-si-ah-*liss*-tisk) *adj* socialist

*sove (*saw*-ver) *v* *sleep

sovende (*saw*-ver-ner) *adj* asleep

sovepille (*saw*-ver-pi-ler) *c* sleeping-pill

sovepose (*saw*-ver-poo-ser) *c* sleeping-bag

sovesal (*saw*-ver-saal) *c* dormitory

sovevogn (*saw*-ver-vongn) *c* sleeping-car; Pullman

soveværelse (*saw*-ver-væææ-rerl-ser) *nt* bedroom

sovjetisk (sov-Yeht-tisk) *adj* Soviet

Sovjetunionen (sov-Yeht-tew-ni-oo-nern) Soviet Union

sovne (*saw*-ner) *v* *fall asleep

spade (*spaa*-er) *c* spade

spalte (*spahl*-ter) *c* column

spandere (spahn-*day*-rer) *v* *spend

Spania (*spaa*-ni-ah) Spain

spanier (*spaa*-ni-err) *c* Spaniard

spanjol (spahn-*yōōl*) *c* Spaniard

spann (spahnn) *nt* pail, bucket

spansk (spahnsk) *adj* Spanish

spare (*spaa*-rer) *v* save; economize

sparebank (*spaa*-rer-bahngk) *c* savings bank

sparepenger (*spaa*-rer-peh-ngerr) *pl* savings *pl*

spark (spahrk) *nt* kick

sparke (*spahr*-ker) *v* kick; **gi sparken* dismiss

sparsommelig (spaa-*shom*-mer-li) *adj* thrifty, economical

spasere (spah-*sāy*-rer) *v* walk

spaserstokk (spah-*sāy*-shtok) *c* walking-stick

spasertur (spah-*sāy*-tewr) *c* stroll, walk

spedalskhet (speh-*daalsk*-hāyt) *c* leprosy

spedbarn (*spāy*-baan) *nt* (pl ∼) infant

speil (spayl) *nt* looking-glass, mirror

speilbilde (*spayl*-bil-der) *nt* reflection

spekulere (speh-kew-*lāy*-rer) *v* speculate

spenne (*spayn*-ner) *c* buckle

spennende (*spehn*-ner-ner) *adj* exciting

spenning (*spehn*-ning) *c* tension; voltage

spe opp (*speh*) dilute

sperre (*spehr*-rer) *v* block; ∼ **inne** lock up

spesialisere seg (speh-si-ah-li-*sāy*-rer) specialize

spesialist (speh-si-ah-*list*) *c* specialist

spesialitet (speh-si-ah-li-*tāyt*) *c* speciality

spesiell (speh-si-*ehll*) *adj* particular, special

spesifikk (speh-si-*fikk*) *adj* specific

spidd (spidd) *nt* spit

spiker (*spee*-kerr) *c* (pl ∼, -krer) nail

spill (spill) *nt* game

spille (*spil*-ler) *v* play; act

spillemerke (*spil*-ler-mær-ker) *nt* chip

spiller (*spil*-lerr) *c* player

spillkort (*spil*-kot) *nt* (pl ∼) playing-card

spillopper (spi-*lop*-perr) *pl* mischief

spinat (spi-*naat*) *c* spinach

spindelvev (*spin*-derl-vāyv) *c* (pl ∼) cobweb, spider's web

**spinne (*spin*-ner) *v* **spin

spion (spi-*ōōn*) *c* spy

spir (speer) *nt* spire

spirituosa (spi-ri-tew-*ōō*-sah) *pl* spirits

spise (*spee*-ser) *v* **eat

spisekart (*spee*-ser-kaht) *nt* menu

spiselig (*spee*-ser-li) *adj* edible

spisesal (*spee*-ser-saal) *c* dining-room

spiseskje (*spee*-ser-shāy) *c* tablespoon

spisestue (*spee*-ser-stēw-er) *c* dining-room

spisevogn (*spee*-ser-vongn) *c* dining-car

spiskammer (*spiss*-kah-merr) *nt* (pl ∼, -kamre) larder

spiss (spiss) *adj* pointed, sharp; *c* tip, point

spissborgerlig (*spiss*-bor-ger-li) *adj* bourgeois

spisse (*spiss*-ser) *v* sharpen

splint (splint) *c* splinter

splinter ny (*splin*-terr nēw) brand-new

spole (*spōō*-ler) *c* spool

spor (spōōr) *nt* trace; trail, track

sport (spott) *c* sport

sportsbil (*spotsh*-beel) *c* sports-car

sportsjakke (*spotsh*-yah-ker) *c* blazer, sports-jacket

sportsklær (*spotsh*-klæær) *pl* sportswear

sprang (sprahng) *nt* jump

spray (spray) *c* atomizer

sprayflaske (*spray*-flahss-ker) *c* atomizer

spre (sprāy) v *spread; scatter; *shed

sprekk (sprehkk) c crack, chink

*sprekke (sprehk-ker) v *burst; crack

sprengstoff (sprehng-stof) nt explosive

springvann (spring-vahn) nt (pl ~) fountain

sprinkelkasse (spring-kerl-kah-ser) c crate

sprit (spreet) c liquor; **denaturert ~** methylated spirits

spritapparat (spree-tah-pah-raat) nt spirit stove

sprut (sprēwt) c squirt

sprø (sprūr) adj crisp

sprøyte (sprur^{ew}-ter) c syringe; shot

språk (sprawk) nt language

språklaboratorium (sprawk-lah-boo-rah-tōō-ri-ewm) nt (pl -ier) language laboratory

spurv (spewrv) c sparrow

spyd (spēwd) nt spear

spytt (spewtt) nt spit

spytte (spewt-ter) v *spit

spøk (spūrk) c joke

spøkelse (spūr-kerl-ser) nt ghost; spirit, spook

*spørre (spurr-rer) v ask

spørrelek (spurr-rer-lāyk) c quiz

spørsmål (spursh-mawl) nt (pl ~) question; matter, issue

spørsmålstegn (spursh-mawls-tayn) nt (pl ~) question mark

spå (spaw) v predict, tell fortunes

sta (staa) adj dogged, head-strong, stubborn, pig-headed, obstinate

stabel (staa-berl) c (pl -bler) stack

stabil (stah-beel) adj stable

stable (stahb-ler) v pile

stadig (staa-di) adj continual, frequent

stadion (staa-di-oon) nt stadium

stadium (staa-di-ewm) nt (pl -ier) stage, phase

stakitt (stah-kitt) nt picket fence

stall (stahll) c stable

stamme (stahm-mer) c trunk; tribe; v stammer

stampe (stahm-per) v stamp

stand[1] (stahnn) c (pl stender) state; ***gjøre i ~** mend; **i ~ til** able

stand[2] (stahnn) c stand

standard- (stahn-dahr) standard

standhaftig (stahn-hahf-ti) adj steadfast

stang (stahngng) c (pl stenger) bar, pole; rod

stanse (stahn-ser) v stop, halt, pull up

start (staat) c take-off; beginning, start

startbane (staat-baa-ner) c runway

starte (staht-ter) v start, *begin

starter (staa-terr) c starter motor

stasjon (stah-shōōn) c station; depot nAm

stasjonsmester (stah-shōōns-mehss-terr) c station-master

stat (staat) c state; **stats-** national

statistikk (stah-ti-stikk) c statistics pl

statsborgerskap (staats-bor-ger-shkaap) nt citizenship

statskasse (staats-kahs-ser) c public purse

statsmann (staats-mahn) c (pl -menn) statesman

statsminister (staats-mi-niss-terr) c (pl ~e, -trer) premier, Prime Minister

statsoverhode (staat-saw-verr-hōō-der) nt head of state

statsråd (staats-rawd) c minister

statstjenestemann (staats-t^{y}āy-ner-ster-mahn) c (pl -menn) civil servant

statue (staa-tew-er) c statue

stave (staa-ver) v *spell

stavelse (*staa*-verl-ser) *c* syllable

stavemåte (*staa*-ver-maw-ter) *c* spelling

stearinlys (steh-ah-*reen*-lewss) *nt* (pl ~) candle

stebarn (*stay*-baan) *nt* (pl ~) stepchild

sted (stay) *nt* spot, site, place; locality

stedfortreder (*stay*-fo-tray-derr) *c* substitute; deputy

stedlig (*stayd*-li) *adj* local; resident

stefar (*stay*-faar) *c* (pl -fedre) stepfather

steg (stayg) *nt* step

steil (stayl) *adj* steep

stein (stayn) *c* stone; stein- stone

steinbrudd (*stayn*-brewd) *nt* (pl ~) quarry

steinet (*stay*-nert) *adj* rocky

steintøy (*stayn*-tur^(ew)) *nt* earthenware, stoneware, crockery

steke (*stay*-ker) *v* fry; roast

stekeovn (*stay*-ker-ovn) *c* oven

stekepanne (*stay*-ker-pah-ner) *c* frying-pan

stemme (stehm-mer) *c* voice; vote; *v* vote; ~ overens agree

stemmerett (stehm-mer-reht) *c* franchise, suffrage

stemning (stehm-ning) *c* atmosphere; mood

stemor (*stay*-moor) *c* (pl -mødre) stepmother

stempel (stehm-perl) *nt* (pl ~, -pler) stamp; piston

stempelring (stehm-perl-ring) *c* piston ring

stempelstang (stehm-perl-stahng) *c* (pl -stenger) piston-rod

stenge (stehng-nger) *v* fasten; ~ av turn off; *cut off; ~ inne *shut in

stengt (stehngt) *adj* closed, shut

stenograf (steh-noo-*graaf*) *c* stenogra-

pher

stenografi (steh-noo-grah-*fee*) *c* shorthand

steril (steh-*reel*) *adj* sterile

sterilisere (steh-ri-li-*say*-rer) *v* sterilize

sterk (stærk) *adj* strong; powerful

stevning (stehv-ning) *c* summons

sti (stee) *c* trail, path

stift (stift) *c* staple

stifte (*stif*-ter) *v* found, institute

stiftelse (*stif*-terl-ser) *c* foundation

stigbøyle (*steeg*-bur^(ew)-ler) *c* stirrup

stige (*stee*-ger) *c* ladder

*stige (*stee*-ger) *v* ascend, *rise; ~ av *get off; ~ opp ascend; ~ på *get on

stigning (*steeg*-ning) *c* increase; ascent

stikk (stikk) *nt* bite, sting; picture, engraving

*stikke (*stik*-ker) *v* *sting

stikkelsbær (*stik*-kerls-bæær) *nt* (pl ~) gooseberry

stikkontakt (*stik*-koon-tahkt) *c* plug

stikkpille (*stik*-pi-ler) *c* suppository

stil (steel) *c* style; essay

stilk (stilk) *c* stem

stillas (sti-*laass*) *nt* scaffolding

stille (*stil*-ler) *adj* calm, quiet, still; silent; *v* place, *put; ~ inn tune in

Stillehavet (*stil*-ler-haa-ver) Pacific Ocean

stillestående (*stil*-ler-staw-er-ner) *adj* stationary

stillferdig (stil-*fæædi*) *adj* quiet

stillhet (*stil*-hayt) *c* silence, stillness, quiet

stilling (*stil*-ling) *c* position; job

stimulans (sti-mew-*lahngs*) *c* stimulant

stimulere (sti-mew-*lay*-rer) *v* stimulate

sting (stingng) *nt* stitch

*stinke (*sting*-ker) *v* *smell, *stink

stipend (sti-*pehnd*) nt grant, scholar-ship

stipulere (sti-pew-*lay*-rer) v stipulate

stirre (*steer*-rer) v stare, gaze

stiv (steev) adj stiff

stive (*stee*-ver) v starch

stivelse (*stee*-verl-ser) c starch

*stjele (st*yay*-ler) v *steal

stjerne (st*yææ*-ner) c star

stoff (stoff) nt cloth, material, fabric; matter

stokk (stokk) c cane, stick

stokke (stok-ker) v shuffle

stol (stool) c chair

stola (*stoo*-lah) c stole

stole på (*stoo*-ler) trust; rely on

stolpe (stol-per) c post; pillar

stolt (stolt) adj proud

stolthet (stolt-*hayt*) c pride

stopp! (stopp) stop!

stoppe (stop-per) v stop; quit; darn

stoppegarn (stop-per-gaan) nt (pl ~) darning wool

stor (stoor) adj great, major, big; large

storartet (*stoo*-raa-tert) adj superb, grand, terrific

Storbritannia (*stoor*-bri-tah-ni-ah) Great Britain

stork (stork) c stork

storm (storm) c gale; storm

stormagasin (*stoor*-mah-gah-seen) nt department store

stormfull (storm-fewl) adj stormy

stormlykt (storm-lewkt) c hurricane lamp

storslått (*stoo*-shlot) adj magnificent

Stortinget (*stoor*-ti-nger) Norwegian Parliament

stortingsmann (*stoo*-tings-mahn) c (pl -menn) Member of Parliament

straff (strahff) c punishment; penalty

straffe (strahf-fer) v punish

strafferett (strahf-fer-reht) c criminal law

straffespark (strahf-fer-spahrk) nt (pl ~) penalty kick

straks (strahks) adv instantly, at once, immediately

stram (strahmm) adj tight

stramme (strahm-mer) v tighten; strammes to be tightened

strand (strahnn) c (pl strender) beach

strebe (*stray*-ber) v aspire; ~ etter pursue, aim at

streife omkring (stray-fer) roam

streik (strayk) c strike

streike (stray-ker) v *strike

strek (*strayk*) c line

strekning (strehk-ning) c stretch

streng (strehngng) adj strict, severe, harsh; c string

stress (strehss) nt stress

strid (streed) c contest; fight, battle, strife, struggle

*strides (stree-derss) v dispute

strikk (strikk) c rubber band

strikke (strik-ker) v *knit

strimmel (strim-merl) c (pl strimler) strip

stripe (stree-per) c stripe

stripet (stree-pert) adj striped

strofe (*stroo*-fer) c stanza

struktur (strewk-*tewr*) c structure; texture; fabric

strupekatarr (*strew*per-kah-tahr) c laryngitis

struts (strewts) c ostrich

*stryke (*strew*-ker) v iron; *strike; fail an exam

strykefri (*strew*-ker-free) adj drip-dry, wash and wear

strykejern (*strew*-ker-*yææn*) nt (pl ~) iron

strøm (strurmm) c (pl ~mer) current, stream; med strømmen downstream; mot strømmen upstream

strømfordeler (*strurm*-fo-dāy-lerr) *c* distributor

strømme (*strurm*-mer) *v* flow, stream

strømpe (*strurm*-per) *c* stocking

strømpebukse (*strurm*-per-book-ser) *c* tights *pl*, panty-hose

strømpeholder (*strurm*-per-ho-lerr) *c* suspender belt; garter belt *Am*

stråle (*straw*-ler) *c* beam, ray; spout, jet; *v* *shine

strålende (*straw*-ler-ner) *adj* brilliant; glorious

student (stew-*dehnt*) *c* student

studere (stew-*dāy*-rer) *v* study

studerværelse (stew-*dāy*r-væææ-rerl-ser) *nt* study

studium (*stēw*-di-oom) *nt* (pl -ier) study

stue (*stēw*-er) *c* sitting-room

stuert (*stōō*-ert) *c* steward

stum (stewmm) *adj* mute, dumb

stund (stewnn) *c* while

stup (stēwp) *nt* precipice

stupe (*stēw*-per) *v* dive

stusse (*stewss*-ser) *v* trim

stygg (stewgg) *adj* ugly

stykke (*stewk*-ker) *nt* piece, fragment, lump, part; *gå i stykker *break down; **i stykker** broken; **stort ~** chunk

styrbord (*stewr*-bōōr) starboard

styre (*stēw*-rer) *v* direct; *nt* board, direction; government, rule

styrke (*stewr*-ker) *c* power, strength; force; **væpnede styrker** armed forces

styrkemiddel (*stewr*-ker-mi-derl) *nt* (pl -midler) tonic, restorative

styrte (*stewt*-ter) *v* crash; rush, dash

stær (stæær) *c* starling

stø (stūr) *adj* steady

stønne (*sturn*-ner) *v* groan

støpejern (*stūr*-per-Yææn) *nt* (pl ~) cast iron

størkne (*sturr*-kner) *v* coagulate, harden

størrelse (*sturr*-rerl-ser) *c* size; **stor ~** outsize

størsteparten (stursh-ter-pah-tern) *c* bulk, the greater part of

støt (stūt) *nt* bump

støtdemper (*stūt*-dehm-perr) *c* shock absorber

støte (*stūr*-ter) *v* bump; **~ på** run into, *come across; knock against; **~ sammen** bump

støtfanger (*stūrt*-fah-ngerr) *c* bumper

støtte (*sturt*-ter) *v* *hold up; *c* support

støttestrømpe (*sturt*-ter-strurm-per) *c* support hose

støv (stūrv) *nt* dust

støvel (*sturv*-verl) *c* (pl -vler) boot

støvet (*stūr*-vert) *adj* dusty

støvsuge (*stūrv*-sēw-ger) *v* hoover; vacuum *vAm*

støvsuger (*stūrv*-sēw-gerr) *c* vacuum cleaner

støy (stur^ew) *c* noise

støyende (stur^ew-er-ner) *adj* noisy

***stå** (staw) *v* *stand; **~ opp** *get up; *rise

stående (*staw*-er-ner) *adj* erect

stål (stawl) *nt* steel; **rustfritt ~** stainless steel

ståltråd (*stawl*-traw) *c* wire

subjekt (sewb-*Yehkt*) *nt* subject

substans (sewb-*stahns*) *c* substance

substansiell (sewb-stahn-si-*ehl*) *adj* substantial

substantiv (*sewp*-stahn-teev) *nt* noun

subtil (sewb-*teel*) *adj* subtle

suge (*sēw*-ger) *v* suck

suite (*svit*-ter) *c* suite

sukke (*sewk*-ker) *v* sigh

sukker (*sook*-kerr) *nt* sugar

sukkerbit (*sook*-kerr-beet) *c* lump of sugar

sukkerlake (sook-kerr-laa-ker) c syrup

sukkersyke (sook-ker-shēw-ker) c diabetes

sukkersykepasient (sook-ker-shēw-ker-pah-si-ehnt) c diabetic

sukkertøy (sook-ker-tur^ew) nt sweet; candy nAm

sukre (sook-rer) v sweeten

suksess (sewk-sehss) c success; hit

sult (sewlt) c hunger

sulten (sewl-tern) adj hungry

sum (sewmm) c (pl ~mer) sum; amount

sump (soomp) c marsh

sumpet (soom-pert) adj marshy

sunn (sewnn) adj healthy; wholesome

superlativ (sew-pæl-lah-teev) c superlative

superlativisk (sew-pæl-lah-tee-visk) adj superlative

supermarked (sēw-perr-mahr-kerd) nt supermarket

suppe (sewp-per) c soup

suppeskje (sewp-per-shāy) c soupspoon

suppetallerken (sewp-per-tah-lær-kern) c soup-plate

suppeøse (sewp-per-ūr-ser) c soup ladle

sur (sēwr) adj sour

surfingbrett (surr-fing-breht) nt surfboard

surstoff (sēw-shtof) nt oxygen

suspendere (sewss-pahng-dāy-rer) v suspend

suvenir (sew-ver-neer) c souvenir

svak (svaak) adj weak, feeble; faint; slight

svakhet (svaak-hāyt) c weakness

svale (svaa-ler) c swallow

svamp (svahmp) c sponge

svane (svaa-ner) c swan

svanger (svahng-ngerr) adj pregnant

svar (svaar) nt answer, reply; som ~ in reply

svare (svaa-rer) v answer, reply; ~ til correspond

svart (svahtt) adj dirty; black

svartebørs (svaht-ter-būrsh) c black market

svarttrost (svaht-rost) c blackbird

sveise (svay-ser) v weld

sveisesøm (svay-ser-surm) c (pl ~mer) joint

Sveits (svayts) Switzerland

sveitser (svayt-serr) c Swiss

sveitsisk (svayt-sisk) adj Swiss

svelge (svehl-ger) v swallow

svelle (svehl-ler) v *swell

svensk (svehnsk) adj Swedish

svenske (svehn-sker) c Swede

sverd (svæerd) nt sword

*sverge (svær-ger) v vow, *swear

Sverige (svær-^Yer) Sweden

svette (sveht-ter) v perspire, sweat; c perspiration, sweat

*svi (svee) v *burn

svigerfar (svee-gerr-faar) c (pl -fedre) father-in-law

svigerforeldre (svee-gerr-fo-rehl-drer) pl parents-in-law pl

svigerinne (svee-ger-rin-ner) c sister-in-law

svigermor (svee-gerr-mōor) c (pl -mødre) mother-in-law

svigersønn (svee-ger-shurn) c son-in-law

svikte (svik-ter) v *let down

svimmel (svim-merl) adj dizzy, giddy

svimmelhet (svim-merl-hāyt) c dizziness, vertigo, giddiness

svindel (svin-derl) c swindle

svindle (svin-dler) v swindle

svindler (svin-dlerr) c swindler

svinekjøtt (svee-ner-khurt) nt pork

svinelær (svee-ner-læær) nt pigskin

sving (svingng) c turning, bend, turn

svingdør (*sving*-dürr) c revolving door
svinge (*sving*-nger) v turn; *swing
sviske (*sviss*-ker) c prune
svoger (*svaw*-gerr) c (pl ~e, -grer) brother-in-law
svulst (svewlst) c tumour, growth
svær (svæær) adj huge
svært (svææt) adv very
svømme (*svurm*-mer) v *swim
svømmebasseng (*svurm*-mer-bah-sehng) nt swimming pool
svømmer (*svurm*-merr) c swimmer
svømming (*svurm*-ming) c swimming
swahili (svah-*hee*-li) c Swahili
sy (sēw) v *sew; ~ sammen *sew up
syd (sēwd) c south
sydame (*sēw*-daa-mer) c dressmaker
sydlig (*sēwd*-li) adj southerly
Sydpolen (*sēwd*-pōō-lern) South Pole
syk (sēwk) adj sick, ill
sykdom (*sēwk*-dom) c (pl ~mer) sickness, illness; disease; ailment
sykebil (*sēw*-ker-beel) c ambulance
sykehus (*sēw*-ker-hēwss) nt (pl ~) hospital
sykepleierske (*sēw*-ker-play-ersh-ker) c nurse
sykestue (*sēw*-ker-stew-er) c infirmary
sykesøster (*sēw*-ker-surss-terr) c (pl -tre) nurse
sykkel (*sewk*-kerl) c (sykler) bicycle, cycle
syklist (sewk-*list*) c cyclist
syklus (*sēwk*-lewss) c cycle
sylinder (sew-*lin*-derr) c (pl ~e, -drer) cylinder
syltetøy (*sewl*-ter-tur^ew) nt jam
symaskin (*sēw*-mah-sheen) c sewing-machine
symbol (sewm-*bōōl*) nt symbol
symfoni (sewm-foo-*nee*) c symphony
sympati (sewm-pah-*tee*) c sympathy
sympatisk (sewm-*paa*-tisk) adj nice

symptom (sewm-*tōōm*) nt symptom
syn (sēwn) nt vision; outlook, view; sight, spectacle
synagoge (sew-nah-*gōō*-ger) c synagogue
synd (sewnn) c sin; så synd! what a pity!; synes ~ på pity
synde (*sewnn*-der) v sin
syndebukk (*sewn*-der-book) c scapegoat
synder (*sewnn*-derr) c sinner
synes (*sēw*-nerss) v appear, look, seem
*synge (*sewng*-nger) v *sing
*synke (*sewng*-ker) v *sink
synlig (*sēwn*-li) adj visible
synonym (sew-noo-*nēwm*) nt synonym
synspunkt (*sēwns*-poongt) nt point of view
syntetisk (sewn-*tay*-tisk) adj synthetic
syre (*sēw*-rer) c acid
syrer (*sēw*-rerr) c Syrian
Syria (*sēw*-ri-ah) Syria
syrisk (*sēw*-risk) adj Syrian
system (sewss-*taym*) nt system
systematisk (sewss-teh-*maa*-tisk) adj systematic
sytten (*surt*-tern) num seventeen
syttende (*surt*-ter-ner) num seventeenth
sytti (*surt*-ti) num seventy
syv (sēwv) num seven
syvende (*sēw*-ver-ner) num seventh
sær (sæær) adj queer
særdeles (sæ-*day*-lerss) adv quite
i særdeleshet (ee sæ-Ødây-lerss-hāyt) in particular
særegen (sææ-reh-gern) adj particular
særskilt (sææ-shilt) adj separate
søke (*sūr*-ker) v *seek
søker (*sūr*-kerr) c view-finder

søknad (*sūrk*-nah) c application
søle (*sū*-ler) v *spill; c mud
sølet (*sū*-lert) adj muddy
sølibat (sur-li-*baat*) nt celibacy
sølv (surll) nt silver; sølv- silver
sølvsmed (*surl*-smāy) c silversmith
sølvtøy (*surl*-tur^{ew}) nt silverware
søm (surmm) c (pl ~mer) seam;
uten ~ seamless
sømmelig (*surm*-mer-li) adj proper
søndag (*surn*-daa) c Sunday
sønn (surnn) c son
sønnedatter (*surn*-ner-dah-terr) c (pl
-døtre) granddaughter
sønnesønn (*surn*-ner-surn) c grandson
søppel (*surp*-perl) nt garbage, litter
søppelbøtte (*surp*-perl-bur-ter) c rub-
bish-bin; waste basket *nAm*
søppelkasse (*surp*-perl-kah-ser) c
dustbin; trash can *Am*
sør (sūrr) c south
Sør-Afrika (*sūr*-rahf-ri-kah) South
Africa
sørge (*surr*-ger) v grieve; ~ for see
to, look after
sørgespill (*surr*-ger-spil) nt (pl ~)
drama
sørgetid (*surr*-ger-teed) c time of
mourning
sørlig (*sūr*-li) adj southern
sørvest (surr-*vehst*) c south-west
sørøst (surr-*urst*) c south-east
søster (*surss*-terr) c (pl -tre) sister
søt (sūrt) adj sweet
søtsaker (*sūrt*-saa-kerr) pl candy
nAm
søvn (survn) c sleep
søvnig (*surv*-ni) adj sleepy
søvnløs (survn-*lūrss*) adj sleepless
søvnløshet (survn-*lūrss*-hāyt) c insom-
nia
søyle (sur^{ew}-ler) c column
så (saw) adv so; then; conj so, so
that; v *sow; ~ vel som as well as;

~ vidt barely; as much
såkalt (saw-*kahlt*) adj so-called
såle (*saw*-ler) c sole
sånn (sonn) adj such
såpe (*saw*-per) c soap
såpepulver (*saw*-per-pewl-verr) nt
soap powder
sår (sawr) nt wound; ulcer, sore; adj
sore
sårbar (*sawr*-baar) adj vulnerable
såre (*saw*-rer) v wound; *hurt

T

*ta (taa) v *take; ~ bort *take out;
~ ille opp resent; *~ imot accept;
~ inn stay; ~ med *bring; ~
med seg *take away; ~ opp pick
up; *bring up; ~ på *put on; ~
seg av attend to, *deal with; ~
seg i vare beware; ~ vare på
*take care of; ~ vekk *take away
tabell (tah-*behll*) c chart, table
tablett (tahb-*lehtt*) c tablet
tabu (*taa*-bew) nt taboo
tak (taak) nt roof; ceiling; grip
takk (tahkk) thank you
takke (*tahk*-ker) v thank; *ha å ~ for
owe
takknemlig (tahk-*nehm*-li) adj grate-
ful, thankful
takknemlighet (tahk-*nehm*-li-hāyt) c
gratitude
taksameter (tahk-sah-*māy*-terr) nt (pl
~, -tre) taxi-meter
taksere (tahk-*sāy*-rer) v value, esti-
mate
takstein (*taak*-stayn) c tile
taktikk (tahk-*tikk*) c tactics pl
tale (*taa*-ler) c speech
taleevne (*taa*-ler-ehv-ner) c speech
talent (tah-*lehnt*) nt talent

talerstol (*taa*-ler-shtōōl) *c* pulpit

talkum (*tahl*-kewm) *c* talc powder

tall (tahll) *nt* figure, number

tallerken (tah-*lær*-kern) *c* plate, dish

tallord (*tahl*-lōōr) *nt* (pl ~) numeral

tallrik (*tahl*-reek) *adj* numerous

talong (tah-*longng*) *c* stub, counterfoil

tam (tahmm) *adj* tame

tampong (tahm-*pongng*) *c* tampon

tang (tahngng) *c* (pl tenger) tongs *pl*, pliers *pl*

tank (tahngk) *c* tank

tankbåt (*tahngk*-bawt) *c* tanker

tanke (*tahng*-ker) *c* thought, idea

tankefull (*tahng*-ker-fewl) *adj* thoughtful

tankestrek (*tahng*-ker-strāyk) *c* dash

tann (tahnn) *c* (pl tenner) tooth

tannbørste (*tahn*-bursh-ter) *c* tooth-brush

tannkjøtt (*tahn*-khurt) *nt* gum

tannkrem (*tahnn*-krāym) *c* toothpaste

tannlege (*tahn*-lāy-ger) *c* dentist

tannpasta (*tahn*-pahss-tah) *c* tooth-paste

tannpine (*tahn*-pee-ner) *c* toothache

tannpirker (*tahn*-peer-kerr) *c* tooth-pick

tannpulver (*tahn*-pewl-verr) *nt* tooth-powder

tante (*tahn*-ter) *c* aunt

tap (taap) *nt* loss

tape (*taa*-per) *v* *lose

tapet (tah-*pāyt*) *nt* wallpaper

tapper (*tahp*-perr) *adj* brave, coura-geous

tapperhet (*tahp*-perr-hāyt) *c* courage

tariff (tah-*riff*) *c* rate, tariff

tarm (tahrm) *c* intestine, gut; **tarmer** bowels *pl*, intestines

tau (tou) *nt* cord

taue (*tou*-er) *v* tow, tug

taus (touss) *adj* silent

tavle (*tahv*-ler) *c* blackboard; board

taxi (*tahk*-si) *c* taxi

te (tāy) *c* tea

teater (teh-*aa*-terr) *nt* (pl ~, -tre) theatre

teaterstykke (teh-*aa*-ter-shtew-ker) *nt* play

tegn (tayn) *nt* sign, token, signal; in-dication

tegne (*tay*-ner) *v* *draw; sketch; ~ opp design

tegnefilm (*tay*-ner-film) *c* cartoon

tegneserie (*tay*-ner-sāy-ri-er) *c* comics *pl*

tegnestift (*tay*-ner-stift) *c* drawing-pin; thumbtack *nAm*

tegning (*tay*-ning) *c* sketch, drawing

tekanne (*tāy*-kah-ner) *c* teapot

tekniker (*tehk*-ni-kerr) *c* technician

teknikk (tehk-*nikk*) *c* technique

teknisk (*tehk*-nisk) *adj* technical

teknologi (tehk-noo-loo-*gee*) *c* tech-nology

tekopp (*tāy*-kop) *c* teacup

tekst (tehkst) *c* text; subtitle

tekstil (tehk-*steel*) *c/nt* textile

tekstilvarer (tehk-*steel*-vaa-rerr) *pl* drapery

telefon (teh-ler-*fōōn*) *c* phone, tele-phone

telefonere (teh-ler-foo-*nāy*-rer) *v* phone

telefonist (teh-ler-fo-*nist*) *c* operator, telephonist

telefonkatalog (teh-ler-*fōōn*-kah-tah-lawg) *c* telephone directory; tele-phone book *Am*

telefonkiosk (teh-ler-*fōōn*-khosk) *c* telephone booth

telefonoppringning (teh-ler-*fōō*-nop-ring-ning) *c* telephone call

telefonrør (teh-ler-*fōōn*-rūrr) *nt* (pl ~) receiver

telefonsamtale (teh-ler-*fōōn*-sahm-taa-ler) *c* telephone call

telefonsentral (teh-ler-*foon*-sehn-traal) *c* telephone exchange

telegrafere (teh-ler-grah-*fay*-rer) *v* cable, telegraph

telegram (teh-ler-*grahmm*) *nt* (pl ~mer) cable, telegram

teleobjektiv (*tay*-ler-ob-Yehk-teev) *nt* telephoto lens

telepati (teh-ler-pah-*tee*) *c* telepathy

***telle** (*tehl*-ler) *v* count; ~ **opp** count

telt (tehlt) *nt* tent

tema (*tay*-mah) *nt* theme

temme (*tehm*-mer) *v* tame

temmelig (*tehm*-mer-li) *adv* rather, pretty, fairly, quite

tempel (*tehm*-perl) *nt* (pl ~, -pler) temple

temperatur (tehm-per-rah-*tewr*) *c* temperature

tempo (*tehm*-poo) *nt* pace

tendens (tehn-*dehns*) *c* tendency; ***ha** ~ **til** tend

tenke (*tehng*-ker) *v* *think; ~ **over** *think over; ~ **på** *think of; ~ **seg** imagine, fancy; ~ **ut** conceive

tenker (*tehng*-kerr) *c* thinker

tenne (*tehn*-ner) *v* *light

tenning (*tehn*-ning) *c* ignition

tennis (*tehn*-niss) *c* tennis

tennisbane (*tehn*-niss-baa-ner) *c* tennis-court

tennissko (*tehn*-ni-skoo) *pl* tennis shoes

tennmagnet (*tehn*-mahng-nayt) *c* magneto

tennplugg (*tehn*-plewg) *c* sparking-plug

tennspole (*tehn*-spoo-ler) *c* ignition coil

tenåring (*tay*-naw-ring) *c* teenager

teologi (teh-oo-loo-*gee*) *c* theology

teoretisk (teh-oo-*ray*-tisk) *adj* theoretical

teori (teh-oo-*ree*) *c* theory

teppe (*tehp*-per) *nt* blanket; carpet; curtain

terapi (teh-rah-*pee*) *c* therapy

termin (tær-*meen*) *c* term

termometer (tær-moo-*may*-terr) *nt* (pl ~, -tre) thermometer

termosflaske (*tær*-mooss-flahss-ker) *c* vacuum flask, thermos flask

termostat (tær-moo-*staat*) *c* thermostat

terning (*tææ*-ning) *c* cube; dice *pl*

terpentin (tær-pehn-*teen*) *c* turpentine

terrasse (tæ-*rahss*-ser) *c* terrace

terreng (tæ-*rehngng*) *nt* terrain

terror (*tær*-roor) *c* terror

terrorisme (tæ-roo-*riss*-mer) *c* terrorism

terrorist (tæ-roo-*rist*) *c* terrorist

terskel (*tæsh*-kerl) *c* threshold

terylen (teh-rew-*layn*) *c* terylene

tesalong (*tay*-sah-long) *c* tea-shop

tese (*tay*-ser) *c* thesis

teservise (*tay*-sær-vee-ser) *nt* tea-set

teskje (*tay*-shay) *c* teaspoon; teaspoonful

test (tehst) *c* test

testamente (tehss-tah-*mehn*-ter) *nt* will

teste (*tehss*-ter) *v* test

tett (tehtt) *adj* dense, thick

tettpakket (*teht*-pah-kert) *adj* crowded

Thailand (*tigh*-lahn) Thailand

thailandsk (*tigh*-lahnsk) *adj* Thai

thailender (*tigh*-leh-nerr) *c* Thai

ti (tee) *num* ten

tid (teed) *c* time; period; **hele tiden** all the time; **i tide** in time

tidevann (*tee*-der-vann) *nt* tide

tidlig (*tee*-li) *adj* early; **tidligere** before, former, previous, formerly, *adv* before; past

tidsbesparende (*tits*-beh-spaa-rer-ner)

adj time-saving

tidsskrift (*tit*-skrift) *nt* magazine, periodical, review, journal

tie (*tee*-er) *v* *be silent, *keep quiet

tiende (*tee*-er-ner) *num* tenth

tiger (*tee*-gerr) *c* tiger

tigge (*tig*-ger) *v* beg

tigger (*tig*-gerr) *c* beggar

til (till) *prep* to; for; until; till; **en ~** another

tilbake (til-*baa*-ker) *adv* back; *gå ~ *get back

tilbakebetale (til-*baa*-ker-beh-taa-ler) *v* reimburse, *repay

tilbakebetaling (til-*baa*-ker-beh-taa-ling) *c* repayment, refund

tilbakeflyvning (til-*baa*-ker-flewv-ning) *c* return flight

tilbakegang (til-*baa*-ker-gahng) *c* recession

tilbakekalle (til-*baa*-ker-kah-ler) *v* recall

tilbakekomst (til-*baa*-ker-komst) *c* return

tilbakereise (til-*baa*-ker-ray-ser) *c* return journey

tilbakevei (til-*baa*-ker-vay) *c* way back

tilbakevise (til-*baa*-ker-vee-ser) *v* reject

*tilbe** (til-*bay*) *v* worship

tilbehør (til-beh-*hūrr*) *nt* accessories *pl*

tilberede (til-beh-*ray*-der) *v* prepare; cook

*tilbringe** (til-bri-nger) *v* *spend

tilbud (til-*bewd*) *nt* (*pl* ~) offer; supply

*tilby** (til-*bew*) *v* offer

tilbøyelig (til-*bur*ew-er-li) *adj* inclined; *være ~ til tend to

tilbøyelighet (til-*bur*ew-er-li-hāyt) *c* inclination, tendency

tildele (til-*day*-ler) *v* allot; award; assign to; administer

tilfeldig (til-*fehl*-di) *adj* incidental, accidental, casual

tilfeldigvis (til-*fehl*-di-veess) *adv* by chance

tilfelle (til-feh-ler) *nt* case, instance; chance; **i ~ av** in case of

tilfluktssted (til-flewkt-steh) *nt* shelter

tilfreds (til-*frehts*) *adj* content; satisfied

tilfredshet (til-*frehts*-hāyt) *c* satisfaction

tilfredsstille (til-*freht*-sti-ler) *v* satisfy

tilfredsstillelse (til-*freht*-sti-lerl-ser) *c* satisfaction

tilfredsstilt (til-*freht*-stilt) *adj* satisfied

tilførsel (til-fur-sherl) *c* (*pl* -sler) supply

tilføye (til-fur*ew*-er) *v* add

tilføyelse (til-fur*ew*-erl-ser) *c* addition

tilgang (til-gahng) *c* access

*tilgi** (til-*Yee*) *v* *forgive

tilgivelse (til-*Yee*-verl-ser) *c* pardon

tilgjengelig (til-*Yehng*-nger-li) *adj* available; accessible

tilhenger (til-heh-ngerr) *c* trailer; supporter

tilhøre (til-hūr-er) *v* belong, belong to

tilhører (til-hūr-errr) *c* auditor

*tilintetgjøre** (ti-*lin*-tert-*Yūr*-rer) *v* destroy; destroy, ruin

*tillate** (til-laa-ter) *v* permit, allow; *være tillatt *be allowed

tillatelse (til-laa-terl-ser) *c* permission, authorization; permit; *gi ~ license

tillegg (til-lehg) *nt* (*pl* ~) supplement; surcharge; annex

tillit (til-leet) *c* faith, confidence, trust

tillitsfull (til-leets-fewl) *adj* confident

tilpasse (til-pah-ser) *v* adapt, suit; adjust

tilrettevise (til-*reht*-ter-vee-ser) *v* reprimand

tilråde (til-raw-der) *v* recommend

tilsiktet (til-*sik*-tert) *adj* intentional

*tilskrive (*til*-skree-ver) v assign to

tilskudd (*til*-skewd) nt (pl ~) subsidy; grant

tilskuer (*til*-skew-err) c spectator

tilsluttet (*til*-shlew-tert) adj affiliated

tilstand (*til*-stahn) c condition

tilstedeværelse (til-st*ay*-der-vææ-rerl-ser) c presence

tilstedeværende (til-st*ay*-der-vææ-rer-ner) adj present

tilstrekkelig (til-*streh*-ker-li) adj enough, sufficient; adequate; ***være ~** suffice; ***do**

tilstøtende (til-st*ur*-ter-ner) adj neighbouring, adjacent

*tilstå (*til*-staw) v confess, admit

tilståelse (*til*-staw-erl-ser) c confession

tilsvare (*til*-svaa-rer) v correspond

tilsvarende (*til*-svaa-rer-ner) adj equivalent

tilsynelatende (til-s*ew*-ner-laa-ter-ner) adj apparent

*tilta (*til*-taa) v increase

tiltakende (*til*-taa-ker-ner) adj progressive

*tiltrekke (*til*-treh-ker) v attract

tiltrekkende (*til*-treh-ker) adj attractive

tiltrekning (*til*-trehk-ning) c attraction

time (*tee*-mer) c hour; lesson; **hver ~** hourly

timeplan (*ti*-mer-plaan) c schedule

timian (*tee*-mi-ahn) c thyme

tind (tinn) c peak

tine (*tee*-ner) v thaw

ting (tingng) c (pl ~) thing

tingest (*ting*-ngerst) c gadget

tinn (tinn) nt pewter, tin

tinnfolie (*tin*-foo-li-er) c tinfoil

tinning (*tin*-ning) c temple

tirsdag (*teesh*-dah) c Tuesday

tispe (*tiss*-per) c bitch

tistel (*tiss*-terl) c (pl -tler) thistle

tittel (*tit*-terl) c (pl titler) title

tiur (*tee*-ēwr) c wood grouse

tjene (t*Yay*-ner) v earn; ***make**

tjener (t*Yay*-nerr) c boy, servant, domestic

tjeneste (t*Yay*-nerss-ter) c favour; service

tjue (*khēw*-er) num twenty

tjuende (*khēw*-en-ner) num twentieth

tjære (*khææ*-rer) c tar

to (tōō) num two

toalett (too-ah-*lehtt*) nt bathroom, lavatory, toilet; washroom nAm

toalettbord (too-ah-*leht*-bōōr) nt dressing-table

toalettpapir (too-ah-*leht*-pah-peer) nt toilet-paper

toalettsaker (too-ah-*leht*-saa-kerr) pl toiletry

toalettveske (too-ah-*leht*-vehss-ker) c toilet case

tobakk (too-*bahkk*) c tobacco

tobakksforretning (too-*bahks*-fo-reht-ning) c tobacconist's

tobakkshandler (too-*bahks*-hahnd-lerr) c tobacconist

tobakkspung (too-*bahks*-poong) c tobacco pouch

todelt (*tōō*-dehlt) adj two-piece

tog (tawg) nt train, parade

tolk (tolk) c interpreter

tolke (*tol*-ker) v interpret

toll (toll) c Customs duty; Customs pl

tollavgift (*tol*-laav-Yift) c Customs duty

toller (*tol*-lerr) c Customs officer

tollfri (*toll*-free) adj duty-free

tolv (toll) num twelve

tolvte (*tol*-ter) num twelfth

tom (tomm) adj empty

tomat (too-*maat*) c tomato

tommelfinger (*tom*-merl-fi-ngerr) c (pl -gre) thumb

tomt (tomt) *c* grounds, plot
tone (*tōō*-ner) *c* note, tone
tonn (tonn) *nt* ton
topp (topp) *c* summit, top; peak
topplokk (*top*-lok) *nt* (pl ~) cylinder head
torden (*too*-dern) *c* thunder; **torden- thundery**
tordenvær (*too*-dern-væær) *nt* (pl ~) thunderstorm
tordne (*tood*-ner) *v* thunder
*tore (*tōō*-rer) *v* dare
torg (torg) *nt* market-place
torn (tōōn) *c* thorn
torsdag (*tawsh*-dah) *c* Thursday
torsk (toshk) *c* (pl ~) cod
tortur (too-*tewr*) *c* torture
torturere (too-tew-*rāy*-rer) *v* torture
tosk (tosk) *c* fool
tospråklig (*tōō*-sprawk-li) *adj* bi- lingual
total (too-*taal*) *adj* total; overall; ut- ter
totalisator (too-tah-li-*saa*-toor) *c* total- izator; bookmaker
totalitær (too-tah-li-*tæær*) *adj* totali- tarian
totalsum (taw-*taal*-sewm) *c* (pl ~mer) total
totalt (too-*taalt*) *adv* completely
tradisjon (trah-di-*shōōn*) *c* tradition
tradisjonell (trah-di-shoo-*nehll*) *adj* traditional
trafikk (trah-*fikk*) *c* traffic
trafikk-kork (trah-*fik*-kork) *c* jam, traffic jam
trafikklys (trah-*fik*-lēwss) *nt* (pl ~) traffic light
tragedie (trah-*gāy*-di-er) *c* tragedy
tragisk (*traa*-gisk) *adj* tragic
trakt (trahkt) *c* region; funnel
traktat (trahk-*taat*) *c* treaty
traktor (*trahk*-toor) *c* tractor
trang (trahngng) *adj* tight, narrow; *c* urge

transaksjon (trahn-sahk-*shōōn*) *c* deal, transaction
transatlantisk (*trahn*-saht-lahn-tisk) *adj* transatlantic
transformator (trahns-for-*maa*-toor) *c* transformer
transpirasjon (trahn-spi-rah-*shōōn*) *c* perspiration
transpirere (trahn-spi-*rāy*-rer) *v* per- spire
transport (trahns-*pott*) *c* transport, transportation
transportabel (trahns-po-*taa*-berl) *adj* portable
transportere (trahns-po-*tāy*-rer) *v* transport
trapp (trahpp) *c* stairs *pl*, staircase
travel (*traa*-verl) *adj* busy
travelhet (*traa*-verl-hāyt) *c* bustle
*tre (trāy) *v* step; thread
tre[1] (trāy) *num* three
tre[2] (trāy) *nt* (pl trær) tree; wood; **tre-** wooden
tredje (*trāyd*-Yer) *num* third
*treffe (*trehf*-fer) *v* *hit; *meet
treg (trāyg) *adj* slack
trekant (*trāy*-kahnt) *c* triangle
trekantet (*trāy*-kahn-tert) *adj* triangu- lar
trekk (trehkk) *nt* move; trait; *c* draught
*trekke (*trehk*-ker) *v* pull, *draw; up- holster; ~ **fra** deduct; subtract; ~ **opp** *wind; uncork; ~ **tilbake** *withdraw; ~ **ut** extract
trekkpapir (*trehk*-pah-peer) *nt* blot- ting paper
trekløver (*trāy*-klur-verr) *c* shamrock
trekning (*trehk*-ning) *c* draw
trekull (*trāy*-kewl) *nt* charcoal
trene (*trāy*-ner) *v* drill; train
trener (*trāy*-nerr) *c* coach
trenge (*trehng*-nger) *v* need; ~ **seg**

frem push
trening (*trāy*-ning) *c* training
treskjærerarbeid (*trāy*-shææ-rerr-ahr-bayd) *nt* wood-carving
tresko (*trāy*-skōō) *c* (pl ~) wooden shoe
trett (trehtt) *adj* tired, weary
trette (*treht*-ter) *v* argue, quarrel; tire; *c* quarrel
tretten (*treht*-tern) *num* thirteen
trettende (*treht*-ter-ner) *num* thirteenth; *adj* tiring
tretti (*treht*-ti) *num* thirty
trettiende (*treht*-ti-er-ner) *num* thirtieth
trevle opp (*trehv*-ler) fray
tribune (tri-*bēw*-ner) *c* stand
trick (trikk) *nt* trick
trikk (trikk) *c* tram; streetcar *nAm*
trikotasje (tri-koo-*taa*-sher) *c* hosiery
trillebår (*tril*-ler-bawr) *c* wheelbarrow
trinn (trinn) *nt* step
trinse (*trin*-ser) *c* pulley
trist (trist) *adj* sad
triumf (tri-*ewmf*) *c* triumph
triumfere (tri-ewm-*fāy*-rer) *v* triumph
triumferende (tri-ewm-*fāy*-rer-ner) *adj* triumphant
tro (trōō) *v* believe; reckon; *c* belief, faith; *adj* faithful
trofast (*trōō*-fahst) *adj* faithful, true
trolig (*trōō*-li) *adj* credible
trolldom (*trol*-dom) *c* magic
trolleybuss (*trol*-li-bewss) *c* trolley-bus
tromme (*troom*-mer) *c* drum
trommehinne (*troom*-mer-hi-ner) *c* ear-drum
trompet (troom-*pāyt*) *c* trumpet
trone (*trōō*-ner) *c* throne
tropene (*trōō*-per-ner) *pl* tropics *pl*
tropisk (*trōō*-pisk) *adj* tropical
tropper (*trop*-perr) *pl* troops *pl*
tross (tross) *prep* in spite of, despite;

til ~ for in spite of
trost (trost) *c* thrush
true (*trēw*-er) *v* threaten
truende (*trēw*-er-ner) *adj* threatening
trumf (trewmf) *c* trump, trump card
trupp (trewpp) *c* band; company
trusel (*trewss*-serl) *c* (pl -sler) threat
truser (*trēw*-serr) *pl* briefs *pl*, knickers *pl*, panties *pl*; underpants *plAm*
trykk[1] (trykk) *nt* pressure
trykk[2] (trykk) *nt* engraving, print
trykk[3] (trykk) *nt* stress; ***legge ~ på** stress
trykke[1] (*trewk*-ker) *v* press; ~ **på** press
trykke[2] (*trewk*-ker) *v* print
trykkende (*trewk*-ker-ner) *adj* stuffy
trykknapp (*trewk*-knahp) *c* push-button; press-stud
trykkoker (trewk-*kōō*-kerr) *c* pressure-cooker
trykksak (*trewk*-saak) *c* printed matter
tryllekunstner (*trewl*-ler-kewnst-nerr) *c* magician
trøbbel (*trurb*-berl) *nt* trouble
trøst (trurst) *c* comfort
trøste (*trurss*-ter) *v* comfort
trøstepremie (*trurss*-ter-prāy-mi-er) *c* consolation prize
trå (traw) *v* step
tråd (traw) *c* thread
tsjekkoslovak (cheh-koo-shloo-*vaak*) *c* Czech
Tsjekkoslovakia (cheh-koo-shloo-*vaa*-ki-ah) Czechoslovakia
tsjekkoslovakisk (cheh-koo-shloo-*vaa*-kisk) *adj* Czech
tube (*tēw*-ber) *c* tube
tuberkulose (tew-bær-kew-*lōō*-ser) *c* tuberculosis
tulipan (tew-li-*paan*) *c* tulip
tull (tewll) *nt* rubbish
tunfisk (*tēwn*-fisk) *c* tuna

tung (toongng) *adj* heavy

tunge (*toong*-nger) *c* tongue

tungnem (*toong*-nehm) *adj* slow

tunika (*tew*-ni-kah) *c* tunic

Tunisia (tew-*nee*-si-ah) Tunisia

tunisier (tew-*nee*-si-err) *c* Tunisian

tunisisk (tew-*nee*-sisk) *adj* Tunisian

tunnel (tew-*nehll*) *c* tunnel

tur (tёwr) *c* ride, trip; turn

turbin (tewr-*been*) *c* turbine

turbojet (*tewr*-boo-Ɣeht) *c* turbojet

turgjenger (*tёwr*-Ɣeh-ngerr) *c* walker

turist (tew-*rist*) *c* tourist

turistklasse (tew-*rist*-klah-ser) *c* tourist class

turistkontor (tew-*rist*-koon-tōōr) *nt* tourist office

turisttrafikk (tew-*riss*-trah-fik) *c* tourism

turnbukse (*tёwn*-book-ser) *c* trunks *pl*

turner (tew-*nerr*) *c* gymnast

turnering (tew-*nāy*-ring) *c* tournament

turnsko (*tёwn*-skōō) *pl* gym shoes; sneakers *plAm*

tur-retur (*tёwr*-reh-tёwr) round trip *Am*

tusen (*tёw*-sern) *num* thousand

tusmørke (*tewss*-murr-ker) *nt* dusk

tut (tёwt) *c* nozzle

tute (*tёw*-ter) *v* hoot; honk *vAm*, toot *vAm*

tvang (tvahng) *c* constraint; force

tverr (tvӕrr) *adj* cross

tvert imot (tvӕt i-mōōt) on the contrary

tvert om (tvӕt om) the other way round

tvetydig (tvāy-tёw-di) *adj* ambiguous

tvil (tveel) *c* doubt; **uten ~** without doubt

tvile (*tvee*-ler) *v* doubt

tvillinger (*tvil*-li-ngerr) *pl* twins *pl*

tvilsom (*tveel*-som) *adj* doubtful

*tvinge (*tving*-nger) *v* force

tvist (tvist) *c* dispute

tydelig (*tёw*-der-li) *adj* clear, distinct, plain; evident, apparent; explicit

tyfus (*tёw*-fewss) *c* typhoid

tygge (tewg-ger) *v* chew

tyggegummi (tewg-ger-gew-mi) *c* chewing-gum

tykk (tewkk) *adj* thick; corpulent, fat, big

tykkelse (tewk-kerl-ser) *c* thickness

tykkfallen (tewk-fah-lern) *adj* stout

tykne (tewk-ner) *v* thicken

tyngde (tewng-der) *c* weight

tyngdekraft (tewng-der-krahft) *c* gravity

tynge (tewng-nger) *v* oppress

tynn (tewnn) *adj* thin; sheer; weak

type (*tёw*-per) *c* type

typisk (*tёw*-pisk) *adj* typical

tyr (tёwr) *c* bull

tyrann (tew-*rahnn*) *c* tyrant

tyrefektning (*tёw*-rer-fehkt-ning) *c* bullfight

tyrefektningsarena (*tёw*-rer-fehkt-ning-sah-rāy-nah) *c* bullring

tyrker (tewr-kerr) *c* Turk

Tyrkia (tewr-ki-ah) Turkey

tyrkisk (tewr-kisk) *adj* Turkish

tysk (tewsk) *adj* German

tysker (tewss-kerr) *c* German

Tyskland (tewsk-lahn) Germany

tyv (tёwv) *c* thief

tyve (*tёw*-ver) *num* twenty

tyvende (*tёw*-ver-ner) *num* twentieth

tyveri (*tёw*-ver-ree) *nt* robbery, theft

tøffel (turf-ferl) *c* (pl tøfler) slipper

tømme (turm-mer) *v* empty

tømmer (turm-merr) *nt* timber

tømmermenn (turm-merr-mehn) *pl* hangover

tømming (turm-ming) *c* emptying

tønne (turn-ner) *c* cask, barrel

tørke (turr-ker) *c* drought; *v* wipe,

dry; ~ av wipe; ~ bort wipe
tørkeapparat (turr-ker-ah-pah-raat) nt
dryer
tørr (turrr) adj dry
tørst (tursht) adj thirsty; c thirst
tøvær (tūr-væær) nt thaw
tøye (tur^{ew}-er) v stretch
tøyelig (tur^{ew}-er-li) adj elastic
tøyelighet (tur^{ew}-er-li-hāyt) c elasticity
tøyle (tur^{ew}-ler) v curb; restrain
tå (taw) c (pl tær) toe
tåke (taw-ker) c mist, fog
tåkelykt (taw-ker-lewkt) c foglamp
tåket (taw-kert) adj foggy
tålmodig (tol-mōō-di) adj patient
tålmodighet (tol-mōō-di-hāyt) c patience
tåpe (taw-per) c fool
tåpelig (taw-per-li) adj silly, foolish; crazy
tåre (taw-rer) c tear
tåreperse (taw-rer-pæ-sher) c tearjerker
tårn (tawn) nt tower

U

ualminnelig (ew-ahl-mi-ner-li) adj unusual
uanselig (ew-ahn-sāy-li) adj inconspicuous, insignificant
uanstendig (ēw-ahn-stehn-di) adj indecent; obscene
uantakelig (ēw-ahn-taa-ker-li) adj unacceptable
uavbrutt (ēw-ahv-brewt) adj continuous
uavhengig (ēw-ahv-heh-ngi) adj independent
uavhengighet (ēwahv-heh-ngi-hāyt) c independence

ubebodd (ēw-beh-bood) adj uninhabited
ubeboelig (ēw-beh-bōō-er-li) adj uninhabitable
ubegrenset (ēw-beh-grehn-sert) adj unlimited
ubehagelig (ēw-beh-haa-ger-li) adj disagreeable, unpleasant; nasty
ubekvem (ēw-beh-kvehm) adj uncomfortable
ubekymret (ēw-beh-khewm-rert) adj carefree
ubeleilig (ēw-beh-lay-li) adj inconvenient
ubeleilighet (ēw-beh-lay-li-hāyt) c inconvenience
ubemyndiget (ēw-beh-mewn-di-ert) adj unauthorized
ubesindig (ēw-beh-sin-di) adj rash
ubeskjeden (ēw-beh-shāy-dern) adj immodest
ubeskyttet (ēw-beh-shew-tert) adj unprotected
ubestemt (ēw-beh-stehmt) adj indefinite
ubesvart (ēw-beh-svaat) adj unanswered
ubetydelig (ēw-beh-tēw-der-li) adj insignificant; slight, petty
ubevisst (ew-ber-vist) adj unconscious
ubotelig (ew-bōō-ter-li) adj irreparable
udugelig (ew-dēw-ger-li) adj incapable
udyrket (ew-dewr-kert) adj uncultivated
uegnet (ēw-ay-nert) adj unsuitable, unfit
uekte (ēw-ehk-ter) adj false
uendelig (ew-ehn-ner-li) adj endless, infinite
•være uenig (væ-rer ew-āy-ni) disagree

uerfaren (ēw-ær-faa-rern) *adj* inexperienced

ufaglært (ēw-faag-læææt) *adj* unskilled

uflaks (ēw-flahks) *c* bad luck

uforklarlig (ēw-for-*klaa*-li) *adj* unaccountable

uformell (ēw-for-mehll) *adj* casual, informal

uforskammet (ēw-fo-shkah-mert) *adj* insolent, impertinent, impudent; rude

uforskammethet (ēw-fo-shkah-mert-hāyt) *c* insolence

uforståelig (ēw-fo-shtaw-er-li) *adj* puzzling

ufortjent (ēw-fo-t*r*āynt) *adj* unearned

ufremkommelig (ēw-frehm-ko-mer-li) *adj* impassable

ufullkommen (ēw-fewl-ko-mern) *adj* imperfect

ufullstendig (ēw-fewl-stehn-di) *adj* incomplete

ufølsom (ēw-fur-l-som) *adj* insensitive

ugift (ēw-*y*ift) *adj* single

ugjenkallelig (ew-*y*ehn-*kahl*-ler-li) *adj* irrevocable

ugle (ewg-ler) *c* owl

ugress (ēw-grehss) *nt* weed

ugunstig (ēw-gewn-sti) *adj* unfavourable

ugyldig (ēw-*y*ewl-di) *adj* invalid, void

uhelbredelig (ēw-hehl-*brāy*-der-li) *adj* incurable

uheldig (ew-*hehl*-di) *adj* unfortunate, unlucky

uheldigvis (ew-*hehl*-di-veess) *adv* unfortunately

uhell (ēw-hehl) *nt* misfortune; accident

uhyggelig (ew-*hew*-ger-li) *adj* creepy; ominous

uhøflig (ew-*hurf*-li) *adj* impolite

ujevn (ēw-*y*ehvn) *adj* uneven

uke (ēw-ker) *c* week

ukentlig (ēw-kernt-li) *adj* weekly

ukeslutt (ēw-ker-slewt) *c* weekend

ukjent (ēw-khehnt) *adj* unknown, unfamiliar

uklar (ēw-klaar) *adj* obscure, dim

uklok (ēw-klōōk) *adj* unwise

uknuselig (ew-*knēw*-ser-li) *adj* unbreakable

ukvalifisert (ēw-kvah-li-fi-sāyt) *adj* unqualified

uleilighet (ew-*lay*-li-hāyt) trouble

ulempe (ēw-lehm-per) *c* disadvantage; nuisance

uleselig (ew-*lāy*-ser-li) *adj* illegible

ulik (ēw-leek) *adj* unequal, uneven

ulike (ēw-lee-ker) *adj* odd

ull (ewll) *c* wool; **ull-** woollen

ulljakke (ewl-*y*ah-ker) *c* sweater, cardigan

ulovlig (ēw-lawv-li) *adj* illegal, unlawful

ultrafiolett (*ewl*-trah-fi-oo-leht) *adj* ultraviolet

ulv (ewlv) *c* wolf

ulykke (ēw-lew-ker) *c* accident, misfortune; calamity, disaster; misery

ulykkelig (ew-*lewk*-ker-li) *adj* unhappy; miserable

ulærd (ēw-læærd) *adj* uneducated

umake (ēw-maa-ker) *c* pains; **være umaken verd **be worthwhile

umiddelbart (ēw-mi-derl-baat) *adv* immediately, instantly

umoderne (ēw-moo-dææ-ner) *adj* out of date

umulig (ew-*mēw*-li) *adj* impossible

umyndig (ēw-mewn-di) *adj* under age

umøblert (ēw-murb-lāyt) *adj* unfurnished

umåtelig (ew-*maw*-ter-li) *adj* vast, immense

under[1] (ewn-derr) *nt* wonder

under[2] (oon-nerr) *prep* below, during, beneath, under; *adv* beneath

underbukse (ewn-nerr-book-ser) c
panties pl, drawers, pants pl;
shorts plAm

underernæring (ewn-nerr-æ-næææ-ring)
c malnutrition

undergang (ewn-nerr-gahng) c ruin,
destruction

undergrunnsbane (ewn-nerr-grewns-
baa-ner) c underground; subway
nAm

*underholde (ewn-nerr-ho-ler) v en-
tertain, amuse

underholdende (ewn-nerr-ho-ler-ner)
adj entertaining

underholdning (ewn-nerr-hol-ning) c
entertainment

underholdsbidrag (ewn-nerr-hols-bee-
draag) nt alimony

underjordisk (ewn-nerr-Yoor-disk) adj
underground

underkaste seg (ewn-nerr-kahss-ter)
submit

underkjole (ewn-nerr-khōō-ler) c slip

underkue (ewn-nerr-kēw-er) v subject

underlagskrem (ewn-ner-laags-krāym)
c foundation cream

underlegen (ewn-ner-lāy-gern) adj in-
ferior

underlig (ewn-der-li) adj odd, strange,
queer; peculiar

underordnet (ewn-ner-oord-nert) adj
subordinate; minor, secondary; ad-
ditional

underretning (ewn-ner-reht-ning) c
notice

underrette (ewn-ner-reh-ter) v inform;
notify

underskrift (ewn-nerr-skrift) c signa-
ture

underskudd (ewn-ner-shkewd) nt (pl
~) deficit

understreke (ewn-ner-shtrāy-ker) v
underline; emphasize

understrøm (ewn-ner-shtrurm) c (pl
~mer) undercurrent

undersøke (ewn-ner-shūr-ker) v en-
quire; examine

undersøkelse (ewn-ner-shūr-kerl-ser) c
investigation, enquiry; check-up,
examination

undersått (ewn-ner-shot) c subject

undertegne (ewn-ner-tay-ner) v sign

undertegnede (ewn-ner-tay-ner-der) c
(pl ~) undersigned

undertrykke (ewn-ner-trew-ker) v op-
press, suppress

undertrøye (ewn-ner-trurᵉʷ-er) c un-
dershirt, vest

undertøy (ewn-ner-turᵉʷ) pl under-
wear

undervanns- (ewn-nerr-vahns) under-
water

undervise (ewn-nerr-vee-ser) v *teach;
instruct

undervisning (ewn-nerr-veess-ning) c
tuition, instruction

undervurdere (ewn-nerr-vew-dāy-rer)
v underestimate

undre seg (ewn-drer) wonder; marvel

ung (oongng) adj young

ungarer (oong-gaa-rerr) c Hungarian

Ungarn (ewng-gaan) Hungary

ungarsk (ewng-gaashk) adj Hun-
garian

ungdom (oong-dom) c (pl ~mer)
youth; ungdoms- juvenile

ungdomsherberge (oong-doms-hær-
bær-ger) nt youth hostel

unge (oong-nger) c kid

ungkar (oong-kaar) c bachelor

uniform (ew-ni-form) c uniform

union (ew-ni-ōōn) c union

univers (ew-ni-væshsh) nt universe

universell (ew-ni-væ-shehll) adj uni-
versal

universitet (ew-ni-væ-shi-tāyt) nt uni-
versity

*unngå (ewn-gaw) v avoid; escape

unnskyld! (*ewn*-shewl) sorry!
unnskylde (*ewn*-shew-ler) v excuse
unnskyldning (*ewn*-shewl-ning) c
apology, excuse; ***be om** ~ apologize
*unnslippe (*ewn*-shli-per) v escape
unntagen (*ewn*-taa-gern) prep but, except
unntak (*ewn*-taak) nt (pl ~) exception
unntatt (*ewn*-taht) prep except
*unnvike (*ewn*-vee-ker) v avoid
*unnvære (*ewn*-vææ-rer) v spare
unyttig (*ew*-new-ti) adj useless
unødvendig (*ēw*-nurd-vern-di) adj unnecessary
unøyaktig (*ēw*-nur^ew-ahk-ti) adj inaccurate
uoffisiell (*ēw*-o-fi-si-erl) adj unofficial
uopphørlig (*ēw*-oop-hūr-li) adv continually
uorden (*ēw*-o-dern) c disorder; **i** ~ out of order; broken
uordentlig (*ēw*-ont-li) adj untidy
uoverkommelig (*ēw*-o-verr-ko-mer-li) adj prohibitive, insurmountable
uovertruffen (*ēw*-o-ver-troo-fern) adj unsurpassed
upartisk (*ēw*-paa-tisk) adj impartial
upassende (*ēw*-pah-ser-ner) adj improper
upersonlig (*ēw*-pæ-shōōn-li) adj impersonal
upopulær (*ēw*-poo-pew-læær) adj unpopular
upålitelig (*ēw*-po-lee-ter-li) adj unreliable, untrustworthy
ur (*ēwr*) nt watch
uregelmessig (*ēw*-rāy-gerl-meh-si) adj irregular
uren (*ēw*-rāyn) adj unclean
urett (*ēw*-reht) c wrong, injustice; ***gjøre** ~ wrong; ***ha** ~ *be wrong

urettferdig (*ēw*-reht-fæ-di) adj unfair, unjust
uriktig (ew-*rik*-ti) adj incorrect, wrong
urimelig (ew-*ree*-mer-li) adj unreasonable; absurd
urin (ew-*reen*) c urine
urmaker (*ēwr*-maa-kerr) c watchmaker
uro (*ēw*-rōō) c unrest
urolig (ew-*rōō*-li) adj restless; uneasy
urskog (*ēw*-shkōōg) c jungle
urt (ewtt) c herb
urtids- (*ēw*-tits) ancient
Uruguay (ew-rew-gew-*igh*) Uruguay
uruguayaner (ew-rew-gew-igh-*aa*-nerr) c Uruguayan
uruguayansk (ew-rew-gew-igh-*aansk*) adj Uruguayan
usann (*ēw*-sahn) adj untrue
usannsynlig (*ēw*-sahn-sēwn-li) adj improbable, unlikely
usedvanlig (ew-sehd-*vaan*-li) adj uncommon, extraordinary, exceptional
uselvisk (*ēw*-sehl-visk) adj unselfish
usikker (*ēw*-si-kerr) adj uncertain; doubtful; unsafe
uskadd (*ēw*-skahd) adj unhurt; whole
uskadelig (ew-*skaa*-der-li) adj harmless
uskikkelig (ew-*shik*-ker-li) adj naughty
uskyld (*ēw*-shewl) c innocence
uskyldig (*ēw*-shewl-di) adj innocent
uspiselig (ew-*spee*-ser-li) adj inedible
ustabil (*ēw*-stah-beel) adj unstable
ustadig (ew-*staa*-di) adj unsteady
ustø (*ēw*-stūr) adj unsteady
usunn (*ēw*-sewn) adj unhealthy, unsound
usympatisk (*ēw*-sewm-paa-tisk) adj unpleasant
usynlig (ew-*sēwn*-li) adj invisible

ut (ēwt) *adv* out; *gå ~ *go out; ~ over beyond

utad (ēw-taad) *adv* outwards

utakknemlig (ēw-tahk-nehm-li) *adj* ungrateful

utbre (ēwt-brāy) *v* expand

utbrudd (ēwt-brewd) *nt* (pl ~) outbreak

*utbryte (ēwt-brēw-ter) *v* exclaim

utbytte (ēwt-bew-ter) *nt* benefit; *ha ~ av profit

utdanne (ēwt-dah-ner) *v* educate

utdannelse (ēwt-dah-nerl-ser) *c* education; background

utdele (ēwt-dāy-ler) *v* distribute

utdrag (ēwt-draag) *nt* (pl ~) extract, excerpt

utdype (ēwt-dēw-per) *v* elaborate

ute (ēw-ter) *adv* out

*utelate (ēw-ter-laa-ter) *v* omit, *leave out

utelukke (ēw-ter-loo-ker) *v* exclude

utelukkende (ēw-ter-loo-ker-ner) *adv* solely, exclusively

uten (ēw-tern) *prep* without

utenat (ēw-ter-naht) *adv* by heart

utendørs (ēw-tern-dūrsh) *adv* outdoors

utenfor (ēw-tern-for) *prep* outside; *adv* outside

utenkelig (ew-tehng-ker-li) *adj* inconceivable

utenlands (ēw-tern-lahns) *adv* abroad

utenlandsk (ēw-tern-lahnsk) *adj* alien, foreign

utflukt (ēwt-flookt) *c* trip, excursion

utfolde (ēwt-fo-ler) *v* unfold, display

utfordre (ēwt-foord-rer) *v* challenge; dare; utfordrende challenging, defiant

utforske (ēwt-fosh-ker) *v* explore

utføre (ēwt-fūr-rer) *v* execute, perform, implement, carry out; export

utførlig (ewt-fūr-li) *adj* detailed

utførsel (ēwt-fur-sherl) *c* (pl -sler) exportation, export

utgang (ēwt-gahng) *c* way out, exit; outcome

utgangspunkt (ēwt-gahngs-poongt) *nt* starting-point

utgave (ēwt-gaa-ver) *c* edition

*utgi (ēwt-Yee) *v* publish; issue

utgift (ēwt-Yift) *c* expense; utgifter expenditure

utgravning (ēwt-graav-ning) *c* excavation

*utgyte (ēwt-Yēw-ter) *v* *shed

*utholde (ēwt-ho-ler) *v* endure

utholdelig (ēwt-ho-ler-li) *adj* tolerable

utholdenhet (ēwt-ho-lern-hāyt) *c* stamina

utilfreds (ēw-til-frehts) *adj* dissatisfied

utilfredsstillende (ēw-til-freht-sti-ler-ner) *adj* unsatisfactory

utilgjengelig (ēw-til-Yeh-nger-li) *adj* inaccessible

utilsiktet (ēw-til-sik-tert) *adj* unintentional

utilstrekkelig (ēw-til-streh-ker-li) *adj* insufficient; inadequate

utiltalende (ēw-til-taa-ler-ner) *adj* unpleasant

utjevne (ēwt-Yehv-ner) *v* equalize

utkant (ēwt-kahnt) *c* outskirts pl

utkast (ēwt-kahst) *nt* draft

utkjørsel (ēwt-khur-sherl) *c* exit, driveway

utklippsbok (ēwt-klips-bōōk) *c* (pl -bøker) scrap-book

utkople (ēwt-kop-ler) *v* disconnect

utlede (ēwt-lāy-der) *v* deduce, infer

utlending (ēwt-lehn-ing) *c* alien, foreigner

utlikne (ēwt-lik-ner) *v* level

utluftning (ēwt-lewft-ning) *c* ventilation

utløp (ēwt-lūrp) *nt* (pl ~) expiry

*utløpe (ēwt-lūr-per) v expire
utløpt (ēwt-lurpt) adj expired
utmatte (ēwt-mah-ter) v exhaust
utmattet (ēwt-mah-tert) adj tired
utmerke seg (ēwt-mær-ker) excel
utmerket (ēwt-mær-kert) adj fine, excellent
utnevne (ēwt-nehv-ner) v appoint
utnevnelse (ēwt-nehv-nerl-ser) c nomination, appointment
utnytte (ēwt-new-ter) v exploit
utpresse (ēwt-preh-ser) v extort
utpressing (ēwt-preh-sing) c extortion
utregning (ēwt-ray-ning) c calculation
utrivelig (ew-tree-ver-li) adj unpleasant
utro (ēw-trōo) adj unfaithful
utrolig (ēw-trōo-li) adj incredible
utrop (ēwt-rōop) nt (pl ~) exclamation
utruste (ēwt-rewss-ter) v equip
utrustning (ēwt-rewst-ning) c outfit
utsalg (ēwt-sahlg) nt (pl ~) sales
utseende (ēwt-sāy-er-ner) nt look, appearance; semblance
utsending (ēwt-seh-ning) c delegate
*utsette (ēwt-seh-ter) v postpone, delay, *put off, adjourn; expose; **utsatt for** liable to; subject to
utsettelse (ēwt-seh-terl-ser) c delay
utside (ēwt-seeer) c outside; exterior
utsikt (ēwt-sikt) c view; prospect, outlook
utskeielse (ēwt-shay-erl-ser) c excess
utslett (ēwt-sleht) nt rash
utslitt (ēwt-shlit) adj worn-out
utsolgt (ēwt-solt) adj sold out
utstedelse (ēwt-stāy-derl-ser) c issue
utstikker (ēwt-sti-kerr) c pier
utstille (ēwt-sti-ler) v *show, exhibit; display
utstilling (ēwt-sti-ling) c exposition, exhibition, show, display
utstillingsdukke (ēwt-sti-lings-dew-

ker) c mannequin
utstillingslokale (ēwt-sti-lings-loo-kaa-ler) nt showroom
utstillingsvindu (ēwt-sti-lings-vin-dew) nt shop-window
utstrakt (ēwt-strahkt) adj extensive, broad
utstyr (ēwt-stēwr) nt equipment; kit, gear
utstyre (ēwt-stēw-rer) v equip
utsøkt (ēwt-surkt) adj exquisite, select
uttale (ēw-taa-ler) c pronunciation; v pronounce; ~ **galt** mispronounce
uttenke (ēw-tehng-ker) v devise
uttrykk (ēw-trewk) nt (pl ~) expression; phrase; term; *gi ~ for express
uttrykke (ēw-trew-ker) v express
uttrykkelig (ew-trewk-ker-li) adj explicit, express
uttørret (ēw-tur-rert) adj arid
utvalg (ēwt-vahlg) nt (pl ~) choice, selection; variety, assortment; committee
utvalgt (ēwt-vahlt) adj select
utvandre (ēwt-vahn-drer) v emigrate
utvei (ēwt-vay) c way out; course
utveksle (ēwt-vehk-shler) v exchange
*utvelge (ēwt-vehl-ger) v select
utvendig (ēwt-vehn-di) adj external, outward
utvide (ēwt-vee-der) v widen; extend, expand, enlarge
utvidelse (ēwt-vee-derl-ser) c extension
utvikle (ēwt-vik-ler) v develop
utvikling (ēwt-vik-ling) c development
utvilsomt (ew-tveel-somt) adv undoubtedly
utvise (ēwt-vee-ser) v expel
utvungenhet (ēw-tvoo-ngern-hāyt) c ease
utydelig (ew-tēw-der-li) adj dim

utøve (ew-tūr-ver) v exercise

utålelig (ew-taw-ler-li) adj intolerable

utålmodig (ew-tol-mōō-di) adj eager, impatient

uunngåelig (ew-ewng-gaw-er-li) adj unavoidable, inevitable

uunnværlig (ew-ewn-vææ-li) adj essential

uutholdelig (ew-ewt-hol-ler-li) adj unbearable

uvanlig (ew-vahn-li) adj unusual

uvant (ew-vahnt) adj unaccustomed

uvedkommende (ew-vāyd-ko-mer-ner) c (pl ~) trespasser

uvel (ew-vehl) adj unwell

uvennlig (ew-vehn-li) adj unkind, unfriendly

uventet (ew-vehn-tert) adj unexpected

uvesentlig (ew-vāy-sernt-li) adj insignificant

uviktig (ew-vik-ti) adj unimportant

uvillig (ew-vi-li) adj unwilling; averse

uvirkelig (ew-veer-ker-li) adj unreal

uvirksom (ew-veerk-som) adj idle

uviss (ew-viss) adj uncertain

uvitende (ew-vi-ter-ner) adj ignorant

uvurderlig (ew-vew-dāy-li) adj priceless

uvær (ew-væær) nt (pl ~) tempest

uærlig (ew-ææ-li) adj dishonest; crooked

uønsket (ew-urn-skert) adj undesirable

V

vable (vahb-ler) c blister

vadested (vaa-der-stāy) nt ford

vaffel (vahf-ferl) c (pl vafler) waffle

vaffelkjeks (vahf-ferl-khehks) c wafer

vag (vaag) adj vague, faint

vagabond (vah-gah-bonn) c tramp

vagabondere (vah-gah-bon-dāy-rer) v tramp

vakker (vahk-kerr) adj handsome, fair, beautiful

vakle (vahk-ler) v falter

vaklende (vahk-ler-ner) adj shaky

vaksinasjon (vahk-si-nah-shōōn) c inoculation

vaksinere (vahk-si-nāy-rer) v vaccinate, inoculate

vaksinering (vahk-si-nāy-ring) c vaccination

vakt (vahkt) c guard; attendant

vaktel (vahk-terl) c (pl -tler) quail

vaktmann (vahkt-mahn) c (pl -menn) warden

vaktmester (vahkt-mehss-terr) c (pl ~e, -trer) concierge, caretaker, janitor

vakuum (vaa-kewm) nt vacuum

valen (vaa-lern) adj numb

valg (vahlg) nt choice, pick; election

valgfri (vahlg-free) adj optional

valgkrets (vahlg-krehts) c constituency

valgspråk (vahlg-sprawk) nt (pl ~) slogan

valmue (vahl-mēwer) c poppy

valnøtt (vaal-nurt) c walnut

vals (vahls) c waltz

valuta (vah-lewt-tah) c currency

valutakurs (vah-lewt-tah-kēwsh) c rate of exchange, exchange rate

vandre (vahn-drer) v wander

vane (vaa-ner) c custom, habit

vanfør (vahn-fūrr) adj invalid, crippled, disabled

vanilje (vah-nil-Yer) c vanilla

vanlig (vaan-li) adj common, usual, ordinary, habitual; customary, regular, simple

vanligvis (vaan-li-veess) adv as a rule, usually

vann (vahnn) *nt* water; **innlagt** ~ running water

vannfarge (*vahn*-fahr-ger) *c* water-colour

vannkarse (*vahn*-kah-sher) *c* watercress

vannkopper (*vahn*-ko-perr) *pl* chickenpox

vannkran (*vahn*-kraan) *c* faucet *nAm*

vannmelon (*vahn*-meh-lōōn) *c* watermelon

vannpumpe (*vahn*-poom-per) *c* water pump

vannski (*vahn*-shee) *c* water ski

vannstoff (*vahn*-stof) *nt* hydrogen; ~ **hyperoksyd** peroxide

vanntett (*vahn*-teht) *adj* rainproof, waterproof

vannvei (*vahn*-vay) *c* waterway

vanskapt (*vahn*-skahpt) *adj* deformed

vanskelig (*vahn*-sker-li) *adj* difficult; hard

vanskelighet (*vahn*-sker-li-hāyt) *c* difficulty

vant (vahnt) *adj* accustomed; **være* ~ **til** **be used to

vanvidd (*vahn*-vid) *nt* lunacy

vanvittig (*vahn*-vi-ti) *adj* mad

vaporisator (vah-poo-ri-*saa*-toor) *c* atomizer

vare (*vaa*-rer) *v* last

varebil (*vaa*-rer-beel) *c* pick-up van, van, delivery van

varehus (*vaa*-rer-hēwss) *nt* (pl ~) department store

varemerke (*vaa*-rer-mær-ker) *nt* trademark

varemesse (*vaa*-rer-meh-ser) *c* fair

vareopptelling (*vaa*-rer-oop-teh-ling) *c* inventory

vareprøve (*vaarer*-prūr-ver) *c* sample

varer (*vaa*-rerr) *pl* merchandise, wares *pl*, goods *pl*

varetekt (*vaa*-rer-tehkt) *c* custody

variabel (vah-ri-*aa*-berl) *adj* variable

variere (vah-ri-*āy*-rer) *v* vary

variert (vah-ri-*āyt*) *adj* varied

varietéforestilling (vah-ri-er-*tāy*-fawrer-sti-ling) *c* variety show

varietéteater (vah-ri-er-*tāy*-teh-aa-terr) *nt* (pl -tre) variety theatre

varig (*vaa*-ri) *adj* lasting; permanent

varighet (*vaa*-ri-hāyt) *c* duration

varm (vahrm) *adj* hot, warm

varme (*vahr*-mer) *c* heat, warmth; *v* warm; ~ **opp** heat

varmeflaske (*vahr*-mer-flahss-ker) *c* hot-water bottle

varmeovn (*vahr*-mer-ovn) *c* heater

varmepute (*vahr*-mer-pēw-ter) *c* heating pad

varsle (*vahsh*-ler) *v* forecast

vase (*vaa*-ser) *c* vase

vask (vahsk) *c* washing; laundry; sink

vaskbar (*vahsk*-baar) *adj* washable

vaske (*vahss*-ker) *v* wash; ~ **opp** wash up

vaskeekte (*vahss*-ker-ehk-ter) *adj* fast-dyed

vaskemaskin (*vahss*-ker-mah-sheen) *c* washing-machine

vaskepulver (*vahss*-ker-pewl-verr) *nt* washing-powder

vaskeri (vahss-ker-*ree*) *nt* laundry

vaskeservant (*vahss*-ker-sær-vahnt) *c* wash-stand

vasse (*vahss*-ser) *v* wade

vaterpass (*vaa*-terr-pahss) *nt* (pl ~) spirit level

vatt (vahtt) *c* cotton-wool

vatt-teppe *nt* quilt

ved (vāy) *c* firewood; *prep* by; on; ~ **siden av** beside, next to

vedde (*vehd*-der) *v* *bet

veddeløp (*vehd*-der-lūrp) *nt* race

veddeløpsbane (*vehd*-der-lūrps-baaner) *c* race-course; race-track

veddeløpshest (*vehd*-der-lūrps-hehst)

c race-horse

veddemål (*vehd*-der-mawl) *nt* (pl ∼) bet

vedlegg (*vay*-lehg) *nt* enclosure

•**vedlegge** (*vay*-leh-ger) *v* attach, enclose

vedlikehold (veh-*lee*-ker-hol) *nt* maintenance, upkeep

vedrøre (*vay*-rūr-rer) *v* affect

vedrørende (*vay*-rūr-rer-ner) *prep* with reference to, concerning

•**vedta** (*vay*-taa) *v* adopt, decide

vedvarende (*vay*-vaa-rer-ner) *adj* permanent

veg (vay) *c* road; way

vegetarianer (veh-ger-tah-ri-*aa*-nerr) *c* vegetarian

vegg (vehgg) *c* wall

veggedyr (*vehg*-ger-dēwr) *nt* (pl ∼) bug

veggteppe (*vehg*-teh-per) *nt* tapestry

vei (vay) *c* road; way; **på ∼ til** bound for

veiarbeid (*vay*-ahr-bayd) *nt* road work

veiavgift (*vay*-aav-Υift) *c* toll

veidekke (*vay*-deh-ker) *nt* pavement

veie (*vay*-er) *v* weigh

veikant (*vay*-kahnt) *c* roadside, wayside

veikart (*vay*-kaht) *nt* road map

veikryss (*vay*-krewss) *nt* (pl ∼) intersection, junction

veilede (*vay*-lāy-der) *v* direct

veinett (*vay*-neht) *nt* (pl ∼) road system

veiskilt (*vay*-shilt) *nt* road sign

veivaksel (*vayv*-ahk-sherl) *c* (pl -sler) crankshaft

veiviser (*vay*-vee-serr) *c* signpost

veivkasse (*vayv*-kah-ser) *c* crankcase

vekk (vehkk) *adv* off

vekke (*vehk*-ker) *v* *wake, *awake

vekkerklokke (*vehk*-kerr-klo-ker) *c* alarm-clock

veksel (*vehk*-serl) *c* (pl -sler) draft

vekselstrøm (*vehk*-serl-strurm) *c* alternating current

vekselvis (*vehk*-sherl-veess) *adv* alternate

veksle (*vehk*-shler) *v* change; exchange

vekslepenger (*vehk*-shler-peh-ngerr) *pl* change

vekslingskontor (*vehk*-shlings-koon-tōōr) *nt* money exchange, exchange office

vekst (vehkst) *c* growth

vekstliv (*vehkst*-leev) *nt* vegetation

vekt (vehkt) *c* weight; scales *pl;* •**legge ∼ på** stress

vektstang (*vehkt*-stahng) *c* (pl -tenger) lever

velbefinnende (*vehl*-beh-fi-ner-ner) *nt* ease

velbegrunnet (*vehl*-beh-grew-nert) *adj* well-founded

velbehag (*vehl*-beh-haag) *nt* pleasure

veldig (*vehl*-di) *adj* huge; immense

velferd (*vehl*-fææær) *c* welfare

•**velge** (*vehl*-ger) *v* *choose; pick; elect; **∼ ut** select

velgjørenhet (*vehl*-Υūr-rern-hāyt) *c* charity

velhavende (*vehl*-haa-ver-ner) *adj* well-to-do

velkjent (*vehl*-khehnt) *adj* familiar; well-known

velkommen (*vehl*-kom-mern) *adj* welcome; **hilse ∼** welcome

velkomst (*vehl*-komst) *c* welcome

vellykket (*vehl*-lew-kert) *adj* successful

velsigne (vehl-*sing*-ner) *v* bless

velsignelse (vehl-*sing*-nerl-ser) *c* blessing

velsmakende (*vehl*-smaa-ker-ner) *adj* tasty, savoury

velstand (*vehl*-stahn) *c* prosperity

velstående (*vehl*-stawer-ner) *adj* prosperous

velvære (*vehl*-væææ-rer) *nt* comfort

vemmelig (*vehm*-mer-li) *adj* nasty

vemod (*vāy*-mōōd) *nt* sadness

vemodig (*vāy*-mōō-di) *adj* sad

vende (*vehn*-ner) *v* turn; ~ **bort** avert; ~ **om** turn over; ~ **tilbake** return; *go back, turn back

vendepunkt (*vehn*-ner-pewngt) *nt* turning-point

vending (*vehn*-ning) *c* turn

Venezuela (veh-neh-sew-*āy*-lah) Venezuela

venezuelaner (veh-neh-sew-eh-*laa*-nerr) *c* Venezuelan

venezuelansk (veh-neh-sew-eh-*laansk*) *adj* Venezuelan

venn (vehnn) *c* friend

venne (*vehn*-ner) *v* accustom

venninne (veh-*nin*-ner) *c* friend

vennlig (*vehn*-li) *adj* kind, friendly

vennligst (*vehn*-likst) please

vennskap (*vehn*-skaap) *nt* friendship

vennskapelig (vehn-*skaa*-per-li) *adj* friendly

venstre (*vehn*-strer) *adj* left; lefthand

vente (*vehn*-ter) *v* wait; expect; ~ **på** await

venteliste (*vehn*-ter-liss-ter) *c* waiting-list

ventet (*vehn*-tert) *adj* due

venteværelse (*vehn*-ter-væææ-rerl-ser) *nt* waiting-room

ventil (vehn-*teel*) *c* valve

ventilasjon (vehn-ti-lah-*shōōn*) *c* ventilation

ventilator (vehn-ti-*laa*-toor) *c* ventilator

ventilere (vehn-ti-*lāy*-rer) *v* ventilate

venting (*vehn*-ting) *c* waiting

veps (vehps) *c* wasp

veranda (væ-*rahn*-dah) *c* veranda

verb (værb) *nt* verb

verd (værd) *nt* worth; *være ~ *be worth

verden (*vær*-dern) *c* world

verdensberømt (*vær*-derns-beh-rurmt) *adj* world-famous

verdensdel (*vær*-derns-dāyl) *c* continent

verdenskrig (*vær*-derns-kreeg) *c* world war

verdensomfattende (*vær*-dern-soom-fah-ter-ner) *adj* global

verdensomspennende (*vær*-dern-soom-speh-ner-ner) *adj* world-wide

verdensrom (*vær*-derns-room) *nt* outer space

verdi (væædee) *c* value

verdifull (væ-*dee*-fewl) *adj* valuable

verdig (*væ*-di) *adj* dignified; worthy of

verdiløs (væ-dee-*lūrss*) *adj* worthless

verdipapirer (væ-*dee*-pah-pee-rerr) *pl* stocks and shares

verdisaker (væ-*dee*-saa-kerr) *pl* valuables *pl*

verdsette (*værd*-seh-ter) *v* appreciate; estimate

verdsettelse (*værd*-seh-terl-ser) *c* appreciation

verk (værk) *c* ache; pus

verke (*vær*-ker) *v* ache

verken ... eller (*vær*-kern ... ehl-err) neither ... nor

verksted (*værk*-stāy) *nt* workshop

verktøy (*værk*-tur^(ew)) *nt* implement, tool

verktøykasse (*værk*-tur^(ew)-kah-ser) *c* tool kit

vern (væn) *nt* defence

vernepliktig (*væææ*-ner-plik-ti) *c* conscript

verre (*vær*-rer) *adv* worse; *adj* worse; **verst** worst

vers (væshsh) *nt* verse

versjon (væ-*shōōn*) c version

vert (vætt) c host; landlord

vertikal (væ-ti-*kaal*) adj vertical

vertinne (væ-*tin*-ner) c hostess; land-lady

vertshus (væts-hēwss) nt (pl ~) public house; inn; c roadside restaurant

vertshusholder (væts-hēwss-ho-lerr) c inn-keeper

vesen (*vāy*-sern) nt being; essence

vesentlig (*vāy*-sernt-li) adj essential; vital

veske (*vehss*-ker) c bag

vest (vehst) c west; waistcoat; vest nAm

vestibyle (vehss-ti-*bēw*-ler) c lobby, hall

vestlig (*vehst*-li) adj western, westerly

veterinær (veh-ter-ri-*næær*) c veterinary surgeon

vett (vehtt) nt brains, sense

vev (vāyv) c loom; nt tissue

veve (*vāy*-ver) v *weave

vever (*vāy*-verr) c weaver

vi (vee) pron we

via (*vee*-ah) prep via

viadukt (vi-ah-*dewkt*) c viaduct

vibrasjon (vi-brah-*shōōn*) c vibration

vibrere (vi-*brāy*-rer) v vibrate

vid (vee) adj wide

videre (*vee*-der-rer) adj further; og så ~ and so on, etcetera

vidstrakt (*vee*-strahkt) adj vast, broad

vidunder (vi-*dewn*-derr) nt (pl ~, ~e) marvel

vidunderlig (vi-*dewn*-der-li) adj wonderful, marvellous

vie (*vee*-er) v devote; marry

vielse (*vee*-erl-ser) c wedding

vielsesring (*vee*-erl-serss-ring) c wedding-ring

vifte (*vif*-ter) c fan

vifterem (*vif*-ter-rehm) c fan belt

vik (veek) c inlet, creek

vikle (*vik*-ler) v *wind

viktig (*vik*-ti) adj important; big, capital

viktighet (*vik*-ti-hāyt) c importance

vilje (*vil*-Yer) c will; med ~ on purpose

viljestyrke (*vil*-Yer-stewr-ker) c will-power

vilkår (*vil*-kawr) nt condition

vilkårlig (vil-*kaw*-li) adj arbitrary

vill (vill) adj savage, wild; fierce; gått ~ lost

villa (*vil*-lah) c villa

*ville (*vil*-ler) v *will, want

villig (*vil*-li) adj willing

vilt (vilt) nt game, quarry

vilthandler (*vilt*-hahnd-lerr) c poulterer

viltreservat (*vilt*-reh-sær-vaat) nt game reserve

vin (veen) c wine

vind (vinn) c wind

vindebro (*vin*-ner-brōō) c drawbridge

vindhard (*vin*-haar) adj windy

vindkast (*vin*-kahst) nt (pl ~) blow, gust

vindmølle (*vin*-mur-ler) c windmill

vindu (*vin*-dew) nt window

vinduskarm (*vin*-dewss-kahrm) c window-sill

vinduslem (*vin*-dewss-lehm) c (pl ~mer) shutter

vindusvisker (*vin*-dewss-viss-kerr) c windscreen wiper; windshield wiper Am

vinge (vingng-er) c wing

vingård (*veen*-gawr) c vineyard

vinhandler (*veen*-hahnd-lerr) c wine-merchant

vinhøst (*veen*-hurst) c vintage

vink (vingk) nt sign

vinkart (*veen*-kaht) nt wine-list

vinke (*ving*-ker) v wave

vinkel (*ving*-kerl) c (pl -kler) angle

vinkelner (*veen*-kehl-nerr) c wine-waiter

vinkjeller (*veen*-kheh-lerr) c wine-cellar

vinmonopol (*veen*-moo-noo-p**ōō**l) nt off-licence

*vinne (*vin*-ner) v gain, *win

vinnende (*vin*-ner-ner) adj winning

vinner (*vin*-nerr) c winner

vinranke (*veen*-rahng-ker) c vine

vinter (*vin*-terr) c (pl -trer) winter

vintersport (*vin*-ter-shpot) c winter sports

vipe (*vee*-per) c pewit

vippe (*vip*-per) c seesaw

virke (*veer*-ker) v work; operate

virkelig (*veer*-ker-li) adj actual, real; very, true; substantial; adv indeed, really

*virkeliggjøre (*veer*-ker-li-ʸ**ūr**-rer) v realize

virkelighet (*veer*-ker-li-h**āy**t) c reality; i virkeligheten as a matter of fact

virkemåte (*veer*-ker-maw-ter) c mode of operation

virkning (*veerk*-ning) c effect

virkningsfull (*veerk*-nings-fewl) adj effective, efficient

virkningsløs (*veerk*-nings-l**ū**rss) adj inefficient, ineffective

virksom (*veerk*-som) adj active

virksomhet (*veerk*-som-h**āy**t) c enterprise, business; hairpin

virvar (*veer*-vahr) nt muddle

vis (veess) adj wise; nt way, manner

visdom (*veess*-dom) c wisdom

vise (*vee*-ser) v *show; point out; display; ~ frem *show; ~ seg appear; prove

vise vei guide

visepresident (*vee*-ser-preh-si-dehnt) c vice-president

visitere (vi-si-*tāy*-rer) v search

visitt (vi-*sitt*) c call, visit

visittkort (vi-*sit*-kot) nt (pl ~) visiting-card

viskelær (*viss*-ker-læær) nt (pl ~) rubber, eraser

vispe (*viss*-per) v whip, whisk

viss (viss) adj certain

visse (*viss*-ser) pron some

visum (*vee*-sewm) nt (pl visa) visa

vitamin (vi-tah-*meen*) nt vitamin

*vite (*vee*-ter) v *know

vitebegjærlig (*vee*-ter-beh-ʸ**ææ**-li) adj curious

vitenskap (*vee*-tern-skaap) c science

vitenskapelig (*vee*-tern-skaaper-li) adj scientific

vitenskapsmann (*vee*-tern-skaapsmahn) c (pl -menn) scientist

vitne (*vit*-ner) nt witness; v testify

vitnesbyrd (*vit*-nerss-bewrd) nt certificate

vits (vits) c joke

vittig (*vit*-ti) adj humorous, witty

vogn (voangn) c carriage

vokal (voo-*kaal*) c vowel; adj vocal

voks (voks) c wax

vokse (*vok*-ser) v *grow

voksen[1] (*vok*-sern) c (pl -sne) adult, grown-up

voksen[2] (*vok*-sern) adj adult, grown-up

vokskabinett (*voks*-kah-bi-neht) nt waxworks pl

vokte seg (*vok*-ter) beware

vold (voll) c violence; force

volde (*vol*-ler) v cause

voldshandling (*vols*-hahnd-ling) c outrage

voldsom (*vol*-som) adj violent

*voldta (*vol*-taa) v rape; assault

vollgrav (*vol*-graav) c moat

volt (volt) c volt

volum (voo-*lewm*) nt volume

vond (voonn) *adj* bad, painful; evil;
•**gjøre vondt** *hurt; •**ha vondt**
*have a pain
vorte (*vor*-ter) *c* wart
votter (*vot*-terr) *pl* mittens *pl*
vrak (vraak) *nt* wreck
vrengt (vrehngt) *adj* inside out
•**vri** (vree) *v* twist, wrench; ~ **om**
turn
vridning (*vreed*-ning) *c* twist
vrien (*vree*-ern) *adj* difficult
vrøvle (*vrurv*-ler) *v* talk rubbish
vugge (vewg-ger) *c* cradle
vulgær (vewl-*gæær*) *adj* vulgar
vulkan (vewl-*kaan*) *c* volcano
vurdere (vew-*day*-rer) *v* evaluate;
value, estimate
vurdering (vew-*day*-ring) *c* estimate;
appreciation
vær (vææer) *nt* weather
•**være** (*vææ*-rer) *v* •be; **vær så god**
here you are
værelse (*vææ*-rerl-ser) *nt* room; ~
med frokost bed and breakfast
værelsesbetjening (*vææ*-rerl-serss-
beh-t*yay*-ning) *c* room service
værelsespike (*vææ*-rerl-serss-pee-ker)
c chambermaid
værelsestemperatur (*vææ*-rerl-serss-
tehm-peh-rah-tewr) *c* room tempera-
ture
værmelding (*vææer*-meh-ling) *c*
weather forecast
væske (*vehss*-ker) *c* fluid
våge (*vaw*-ger) *v* dare; venture
vågemot (*vaw*-ger-moot) *nt* guts
våken (*vaw*-kern) *adj* awake
våkne (*vok*-ner) *v* wake up
våningshus (*vaw*-nings-hewss) *nt* (pl
~) farmhouse
våpen (*vaw*-pern) *nt* (pl ~) arm,
weapon
vår¹ (vawr) *pron* our
vår² (vawr) *c* spring; springtime

våt (vawt) *adj* wet; moist

W

watt (vahtt) *c* watt

Y

ydmyk (*ewd*-mewk) *adj* humble
ynde (*ewn*-der) *c* grace
yndig (*ewn*-di) *adj* lovely, graceful
yndling (*ewnd*-ling) *c* favourite; **ynd-
lings-** pet, favourite
ynkelig (*ewng*-ker-li) *adj* lamentable
yrke (*ewr*-ker) *nt* trade; occupation
yte (*ew*-ter) *v* yield, produce
ytre (*ewt*-rer) *v* utter; express; *adj* exte-
rior
ytterfrakk (*ewt*-terr-frahk) *c* overcoat
ytterlig (*ewt*-ter-li) *adj* extreme
ytterligere (*ewt*-ter-li-er-rer) *adj* addi-
tional, further
ytterlighet (*ewt*-ter-li-hayt) *c* extreme
ytterside (*ewt*-ter-shee-der) *c* outside
ytterst (*ewt*-tersht) *adj* utmost, ex-
treme

Z

zoo (soo) *c* zoo; **zoologisk hage** zo-
ological gardens
zoologi (soo-loo-*gi*) *c* zoology
zoomlinse (*soom*-lin-ser) *c* zoom lens

Æ

ærbødig (ær-*bū̄*-di) *adj* respectful
ærbødighet (ær-*bū̄*-di-hāyt) *c* respect
ære (*ææ*-rer) *c* honour; glory; *v* honour
ærefull (*ææ*-rer-fewl) *adj* honourable
ærend (*ææ*-rern) *nt* errand
æresfølelse (*ææ*-rerss-fū̄r-erl-ser) *c* sense of honour
ærgjerrig (ær-*ʸær*-ri) *adj* ambitious
ærlig (*ææ*-li) *adj* honest; straight
ærlighet (*ææ*-li-hāyt) *c* honesty
ærverdig (ær-*vær*-di) *adj* venerable

Ø

øde (*ū̄*-der) *adj* desert; waste
*ødelegge (*ū̄*-der-leh-ger) *v* wreck, destroy; ruin; *spoil
ødeleggelse (*ū̄*-der-leh-gerl-ser) *c* destruction; ruination
ødsel (urt-serl) *adj* wasteful; lavish
øke (*ū̄*-ker) *v* increase; raise
økning (*ū̄rk*-ning) *c* increase
økonom (ur-koo-*nō̄m*) *c* economist
økonomi (ur-koo-noo-*mee*) *c* economy
økonomisk (ur-koo-*nō̄*-misk) *adj* economic; economical
øks (urks) *c* axe
øl (urll) *nt* beer; ale
øm (urmm) *adj* sore; gentle, tender
ønske (urns-ker) *v* wish, want, desire; *nt* wish, desire; ~ **til lykke** compliment
ønskelig (urns-ker-li) *adj* desirable
øre (*ū̄*-rer) *nt* ear
øredobb (*ū̄*-rer-dob) *c* earring
øreverk (*ū̄*-rer-værk) *c* earache
ørken (urr-kern) *c* desert
ørn (ūrn) *c* eagle

ørret (urr-rert) *c* trout
øsregn (*ū̄rss*-rayn) *nt* downpour
øst (urst) *c* east
Østerrike (urss-ter-ree-ker) Austria
østerriker (urss-ter-ree-kerr) *c* Austrian
østerriksk (urss-ter-reeksk) *adj* Austrian
østers (urss-tersh) *c* (pl ~) oyster
østlig (urst-li) *adj* eastern; easterly
østre (urst-rer) *adj* eastern
øve (*ū̄*-ver) *v* exercise; ~ **seg** practise
øvelse (*ū̄rv*-erl-ser) *c* exercise
øverst (*ū̄*-versht) *adj* top
øvre (*ū̄rv*-rer) *adj* upper
for øvrig (for *ū̄rv*-ri) moreover
øy (ur^(ew)) *c* island
øye (ur^(ew)-er) *nt* (pl øyne) eye
øyeblikk (ur^(ew)-er-blik) *nt* instant, second, moment
øyeblikkelig (ur^(ew)-er-*blik*-li) *adv* instantly, immediately; *adj* immediate
øyenblyant (ur^(ew)-ern-blew-ahnt) *c* eye-pencil
øyenbryn (ur^(ew)-ern-brewn) *nt* (pl ~) eyebrow
øyenlege (ur^(ew)-ern-lāy-ger) *c* oculist
øyenlokk (ur^(ew)-ern-lok) *nt* eyelid
øyenskygge (ur^(ew)-ern-shew-ger) *c* eye-shadow
øyensverte (ur^(ew)-ern-svæ-ter) *c* mascara
øyensynlig (ur^(ew)-ern-*sewn*-li) *adv* apparently
øyenvippe (ur^(ew)-ern-vi-per) *c* eyelash
øyenvitne (ur^(ew)-ern-vit-ner) *nt* eye-witness

Å

åbor (*ob*-boor) *c* bass, perch
åk (awk) *nt* yoke
åker (*aw*-kerr) *c* (pl åkrer) field
ål (awl) *c* eel
ånd (onn) *c* spirit; ghost
åndedrett (*on*-der-dreht) *nt* breathing, respiration
åndelig (*on*-der-li) *adj* spiritual
åpen (*aw*-pern) *adj* open
åpenbare (aw-pern-baa-rer) *v* reveal
åpenbaring (o-pern-baa-ring) *c* apparition
åpenbart (aw-pern-baat) *adv* apparently
åpenhjertig (aw-pern-Yæ-ti) *adj* open
åpne (*awp*-ner) *v* open; *undo
åpning (*awp*-ning) *c* opening; breach, gap

åpningstid (*awp*-nings-teed) *c* business hours
år (awr) *nt* year; per ~ per annum
årbok (*awr*-bōōk) *c* (pl -bøker) annual
åre (*aw*-rer) *c* oar; vein
åreknute (*aw*-rer-knēw-ter) *c* varicose vein
århundre (*awr*-hewn-drer) *nt* century
årlig (*aw*-li) *adj* yearly, annual
årsak (*aw*-shaak) *c* reason, cause
årsdag (*awsh*-daag) *c* anniversary
årstid (*awsh*-teed) *c* season
årvåken (*awr*-vaw-kern) *adj* vigilant
åtte (*ot*-ter) *num* eight
åttende (ot-ter-ner) *num* eighth
åtti (*ot*-ti) *num* eighty

Food

agurk cucumber
ananas pineapple
and duck
ansjos marinated sprats
appelsin orange
aprikos apricot
arme riddere French toast; slices
   of bread dipped in batter and
   fried, served with jam
asparges asparagus
  ~ bønne French bean
   (US green bean)
  ~ topp asparagus tip
bakt baked
banan banana
bankebiff slices or chunks of beef
   simmered in gravy
bekkørret river trout
benløse fugler rolled slices of veal
   stuffed with minced meat
betasuppe thick soup of meat,
   bone marrow and vegetables
biff beef
  ~ med løk with fried onions
  ~ tartar beef tartare, minced
   raw beef
bjørnebær blackberry
blandede grønnsaker mixed vege-
   tables
blodpudding black pudding
   (US blood sausage)
blomkål cauliflower

bløtkake rich sponge layer cake
blåbær bilberry (US blueberry)
blåskjell mussel
brekkbønne French bean
   (US green bean)
bringebær raspberry
brisling sprat
broiler specially fed 2-months-old
   chicken
brød bread
buljong broth, consommé
bønne bean
daddel (pl dadler) date
dagens meny day's menu
dagens rett day's special
drue grape
dyrestek roast venison
eddik vinegar
egg egg
  ~ og bacon bacon and eggs
  bløtkokt ~ soft-boiled
  forlorent ~ poached
  hårdkokt ~ hard-boiled
  kokt ~ boiled
  speil~ fried (US sunny side
   up)
eggerøre scrambled eggs
elgstek roast elk (US moose)
eple apple
  ~kake apple cake
ert pea
ertesuppe pea soup

estragon tarragon
fasan pheasant
fenalår cured leg of mutton
fersken peach
ferskt kjøtt og suppe meat-and-vegetable soup
fiken fig
fisk fish
fiskebolle fish ball
fiskegrateng fish casserole
fiskekabaret fish and shellfish in aspic
fiskekake fried fish ball
fiskepudding fish pudding
fiskesuppe fish soup
flatbrød thin wafer of rye and sometimes barley
fleskepannekake thick oven-baked pancake with bacon
fleskepølse pork sandwich spread
flyndrefilet fillet of flounder
fløte cream
  ~ost cream cheese
  ~vaffel cream-enriched waffle often served with Arctic cloudberries or jam
forrett first course, starter
frokost breakfast
fromasj mousse, blancmange
frukt fruit
  ~is water-ice, sherbet
  ~salat fruit salad
  ~terte fruit tart
fugl fowl
fyll stuffing, forcemeat
fårefrikassé mutton or lamb fricassee
fårekjøtt mutton
fårestek leg of lamb
fårikål mutton or lamb in cabbage stew
gaffelbiter salt- and sugar-cured herring fillets
gammelost a semi-hard cheese

with grainy texture and strong flavour
geitekilling kid
geitost a bitter-sweet brown cheese made from goat's milk
gjedde pike
grapefrukt grapefruit
gravet ørret salt-cured trout flavoured with dill
gravlaks salt- and sugar-cured salmon flavoured with dill, often served with creamy dill-and-mustard sauce
gressløk chive
griljert breaded
grillet grilled
grovbrød brown bread
grønnsak vegetable
grøt porridge, cereal
gudbrandsdalsost a slightly sweet brown cheese made from goat's and cow's milk
gulrot (pl **gulrøtter**) carrot
gås goose
gåselever(postei) goose liver (paste)
gåsestek roast goose
hasselnøtt hazelnut
havre oats
  ~grøt oatmeal (porridge)
  ~kjeks oatmeal biscuit (US oatmeal cookie)
helkornbrød wholemeal (US whole-wheat) bread
hellefisk halibut
helstekt roasted whole
hjemmelaget home-made
hoffdessert layers of meringue and whipped cream, topped with chocolate sauce and toasted almonds
honning honey
hummer lobster
hvalbiff steak of whale

hvetebolle sweet roll, bun
　～ **med rosiner** with raisins
hvitløk garlic
hvitting whiting
hønsefrikassé chicken fricassée
is ice, water ice (US sherbet)
　～ **krem** ice-cream
italiensk salat salad of diced cold
　meat or ham, apples, potatoes,
　gherkins and other vegetables
　in mayonnaise
jordbær strawberry
julekake rich fruit cake (Christ-
　mas speciality)
kake cake, tart
kalkun turkey
kalvekjøtt veal
kalvekotelett veal chop
kalvemedaljong a small round
　fillet of veal
kalvetunge calf's tongue
kanel cinnamon
karamellpudding caramel blanc-
　mange (US pudding)
karbonadekake hamburger steak
kardemomme cardamom
karri curry
karve caraway seed
kastanje chestnut
kirsebær cherry
kjeks biscuit (US cracker or
　cookie)
kjøtt meat
　～ **bolle** meat ball
　～ **deig** minced meat
　～ **kake** small hamburger steaks
　～ **pudding** meat loaf
　～ **suppe** broth with diced meat
　or sausage
klippfisk salted and dried cod
knekkebrød crisp bread
　(US hardtack)
kokosmakron coconut macaroon
kokosnøtt coconut

kokt cooked, boiled
koldtbord a buffet of cold dishes
　such as fish, meat, salad, cheese
　and dessert
kolje haddock
korint currant
kotelett chop, cutlet
krabbe crab
kransekake cone-shaped pile of
　almond-macaroon rings
krem whipped cream
kreps crayfish
kringle ring-twisted bread with
　raisins
kryddersild soused herring
kumle potato dumpling
kylling chicken
　～ **bryst** breast
　～ **lår** leg, thigh
　～ **vinge** wing
kål cabbage
　～ **ruletter** cabbage leaves
　stuffed with minced meat
laks salmon
lammebog shoulder of lamb
lammebryst brisket of lamb
lammekotelett lamb chop
lapskaus thick stew of diced or
　minced meat (generally beef,
　lamb or pork), potatoes, onions
　and other vegetables
lefse thin pancake (without eggs)
lettstekt sautéed
lever liver
　～ **postei** liver paste
loff white bread
lompe kind of potato pancake
lungemos hash of pork lungs and
　onions
lutefisk boiled stockfish, served
　with white sauce or melted but-
　ter and potatoes
løk onion
makrell mackerel

mandel (pl mandler) almond

marengs meringue

marinert marinated

medisterkake hamburger steak made of pork

meny bill of fare, menu

middag dinner

morell morello cherry

-morkel (pl morkler) morel mushroom

multe Arctic cloudberry

musling mussel

mysost a brown whey cheese similar to *gudbrandsdalsost*

mørbrad rumpsteak

napoleonskake custard slice (US napoleon)

normannaost blue cheese

nype rose hip

nyre kidney

nøtt nut

oksefilet fillet of beef

oksehalesuppe oxtail soup

oksekjøtt beef

okserull rolled stuffed beef, served cold

oksestek roast beef

omelett med sjampinjonger button mushroom omelet

ost cheese

pai pie

pale young coalfish

panert breaded

pannekake pancake

pepperkake ginger biscuit (US ginger snap)

pepperrot horse-radish
~ saus horse-radish sauce

persille parsley

pinnekjøtt salted and fried ribs of mutton roasted on twigs (Christmas speciality)

pir small mackerel

pisket krem whipped cream

plomme plum
~ grøt med fløtemelk stewed plums and cream

plukkfisk poached fish (usually dried cod or haddock) in white sauce

pommes frites potato chips (US French fries)

postei 1) vol-au-vent 2) meat or fish pie

potet potato
~ chips crisps (US chips)
~ gull crisps (US chips)
~ kake potato fritter

pultost a soft, sometimes fermented cheese, usually flavoured with caraway seeds

purre leek

pyttipanne diced meat and potatoes fried with onions, sometimes topped with a fried egg

pære pear

pølse sausage

rabarbra rhubarb

rakørret salt-cured trout

rapphøne partridge

reddik radish

regnbueørret rainbow trout

reinsdyrstek roast reindeer

reke shrimp

remuladesaus mayonnaise mixed with cream, chopped gherkins and parsley

rips redcurrant

ris rice

risengrynsgrøt rice pudding sprinkled with cinnamon and sugar, served warm

riskrem boiled rice mixed with whipped cream, served with raspberry or strawberry sauce

rislapp small sweet rice cake

ristet grilled, sautéed, toasted

rogn roe
rosenkål brussels sprout
rosin raisin
rundstykke roll
rype ptarmigan, snow grouse
rødbete beetroot
rødgrøt fruit pudding served with
   vanilla custard or cream
rødkål red cabbage
rødspette plaice
røkelaks smoked salmon
røkt smoked
rømme thick sour cream
  ~ **grøt** boiled and served with
   sugar
rørte tyttebær cranberry jam
   made without cooking
rå raw
  ~ **stekt** underdone
saus sauce
sei coalfish
selleri celery
sennep mustard
service inkludert service included
sild herring
sildekake herring patty
sildesalat salad of diced salt her-
   ring, cucumber, onions, vege-
   tables, spices and mayonnaise
sirupssnipp ginger biscuit
   (US ginger snap)
sitron lemon
  ~ **fromasj** lemon blancmange
   (US lemon custard)
sjampinjong button mushroom,
   champignon
sjokolade chocolate
sjøtunge sole
sjøørret sea trout
skalldyr shellfish
skilpaddesuppe turtle soup
skinke ham
skive slice
slangeagurk cucumber

smør butter
  ~ **brød** open-faced sandwich
småkake biscuit (US cookie)
snittebønner sliced French beans
solbær blackcurrant
sopp mushroom
speilegg fried egg
spekemat cured meat (beef, mut-
   ton, pork, reindeer), often
   served with scrambled eggs and
   chives
spekepølse large air-dried sausage
spekesild salted herring, often
   served with cabbage, potatoes
   and pickled beetroot
spekeskinke cured ham
spinat spinach
stangselleri branch celery
stek roast
stekt fried, roasted
stikkelsbær gooseberry
stuet 1) stewed (of fruit)
   2) creamed (of vegetables)
sukker sugar
  ~ **brød** sponge cake
  ~ **ert** sugar pea
suppe soup
surkål boiled cabbage flavoured
   with sugar, vinegar and
   caraway seeds
sursild soused herring
svinekjøtt pork
svinekotelett pork chop
svineribbe spare-rib
svinestek roast pork
sviske prune
  ~ **grøt** stewed prunes
sylte brawn (US head cheese)
  ~ **agurk** pickled gherkin
   (US pickle)
syltelabb boiled and salt-cured
   pig's trotter (US pig's foot)
syltetøy jam
terte tart, cake

tilslørte bondepiker dessert made from layers of apple sauce and bread-crumbs, topped with whipped cream
timian thyme
torsk cod
torskerogn cod roe
torsketunge cod tongue
trøffel (pl **trøfler**) truffle
tunfisk tunny (US tuna)
tunge tongue
tyttebær kind of cranberry
vaffel waffle

vaktel quail
valnøtt walnut
vannbakkels cream puff
vannis water-ice (US sherbet)
vilt game
voksbønne butter bean (US wax bean)
vørterkake spiced malt bread
wienerbrød Danish pastry
ørret (salmon) trout
østers oyster
ål eel
årfugl black grouse

Drinks

akevitt spirits distilled from potatoes or grain, often flavoured with aromatic seeds and spices
alkoholfri non-alcoholic
aperitiff aperitif
appelsinbrus orangeade
bar neat (US straight)
brennevin brandy, spirit
brus fizzy (US carbonated) fruit drink
dobbel double
dram shot of spirit
eplemost applejuice
fløte cream
fruktsaft fruit juice
gløgg similar to mulled wine, with spirits and spices
is ice
   med ~ on the rocks
kaffe coffee
   ~ **med fløte** with cream

   ~ **uten fløte** black
   ~ **likør** coffee-flavoured liqueur
   is~ iced
kakao cocoa
kefir kefir, a kind of yoghurt
konjakk cognac
likør liqueur
linjeakevitt *akevitt* which is stored in oak casks in the holds of Norwegian ships; the rolling motion of the ship is said to produce a unique taste
melk milk
   kald ~ cold
   varm ~ warm
mineralvann mineral water
pils lager
pjolter long drink of whisky or brandy and soda water
portvin port (wine)
rom rum

rødvinstoddi mulled wine
saft squash (US fruit drink)
sjokolade chocolate drink
te tea
   ~ **med sitron** with lemon
vann water
vin wine
   het~ fortified
   hvit~ white

musserende ~ sparkling
rød~ red
tørr ~ dry
øl beer
   bayer~ medium-strong, dark
   bokk~ bock
   export~ strong, light coloured
   lager~ light lager
   vørter~ non-alcoholic beer

Norwegian Irregular Verbs

Note that Norwegian verbs maintain the same form for all persons in any given tense.

There is a large number of prefixes in Norwegian, like *an-, av-, be-, etter-, for-, fra-, frem-, inn-, med-, ned-, om-, opp-, over-, på-, til-, under-, unn-, unna-, ut-, ved-,* etc. A prefixed verb is conjugated in the same way as the stem verb.

Infinitive	*Preterite*	*Past participle*	
be	ba	bedt	*ask, pray*
binde	bandt	bundet	*bind, tie*
bite	bet	bitt	*bite*
bli	ble	blitt	*become, remain*
brekke	brakk	brukket	*break*
brenne	brant/brente*	brent	*burn*
bringe	brakte	brakt	*bring*
briste	brast	bristet/brustet	*burst*
bryte	brøt	brutt	*break*
by(de)	bydde/bød	budt	*offer; command*
bære	bar	båret	*bear*
dra	dro(g)	dradd/dratt	*pull; go, travel*
drikke	drakk	drukket	*drink*
drive	drev	drevet	*lead, manage; drift*
ete	åt	ett	*eat (animals)*
falle	falt	falt	*fall*
fare	fór	faret/fart	*go away, leave*
finne	fant	funnet	*find*
fly	fløy	fløyet	*fly*
flyte	fløt	flytt	*flow, float*
forstå	forsto	forstått	*understand*
forsvinne	forsvant	forsvunnet	*disappear*
fortelle	fortalte	fortalt	*tell, relate*
fryse	frøs	frosset	*be cold, freeze*
følge	fulgte	fulgt	*follow*
få	fikk	fått	*get*
gi	ga(v)	gitt	*give*
gjelde	gjaldt	gjaldt/gjeldt	*concern; be valid*
gjøre	gjorde	gjort	*do, make*
gli	gled	glidd	*slide, glide*
gnage	gnagde/gnog	gnagd	*gnaw*
gni	gnidde/gned	gnidd	*rub*
grave	gravde/grov	gravd	*dig*
gripe	grep	grepet	*catch, seize*
gråte	gråt	grått	*weep, cry*

---

* These verbs are regular when used transitively, i.e. when they take an object.

gyte	gytte/gjøt	gytt	*spawn*
gå	gikk	gått	*walk, go*
ha	hadde	hatt	*have*
henge	hang/hengte*	hengt	*hang*
hete	het/hette	hett	*be called*
hive	hev	hevet	*throw*
hjelpe	hjalp	hjulpet	*help*
holde	holdt	holdt	*hold*
klinge	klang	kling(e)t	*ring*
klype	klypte/kløp	klypt/kløpet	*pinch*
klyve	kløv	kløvet	*climb*
knekke	knakk/knekte*	knekt/knekket	*crack, break*
knipe	knep	knepet	*pinch*
komme	kom	kommet	*come*
krype	krøp	krøpet	*creep, crawl*
kunne (kan)	kunne	kunnet	*can*
kveppe	kvapp	kveppet	*startle*
la(te)	lot	latt	*let*
le	lo	ledd	*laugh*
legge	la	lagt	*lay, put*
lide	led	lidd	*suffer*
ligge	lå	ligget	*lie*
lyde	lød	lydt	*sound*
lyge	løy	løyet	*tell a lie*
løpe	løp	løpt	*run*
måtte (må)	måtte	måttet	*must*
nyse	nyste/nøs	nyst	*sneeze*
nyte	nøt	nytt	*enjoy*
pipe	pep	pepet	*chirp*
rekke	rakte/rakk	rakt/rukket	*reach; hand*
renne	rant/rente*	rent	*run, flow*
ri(de)	red	ridd	*ride*
rive	rev	revet	*tear*
ryke	røk	røket	*smoke*
se	så	sett	*see*
selge	solgte	solgt	*sell*
sette	satte	satt	*set*
si	sa	sagt	*say*
sitte	satt	sittet	*sit*
skjelve	skalv	skjelvet	*tremble*
skjære	skar	skåret	*cut*
skri(de)	skred	skredet/skridd	*stride, stalk*
skrike	skrek	skreket	*scream*
skrive	skrev	skrevet	*write*
skryte	skrøt	skrytt	*boast*
skulle (skal)	skulle	skullet	*shall*
skvette	skvatt/skvettet*	skvettet	*startle; splash*
skyte	skjøt	skutt	*shoot*

---

*These verbs are regular when used transitively, i.e. when they take an object.

skyve	skjøv	skjøvet	*push, shove*
slenge	slang/slengte*	slengt	*throw, fling*
slippe	slapp	sluppet	*let go, drop*
slite	slet	slitt	*pull, tear*
slå	slo	slått	*strike, beat*
slåss	sloss	slåss	*fight*
smelle	smalt/smelte*	smelt	*smack, slam*
smette	smatt	smettet	*slip away*
smøre	smurte	smurt	*smear*
snike	snek	sneket	*sneak*
snyte (seg)	snøt	snytt	*blow one's nose; cheat*
sove	sov	sovet	*sleep*
spinne	spant	spunnet	*spin; purr*
sprekke	sprakk	sprukket	*burst*
sprette	spratt	sprettet	*bound*
springe	sprang	sprunget	*run; jump*
spørre	spurte	spurt	*ask*
stige	steg	steget	*rise, climb*
stikke	stakk	stukket	*sting*
stjele	stjal	stjålet	*steal*
strekke	strakk	strukket	*stretch*
stri(de)	stridde/stred	stridd	*quarrel*
stryke	strøk	strøket	*iron; cross out*
stå	sto	stått	*stand*
sverge	sverget/svor	sverget/svoret	*swear*
svi	sved/svidde*	svidd	*singe*
svike	svek	sveket	*betray, disappoint*
svinge	svang	sving(e)t/svunget	*swing*
synge	sang	sunget	*sing*
synke	sank	sunket	*sink*
ta	tok	tatt	*take*
telle	talte/telte	talt/telt	*count*
tie	tidde	tidd	*be/keep silent*
tigge	tigget/tagg	tigget/tigd	*beg*
tre	trådte	trådt	*tread, step*
treffe	traff	truffet	*meet; hit*
trekke	trakk	trukket	*pull*
tvinge	tvang	tvunget	*force*
tygge	tygde	tygd	*chew*
vekke	vakte	vakt	*wake*
velge	valgte	valgt	*choose, elect*
vike	vek	veket	*yield*
ville (vil)	ville	villet	*will*
vinde	vandt	vundet	*wind*
vinne	vant	vunnet	*win*
vite	visste	visst	*know*
vri	vred	vridd	*wrench, twist*
være	var	vært	*be*

---

* These verbs are regular when used transitively, i.e. when they take an object.

Norwegian Abbreviations

adm.dir.	*administrerende direktør*	managing director
alm.	*alminnelig(het)*	general(ly)
A/S	*aksjeselskap*	Ltd., Inc.
bl.a.	*blant annet/andre*	among other things
ds	*denne måned*	inst., of this month
dvs.	*det vil si*	i.e.
E6	*Europavei 6*	European main road No. 6
EF	*De europeiske fellesskap (Fellesmarkedet)*	EEC, European Economic Community (Common Market)
eft.	*etterfølger(e)*	successor(s) (of a firm)
e.Kr.	*etter Kristi fødsel*	A.D.
ekskl.	*eksklusiv*	not included
el.	*eller*	or
eng.	*engelsk*	English
fag.	*faguttrykk*	terminology
f.eks.	*for eksempel*	e.g.
fj.	*fjord*	fjord
f.Kr.	*før Kristi fødsel*	B.C.
flt.	*flertall*	plural
FN	*De forente nasjoner*	UN. United Nations
fon.	*fonetisk*	phonetics
fork.	*forkortelse*	abbreviation
fr.	*fransk*	French
frk.	*frøken*	Miss
gen.sekr.	*generalsekretær*	secretary general
...gt.	*gate*	street
iflg.	*ifølge*	according to
inkl.	*inklusiv*	included
innb.	*innbyggere*	inhabitants, population
istf.	*istedenfor, i stedet for*	instead of
KFUK	*Kristelig Forening av Unge Kvinner*	YWCA, Young Women's Christian Association
KFUM	*Kristelig Forening av Unge Menn*	YMCA, Young Men's Christian Association
kl.	*klokken*	hour, o'clock
KNA	*Kongelig Norsk Automobil-klub*	Royal Norwegian Automobile Association
KNM	*Den Kongelige Norske Marine*	Royal Norwegian Navy
kom.	*komité*	committee
komm.	*kommunal; kommanderende*	municipal; commanding

kr	*krone*	crown (currency)
LO	*Landsorganisasjonen*	Association of Norwegian
	i Norge	Trade Unions
MA	*Motorførernes Avholds-*	Association of Abstinent
	forbund	Drivers
mht.	*med hensyn til*	concerning
moms	*meromsetningsskatt*	VAT, value added tax
mots.	*motsatt*	contrary
M/S	*motorskip*	motor ship
N	*Norge*	Norway
n.	*nøytrum*	neutral
NAF	*Norges Automobil-Forbund*	Automobile Association
		of Norway
NMK	*Norsk Motor-Klubb*	Norwegian Automobile
		Association
nr.	*nummer*	number
NRK	*Norsk Rikskringkasting*	Norwegian Broadcasting
		Service
NSB	*Norges Statsbaner*	Norwegian National Railways
NTB	*Norsk Telegrambyrå*	Norwegian News Agency
NUH	*Norske ungdomsherberger*	Norwegian Youth Hostels
o.a.	*og annet, og andre*	etc., and others
off.	*offentlig*	public
osv.	*og så videre*	etc., and so on
pga.	*på grunn av*	because of
siv.ing.	*sivilingeniør*	graduate engineer
stk.	*stykke(r)*	piece(s)
tlf.	*telefon*	telephone
...vn.	*veien, vegen*	road
årh.	*århundre*	century

Numerals

Cardinal numbers

0	null
1	en
2	to
3	tre
4	fire
5	fem
6	seks
7	syv/sju
8	åtte
9	ni
10	ti
11	elleve
12	tolv
13	tretten
14	fjorten
15	femten
16	seksten
17	sytten
18	atten
19	nitten
20	tyve/tjue
21	enogtyve/tjueen
30	tredve/tretti
31	enogtredve/trettien
40	førti
41	enogførti/førtien
50	femti
51	enogfemti/femtien
60	seksti
61	enogseksti/sekstien
70	sytti
71	enogsytti/syttien
80	åtti
81	enogåtti/åttien
90	nitti
91	enognitti/nittien
100	hundre
101	hundre og en
1 000	tusen
1 000 000	en million

Ordinal numbers

1.	første
2.	annen
3.	tredje
4.	fjerde
5.	femte
6.	sjette
7.	syvende/sjuende
8.	åttende
9.	niende
10.	tiende
11.	ellevte
12.	tolvte
13.	trettende
14.	fjortende
15.	femtende
16.	sekstende
17.	syttende
18.	attende
19.	nittende
20.	tyvende/tjuende
21.	enogtyvende/tjueførste
22.	toogtyvende/tjueandre
23.	treogtyvende/tjuetredje
24.	firogtyvende/tjuefjerde
25.	femogtyvende/tjuefemte
26.	seksogtyvende/tjuesjette
27.	syvogtyvende/tjuesjuende
28.	åtteogtyvende/tjueåttende
29.	niogtyvende/tjueniende
30.	tredevte/trettiende
40.	førtiende
50.	femtiende
60.	sekstiende
70.	syttiende
80.	åttiende
90.	nittiende
100.	hundrede
1 000.	tusende

Time

Although official time in Norway is based on the 24-hour clock, the
12-hour system is used in conversation.

If you have to indicate that it is a.m. or p.m., add *om morgenen, om
formiddagen, om ettermiddagen, om kvelden, om natten.*

Thus:

klokken syv om morgenen	7 a.m.
klokken elleve om formiddagen	11 a.m.
klokken to om ettermiddagen	2 p.m.
klokken åtte om kvelden	8 p.m.
klokken to om natten	2 a.m.

Days of the Week

søndag	Sunday	*torsdag*	Thursday
mandag	Monday	*fredag*	Friday
tirsdag	Tuesday	*lørdag*	Saturday
onsdag	Wednesday		